교감국역 송남잡지 02

An Encyclopedia of Songnam

지은이 조재삼(趙在三)은 1808년에 태어나서 1866년까지 생존하였다. 본관은 임천(林川)이고 호는 송남(松南)이며 자는 중기(仲璣)이다. 졸수재(拙修齋) 조성기(趙聖期)의 5대손이다. 저서로 『송남잡지』 외에도 유고 2권이 있다고 한다.

옮긴이 강민구(姜玟求)는 성균관대학교를 졸업(문학박사)하고 민족문화추진회 국역연수원을 졸업하였으며 연청(研靑) 오호영(吳虎泳) 선생을 사사하였다. 현재 경북대학교 교수이다. 논문으로 「영조대 문학론과 비평에 대한 연구」, 역서로 『국역 낙재선생문집』 외 다수가 있다.

교감국역校勘國譯 송남잡지松南雜識 02

1판 1쇄 인쇄 2008년 10월 5일
1판 1쇄 발행 2008년 10월 10일

지은이 / 조재삼
옮긴이 / 강민구
펴낸이 / 박성모
펴낸곳 / 소명출판
등록 / 제13-522호
주소 / 137-878 서울시 서초구 서초동 1621-18 (란빌딩 1층)
대표전화 / (02) 585-7840
팩시밀리 / (02) 585-7848
somyong@korea.com / www.somyong.co.kr

값 32,000원

ISBN 978-89-5626-321-2 94810
ISBN 978-89-5626-319-9 (전13권)

교감국역 송남잡지 02

松南雜識

조재삼 지음 | 강민구 옮김

일러두기

1. 저본(底本)

이 책은 1987년 동서문화원에서 영인 출판한 『송남잡지』를 저본으로 삼아 역주하되, 1986년 아세아문화사에서 영인 출판한 『송남잡지』와 규장각 소장본 『송남잡지』를 참고하였다.

2. 교감(校勘)

『송남잡지』의 모든 내용을 교감하였다.
인용 원문과 『송남잡지』의 내용을 대조하여 상호 출입을 모두 표시하였다. 인용 원문과 『송남잡지』 사이에 또 다른 전적이 개재되었을 경우, 즉 재인용의 경우에는 그들 간의 변형 과정과 양태를 제시하였다.
『송남잡지』에 인용되지 않은 부분이라도 원문의 이해를 위해 필요할 경우 전후를 제시하였다.
인용 원문을 왼쪽에 두고 『송남잡지』를 오른쪽에 두었으며, 화살표(→)로 변형된 것임을 표시하였다.

3. 역문(譯文)

역문은 쉬운 우리말로 옮기는 것을 원칙으로 하였다. 교감을 거친 번역이므로 원문과 차이가 있는 것이 많다. 그러한 경우 반드시 각주의 형식으로 교감기를 제시하였다.
시(詩)는 역문을 왼쪽에 두고 원문을 오른쪽에 배치하였다.

4. 주석(註釋)

주석은 내용이 간단하고 짧은 경우에는 간주(間註)로 처리하고, 내용이 긴 경우에는 각주로 처리하였다.
각주는 해당 항목을 제시하고 주석하였으며, 긴 항목은 앞뒤의 어구만 제시하고 중간에 …… 부호를 넣어 중략하였음을 표시하였다.

5. 맞춤법

맞춤법과 띄어쓰기는 한글맞춤법과 표준어규정을 따르는 것을 원칙으로 하였다. 단 필요한 경우 두음법칙 등을 적용하지 아니하고 원음을 그대로 제시하였다.

6. 부호

이 책에 사용한 부호는 다음과 같다.
( ) : 번역문과 음이 같은 한자를 묶는다.
[ ] : 번역문과 뜻은 같으나 음이 다른 한자를 묶는다.
“ ” : 대화 등의 인용문을 묶는다.
‘ ’ : “ ” 안의 재인용, 또는 강조 부분을 묶는다.
「 」 : 편명을 묶는다.
『 』 : 책명을 묶는다.
〈 〉 : 인용된 주석을 묶는다.

해제

『송남잡지(松南雜識)』는 조재삼(趙在三 : 1808~1866)이 1855년(哲宗 6년)에 저술한 백과전서적 성격의 유서(類書)이다. 조재삼은 재야의 사인(士人)으로 호가 송남(松南)이고 자는 중기(仲璣)이며 졸수재(拙修齋) 조성기(趙聖期)의 5대손이다.

현재 『송남잡지』는 세 가지 종류가 전해진다. 하나는 임기중(林基中) 교수가 편의상 '임씨본(林氏本)'으로 칭하는 것이고 하나는 규장각 소장본이고 나머지 하나는 청주에서 프린트본으로 발간된 것이다.

임씨본은 총 7책으로 비·파·귤·율·도·매·리(枇·杷·橘·栗·桃·梅·李)로 차례가 정해져 있다. 임기중 교수는 이 책만이 『임천조씨가보(林川趙氏家譜)』에서 "송남잡지 7권을 저술하여 세상에 행(行)하고 있다[著雜識七卷印行于世]"라고 한 기록에 부합되는 유일한 현존본이며 기타 두 종과 대조한 결과 임씨본이 초고본이라는 견해를 제시하였다. 즉 규장각본과 유인본(油印本)은 각각 임씨본을 필사하고 유인(油印)했다는 것이다. 그리고 그 근거로 후자의 두 책과 전자의 편차를 비교해 보면 권차(卷次)가 흐트러져 있는데, 제책(製冊) 후에도 보충이 계속되었다는 점을 제시하였다.

규장각본(奎章閣本)은 총 14권으로 되어 있는데, 비(枇)를 1 · 2로, 파(杷)를 11 · 12로, 귤(橘)을 3 · 4로, 률(栗)을 10 · 13으로, 도(桃)를 7 · 8로, 리(李)를 5 · 6으로 편차하였으니 이는 나무의 이름으로 편차를 정하는 방법이 일반적이지 않기 때문에 생긴 오류로 보인다.

청주의 유인본은 임형택(林熒澤) 교수가 조재삼의 방손(傍孫)인 조남식(趙南植) 옹으로부터 입수하여 아세아 문화사에서 1986년에 영인하였다. 이것은 해방 후 청주 지방에서 이광(李光 : 1887~1966)씨의 주선에 의해 상 · 중 · 하 세 책으로 약간부가 유인(油印)되었다고 한다.

유인본은 필경(筆耕)하여 유인(油印)한 것으로 임씨본과 큰 차이는 없다. 단 필경(筆耕)하는 과정에서 자구(字句)의 첨삭을 가하는 교정이 이루어졌을 가능성이 있다. 그러나 규장각본은 임씨본과 제책상(製冊上) 편차에서 차이를 보일 뿐만 아니라 항목의 구성에도 다소간의 차이를 보이고 있다. 규장각본은 임씨본에 있는 항목이 다수 누락되어 있다. 그런데 제책 후 누락된 내용은 원본을 보고 항목간의 빈 공간에 채워 넣은 것으로 보인다. 이는 마치 간주(間注)의 형식처럼 보이는데 사실은 누락된 항목의 보충에 불과하다. 그것의 글씨는 알아보기 어려울 정도로 조악한 것도 있다.

임씨본 역시 결락(缺落)된 글자가 어떤 이에 의하여 가필(加筆)된 흔적이 있다. 그런데 그것은 문맹자의 소위(所爲)로 보이는 바, 전혀 문리가 닿지 않는 글자뿐만 아니라 존재하지도 않는 글자를 그려 넣었기 때문이다.

『송남잡지』는 1,743장으로 이루어진 거질로 '백과전서적 유서'라고 할 만한데, 그 구성을 살펴보면 다음과 같다.

천문류(天文類) 70항목, 세시류(歲時類) 153항목, 지리류(地理類) 189항목, 국호류(國號類) 35항목, 역년류(歷年類), 외국류(外國類) 117항목, 인사류(人事類) 40항목, 가취류(嫁娶類) 75항목, 상제류(喪祭類) 139항목, 성명류(姓名類) 71항목, 과거류(科擧類) 41항목, 문방류(文房類) 85항목, 무비류(武備類) 114항목, 농정류(農政類) 64항목, 어렵류(漁獵類) 16항목, 실옥류(室屋類) 121항목, 의식류(衣食類) 244항목, 재보류(財寶類) 77항목, 집물류(什物類) 90항목, 음악류(音樂類) 94항목, 기술류(技術類) 151항목, 구기류(拘忌類) 80항목, 선불류(仙佛類) 117항목, 상이류(祥異類) 118항목, 계고류(稽古類) 407항목, 이기설(理氣說) 33항목, 인물류(人物類), 조시류(朝市類) 119항목, 방언류(方言類) 816항목, 화약류(花藥類) 180항목, 초목류(草木類) 179항목, 충수류(蟲獸類) 207항목, 어조류(魚鳥類) 187항목으로 상위 범주가 33류이고 하위 항목이 4432항이다.

위와 같이 『송남잡지』는 한문학・국문학・국어학・역사학・철학・민속학・종교학・천문학・지리학・농학・병학・건축학・동물학・식물학・한의학・복식사・음악사・과학사・외교사・제도사 등 다양한 분야의 지식을 담고 있다.

『송남잡지』의 '잡지(雜識)'라는 서명은 『성호사설(星湖僿說)』의 '사설(僿說)'이나 『반계수록(磻溪隨錄)』의 '수록(隨錄)'과 같은 의미이다. 이 책은 형식적 측면에서 유서의 전통적 양식을 충실히 계승하고 있을 뿐만 아니라 작가의 선명한 의식을 드러내고 있다.

조재삼은 『송남잡지』 자서에서 저작 동기와 저술 의식을 명확히 제시하고 있으니, 그는 추상물인 '태평(太平)'의 기록과 구체적 형상을 지니고 있는 '만물(萬物)'의 문자화를 자신의 책무로 자임하였다. 그 두 가지 중에서 조재삼의 주된 서술 의식은 전자에 맞춰져 있다. 즉 조재삼은 자서에서 "『송남잡지』는 태평(太平)의 기록으로 시작하여 태평(太平)의 기록으로 끝을 맺은 책"이라고 언명하고 있다. 과연 조재삼의 말대로『송남잡지』의 첫 항목명은 '동방왈태평(東方曰太平)'이고 마지막 항목명은 '태평봉(太平鳳)'인데다가 '태평(太平)' 두 글자로 끝을 맺고 있다. 그런데 흥미로운 점은 조재삼의 강한 민족적 의식의 자각이다. 즉 '태평'은 우리나라의 태평에 다름 아니고 만물은 우리나라에 존재하는 만물에 다름 아니다. 조재삼은 우리나라를 '태평지역(太平之域)'이라고 명명하고 있으며, 우리나라가 천하에 존재하는 만물 가운데 절반을 보유하고 있다고 말하였다. 그러므로『송남잡지』는 외우내환으로 나라가 병들어 가던 시기에 민족적 자존과 문화적 긍지를 고양하기 위한 의식의 소산이라고 할 수 있다. 그와 같이 선명한 의식이 백과전서적 형식 속에서 증명 분석되고 있다는 점이 기존의 유서와 다른 점이라고 할 수 있다.

그렇다면『송남잡지』의 출현 동인은 무엇인가?

임형택(林熒澤) 교수는『송남잡지』의 출현 동인으로, "새로운 지식에 대하여 경시하는 등 고루(固陋)와 고식(姑息)에 빠진 당대의 학풍을 반성하고 진작하려는 움직임"으로 파악하였다.

지금도 백과사전은 그것을 발행한 사회나 국가의 문화적 · 학술적 수준을 평가하는 하나의 척도가 될 수 있다.『송남잡지』를 비록 '백과전서'라고 표현하고 있기는 하지만, 현대적 용어로 달리 대체할 만한 것이 없기 때문에 편의상 사용할 뿐이다. 현대적 의미의 백과사전은 중세의 유서들이 취하고 있는 분류 체계와는 전혀 다르기 때문이다. 즉 백과사전이 글자의 배열 순서에 입각해서 편찬된다면 유서는 작가의 가치관에 의해 차서(次序)가 정해진다. 그러므로 유서로서『송남잡지』는 현재의 백과사전과 같이 다양한 정보를 제공하는 기능을 지니고 있는 동시에 당대인들의 가치관을 명확하게 볼 수 있는 유용한 자료라고 할 수 있다.

무엇보다 간과할 수 없는 점은『송남잡지』가 문예미학적 특성을 갖추고 있다는 점이다. 이는 중국의 『운부군옥(韻府群玉)』·『사문류취(事文類聚)』 등이 문학 창작의 중요한 공구서(工具書)로 활용된 전통을 계승한 것이다. 그리고 또 하나의 중요한 사실은 『송남잡지』가 우리나라에서 발행된 『대동운부군옥(大東韻府群玉)』과 같은 운서류와 『지봉유설(芝峯類說)』·『성호사설(星湖僿說)』·『반계수록(磻溪隨錄)』과 같은 유서류의 전통을 충실히 계승하고 있다는 점이다. 조재삼은 중세의 막바지에서 유서라는 형식을 통하여 이전의 문화적 축적을 체계적으로 정리하려고 한 것이다.

참고문헌

임형택, 「송남잡지 해제」, 『松南雜識』, 아세아문화사, 1986.

임기중, 「송남잡지 해제」, 『松南雜識』, 동서문화원, 1987.

3. 지리류 地理類

4. 국호류 國號類

7. 인사류 人事類

8. 가취류 嫁娶類

松南雜識 전체 차례

3. 지리류(地理類)

강을 기준으로 조수를 살피다

祖江候潮

이규보(李奎報)[1]는 다음과 같은 시를 지었다.

사흘은 묘시(卯時)에 들고 사흘은 진시(辰時)에 들고	三兎三龍水
사흘은 사시(蛇時)에 들고 하루는 오시(午時)에 드네	三蛇一馬時
사흘은 미시(未時)에 들고 이틀은 신시(申時)에 들고	羊三猿亦二
달이 검어졌다가 다시 또 이와 같이 된다네	月黑復如斯[2]

1) 이규보(李奎報) : 고려 중기의 문신 · 문인(1168~1241). 자는 춘경(春卿), 호는 백운거사(白雲居士) · 지헌(止軒) · 삼혹호선생(三酷好先生). 벼슬은 정당문학을 거쳐 문하시랑평장사 등을 지냈다. 경전(經典)과 사기(史記)와 선교(禪敎)를 두루 섭렵하였고, 호탕 활달한 시풍은 당대를 풍미하였으며 명문장가였다. 저서에 『동국이상국집(東國李相國集)』· 『백운소설(白雲小說)』 등이 있다.

2) 「조석시(潮汐詩)」. 한강 하류의 조수의 밀물은 음력 초1일 · 2일 · 3일날 묘시(卯時)에 들고, 초4일 · 5일 · 6일은 진시(辰時)에 들며, 7일 · 8일 · 9일에는 사시(蛇時)에, 초10일에

서강(西江)을 살펴보면 틀리지 않지만 다른 곳은 맞지 않으니 그 이치가 분명치 않다.

여러 강이 서쪽으로 흐른다
衆水西流

『열자(列子)』에서 "하늘이 서북쪽으로 기우니 별들이 그곳으로 나아가고, 땅은 동남쪽이 모자라기 때문에 모든 강이 그곳으로 흘러간다"[3] 라고 하였다.

우리나라의 강들이 모두 서쪽으로 흐르는 이유는 산은 서북쪽으로 막히고 물은 동남쪽으로 나오기 때문이다. 그래서 반드시 서북쪽을 감돌아서 동남쪽으로 흐르니 풍수가(風水家)들이 "우리나라는 물이 거꾸로 흐르는 형국이다"라고 한 말이 이것이다. 우리나라의 강 중에 동쪽으로 흐르는 것은 오직 낙동(洛東)·청미(淸渼) 두 강뿐이다.

물마루가 점점 잔잔해지다
水宗漸平

『택리지』에서 말하였다.

> 동해는 일본과 우리나라 사이에 있다. 옛날에 물마루(水宗)가 고갯마루 같아서 저들과 우리가 왕래하지 못하였다. 근래에는 물의 기세

는 오시(午時)에 든다. 그리고 11일부터 13일까지 3일 동안은 미시(未時)에 14일과 15일에는 신시(申時)에 든다.(『증보 문헌비고(增補文獻備考), 여지고(輿地考), 조신(潮汛)』)

3) 天傾西北, **日月**星辰, 就焉, 地**不滿**東南**故**, **百川**水**潦**, 歸焉.(『列子, 卷五, 湯問』)→ **淮南子曰**, 天傾西北, 星辰就焉, 地**傾**東南, **衆水**歸焉.(『松南雜識』)

가 점점 약해져서 왜선이 표류하여 영동(嶺東)에 이르는 일이 많은데 이것은 염려할 만하다.[4)]

지금 양인(洋人)들의 배가 오는 것도 물마루가 잔잔해졌기 때문이다. 두보(杜甫)의 시에서 "사해의 물이 모두 곤두섰다[四海之水皆立]"[5)]라고 하니, 이것이 물마루다. 지금의 나주(羅州) 칠산(七山) 바다는 가깝고 얕아서 조수가 겨우 무릎이 잠길 정도이다.

세상에 "메밀을 심는다[種木麥]"라는 말이 있으니, 『서전(書傳), 우공(禹貢)』편의 "갈석이 깎여서 바다로 들어간다[至于碣石, 入于海]"는 진실로 그러하다.

동해에는 조수가 없다
東海無潮

지봉 이수광이 말하였다.

중국의 동해는 우리나라의 서해이니 밀물과 썰물이 있는 것이 당연하다. 우리나라의 동해는 본래 밀물과 썰물이 없었다. 이것은 이치 밖의 알기 어려운 일이어서 역대로 논변한 사람이 없으니 중국 사람들이 일찍이 우리나라의 동해를 보지 못했기 때문이다. 양만세(楊萬世)는 동해에 사는 사람인데 나에게 말해주었다.

"북해가 북쪽에서 흘러 아래로 동해에 이릅니다. 밤낮으로 그치지 않기 때문에 바람이 고요한 날이라도 파도 소리가 멀리서 들립니다. 길게 흐르는 물은 밀물과 썰물이 없으니 형세상 그런 것입니다."[6)]

---

4) 『擇里志, 卜居總論, 山水』.
5) 「조헌태청궁부(朝獻太淸宮賦)」.
6) 故雖風靜之日, 波聲遠聞, 長流之水無潮汐, 其勢然矣.(『芝峯類說, 卷二, 地理部,

성호 이익이 말하였다.

영동의 바다에는 조수가 없다. 대개 왜(倭)의 땅은 원래 말갈에 속하니 흑룡강 밖의 한 지맥이 동쪽으로 뻗고 남쪽으로 뻗어 하이(蝦夷)에 맞닿으니 하이는 왜(倭)의 북쪽 경계이다. 왜(倭)의 지형은 동서로 길고 일기도(壹岐島)·대마도(對馬島)는 우리 땅과 마주하여 바다의 문이 된다. 그 가운데가 하나의 큰 호수가 되고 조수가 동남쪽에서 오는 까닭에 막혀서 올라오지 못한다. 이런 까닭에 물고기와 용이 사는 곳이 되고 해산물이 풍부하기가 여기만 한 곳이 없다. 고래가 장난치고 용이 잡아당기면 풍랑이 항상 일어 조운선이 다닐 수가 없다.7)

이익이 또 말하였다.

산해관(山海關)에서 동해까지가 오천 리이고 그 영고탑(靈古塔) 동쪽이 삼천 리이다. 그 물의 형세를 자세히 살펴보면 동북쪽에서 다 모이니 흡사 바닷가 평평한 땅과 같다. 지금 일본 동북쪽의 하이(蝦夷)는 넓고 편편하고 낮고 습한데, 북쪽으로 뻗어가다가 끊어지기도 하고 이어지기도 한다. 위로는 숙신(肅愼) 땅과 접하고 우리나라 동해는 잔잔한 호수가 되었으니 조수가 없다.8)

海』)→故風靜之日, 波聲遠聞, 長流水無潮汐, 其勢然矣.(『松南雜識』)

7) 嶺東之海無潮, 盖倭地原從靺鞨黑龍江外一支, **迤**東**迤**南, 接**乎**蝦夷, 蝦夷者, 倭之北境也. 倭地東西長, 日岐對馬與我土對峙爲海門, 中間作一大湖, 潮從東南來, 故礙阻不**上**也. 是以魚龍之所窟宅, 海錯之富, 莫此若. 鯨戱龍拏, 風濤恒作, 漕不能運.(『星湖僿說, 卷八, 人事門, 生財』)→嶺東之海無潮, 盖倭地原從靺鞨黑龍江外一支, **迤**東**迤**南, 接**于**蝦夷, 蝦夷者, 倭之北境也. 倭地東西長, 日岐對馬與我土對峙爲海門, 中間作一大湖, 潮從東南來, 故礙阻不**止**也. 是以魚龍之所窟宅, 海錯之富, 莫此若. 鯨戱龍拏, 風濤恒作, 漕不能運.(『松南雜識』)

8) 自**山海關**至東海, 五千餘里, 其靈古之東, 已三千里, 詳其水勢, 盡滙於東北, 似是海壖低平之地, 今日本東北蝦蛦, **亦夷**廣卑濕, 池走向北, 或斷或連, 上接肅愼之地, 我國東海便成平湖, 所以無潮也.(『星湖僿說, 卷三, 天地門, 生熟女眞』)→自至東海,

내 생각으로, 조수는 천지의 기운인데 어찌 길게 흐른다고 해서 이르지 못하며, 막혔다고 해서 올라오지 못하겠는가? 물이 많이 모이는 곳은 밀물이 밀려와도 증가된 줄을 모르고, 썰물이 빠져나가도 감소된 줄을 몰라서 그런가? 혹은 물의 성질이 아래로 내려가고 땅의 형세가 기울어져서 밀물이 밀려와도 사람들이 스스로 알지 못해서 그런가?

『심양기(潯陽記)』에서 "계룡산의 조천(潮泉)은 시간이 틀리지 않는데 초하루와 보름에는 오히려 큰 차이가 난다. 하물며 동해는 천지의 조천임에랴. 필시 갑자기 미려혈(尾閭穴[9])로 흘러들어서 밀물과 썰물이 될 겨를이 없고 풍랑이 항상 일어나니 마치 물이 병 아가리로 흘러 들어오는 것과 같아 뽀로록 소리나는 것이리라"라고 하였다.

『고려도경(高麗圖經)』에서 "밀물과 썰물은 시간을 따르기에 틀리지 않으니 세상에서 가장 믿을 만한 것이다"라고 하였다.

『현중기(玄中記)』에서 "귀주(貴州)에 누작(漏汋)이 있어서 하루에 백 번 찼다가 백 번 마르는데 시간에 맞는다"라고 하였다.[10]

조수를 물러가게 하는 비석
退潮碑

『포박자(抱朴子)』[11]에서 "달의 정기에서 물이 생겨나는 까닭에 달이 차면 조수가 밀려든다"라고 하였다.

또 "은하수가 땅 아래로 들어가 바닷물과 합쳐진다. 하늘이 회전하면

五千餘里, 其靈古之東, 已三千里, 詳其水勢, 盡滙於東北, 似是海堧低平之地, 今日本東北蝦䱉, 廣卑濕, 迤走向北, 或斷或連, 上接肅愼之地, 而我國東海便成平湖, 所以無潮也.(『松南雜識』)

9) 미려혈(尾閭穴) : 등마루 뼈 끝에 있는 침 놓는 자리. ≒ 미려관.

10) 규장각본 『松南雜識』에만 있는 내용.

11) 포박자(抱朴子) : 진(晉)의 도가(道家) 갈홍(葛洪, 號 : 抱朴子)의 저서로 317년에 완성되었다. 신선(神仙)의 법을 설명하고 도덕과 정치에 대해 논술했다. 8권 72편.

부딪쳐 조수가 된다"라고 하였다.

『논형(論衡)』[12)]에서 "물은 땅의 혈맥이기에 기(氣)를 따라 나가고 물러간다"라고 하였으니, 인력(人力)으로 물러가게 할 수 없는데, 이빙(李氷)이 서석(犀石)을 세우자 조수가 물러가고, 전구(錢璆)[13)]가 쇠뇌로 쏘자 조수가 물러났다고 하니 또한 기이하다.

우리나라 삼척(三陟)에 옛날 조수로 피해가 있었는데, 미수 허목(許穆)[14)]이 비석을 만들어 조수를 물리치고 또 비석 하나를 관청에 묻어 두었다. 후임 수령이 부임하여 그 비석을 싫어해서 부수자 조수가 밀려들었다. 그래서 묻었던 비석을 파내어 세우자 조수가 물러나니 더욱 기이하다.

어떤 사람이 "이빙과 허목의 일은 그 신묘함이 붓에 있는 듯하다. 송나라 말기에 전당(錢塘)에 조수가 삼일씩이나 밀려들지 않으니 전구의 일과 송나라의 일은 그 이치가 또한 운수(運數)에 달려 있는 것이다"라고 말하였다.

---

12) 논형(論衡) : 한(漢)나라 때에, 왕충(王充)이 지은 사상서. 전국 시대의 제자(諸子)의 설을 합리적이고 실증적으로 비판했다. 30권.

13) 전구(錢璆) : 전류(錢鏐)의 오자(誤字)인 듯. 오대(五代) 오월국(吳越國)의 창건자. 항주(杭州) 임안(臨安) 출신. 자는 구미(具美)·거미(巨美). 젊어서 소금장사를 업으로 삼았다. 용맹하여 당(唐) 말기 동창(董昌)의 비장(裨將)이 되어 창이 반란하자 그를 잡아서 진해진동군절도사(鎭海鎭東軍節度使)에 제수되어 12주(州)를 통솔했다. 당 소종(昭宗) 천복(天復) 2년(902)에 월왕(越王)에 봉해지고 천우(天祐) 원년(904)에 오왕(吳王)에 봉해졌다. 뒤에 양(梁) 태조(太祖) 개평(開平) 원년(907)에 오월왕(吳越王) 겸 회남절도사(淮南節度使)에 봉해졌다. 뒤에 스스로 오월왕이라 하였는데 재위는 41년이다.

14) 허목(許穆) : 조선 숙종 때의 문신·학자(1595~1682). 자는 문보(文甫)·화보(和甫), 호는 미수(眉叟). 제자백가와 경서 연구에 전념하였으며 특히 예학(禮學)에 밝았다. 저서에 『경설(經說)』·『동사(東事)』 등이 있다.

사독

四瀆

신라의 역사에서 "우리나라 땅에 동쪽의 토지하(土只河), 남쪽의 황산하(黃山河), 서쪽의 웅천하(熊川河), 북쪽의 한산하(漢山河)가 사독(四瀆)이다"라고 하였다. '瀆'은 '獨'이니 중국의 강(江)·하(河)·회(淮)·제(濟)가 단독(單獨)으로 발원해서 바다로 흘러들어 가는 것을 '독(瀆)'이라고 하는 것과 같다.

홍무(洪武)[15] 4년(1371)에 명 태조(太祖)가 하상봉(夏祥鳳)[16]을 파견하여 산과 독(瀆)의 신령들에게 이름을 반포하도록 하였다.

『국조오례의(國朝五禮儀)』[17]에서 조칙하기를 "남악(南嶽)은 지리산, 중악(中嶽)은 삼각산, 서악(西嶽)은 송악산(松嶽山), 북악(北嶽)은 비백산(鼻白山)이다. 남독(南瀆)은 웅진(熊津)·가야진(伽倻津), 중독(中瀆)은 한강, 서독(西瀆)은 덕진(德津)·평양강·압록강, 북독(北瀆)은 두만강이다. 지금은 치악산(雉嶽山)을 동악(東嶽)으로 삼는다"라고 하였다.

황지

潢池

『택리지』에서 말하였다.

---

15) 홍무(洪武) : 명나라 태조 때의 연호. 1368~1398년.

16) 하상봉(夏祥鳳) : 명나라 사람. 홍무 연간에 지상무현(知祥武縣)이었다. 벼슬할 때 청렴할 것을 강조하여 그가 이임할 때 길가는 사람들조차 숙연했다고 한다. 『松南雜識』에는 하봉상(夏鳳祥)으로 오기되어 있음.

17) 국조오례의(國朝五禮儀) : 조선 시대에 세종의 명으로 허주(許稠) 등이 편찬에 착수하고, 세조 때 강희맹 등을 거쳐 신숙주, 정척 등이 완성한 예서. 길례(吉禮)·가례(嘉禮)·빈례(賓禮)·군례(軍禮)·흉례(凶禮)의 오례 가운데 실행하여야 할 것을 뽑아 도식(圖式)으로 엮었다. 성종 5년(1474)에 간행되었다. 8권 8책.

태백산(太白山) 상봉에 천연적으로 이루어진 연못이 있다. 산을 뚫고 솟아나 남쪽에서 북쪽으로 흘러 내려 예안(禮安)의 동쪽에 이르렀다가 꺾여 안동(安東) 서쪽으로 흐른다. 안동을 따라 남쪽으로 흘러 용궁(龍宮)과 함창(咸昌)의 경계에 이르러 비로소 남쪽으로 꺾여 낙동강(洛東江)이 되는 지점이 상주(尙州)의 동쪽이라 한다. 김해(金海)로 흘러들어 경상도의 중앙을 가로지르니 일흔 두 고을이 모두 강 어귀가 된다.[18]

당외지
煻煨池

『집운(集韻)』에서 "뜨거운 재가 당외(煻煨)이다"라고 하였다.
『정자통(正字通)』에서 말하였다.

당외지(煻煨池)는 요동 북쪽에 있는데 당 태종의 봉화대가 있다. 오리마다 불구멍이 있으니 '당외지'라고 한다. 밤에도 낮처럼 밝다.

어떤 사람은 "못과 서른 걸음만 떨어져 있어도 크고 작은 물건 할 것 없이 모두 못 안으로 빨려 들어간다"라고 말하였다.[19]

---

18) **潢池天成之澤**, **在**太白山上峯**下**, 穿山而出, 自**北南**下, 至禮安東, 折而西, **繞**安東**之**南, 至龍宮咸昌**界**, 始南折而爲洛東江, **洛東者**謂尙州之東也. **江**入于金海, 劃**居**一道中央, **江東爲左道**, **江西爲右道**, **兩支又大合於金海**, **七十州同一水口作大局**.(『擇里志, 八道總論, 慶尙道』)→太白山上峯, **有天成之澤**, 穿山而出, 自**南北**下, 至禮安東, 折而西, **循**安東**而**南, 至龍宮咸昌**境**, 始南折而爲洛東江**者**, 謂尙州之東也. 入于金海, 劃一道中央, **爲七十二州**, **都水口**.(『松南雜識』)

19) 煻煨池, 在遼東北, 有唐太宗烽火臺, 五里間有火穴, 名煻煨池, 夜明如晝, 或有物去池三十步, 無巨細脅入池中.(『正字通』)

네 연못

四池

함창(咸昌)의 공검지(恭儉池)는 고려 때, 사록(司祿) 최정빈(崔正份)[20]이 옛 터를 따라서 축조한 것이다.

다음과 같은 전설이 있다.

제방을 쌓을 때에 쇠로 틈을 막아 제방을 완성하려고 중을 시켜 민가에 가서 쇠를 구해오게 하였다. 민가의 아낙 중에 공검(恭儉)이라는 어린아이를 사랑하는 사람이 있었다. 아이를 안고 장난을 치며 "내어줄 쇠붙이가 없으니 이 공검이나 줄까?"라고 하였다. 제방이 거의 완성이 되었는데 갑자기 무너졌다. 주관하던 자가 괴이하게 여겨 중에게 물으니 중이 민가 아낙네의 말을 전하였다. 그러자 공검(恭儉)을 잡아 용광로에 녹여 제방 틈을 바르자 제방이 완성되었다. 그래서 아이의 이름으로 못의 이름을 삼았다고 한다.

제천(堤川)의 의림지(義林池)는 중 의림(義林)이 쌓았고, 홍주(洪州)의 합덕지(合德池)는 견훤(甄萱) 때에 쌓았다. 연안(延安)의 와룡지(臥龍池)[21]는 바로 남대지(南大池)이다.

20) 최정빈(崔正份) : 고려 시대의 문신. 혹은 정분(正芬)으로도 쓴다. 명종 25년(1195)에 사록(司祿)으로 상주(尙州)의 공검대제(恭儉大堤)를 축조했다.

21) 와룡지(臥龍池) : 황해도 연백군(延白郡) 연안읍(延安邑)에 있었던 저수지다. 고려 초기에 축조되어 광복 이전까지 보존되었다.

공세지
貢稅池

『택리지』에서 말하였다.

유궁포(由宮浦)와 소사하(素沙河)가 합해지는데, 두 물이 교차해 모이는 곳이 아산현(牙山縣)이다. 소사하와 곡교천(曲橋川)이 합해져 큰 호수가 된다. 신창(新昌)의 산과 수원(水原)의 산이 강 어귀에 교차하는 것이 문과 같다. 물이 그 사이로 나오고 석벽이 중류에 우뚝 서 있는 것이 마치 발해만(渤海灣)의 갈석산(碣石山)[22]과 같다. 이곳에 창고를 설치하여 서울에 조운 하였던 까닭에 공세지(貢稅池)라고 이름한다.[23]

구십구지
九十九池

옛 기록에 "구십구지(九十九池)는 서경(西京) 노양산(魯陽山)[24] 정상에 있으니 두타산(頭陀山) 허리에 오십정(五十井)이 있다"라고 하였다.

---

22) 갈석(碣石) : 발해만에 있는 산이름. 육지의 온갖 물들이 이곳에서 바다로 흘러 들어간다.

23) 由宮浦**至北**, 與素沙河合, 兩水交會間, 爲牙山**縣**, …… 素沙**河下**流, **至是滙渟於面前**, **背後**曲橋**大**川, **自東南來**, **來會于西北**, **戌方**合爲大湖, **湖南一山**, **自**新昌**至**, **湖北一山**, **自**水原**至**, 交紐**於**水口如門, 水出**門**, **卽與由宮浦下流合**, **而令公山如大舶掛帆**, **全身皆石**, **而**屹立**於**中流, 如渤海之碣石, **朝家**置倉**於靈仁山北地**, **盡頭收忠清近海諸邑賦稅**, **歲**漕**至**京**師**, 故名**爲貢稅湖**.(『擇里志, 八道總論, 忠淸道』)→由宮浦, 與素沙河合, 兩水交會間, 爲牙山. 素沙**之**流, 曲橋**之**川, 合爲大湖, 新昌**之山**, 水原**之山**, 交紐水口如門, 水出**其中**, **石壁**屹立中流, 如渤海之碣石, 置倉漕京, 故名**之**.(『松南雜識』)

24) 노양산(魯陽山) : 평양 북쪽 20리에 있는 산으로 대성산(大成山)이라고도 한다. 옛 기록에 산마루에 99개의 못이 있다고 했지만 조선 시대에 이미 세 개의 못만이 있었으며, 가물 때 기우제를 지내면 영험이 있었다고 한다.

여섯 호수
六湖

『택리지』에서 말하였다.

고성(高城)의 삼일포(三日浦)는 맑고 오묘한 가운데 농염하고 화려하며, 그윽하고 한가한 가운데 트이고 밝은 모습이 화장한 요조숙녀 같아서 공경할 만하고 사랑할 만하다. 강릉(江陵)의 경포대(鏡浦臺)는 한(漢) 고조(高祖)의 기상과 같아서 활달한 가운데 웅혼(雄渾)하며 심원한 가운데 안온하여 이름할 수 없는 형상이 있다. 흡곡(歙谷)[25]의 시중대(侍中臺)는 밝은 가운데 삼엄하고 평이한 가운데 깊숙하여 마치 이름난 재상이 관청에 앉아 있는 듯하여 가까이할 수는 있어도 업신여길 수는 없다. 이 세 호수는 바로 호수와 산 중에서 최고의 경치이다.

그 다음이 간성(杆城)[26]의 화담(花潭)인데 달이 맑은 샘에 떨어진 것 같다. 영랑호(永朗湖)는 구슬이 큰 못에 잠긴 듯하다. 양양(襄陽)의 청초호(青草湖)는 거울을 보고 화장하는 듯하다. 이 세 호수는 절경이 위의 세 호수에 버금간다.

우리나라 팔도에는 모두 호수가 없는데 오직 이 여섯 호수만은 인간 세상에 있는 것이 아닌 듯하다. 판서(判書) 심언광(沈彦光)[27]은 본래 강릉인이다. 조정에서 벼슬할 때, 자리 오른쪽에 경포호를 그려두고 "나에게 이러한 호수와 산이 있으니 틀림없이 자손이 떨치지 못하고 쇠망하리라"라고 하였다. 옛날 주자(朱子)가 무이(武夷)의 산수(山水)를

---

25) 흡곡(歙谷) : 현재 강원도 통천군(通川郡) 흡곡면(歙谷面)지역.

26) 간성(杆城) : 현재 강원도 고성군(高城郡) 간성읍(杆城邑) 지역.

27) 심언광(沈彦光) : 조선 중종(中宗) 때의 문신(1487~?). 자는 사형(士炯), 호는 어촌(漁村), 시호는 문공(文恭), 본관은 삼척(三陟). 문과에 급제. 중종 8년(1513)에 검열(檢閱)을 거쳐 부제학(副提學)을 지냈고, 동왕 31년에 이조판서(吏曹判書)에 이르렀다. 뒤에 함경도 관찰사로 좌천되었다가 공조판서·우참찬 등을 역임했다. 문장에 뛰어났다. 저서에 『어촌집(漁村集)』이 있다.

좋아하여 글을 짓고 그림을 그리기는 했지만 일찍이 그곳에 집을 짓지는 않았다. 일찍이 말하기를 "봄에 저곳에 가면 붉은 꽃과 푸른 잎이 서로 비추니 또한 그대로 싫지 않다"[28]라고 하였으니, 후세의 산수를 좋아하는 자들이 이 말로 법을 삼을 만하다.[29]

살펴보건대 감호(鑑湖)[30]는 한(漢)의 마진(馬臻)[31]이 삼백 리의 제방을 쌓아서 만든 호수다.

왜사(倭史)에 "강이 가까운 강주(江州)에 비파호(琵琶湖)가 있는데 둘레는 삼십 리로 나라 안에서 제일 큰 호수이며 여덟 가지 빼어난 경치가 있다"라고 하였다.

학포

鶴浦

『택리지』에서 말하였다.

학포(鶴浦)는 옛날 흡곡(歙谷)에 속하였다가 중간에 안변(安邊)에 속하게 되었다. 둘레는 삼십 여 리이고 물이 깊으면서 맑고 투명하다. 사방이 모두 흰모래 언덕이고, 곱게 핀 해당화는 구름 문양 수놓은 비단을 흐드러지게 펼쳐 놓은 듯하다. 미풍이 언뜻 불 때마다 고운

---

28) 『晦庵集, 卷三十六, 答陳同甫』.

29) 『擇里志, 卜居總論, 山水』의 내용을 축약 인용하였음.

30) 감호(鑑湖) : 절강성(浙江省) 소흥현(紹興縣) 남쪽에 있는 호수. 경호(鏡湖)·장호(長湖)·대호(大湖)·경호(慶湖)라고도 한다. 한(漢) 회계(會稽) 태수(太守) 마진(馬臻)이 축조했다. 그 후 당(唐) 개원(開元) 연간에 하지장(賀知章)이 이 호수를 방생하는 곳으로 삼고자 하여 호수 한 구비를 하사받았기에 하감호(賀監湖)라고도 한다.

31) 마진(馬臻) : 후한(後漢)의 문신. 영화(永和) 연간에 회계(會稽) 태수(太守)가 되어 산음(山陰)과 회계(會稽) 두 고을에 걸치는 중경호(中鏡湖)를 만들고 물을 가두어 기후에 따라 물을 조절하여 농사에 이용하여 풍년이 들도록 했다.

모래가 쓸리니 바로 서해(西海)의 금모래와 비견된다. 중국인들은 절강성(浙江省)의 서호(西湖)를 곱게 단장한 미인에 비유하였는데, 우리나라에서 아름다운 서호에 필적할 만한 것은 오직 학포 뿐이다. 영동(嶺東)의 여섯 호수는 견줄 만한 것이 못된다.[32]

열산호

烈山湖

세상에 전해오는 말에 "옛날 큰 홍수가 열산현(烈山縣)을 휩쓸어 고을이 잠겨 호수가 되었다. 날씨가 개이거나 파도가 잠잠할 때면 담과 집들을 그대로 볼 수 있다"라고 한다. 둘레는 수십 리이고 여러 호수들 중에서 가장 크다. 지금 간성(杆城)에 있는데, 중국의 소호(巢湖)[33]와 같다.

금강연

金剛淵[34]

세상에 다음과 같은 이야기가 전한다.

---

32) **其內爲鶴浦大湖**, 周迴三十餘里, 水深而空明淸澈, 四面皆白沙岸, **而沙中**海棠透開, 爛披雲錦, 每微風乍吹, 細沙**遊**走, **小則成堆**, **大則成峯**, **朝暮遷徙**, **一日之內**, **變化莫測**, 正類西海金沙, **甚可怪也**. **後則秀峯嫩岡**, **窈窕婉宕**, **似遠似近**, **前則淸波細浪瀲灩平徐**, **似動似靜**, 中國人以浙江西湖, 比之於明**粧**美人, 我國之可以媲美西湖者, 惟此**湖**而已. **此則又**非嶺東六湖**之**所可比方也. **湖**舊屬歙谷, **中**間**劃**移安邊.(『擇里志, 卜居總論, 山水』)→舊屬歙谷, 間移安邊, 周迴三十餘里, 水深而空明淸澈, 四面皆白沙岸, 海棠透開, 爛披雲錦, 每微風乍吹, 細沙**流**走, 正類西海金沙, 中國人以浙江西湖, 比之明**粧**美人, 我國之可以媲美西湖者, 惟此而已. 非嶺東六湖所可比方也.(『松南雜識』)

33) 소호(巢湖) : 지금의 안휘성(安徽省) 소현(巢縣) 서남쪽에 있는 호수로 소호(漅湖)·초호(焦湖)라고도 한다.

34) 금강연(金剛淵) : 오대산 월정사 곁에 있는 연못 이름.

금강연(金剛淵)은 신령한 용이 있는 곳이다. 봄에는 열목어 수천 수백 마리가 무리를 지어 물을 거슬러 올라 와서 연못 가운데 이르러 배회하며 뜨락내리락 하다가 몸을 떨쳐 절벽으로 뛰쳐 올라간다. 올라가는 놈도 있고, 반쯤 올라 가다가 떨어지는 놈도 있다. 지금 강릉(江陵)에 있다.

개운포
開雲浦

신라 헌강왕(憲康王)[35]이 학성(鶴城)에 유람을 가다가 바닷가에 이르자 구름과 안개가 자욱하고 어두워졌다. 바다의 신에게 기도를 하자 날이 개었기 때문에 개운포(開雲浦)라고 이름하였다. 지금의 울산(蔚山)이다.

대왕포
大王浦

백제 무왕(武王)[36]이 성 남쪽에 연못을 파고 이십 리 밖에서 물을 끌어대서 못 가운데 섬을 만들었는데 바다 위의 선산(仙山)과 사자하(泗沘河)에 있는 사안(四岸) 암곡(巖谷)을 모방하여 이름난 꽃들을 섞어 심고 왕이 술에 취해 노래하고 거문고를 타며 종자들로 하여금 춤을 추게 한

---

35) 헌강왕(憲康王) : 신라의 제49대 왕(?~886). 이름은 정(晸). 황룡사에 백고좌(百高座)를 베풀어 불경을 강론하게 하고 문치에 힘썼으나, 재위 중에 처용무가 크게 유행하는 등 신라는 사치와 환락에 젖어 쇠퇴기에 접어들게 되었다. 재위 기간은 875~886년.

36) 무왕(武王) : 백제의 제30대 왕(?~641). 이름은 장(璋)·무강(武康). 별명은 서동(薯童). 수나라 당나라와는 친화 정책을 써서 고구려를 견제하고 신라를 자주 공략하였으며, 중 관륵을 일본에 보내어 천문·지리·역본 따위의 서적과 불교를 전했다. 만년에는 사치와 유흥에 빠져 백제가 멸망하는 원인을 만들었다. 재위 기간은 600~641년.

까닭으로 '대왕포(大王浦)'라고 한다.

용진포
龍津浦

세상에 다음과 같은 이야기가 전한다.

영남의 교리(校理) 동명(東溟) 이지굉(李志宏)[37]이 집에 있던 여름 어느 날이었다. 한낮에 용이 앞들에 떨어져서 땅강아지와 개미에게 시달리고 있었다. 이지굉이 가래로 용이 있는 곳에 방죽을 만들고 물을 사다 부어주었더니 갑자기 구름과 우레가 일어나고 용이 날아 올라갔다. 그 날밤 꿈에 용이 나타나 말하였다.

"무엇으로 그대의 은혜를 갚아드릴까요?"

이동명이 말하였다.

"이미 과거에 급제했고 자손도 많은데 오직 가난한 것이 나의 괴로움이오."

용이 "마땅히 부유하게 해드려야지요"라고 말하고, 곧바로 그 들의 돌과 모래를 물로 씻어낸 후 기름진 흙으로 덮었다. 그 안에 냇물을 둘러 물을 공급한 까닭에 그 들을 '용진포(龍津浦)'라고 한다.

또, 경주 신라 왕릉에 천년 묵은 뱀이 용이 되려고 하였지만 '용'이라고 말해주는 사람이 없었다. 귀금(貴金)라는 여인이 그것을 보고 '용'이라고 말하자 바로 용으로 변하고는 거친 벌판을 물로 쓸어내어 좋은 논으로 만들어서 은혜를 갚았다. 지금은 '귀금평(貴金坪)'이라고 한다.

---

37) 이지굉(李志宏) : 조선 시대 광해군 때의 문신. 자는 수오(守吾), 호는 동명(東溟), 본관은 여주(驪州).

공암진

孔巖浦

고려 공민왕(恭愍王)[38] 때의 백성 중에 어떤 형제가 함께 길을 가다가 동생이 황금 두 덩어리를 주워서 그중 하나를 형에게 주었다. 양천(陽川)의 공암진(孔巖津)에 이르러 함께 배를 타고 가다가 동생이 갑자기 황금을 물에 던져버렸다. 형이 괴상히 여겨서 묻자 동생이 대답하였다.

"제가 평소에 형님을 매우 사랑했는데 황금을 나누고서는 갑자기 형을 꺼리는 마음이 싹트니 이것은 상서롭지 못한 물건입니다. 물에 던져서 그것을 잊는 것만 못합니다."

형 또한 물에 황금덩어리를 던졌다고 한다.

장의(張儀)[39]가 이른바 "부모가 같은 친형제로 오히려 돈과 재물을 다투는 자"[40]들과 이들을 비교해 보면 어떠한가?

명천

鳴川

지봉 이수광이 말하였다.

---

38) 공민왕(恭愍王) : 고려 제31대 왕(1330~1374). 이름은 전(顓), 호는 이재(怡齋)·익당(益當). 왕위에 오른 뒤 원나라를 배척하고 친원파(親元派)인 기씨(奇氏) 일족을 제거했다. 쌍성총관부를 폐지하였으며, 빼앗긴 영토를 수복하여 국위를 떨쳤으나 나중에는 정치를 그르치고 마침내 최만생(崔萬生)과 홍윤(洪倫)에게 살해되었다. 재위 기간은 1351~1374년.

39) 장의(張儀) : 전국 시대 위(魏)나라의 정치가(?~B.C. 309). 귀곡 선생(鬼谷先生)에게서 종횡(縱橫)의 술책을 배우고, 뒤에 진(秦)나라의 재상이 되어 연횡책을 6국에 유세(遊說)하여 열국으로 하여금 진나라에 복종하도록 힘썼다.

40) **親昆弟同父母**, 尙有爭錢財.(『史記, 卷七十, 張儀列傳』) → **同父母親兄弟**, 尙有爭錢財**者**.(『松南雜識』)

해주(海州)의 명천(鳴川)이라는 곳이 있으니, 작별하는 장소인 까닭에 명천(鳴川)이라고 한다. 옛날에 어떤 사람이 이곳에서 기생과 이별을 하는데 기생이 울지 않자 시를 지어 말하였다.

물에는 울며 흐르는 강이 있건만　　水有鳴川水
사람에는 울며 이별하는 이가 없네　　人無泣別人
어떻게 하면 다리 아래의 물로　　那將橋下水
미인의 수건을 적시게 할까　　沾却美人巾[41)]

정지상(鄭知常)[42)]은 대동강에서 다음과 같은 시를 지었다.

비 그친 긴 둑에 풀빛 짙고　　雨歇長堤草色多
그대 떠나보낸 남포에 슬픈 노래 울리네　　送君南浦動悲歌
대동강 물 어느 때나 마를까　　大同江水何時盡
이별의 눈물 해마다 푸른 물결에 더하니　　別淚年年添綠波[43)]

이에 대한 노래가 있다.

술잔에는 더 부어줄 술이 있건만　　盃有添酒之水
강에 눈물을 보탤 사람이 없으니　　人無添波之淚
애석하다! 대동강 물은　　惜乎大同江水
하루도 안돼서 마르리라　　不日而盡矣

41) 『芝峯類說, 卷二, 地理部, 水』.
42) 정지상(鄭知常) : 고려 인종 때의 문신 · 시인(?~1135). 초명은 지원(之元), 호는 남호(南湖). 묘청의 난에 연루되어 김부식에게 피살되었다. 시에 뛰어난 고려 12시인 중의 한 사람으로 꼽혔으며, 역학과 노장 철학에도 조예가 깊었다. 저서에 『정사간집(鄭司諫集)』이 있다.
43) 「송인(送人)」.

박연폭포

朴淵瀑

박연폭포(朴淵瀑布)는 천마산(天磨山)・성거산(聖居山) 사이에 있는데 모양은 돌항아리 같고 그 속을 들여다보면 정흑색이다. 너럭바위가 있는데 가운데서 솟구쳤기에 '도암(島岩)'이라 한다. 물이 절벽에 이르러서 성난 폭포가 되어 아래로 떨어지니 십여 길쯤 된다. 완연히 흰 무지개가 하늘을 비추는 듯, 날리는 눈이 돌다리를 씻고 천둥이 치고 번개가 부딪히는 듯하며 소리가 천지를 진동한다.

세상에 다음과 같은 말이 전한다.

> 옛날에 박 진사라는 사람이 연못가에서 피리를 불자 용녀(龍女)가 감동해서 그를 끌고 들어가 남편으로 삼은 까닭에 '박연(朴淵)'이라고 이름하였다. 그의 어머니가 와서 곡을 하다가 아래의 못에 떨어져 죽었기에 '고모담(姑姆潭)'이라고 불렀다. 연못 위에 신사(神祠)가 있으니 가뭄에 비를 빌면 효험이 있다. 고려 문종(文宗)[44]이 일찍이 도암 위에 오르자 갑자기 바람과 우레가 사납게 일며 바위가 진동하였기에 문종이 놀라고 두려워하였다. 그때 이영간(李靈幹)이 호종(扈從) 하였는데 글을 써서 용의 죄를 낱낱이 지적하고는 연못에 던졌다. 그러자 용이 즉시 그 등을 드러내기에 매질하였더니, 연못의 물이 그때문에 모두 붉어졌다고 한다.

조선 정민수(鄭民秀)의 시에,

> 곧바로 삼천 자를 날아 떨어지니　　飛流直下三千尺

44) 문종(文宗) : 고려 제11대 왕(1019~1083). 이름은 휘(徽), 자는 촉유(燭幽), 시호는 인효(仁孝). 공음전시법・양전보수법・삼심제(三審制) 등의 법률을 제정하였으며 학문과 서도를 좋아했다. 양주 삼천사의 대지국사비(大智國師碑)는 그가 직접 쓴 글씨이다. 재위 기간은 1046~1083년.

은하수가 구천에서 떨어지는 듯하네라고 한　　疑是銀河落九天
이백(李白)의 이 시구[45] 이제 증명되니　　謫仙此句今方驗
반드시 여산(廬山)이 박연보다 낫지는 않으리　　未必廬山勝朴淵

라고 하였다.

구룡동폭
九龍洞瀑

『택리지』에서 말하였다.

유점사(楡岾寺) 동북쪽에 구룡동(九龍洞)이 있는데 큰 폭포가 높은 곳에서 아래로 날아 떨어진다. 큰 돌절구처럼 된 구멍이 아홉 층인데 층마다 한 마리씩 용이 있어서 아직도 그것을 지키고 있다.[46]

영암(靈巖) 월출산(月出山)의 구정(九井)에 아홉 마리 용이 있는 것과 같다.

만폭동
萬瀑洞

만폭동(萬瀑洞)은 보덕굴(普德窟) 앞에 있는데 나는 듯이 흐르는 여울이 바위를 휘감고 날리는 구슬과 흩어진 눈보라처럼 물이 내뿜어져 떨어진다. 큰 폭포는 모두 십이 층이고 작은 폭포는 이루 헤아릴 수도 없

45) 「망여산폭포이수(望廬山瀑布二首)」.
46) 楡岾東北, 有九龍洞, 大瀑自高峯飛下, 穴**而**爲大石臼者九層, 而**層**皆有一龍守之.(『擇里志, 卜居總論, 山水』)→楡岾**寺**東北, 有九龍洞, 大瀑自高飛下, 穴**之**爲大石臼者九層, 而皆有一龍守之.(『松南雜識』)

는 까닭에 '만폭(萬瀑)'이라고 한다. 만폭 아래를 '주연(珠淵)'·'귀담(龜潭)'·'화룡담(火龍潭)'이라 한다. 그 위에 있는 봉우리는 '사자암(獅子岩)'이라고 한다. 절벽을 파서 판자를 걸치고 밖에 구리 기둥을 세우고 그 위에 삼층 짜리 작은 집을 지으니 '관음각(觀音閣)'이라 한다. 쇠줄로 묶고 암석에 박아 공중에 떠있게 하였으니 사람이 올라가면 흔들린다. 그 안에 부처를 모신 함(函)을 안치하고 주옥으로 장식하였으며 밖은 철망을 설치하여 손으로 만지지 못하게 하였다고 한다.

은폭
隱瀑

속리산(俗離山) 천왕봉(天王峰) 정상은 겉으로 보기에는 물이 없지만 속으로는 폭포가 흘러내리는 소리가 있는데 '은폭(隱瀑)'이라고 하니, 바로 삼파수(三派水)의 발원지이다. 세상에 "동방(東方) 왕기(王氣)의 시발처(始發處)"라고 전해진다.

파곶
巴串

『택리지』에서 말하였다.

파곶(巴串)은 확 트이고 심원하며 큰 시냇물이 돌벼랑에 쏟아져 내린다. 천 번 만 번을 굽이쳐 도니 만폭(萬瀑)에 비교한다면 웅장한 점에서는 조금 모자라지만 기이하고 교묘하고 맑고 오묘한 점은 그것보다 뛰어나니 당연히 삼남(三南)의 최고가 될 만하다.[47]

지금의 화양동(華陽洞)이다.

부연

釜淵

영평(永平) 백운산(白雲山) 삼부연(三釜淵)에는 기이하고 장엄한 폭포가 있다.

수옥정

漱玉亭

『동파집(東坡集)』[48]에서 "내가 여산(廬山) 남북을 유람하고 수옥정(漱玉亭) 시를 지었다"[49]라고 하였다. 또 주자(朱子)도 시가 있으니[50], 본래 육기(陸機)[51]의 시 "날리는 샘물 찬옥을 씻네[飛泉漱寒玉]"[52]라고 한 것에서 나왔다. 연풍(延豐) 조령(鳥嶺)의 용연(龍淵)이 넘쳐 수옥정(漱玉亭)까지 간다.

---

47) 洞天深**邃**, 而大溪**日夜**瀉下**於石洞**, 石崖**之下**, 千回萬轉, **不可殫述**, 比**金剛山**萬瀑**洞**雄**壯**少遜, 而**或曰**奇巧**精**妙過之, **盖金剛以後無此水石**, 當爲三南第一矣.(『擇里志, 卜居總論, 山水』) → 洞天深**遠**, 而大溪瀉下石崖, 千回萬轉, 比萬瀑雄少遜, 而奇巧**清**妙過之, 當爲三南第一矣.(『松南雜識』)

48) 동파집(東坡集) : 송나라 소식(蘇軾)의 『동파전집(東坡全集)』의 일부로 40권이다. 이외에 후집(後集) 20권, 주의(奏議) 15권, 내제(內制) 10권, 외제(外制) 3권, 화도시(和陶詩) 4권, 조공무독서지(晁公武讀書志)·진진손서록해제(陳振孫書錄解題)가 함께 실려 있고 별본 증응조집(別本增應詔集) 10권을 합쳐서 전집을 만들었는데, 이를 동파칠집(東坡七集)이라고도 한다.

49) 「동파선생연보(東坡先生年譜)」.

50) 「개선수옥정(開先漱玉亭)」.

51) 육기(陸機) : 진(晉)나라 오군(吳郡) 출신. 자는 사형(士衡). 『육사형집(陸士衡集)』·『육평원집(陸平原集)』이 있다.

52) 왕백광(王伯廣)의 「중봉(中峰)」의 구절로, 육기의 시에는 보이지 않음.

한계
寒溪

『택리지(擇里志)』에 “설악(雪岳) 한계산(寒溪山)에는 백 길이나 되는 폭포가 있는데 임진년(1592)에 당나라 장수가 ‘여산(廬山) 폭포 보다 낫다’라고 말하였다”[53]라고 하였다.

관음담
觀音潭

『명산기(名山記)』에서 말하였다.

금강산(金剛山)에 ‘관음담(觀音潭)’이라는 큰 못이 있는데 못 주위의 벼랑을 ‘수건벼랑(手巾崖)’이라고 한다. 벼랑 바위 중심에 절구처럼 꺼진 곳이 있으니 세상에 전해오는 말에 ‘관음보살(觀音菩薩)이 수건을 빨았던 곳’이라고 한다.

도담
島潭

『택리지』에서 말하였다.

단양(丹陽)·영춘(永春)·청풍(淸風)·제천(堤川)을 ‘네 고을(四郡)’이라 한다. 영춘(永春)에 도담(島潭)이 있는데 물 속에서 세 개의 바위 봉우

53) **由是而南爲**雪岳寒溪, **亦石山石泉**, **而嵬峨截辥幽深凄冷**, **疊嶂喬林蔽虧天日**, **寒溪**有**萬**丈**大**瀑, **昔**壬辰唐將**見之**, 謂過廬山瀑布.(『擇里志, 卜居總論, 山水』)→雪岳寒溪**山**, 有**百**丈瀑, 壬辰唐將謂過廬山瀑布.(『松南雜識』)

리가 솟아나 곧은 활줄처럼 한 줄로 늘어서 있다. 석가산(石假山) 같이 기이하고도 교묘하게 쪼아 새긴 듯 하다. 또 청풍(淸風) 귀담(龜潭)의 양쪽 언덕에 있는 석벽은 강물이 그 사이로 쏟아져 내리니 마치 문과 같다. 좌우에 강선대(降仙臺)·채운봉(彩雲峰)·옥순봉(玉筍峰)이 있으니 시에서,

> 땅 위에 높은 모양은 고상한 선비가 서 있는 듯하고 地上形高端士立
> 물속 일렁이는 그림자는 늙은 용이 뒤척이는 듯하다 波心影動老龍飜

라고 하였다. 또 상선(上仙)·중선(中仙)·하선(下仙)의 세 바위가 있으니 실로 인간 세계의 경치가 아니다. 또 운암(雲岩)이 있으니 서애 유성룡(柳誠龍)[54]의 정자로 "붉은 벼랑과 푸른 절벽도 탄핵하는 글 속에 들어있구나"[55]라고 한 말이 이것이다.[56]

---

54) 유성룡(柳成龍) : 조선 선조 때의 재상(1542~1607). 자는 이견(而見), 호는 서애(西厓). 이황의 문인으로, 대사헌·경상도 관찰사 등을 거쳐 영의정을 지냈다. 임진왜란 때 이순신과 권율 같은 명장을 천거하였으며, 도학·문장·덕행·서예로 이름을 떨쳤다. 저서에 『서애집』·『징비록』·『신종록(愼終錄)』 등이 있다.

55) 『서애선생연보』에 다음과 같은 기록이 있다. 서애 선생이 57세에 여행길에 운암(雲巖)을 경과했다. 바위는 단양군 남쪽에 있었는데 경치가 매우 훌륭했다. 거기에 폐기된 지 오래된, 조신(曺伸)이 거처하던 조그마한 정자가 있었는데, 선생은 임금이 하사한 호피(虎皮)로 그 정자를 사들여 그곳에서 물러와 쉴 뜻이 있었으나, 관직에 얽매여 뜻을 이루지 못했다. 이때 와서 종사관 윤경립(尹敬立)과 더불어 노닐면서 돌 위에다 시를 써 놓았다. 그 후 선생을 공박하는 자가 이르러 "전원이 나라 안에 두루 있다"라고 하였는데, 선생은 그 말을 듣고 남에게 준 글에서, "단애 취벽(丹崖翠壁)도 모두 탄핵하는 글 속에 들어갔다"라고 말했다.

56) 永春丹陽淸風堤川四郡, 雖忠淸境, 實據漢江上流, …… 世稱有二潭三石, 二潭者, 島潭在永春境, 江流滙渟深濶, 水中聳三石峯, 各離立而一行如絃直, 鑱鏤奇巧, 如人家所蓄石假山, 但恨低小, 無嵬峨山+截嶭之容, 龜潭在淸風境, 兩岸石壁衮天翳日, 江瀉其間, 石壁重重互遮如門戶, 而左右有降仙臺彩雲峯玉筍峯, …… 戊子夏, 余從安東上京也, 乘船於丹陽邑前, 過玉筍, 得一聯曰, 地上形高端士立, 波心影動老龍飜, …… 三巖者, 在郡西南峽中, …… 實非世間境界, 如此有三, 上曰上仙巖, 中曰中仙巖, 下曰下仙巖, …… 東南有雲巖, 一小麓自山下野, 而突兀隆起,下有石壁, 而東南山峽之水, 大而爲溪, 旋繞於石壁下, 上有西厓故亭址, 頗有溪山之致, 昔西厓以御賜豹

우다굴
亐多窟

세상에 다음과 같은 말이 전한다.

우다장군(亐多將軍)[57]이 이 굴속으로 들어가 구월산(九月山) 정상의 구멍에 도착하였다. 거리는 백여 리이고 굴 안에서 불을 피우면 20여 일 만에 그 연기가 구월산(九月山)의 구멍으로 나간다. 지금의 해주(海州)에 있다.

『화산기(華山記)』에 "전괄봉(箭括峯) 위에 구멍이 있는데 겨우 하늘의 해가 보일 정도이다. 기어서 구멍을 통해 올라가면 꼭대기가 나온다"라고 하였다.

기린굴
麒麟窟

기린굴(麒麟窟)은 부벽루(浮碧樓) 아래에 있다. 동명왕이 이곳에서 기린마(麒麟馬)를 길렀기에 후세 사람들이 비석을 세워 그 사실을 기록하였다. 세상에는 "동명왕이 기린마를 타고 이 굴에 들어가 땅 속으로 통해서 조천석(朝天石)으로 나와 하늘에 올라가니 그 자취가 지금도 돌 위에

皮買此亭基, 作數間屋, 戊戌南以恭之爲李慶全劾西厓也, 以此至比之於郿塢, 西厓書中以爲丹崖翠壁, 亦入彈墨之中, 卽此地也.(『擇里志, 卜居總論, 山水』)→丹陽永春淸風堤川, 是謂四郡, 永春有島潭, 水中聳三石峯, 離立一行如弦直, 鑱鏤奇巧, 如石假山, 又淸風龜潭, 兩岸石壁, 江瀉其間, 如門戶, 左右有降仙臺彩雲峯玉筍峯, 其詩曰, 地上形高端士立, 波心影動老龍龢, 又有上仙中仙下仙三岩, 實非世間境界也, 又有雲巖, 乃西厓故亭也, 卽丹崖翠壁, 亦入彈墨中, 是也.(『松南雜識』)

57) 우다장군(亐多將軍) : 우다치[于多赤] · 우달치[于達赤]. 고려 말기, 원(元)의 제도에 따라 두었던 숙위병(宿衛兵)을 통솔하던 장군.

남아 있다"라고 전해진다.

성산굴

城山窟

영춘현(永春縣) 남산(南山)에 석굴이 있다. 넘실넘실하는 물이 있는데, 깊이는 다리가 잠길 정도이고 얼음처럼 차다. 고을 사람이 횃불 십여 자루를 들고 구멍으로 들어가 보았는데 굴의 끝까지 다 가지도 못해서 가지고 간 횃불이 다 타서 되돌아왔다고 한다. 이것을 남굴(南窟)이라고 한다.

금강굴

金剛窟

세상에 전하기를 임경업(林慶業) 장군이 머리를 깎고 은신한 곳이라 한다. 지금 속리산에 있는데 절은 무너졌고 굴만 남아있다.

소무굴

蘇武窟

『한서』에 선우(單于)[58]가 북해에 소무(蘇武)[59]를 옮겨서 양을 기르게 하고 큰 움 속에 살게 하였다는 기록이 있다.[60]

---

58) 선우(單于) : 흉노(匈奴)가 그들의 군주나 추장을 높여 이르던 이름. 후에 선비(鮮卑)와 저(氐), 강(羌) 등에서도 사용했다.

59) 소무(蘇武) : 전한의 정치가(B.C. 140~B.C. 60). 자는 자경(子卿). 흉노에 사신으로 갔다가 잡혀 19년간 억류되었다가 귀국했는데, 절개를 굳게 지킨 공으로 전속국(典屬國)에 임명되었다.

60) 『前漢書, 卷五十四, 李廣蘇建傳, 第二十四』.

『풍고집(楓皐集)』[61]에서 말하였다.

맹자가 "조선의 바다는 또한 중국의 북해이다"라고 하였다.

대개 중국의 지세는 이른바 북명천지(北溟天地)라는 것과 서로 접하지 않는다. 갈석(碣石)의 바다가 동쪽에서 끝나는데도 북쪽으로 오인한 까닭에 제(齊)・노(魯)의 동쪽과 유연(幽燕)의 서남쪽과 요(遼)의 서쪽과 동말갈(東靺鞨)의 경계로부터가 모두 북해라고 칭하니 소무가 양을 치던 곳과 조선의 북쪽 경계와 같다. 지금 무산에 소무굴이 이것이다.

보덕굴
普德窟

『동국여지승람(東國輿地勝覽)』에서 "세상에 전하는 말에 고구려 안원왕(安元王)[62] 때에 중 보덕(普德[63])이 창건한 곳이라고 한다"[64]라고 하였다.

풍혈빙혈
風穴氷穴

지봉 이수광이 말하였다.

---

61) 풍고집(楓皐集) : 조선 후기 김조순(金祖淳)의 문집.
62) 안원왕(安原王) : 고구려의 제23대 왕(?~545). 이름은 보연(寶延). 남쪽의 양(梁)나라, 북쪽의 동위(東魏)와 수교했다. 재위 기간은 531~545년.
63) 보덕(普德) : 신라 진덕 여왕 때의 중. 법명(法名)은 지법(智法). 열반종의 시조이다.
64) 『新增東國輿地勝覽, 淮陽都護府, 佛宇』.

청풍(淸風)의 병풍산(屛風山)에는 풍혈(風穴)이 있는데 하지(夏至) 뒤에는 그 안의 바람이 차고 동지(冬至) 뒤에는 그 안의 바람이 따뜻하다. 바위틈에는 석수(石髓)가 있어서 먹을 수 있지만 굴 밖으로 가지고 나오면 단단하게 응고되어 돌이 된다.

의성(義城)의 빙산(氷山)에는 풍혈(風穴)이 있다. 또 바위 아래에도 굴이 있는데 입하(立夏)가 지나면 얼음이 얼기 시작해서 날씨가 극도로 더워지면 얼음이 단단해지고 흙비가 내릴 즈음이면 얼음이 녹는다. 봄이나 가을에는 춥지도 않고 덥지도 않다. 겨울에는 봄처럼 온기가 있기에 빙혈(氷穴)이라고 한다. 의흥(義興)의 화산(華山)에도 풍혈(風穴)이 있는데 몹시 추워 여름마다 얼음이 언다. 살펴보건대 형주(荊州)의 낭산(狼山)에도 풍정(風井)이 있다고 한다.[65]

용두산의 우물

龍頭山井

영해(寧海) 용두산(龍頭山) 정상에 우물이 있는데 홍수나 가뭄에도 물이 늘거나 줄지 않으니, 화산(華山) 옥녀봉(玉女峰)의 세두분(洗頭盆)의 푸른 물이 일찍이 늘거나 줄어드는 일이 없던 것과 같다. 세상에 전하는 말로는 "처음에 용두산 정상에 갈대 하나가 있었는데 길이가 하늘까지

---

65) 淸風**郡治**, **有**屛風山, **山**有**穴方二尺許**, **風氣甚烈**, **雖盛暑之日**, **猶覺寒凜**, **名**風穴, **穴中空曠**, **其深不知幾里可攀緣以入**, **以火燭之**, 石罅**多**有石髓可食, **取**出穴**外**則堅凝爲石, **按荊州記云**, **宜都狼山**, **有穴口大數尺**, **爲風井**, **宋玉風賦曰**, **風起於靑蘋之末**, **盛怒於土囊之口**. 義城**縣有**冰山, **中**有**石穴**, **穴口三尺**, **爲**風穴, **又有穴在巖下廣一尺**, 立夏後冰始凝, **極**熱則氷堅, 霾雨則冰釋. 春秋不寒不熱, 冬則溫氣如春, 謂之冰穴, 義興**縣**華山, 亦有風穴甚寒, 每夏冰結, **異哉**.(『芝峯類說, 地理部, 山』)→淸風屛風山, 有風穴, **夏至後其風寒**, **冬至後其風溫**, 石罅有石髓可食, 出穴則堅凝爲石. 義城冰山, 有風穴, **又巖下有穴**, 立夏後冰始凝, **亟**熱則氷堅, 霾雨則冰釋. 春秋不寒不熱, 冬則溫氣如春, 謂之冰穴, 義興華山, 亦有風穴甚寒, 每夏冰結, **按荊州**, **狼山**, **有風井**.(『松南雜識』)

뻗쳤다. 그 땅을 파서 우물을 만드니 물이 맑고 투명하였다. 부정한 사람이 물을 비추어 보면 변하여 진흙색이 된다"라고 한다. 대개 윤덕천(潤德泉)[66]·앵무곡수(鸚鵡谷水)[67]·조세배(照世盃)[68]같은 류(類)이다.

물이여! 물이여! 풀이 아첨하는 이를 가리키고[指佞][69] 거울은 마음을 비추는구나[照心].[70]

금정산의 우물
金井山井

동래(東萊) 북쪽 산 정상에 바위가 있는데 높이가 세 길이다. 그 위에 우물이 있는데 너비는 십여 자이고 깊이는 일곱 치쯤이다. 물이 항상 가득 차 있고 가뭄에도 마르지 않으며 물빛은 황금 같다.

세상에 전하는 말로는 "금빛 물고기 한 마리가 오색 구름을 타고 하늘에서 내려와 그 안에서 노닐었기 때문에 이렇게 산 이름을 지었다"라고 전해진다.

금수굴
金水窟

괴산(槐山) 군대산(羣臺山) 정상에 굴이 있는데 물빛이 황금색과 같아서

66) 윤덕천(潤德泉) : 봉상부(鳳翔府) 기산현(岐山縣) 서북쪽 주공(周公) 사당 옆에 있다. 태평성대에는 흐르고 난세에는 마른다고 한다.
67) 앵무곡수(鸚鵡谷水) : 이 물이 맑으면 태평성대가 된다고 한다.
68) 조세배(照世盃) : 비추어 보면 세상 일을 알 수 있다고 하는 보물 술잔.
69) 지녕초(指佞草) : 요 임금 때 아첨하는 사람이 조정으로 들어오면 풀이 그를 향해 굽었으므로 이 풀을 지녕초라고 했다.
70) 조심경(照心鏡) : 진시황이 가지고 있던 거울로 사람의 심장과 담(膽)을 비추어 볼 수 있었다고 한다.

금수굴이라고 이름하였다. 이 물을 마시고 효험을 본 병자가 많다고 한다.

불우물

火井[71]

『한서(漢書)』에 "서하군(西河郡) 홍문(鴻門)에 불우물이 있는데 불이 땅속에서 솟아났고 한(漢)나라가 홍성할 때는 불꽃이 더욱 타올랐다"라고 하였다.

지금 해서(海西) 천옥산(泉玉山)에 있는 굴 안의 음수(陰水)는 마치 불과 같다. 그것은 아마도 조당(曹唐)[72]의 시에서 "바닷물 불어 조수가 생기니 음화(陰火)[73]가 꺼지네[漲海潮生陰火滅]"[74]라고 한 것인가 보다.

『수경(水經)』[75]에서 "계자(季子) 사당 앞의 우물과 연못이 항상 끓는다"라고 하였다.

「촉도부(蜀都賦)」[76]에 "화정이 유천에 잠겨 빛난다[火井沉熒於幽泉]"라고 하였는데, 그 주석에서 "화정(火井)은 임공현(臨邛縣)에 있다. 그 불을 나오게 하려면 먼저 집의 불을 던져 넣는다. 잠깐 사이에 웅웅하는 우레 같은 소리가 나고 불길이 하늘까지 뻗치고 빛이 십 리까지 이른다. 통(筒)에 담아서 손을 대보면 빛은 있지만 재는 없다"라고 하였다.

---

71) 화정(火井) : 연소하기 쉬운 가스가 나오는 우물.
72) 조당(曹唐) : 당나라의 시인. 자는 요빈(堯賓). 계주(桂州) 출신.
73) 음화(陰火) : 흐리고 어두울 때 물 위에 나타나는 불. 흔히 '도깨비불'이라고 한다. 유황(硫黃)의 다른 이름.
74) 「남유(南遊)」.
75) 수경(水經) : 하도(河道)의 원류(源流)를 설명했다. 편찬자는 알 수 없는데 일설에는 한(漢)의 유흠(劉歆)이나 진(晉)의 곽박(郭璞)이 편찬했다고도 한다. 41권.
76) 촉도부(蜀都賦) : 진(晉)나라 좌사(左思)의 작품.

성스러운 불
聖火

『남사(南史)』에서 말하였다.

위(魏)나라 지방에 "붉은 불 남쪽으로 흐르네"라는 노래가 있다. 어떤 중이 북쪽에서 이 불을 싸서 가지고 왔는데 색깔이 붉은 빛이면서 희미하였다고 한다. 그것으로 병을 치료하는데 다투어 가져다가 효과를 본 사람이 많기에 모두 '성화(聖火)'라고 하였다.[77]

용화
龍火

불경(佛經)에서 "용의 불은 물을 만나면 타오르고 사람의 불은 물을 만나면 꺼진다"라고 하였다.

『장자(莊子)』에서 "물 속의 불이 큰 홰나무를 불태운다"[78]라고 하였다.

찬 불꽃
寒燄

『포박자(抱朴子)』에서 "소구(蕭丘)의 찬 불꽃은 봄에 일어나서 가을에 꺼진다. 이 언덕에는 한 종의 나무가 자라는데 불이 붙으면 조금 그을

77) 魏地謠言, 赤火南流, **喪南國**, **是歲**有沙門從北賫此火而至, 色赤**於常火**而微云. 以療疾, 貴賤爭取之, 多得其驗, **二十餘日**, **都下大盛**, 咸云聖火.(『南史, 卷四, 齊本紀上』)→魏地謠言, 赤火南流, 有沙門從北賫此火而至, 色赤而微云. 以療疾, 貴賤爭取之, 多得其驗, 咸云聖火.(『松南雜識』)

78) 水中有火, **乃**焚大槐.(『莊子, 外物』)→水中有火, 焚大槐.(『松南雜識』)

러 검어질 뿐이다"[79]라고 하였다.

『산해경(山海經)』에서 "곤륜산(崑崙山) 아래에는 약수(弱水)인 못이 에워싸고 있다. 그 밖에는 염화산(炎火山)이 있는데, 물건을 던지면 바로 타버린다"[80]라고 하였다.

육유(陸游)[81]가 "화산군(火山軍) 땅은 깊게 파면 맹렬한 불길이 나오지만 농사에는 무방하다"[82]라고 하였다.

겁회

劫灰[83]

『고승전(高僧傳)』[84]에서 말하였다.

한(漢) 무제(武帝)가 곤명지(昆明池)를 파다가 검은 재를 얻고는 동방삭(東方朔)[85]에게 물었다. 동방삭이 "서역의 중에게 물어 볼 법합니

---

79) 有蕭丘之寒焰重類應沈.(『抱朴子, 論仙』)→抱朴子曰, 南海蕭丘之上, 有自生之火, 春起秋滅, 丘生上一種木, 雖爲火所著但小焦黑.(『山堂肆考, 卷二十三, 地理, 春起秋滅』)→蕭丘之寒燄, 春起秋滅, 生木小焦黑.(『松南雜識』)

80) 崑崙之丘 …… 其下, 有弱水之**淵**環之, 其外有炎火之山, 投物輒**然**.(『山海經, 卷十六, 大荒西經』)→崑崙之丘, 其下有弱水之**澗**環之, 其外有炎火之山, 投物輒**燃**.(『松南雜識』)

81) 육유(陸游) : 남송의 시인(1125~1209). 자는 무관(務觀), 호는 방옹(放翁). 남송 제일의 시인으로, 나라의 상황을 개탄한 시나 전원의 한적한 생활을 주제로 한 시가 많다. 글씨도 뛰어났다. 시집 『검남시고(劍南詩稿)』와 기행문 「입촉기(入蜀記)」, 사서(史書) 『남당서(南唐書)』 등이 있다.

82) 予昔在征西幙府, 嘗得小校言, 火山軍地枯燥, 不可耕, 鋤犁入地, 不及尺, 烈火隨出.(『渭南文集, 跋火井碑』)→火山軍, 其地鋤深則有烈燄, 不妨耕種.(『松南雜識』)
*『渭南文集』와 『松南雜識』의 내용이 상반되는데, 『松南雜識』 원문에 의거하여 번역하였음.

83) 겁회(劫灰) : 겁화(劫火). 불가(佛家)에서 세계가 파멸할 때 일어난다고 말하는 큰 재화.

84) 고승전(高僧傳) : 양(梁)나라 석 혜교(惠皎)가 편찬했다. 동한(東漢) 영평(永平) 10년부터 양(梁) 천감(天監) 18년까지 450여 명의 승려를 10가지 조목으로 분류하여 기록해 놓았다. 13권. 부록 1권.

다"라고 말하였다. 뒷날 축법란(竺法蘭)[86]이 왔을 때 물어보니 "겁화(劫火)의 재입니다"라고 말하였다.

온천 아래에는 유황이 있다
溫泉硫黃

지봉 이수광이 말하였다.

우리나라의 온천(溫泉)은 경기도・전라도를 제외하고 없는 곳이 없다. 평산(平山)・연안(延安)・온양(溫陽)・이천(伊川)・고성(高城)・연풍(延豊)・동래(東萊)가 가장 유명하다. 조선의 세종이 눈병이 났을 때 여러 도(道)의 온천수를 길어다가 무게를 달아 보게 한 뒤 거둥하여 목욕하니 좋은 효험이 있었는데, 이천・갈산(葛山)의 물이 가장 무거워서 최고였다고 한다.[87]

살펴보건대, 구용현(勾容縣)의 호수는 반은 차갑고 반은 뜨거운데, 뜨거운 것은 닭과 물고기를 삶을 수 있을 정도이고 사람이 들어가면 바로 죽는다고 한다.

『본초강목(本草綱目)』[88]의 주석에 "온천(溫泉) 아래에 유황(硫黃)이 있

---

85) 동방삭(東方朔) : 전한(前漢)의 문인. 해학과 변설(辯舌), 직간(直諫)으로 이름이 났다. 속설에 서왕모의 복숭아를 훔쳐 먹어 장수하였으므로 삼천갑자 동방삭이라고 이른다.

86) 축법란(竺法蘭) : 후한(後漢)의 승려. 중천축(中天竺) 출신. 천축(天竺) 학자들의 스승. 명제(明帝) 때 섭마등(攝摩騰)과 함께 중국에 들어와 낙양(洛陽)에서 죽었다.

87) **我國**溫泉, 京畿・全羅**道**外, 無處無之, 平山・延安・溫陽・伊川・高城・東萊最著名, **俗傳**世宗**大王**有眼疾, **命中使**汲**取**諸道溫水稱量, **則唯伊川葛山溫水最重**, 乃**親**幸沐浴, 良驗, **故以**葛山**溫水**爲第一云.(『芝峯類說, 卷二, 地理部, 水』)→溫泉, 京畿・全羅外, 無處無之, 平山・延安・溫陽・伊川・高城・**延豊**・東萊, 最著名, **我**世宗有眼疾, 汲諸道溫水稱量, 乃幸沐浴, 良驗, **而**葛山**最重**, 爲第一云.(『松南雜識』)

88) 본초강목(本草綱目) : 1590년에 명나라의 이시진(李時珍)이 지은 본초학의 연구서.

는 까닭에 물이 뜨겁다"[89]라고 하였다.

두보(杜甫)의 시에 "음화가 옥 같은 샘물을 끓이네[陰火煮玉泉]"[90]라고 하였는데, 그 주석에 "온천이다"라고 하였다.

「해부(海賦)」[91]에서 "음화가 물밑에서 타오르네[陰火潛然]"라고 하였는데, 그 주석에서 "음화(陰火)는 바다 속의 염기(鹽氣)에서 생기는 것이다. 바닷물은 흐리거나 그믐이 되면 타오르는 듯하다가, 달이 뜨면 다시 보이지 않는다"라고 하였다.

초정백반
椒井白礬

『산해경』에서 "소양산(少陽山)에서 신물이 나온다"[92]라고 하였는데, 그 주석에서 "그 맛이 약간 시다"라고 하였다.

지봉 이수광이 말하였다.

초정(椒井)에 많이 있는데, 광주(廣州)·청안(淸安) 등이 가장 유명하다. 매년 칠, 팔 월이면 신초 기운이 매우 심하며 아픈 사람들이 목욕을 하면 기이한 효험을 볼 수 있다. 『동의보감(東醫寶鑑)』[93]에 "냉천

종래의 본초학에 관한 책을 정리하여, 약의 올바른 이름을 강(綱)이라 하고 해석한 이름을 목(目)이라 했다. 약이 되는 흙·옥(玉)·돌·초목(草木)·금수(禽獸)·충어(蟲魚) 등의 1,892종을 7항목으로 분류하고 형상(形狀)과 처방을 적었다. 52권.

89) 溫泉, **沸泉**, **藏器曰**, 下有硫黃**卽**令水熱.(『本草綱目, 卷五, 水之一, 溫湯』) → 溫泉下有硫黃**故**令水熱.(『松南雜識』)

90) 「봉동곽급사탕동령추작(奉同郭給事湯東靈湫作)」.

91) 해부(海賦) : 진(晉)나라 목화(木華)의 작품.

92) 少陽之山, **其上多玉**, **其下多赤銀**, 酸水出**焉**.(『山海經, 卷三, 北山經』) → 少陽之山, 酸水出.(『松南雜識』)

93) 동의보감(東醫寶鑑) : 조선 선조 때 허준(許浚)이 지은 의서(醫書). 선조 29년(1596)에 허준이 정작(鄭碏)·이명원(李命源)·양예수(楊禮壽) 등과 함께 왕명으로 찬집하였는데, 정유재란(丁酉再亂)으로 중단되었다가 선조가 허준에게 다시 계속 편집하도록 하

(冷泉) 아래에 백반(白礬)[94]이 있다. 그래서 물맛이 시고 떫고 차가우니 이른바 냉천(冷泉)으로 지금의 초수(椒水)이다"라고 하였다.[95]

조선의 세종과 세조가 청주 초정에 거둥하였는데 방문중(房文仲)과 이승소(李承召)[96]가 이를 두고 시를 지었다.

강경의 물로 풍토병을 치료하다
江景去瘴

『택리지』에서 말하였다.

강물과 바다물이 서로 섞이는 곳의 반담수(半淡水)는 풍토병 치료에 가장 좋다. 오직 강경(江景)[97]은 큰 강이 조수와 통하고 맛이 매우 짜지 않다. 그 마을에는 우물이 없어서 항아리를 묻어두고 강물을 길어다 붓는다. 며칠 묵히면 혼탁한 찌꺼기가 가라앉아 그 맛이 시원하고 상쾌해진다. 비록 몇 일이 지나더라도 변하지 않고 오래될수록 더

여 광해군(光海君) 2년(1610)에 완성되자, 광해군 5년에 내의원(內醫院)에서 간행했다. 25권.

94) 백반(白礬) : 칼륨 · 암모늄 · 나트륨 따위의 1가(價) 금속의 황산염과 알루미늄 · 크롬 · 철 따위의 3가 금속의 황산염으로 이루어진 복염(複鹽)을 통틀어 이르는 말. 보통은 황산알루미늄과 황산칼륨의 복염인 칼륨명반을 이른다.

95) 椒井**多有之**, 廣州淸安等處最有名, 每七八月, 有椒氣甚烈, 病人沐浴, 頗有奇效, **按本草**, **溫泉下有硫黃故水熱**, 醫鑑曰, 冷泉下, 有白礬, 故水味酸澁冷冽, 所謂冷泉, 卽今椒水也.(『芝峯類說, 卷二, 地理部, 水』) → 椒井, 廣州淸安等處最有名, 每七八月, 有椒氣甚烈, 病人沐浴, 頗有奇效, 醫鑑曰, 冷泉下, 有白礬, 故水味酸澁冷冽, 所謂冷泉, 卽今椒水也.(『松南雜識』)

96) 이승소(李承召) : 조선 시대의 문신(1422~1484). 자는 윤보(胤保), 호는 삼탄(三灘). 예문관 제학이 되어 왕명으로 『명황계감(明皇誡鑑)』을 한글로 옮겼으며, 신숙주 등과 함께 『국조오례의』를 편찬했다. 저서에 『삼탄집(三灘集)』이 있다.

97) 강경(江景) : 충청남도 논산시에 있는 읍. 내포평야의 중심지로, 금강의 하류에 있다.

욱 차가워진다. 장기(瘴氣)[98]를 10년 동안 앓던 자가 한 번 이 물을 마시면 바로 병의 뿌리를 없앨 수 있다고 한다.[99]

달천수렴

達川水簾

『총화(叢話)』에서 "기우자(騎牛子) 이행(李行)[100]은 물맛을 잘 분별하는데 충원(忠原)의 달수(㺚水)를 최고로, 오대산(五臺山)의 우통수(于筒水)를 두 번째로, 속리산(俗離山)의 삼타수(三陀水)를 세 번째로 쳤다"라고 하였다.

『택리지』에서 "임진년(1592)에 명나라 장수가 달천(㺚川)을 지나다가 물맛을 보고 "여산(廬山)의 수렴(水簾)과 같다"[101]라고 하였다.

지금 임금의 수라(水剌)에는 한강이 우통수에서 발원한다고 여겨 이 물을 사용하는데 서울에는 물긷는 통을 싣고 다니는 말[汲桶馬]이 있다.

어정

御井

지봉 이수광이 말하였다.

---

98) 장기(瘴氣) : 더운 습지에서 생기는 독기.

99) 江景在恩津西, 野中一小山, 臨江斗起向東, 逆受二大川於左右, 後背大江通潮而味不甚鹹, 村無井, 一村埋大甕於地, 汲江水, 入甕留數日, 濁滓下墜, 上則清爽, 雖多日味不變, 愈久愈洌, 有數十年得瘴疾者, 一年飮此水則去根, 或曰, 江海相和處半淡半鹹之水, 最已土疾, 而此江水爲上云.(『擇里志, 八道總論, 忠清道』) → 江海相和處半淡之水, 最易土疾, 惟江景, 大江通潮而味不甚鹹, 村無井, 埋甕汲江, 留數日, 濁滓下墜, 其味清爽, 雖多日不變, 愈久愈洌, 十年疾瘴者, 一飮此水, 輒去根云.(『松南雜識』)

100) 이행(李行) : 고려 말 조선 초의 문신(1352~11432). 자는 주도(周道), 호는 기우자(騎牛子)·백암(白巖)·일가도인(一可道人), 시호는 문절(文節), 본관은 여흥(驪興). 저서에 『기우자집(騎牛子集)』이 있다.

101) 『擇里志, 八道總論, 忠清道』.

서울 안 물맛은 의동(義洞)의 의성위(宜城尉) 댁 우물이 제일이다. 성종(成宗)이 그 우물을 봉(封)하였고 물을 길어 진상토록 하였기에 '어정(御井)'이라고 하였다. 후에 의성위(宜城尉)에게 하사한 까닭으로 '사정(賜井)'이라는 두 글자를 우물벽돌 위에 새겼다. 지금까지 남아 있다. 양호(楊鎬)[102]와 형개(邢玠)[103]가 모두 이 우물을 최고라고 하여 길어다 마셨다.[104]

『여산기(廬山記)』[105]를 살펴보면, 강왕곡(康王谷)의 곡렴천(谷簾泉)을 육우(陸羽)가 그 물을 천하 제일로 품평하였다.[106] 『세본(世本)』에서 황제(黃帝)가 처음 우물을 팠다고도 하고, 백익(伯益)이 팠다라고도 한다.
『태평광기(太平廣記)』에서 말하였다.

가탐(賈耽)[107]이 팔각정(八角井)을 파자, 한 늙은이가 와서 대단히 기묘한 솜씨이지만 동쪽으로 가깝고 서쪽으로 가깝고 남쪽으로 가깝고 북쪽으로 가깝다고 말하였다. 가탐은 "나의 우물이 너무 크다는 말이다"라고 하였다.[108]

---

102) 양호(楊鎬) : 명나라 때 인물. 임진왜란 때 경리조선군무(經理朝鮮軍務)로 참전하였음.
103) 형개(邢玠) : 명나라 때 인물. 임진왜란 때 경략어왜겸리량향(經略禦倭兼理糧餉)으로 참전했다.
104) 城中水味, 以於義洞宜城尉宅**中**井**水**爲第一, 成廟封其**井**, 汲取**以進**, 謂之御井, 後賜宜城, 故刻賜井二字於**井**甃石上, **至**今猶存. **頃年唐官**萬經理邢軍門, 皆以此井爲第一, **令人日**汲以飮**云**.(『芝峯類說, 卷二, 地理部, 井』) → 城中水味, 以於義洞宜城尉宅井爲第一, 成廟封其, 汲取, 謂之御井, 後賜宜城, 故刻賜井二字於甃石上, 今猶存. 萬經理邢軍門, 皆以此井爲第一, 汲以飮.(『松南雜識』)
105) 여산기(廬山記) : 송나라 진순유(陳舜兪)가 편찬한 책.
106) 『廬山記, 卷三, 叙山南篇』.
107) 가탐(賈耽) : 당나라의 정승.
108) 賈耽, 在滑臺城北, 命鑿八角井以鎭黃河, 於是, 潛使人於鑿所偵之, 有一老父來觀問曰, 誰人鑿此井也, 吏曰, 相公也. 父曰, 大好手, 但近東近西近南近北也. 耽問之曰, 吾是井大夫也.(『太平廣記, 卷三百九十九, 水, 賈耽』) → 賈耽鑿八角井, 有老父至曰, 大好手, 耽曰是井大太.(『松南雜識』)

천달방
泉達坊

지봉 이수광이 "동부(東部)의 천달방(泉達坊)에 물맛이 매우 좋은 우물이 있는데, 그 지역에 장수하는 사람이 많아서 마을의 이름이 이렇게 지어졌다"[109]라고 하였다.

대개 샘물은 사람들이 마시는 것이니 그것을 마시면 성질 또한 바뀐다. 광주(光州)의 탐천(貪泉), 일남(日南)의 음천(淫泉), 광국(狂國)의 광천(狂泉)이 그렇다.

또 백주(白州)의 녹주정(綠珠井) 물을 마시면 예쁜 여자아이를 낳는 일이 많았다. 마을 사람들이 '미색은 이로울 것이 없다' 하여 돌로 그 우물을 메웠다. 그 후, 여자아이를 낳으면 육신이 온전하지 못하였다. 우리나라도 풍토병이 있는 곳에서는 삼가지 않을 수 있으랴!

평양정
平壤井

지봉 이수광이 말하였다.

평양에는 옛날에 우물이 없었다. 신묘년(1591)에 권징(權徵)[110]이 감사(監司)가 되어 우물을 팠는데 몇 길을 파내려 가도 물은 솟지 않고 반석이 나왔다. 반석을 뚫으니 샘물이 솟고 그 속에 붕어와 연밥이 있었다.

---

109) 東部泉達坊, 有井泉甚美, 居人**自古**多**老**壽, 坊之得名, **蓋**以此**云**.(『芝峯類說, 卷二, 地理部, 井』)→東部泉達坊, 有井泉甚美, 居人多壽, 坊之得名, 以此**也**.(『松南雜識』)

110) 권징(權徵) : 조선 시대의 문신(1538~1598) 본관은 안동, 자는 이원(而遠), 호는 송암(松菴), 시호는 충정(忠正). 여러 청환직을 거쳐 우승지, 형조참판, 1588년 함경도관찰사를 거쳐 평안도관찰사를 지냈다. 임진왜란에 임진강에서 왜군과 싸웠으나 대패하고, 광해군의 분조(分朝)에 수행하여 경기도순찰사로 군량미 조달에 공을 세웠다.

점술가가 말하기를 "평양성은 옆으로 누운 배의 모양이니 우물을 파면 재앙이 있을 것입니다"라고 하였다. 이듬해 왜구가 쳐들어 왔고 우물 맛 또한 써졌다.[111)]

고려정
高麗井

연암 박지원이 말하였다.

요동(遼東) 못 미쳐 왕상령(王祥嶺)이 있고 이곳을 십여 리 넘어가면 냉정(冷井)이 있는데 우리 사신이 갈 때 천막을 설치하여 아침밥을 먹는 곳이다. 벽돌로 쌓은 우물이 아니고 길 옆의 샘물이 구덩이를 채운 것이지만 맛이 아주 달고 차다. 겨울에는 따뜻하고 여름에는 차가우며 우리 사신이 갈 때마다 우물이 퐁퐁 솟아나고 떠나면 바로 물이 말라 버린다. 대개 요동은 본래 조선의 땅인 까닭으로 기(氣)가 비슷해서 서로 감응하여 그런 것이라고 한다.[112)]

지봉 이수광도 "비록 가물어도 반드시 넘쳐나는 까닭에 고려정(高麗井)

---

111) 平壤**城中**, 舊無井泉, 辛卯**年**, 權徵爲監司, 掘井過數丈不得水, 乃有**大**磐石, 鑿**石而**泉出, 其中有鮒魚及蓮子, **其理不可知也**, 術者言**地理**, **平壤**城爲**橫**舟形, 鑿井則有禍, 翌年倭**寇**至, 井**水**味苦, **人亦不食**.(『芝峯類說, 卷二, 地理部, 井』)→平壤, 舊無井泉, 辛卯, 權徵爲監司, 掘井過數丈不得水, 乃有磐石, 鑿**之**泉出, 其中有鮒魚及蓮子, 術者言城爲**行**舟形, 鑿井則有禍, 翌年倭至, 井味**亦**苦.(『松南雜識』)

112) **未及**遼東, 有王祥嶺, 踰**嶺**十餘里, 有冷井, 使行時設幕朝飯處也, 非石甃, 乃路傍, 泉源盈科, 味甚甘冽, 冬溫夏冷, 每我**東**使行時, 泉必滔滔湧出, **而東人**去則立竭, 盖遼東本朝鮮地, 故氣類相感而然云.(『燕巖集, 卷之十五, 別集, 熱河日記, 銅蘭涉筆』)→遼東, 有王祥嶺, 踰十餘里, 有冷井, **我**使行時設幕朝飯處也, 非石甃, 乃路傍, 泉源盈科, 味甚甘冽, 冬溫夏冷, 每我使行時, 泉必滔滔湧出, 去則立竭, 盖遼東本朝鮮地, 故氣類相感而然云.(『松南雜識』)

이라고 한다"[113]라고 하였다. 『환우기(寰宇記)』[114]에 "안풍군(安豐軍)의 돌천(咄泉)은 북쪽 사람이 샘 곁에 와서 크게 소리치면 많이 솟아나고 작게 소리치면 물이 조금 솟아난다. 꾸짖으면 더욱 심해진다"라는 것과 같으리라.

북청정
北靑井

『양서(梁書)』에서 "강천(江蒨)이 눈병을 앓자 그 아들 강부(江紑)의 꿈속에서 어떤 중이 혜안수(慧眼水)를 마시면 반드시 나을 것이라고 말을 하기에 오래된 우물을 수리하여 눈을 씻고 약으로 달이자 마침내 나았다"[115]라고 하였다.

지금 북청성(北靑城) 밖에 우물이 있는데 아픈 사람이 한 번 마시면 즉시 효과를 본다. 한칠유(韓喆裕)가 눈이 흐릿해져서 그 물을 마시자 금비(金鎞)로 긁어낸 듯 깨끗이 나았다.

탈골천
脫骨泉

「속리산기(俗離山記)」에서 말하였다.

---

113) 又遼東館中, 有高麗井, 相傳高麗人馬入去, 則雖旱井水必溢出而不竭故名.(『芝峯類說, 卷二, 地理部, 井』)→雖旱, 必溢出故名高麗井.(『松南雜識』)

114) 환우기(寰宇記):『태평환우기(太平寰宇記)』의 약칭. 193권. 송나라 낙사(樂史)가 편찬했다. 동경(東京)에서부터 사예(四裔)에 이르기까지 인물(人物)·예문(藝文)에 관한 것들을 광범위하게 수집하여 후대 방지체(方志體)의 선구가 되었다. 본래 200권이었으나 113~119권까지가 일실되었다.

115) 『梁書, 卷四十七, 列傳, 孝行』의 내용을 축약 인용.

고려 공민왕이 원나라에 간 3년 만에 종기가 나서 거의 죽게 되었다. 우리나라에 돌아와 속리산에 들어가 샘물에 목욕하자 즉시 환골탈태(換骨脫胎)하고 나았던 까닭으로 그 샘을 '탈골(脫骨)'이라고 한다.

감례수
甘醴水

『열자(列子)』에서 "자혈(滋穴)에 샘이 솟아나니 '신분(神瀵)'이라고 한다. 향기는 산초나 난초보다 뛰어나고, 맛은 막걸리와 단술처럼 달다"[116]라고 하였다.

우리나라 속리산 꼭대기에 석혈(石穴)이 있는데 그 맛이 단술처럼 달기에 '감례수(甘醴水)'라고 한다.

주천
酒泉

『한서, 지리지』의 '주천군(酒泉郡)'의 주석에서 "성 아래에 샘이 있는데 맛은 술과 같다"[117]라고 하였다.

우리나라 원주(原州) 주천현(酒泉縣) 남쪽 길가에 바위가 있는데 반쯤 부서진 돌구유 같다.

세상에 다음과 같은 말이 전한다.

이 구유가 옛날에는 서천(西川) 가에 있었는데 사람들이 가서 마셔도

116) 滋穴有水湧出, 名曰神瀵, 臭過蘭椒, 味過醪醴.(『列子, 湯問』)

117) 城下有**金**泉, **泉**味如酒.(『前漢書, 卷二十八下, 地理志』) → 城下有泉, 味如酒.(『松南雜識』)

모자람이 없었다. 고을의 관리가 오고 가는 일이 귀찮아 현(縣)에 가져와 두고자 하여 여럿이서 함께 옮겼다. 그러자 갑자기 크게 번개와 우레가 쳐서 바위가 세 조각으로 부서졌다. 한 조각은 연못에 빠지고 한 조각은 소재를 모르고 한 조각은 바로 이것이다.

바다를 항해하는 선박에는 우물이 있다
海舶有井

지금 큰 바다를 항해하는 선박들은 물 실은 배가 뒤따르고 선박에는 나무로 된 우물이 있다. 대개 바닷물은 짜서 먹을 수가 없는 까닭에 반드시 강물을 길어다 먹는다.

신경준(申景濬)[118]이 제주(濟州) 목사(牧使)가 되었을 때 표류하던 선박이 와서 바닷물은 짜고 담수는 없는 까닭에 돌아가지 못한다라고 하였다. 신경준이 바다 가운데 물결을 가리키며 "이것은 황하(黃河)의 물이니 떠서 마셔 보면 맛이 강물과 같을 것이다"라고 하였다.

『조천록(朝天錄)』에서 말하였다.

바다에는 다섯 가지 색깔의 물이 있는데 비록 여러 물이 함께 흐른다해도 서로 섞이지 않는다. 대개 수원(水源)은 곧장 쏟아지고 잠시도 그치지 아니하기에 각각 그 길이 있다. 또 바다에는 약수(弱水)의 물결이 있는데 만약 배가 잘못 길을 들면 마치 썩은 지푸라기처럼 가라앉는다.

---

118) 신경준(申景濬) : 조선 영조 때의 문신 · 실학자(1712~1781). 자는 순민(舜民), 호는 여암(旅菴). 영조 30년(1754)에 문과에 급제하여 병조와 예조의 낭관 등을 거쳐 종부시정(宗簿寺正)을 역임했다. 성률(聲律) · 의복 · 법률 · 기서(奇書) 등에 두루 통했다. 저서에 『여암집(旅菴集)』 · 『산수경(山水經)』 등이 있다.

사현정
四賢井

순흥부(順興府) 동쪽에 있다. 안석(安碩)과 그의 세 아들 안축(安軸)[119] · 안보(安輔) · 안집(安輯)이 살던 마을이다. 그곳의 우물은 지금까지도 달다. 주세붕(周世鵬)[120]의 비문이 있다.

바닷물은 짜고 강물은 싱겁다
海鹹河淡

『홍범(洪範)』의 소(疏)에서 "물의 성질은 본래 단데 오래 동안 땅에 스며 있으면 변하여 소금이 된다[水性本甘, 久浸其地, 變而爲鹵]"라고 하였다.

『예기(禮記)』에 주석에서 "강은 바다의 근원이고 바닷물은 강물의 귀착처이다"[121]라고 하였다.

『천자문(千字文)』에서 "바닷물은 짜고 강물은 싱겁다[海鹹河淡]"라고 하였다.

강물과 바닷물이 통하는데도, 짜고 싱겁고 그 성질이 다른 이유는 강은 천지의 우물로 천지의 샘이 솟아 흘러 그 맛이 담박하기 하기 때문이다. 바로 흐르는 물이 썩지 않는 이치이다. 바다는 천지의 골짜기로 천지의 물을 받아서 저장하니 그 맛이 짜다. 또한 시간이 흐르면 맛이 덜해진다는 이치이다.

---

119) 안축(安軸) : 고려 말기의 학자(1287~1348). 자는 당지(當之), 호는 근재(謹齋). 젊어서 원나라의 제과(制科)에 급제하고 충렬 · 충선 · 충숙 세 왕의 실록 편찬에 참여했다. 저서에 문집 『근재집』이 있다.

120) 주세붕(周世鵬) : 조선 중종 · 명종 때의 문신 · 학자(1495~1554). 자는 경유(景游), 호는 신재(愼齋) · 손옹(巽翁) · 남고(南皐). 풍기(豐基) 군수 때 우리나라 최초의 서원인 백운동 서원을 세웠다. 저서로 『무릉잡고(武陵雜稿)』가 있다.

121) 河**爲**海之源, 海**乃**河之委.(『禮記, 卷十七, 學記, 第十八』) → 河**者**海之源, 海**者**河之委**也**.(『松南雜識』)

지금 한성의 인가가 조밀한 곳에 바닷물이 아닌데도 짠물이 나오는 우물은 낮고 좁은 곳의 물이 모여서 우물이 된 것이다. 암석지대의 높고 건조한 곳에 강물이 아닌데도 담수가 나오는 우물은 맑고 찬물의 근원이 솟아나 샘이 되기 때문이다.

나는 "강물이 썩어서 변하면 짠 바닷물이 되고, 바닷물이 흘러서 다시 변하면 맑은 강물이 된다"고 생각한다.

냉산

冷山

지봉 이수광이 말하였다.

소설(小說)에서 말하였다. 홍호(洪皓)[122]가 냉산(冷山)에 있을 때 지은 「휘종에게 올리는 제문[祭徽宗文]」에서 "말에게 뿔이 나지 않는 것을 탄식하고[123] 혼이 눈 구덩이 속으로 사그라드네. 용의 수염을 붙잡고 올라도 미치지 못하니 얼어붙은 하늘에 눈물 뿌린다"라고 하였다.

세상에 전하는 말에 "냉산(冷山)은 지금의 별해보(別害堡)이다. 설송령(雪松嶺) 북쪽, 삼수(三水)의 경계에 있는 가장 높고 추운 지역이다"라고 한다. 그러나 아마도 그렇지 않은 듯하다. 또 『주자대전(朱子大全)』을 살펴보니 이것은 주변(朱弁)[124]이 오랑캐에게 포로로 잡혀있으

122) 홍호(洪皓) : 송나라의 문신. 번양(番陽) 출신. 자는 광필(光弼). 건염(建炎 : 1127~1130) 연간에 금(金)에 사신을 갔다가 출사할 것을 강요받았지만 거절하여 냉산(冷山)에 유배되었다가 1142년에 사면받아 돌아왔다. 저서로 『제왕통요(帝王通要)』·『번양집(番陽集)』 등이 있다.

123) 마각오백(馬角烏白)의 고사. 연(燕)의 태자(太子) 단(丹)이 진(秦)나라에 인질로 있을 때 송환을 요구하자 진왕(秦王)이 곡식비가 내리고 까마귀 머리가 하얗게 되고 말에게 뿔이 생긴다면 돌려 보내주겠다고 했다. 단이 하늘을 우러러 탄식하자 곡식비가 내리고 까마귀 머리가 하얗게 되고 말의 뿔이 생겼다. 이에 고국으로 돌아갈 수 있었다.

124) 주변(朱弁) : 송나라 무원(婺原) 출신. 자는 소장(少章), 호는 관여거사(觀如居士). 저

면서 지은 시라고 하였으며, '우(雨)'자는 '쇄(灑)'자로 되어 있다.[125]

지리산
智異山

『고지지(古地誌)』에서 "지리산(智異山)은 태을신선(太乙神仙)이 사는 곳으로 여러 신선이 모이는 산이다"라고 하였다.

지봉 이수광은 "또한 두류산(頭流山)이라고도 한다. 백두산맥이 뻗어 내려 이곳에 이르기 때문에 그런 이름이 붙었다"라고 하였다. 어떤 사람은 "산맥이 바다에 이르러 멈추어 머물렀기에 두류(頭留)가 되었다"[126]라고 하였다.

음죽(陰竹)의 백족산(白足山)을 '백두산의 발'이라고 하는 것과 같다.

세상에 다음과 같은 말이 전한다.

> 청학동(靑鶴洞)은 바로 최치원(崔致遠)이 노닐던 곳이다. 토지가 비옥하고 골짜기가 깊으며 과일과 곡식은 흉년의 재해가 없는 까닭에 임진왜란 때 이곳으로 들어간 사람은 기근에 대한 걱정이 없었다고 한다.

살펴보건대 삼신산(三神山) 중에 방장산(方丈山)을 지리산(智異山)이라고 한다.

서에 『빙유집(聘遊集)』·『서해(書解)』·『풍월당시화(風月堂詩話)』가 있다.

125) 小說, 洪皓在冷山, 祭徽宗文曰, 歎馬角之不生, 魂消雪窖, 攀龍髯而莫逮, 淚雨氷天", 俗傳冷山,卽今別害堡也. 在雪寒嶺之北三水之境, 地最高寒, 然恐不是. 又按朱子大全, 以此爲朱弁在虜中所製, 而雨作灑.(『芝峯類說, 卷八, 文章部, 一, 古文』)

126) **智異山**亦號頭流, 白頭山**之**脈, 流至此故云. 或言**其**脈至海**而窮**, 停留于此, 作頭留.(『芝峯類說, 卷二, 地理部, 山』)→亦號頭流, 白頭山脈, 流至此故云. 或言脈至海, 停留于此, 作頭留.(『松南雜識』)

두보(杜甫)의 시에,

> 방장산(方丈山)은 삼한(三韓) 밖에 있고 方丈三韓外
> 곤륜산(崑崙山)은 만리의 서쪽에 있구나 崑崙萬國西[127]

가 이것이다. 한라산(漢拏山)을 영주산(瀛洲山)이라고 하는데, 그 모양이 물위에 떠 있는 병 같은 까닭에 '봉호(蓬壺)'라고도 한다. 금강산(金剛山)을 '봉래(蓬萊)'라고 한다.

정지승(鄭之升)의 시에,

> 인동현에 열 채의 집이 있고 十室仁同縣
> 지리산에 천 개의 봉우리 있네 千峯智異山

라는 구절이 있다.

한라산
漢拏山

『택리지(擇里志)』에서 "은하수도 잡을 수 있는 까닭에 '한라(漢拏)'라고 한다"라고 하였다. 또 말하기를 "둥근 산(圓山)[128]이 탐라(耽羅)에 있다. 노인성(老人星)[129]을 볼 수 있는데, 그 크기는 등잔만하다. 모난 바위 아래의 잔디에 작은 길이 있고 황홀하게 악기의 소리가 들리기도 한다"라고 하였다. 세상에 전하기를 "신선이 항상 노는 곳"이라고 한다. 산 위

127) 「봉증태상장경균이십운(奉贈太常張卿均二十韻)」.
128) 『擇里志』에는 '圓'자가 없다.
129) 노인성(老人星) : 남쪽 하늘의 별자리로 옛사람들은 이 별이 장수(長壽)를 맡는다고 생각하여 수성(壽星)이라고도 했다.

에 백록담(白鹿潭)이 있는데 사람들이 떠들면 구름과 안개가 일어나 지척간도 분별할 수 없다고 한다.[130]

세상에 전하는 말로는, 서양사람인 마테오리치가 사흘 동안 관찰하고 "천지가 호흡하는 구멍"이라고 말하였다고 한다. 또 한라산은 남쪽 제일 끝에 있지만 오 월에도 산 위에는 얼음이 있다. 선춘령(先春嶺)[131]은 북쪽 끝에 있지만 이 월에도 앵두나무에 꽃이 피어 있으니, 이것은 음양의 이치이다.

금강산
金剛山

『청량전(淸凉傳)』에서 말하였다.

어찌하여 금강(金剛)인가? 일척전사(一隻箭師)가 말하기를 "신라(新羅)를 지나 또 꿈에 오대산(五臺山) 금강굴(金剛窟)을 유람하다"라고 하였다. 대개 금강(金剛)은 부처의 이름인데, 팔면전후를 한 번 보면 산의 모습이 그와 비슷한 듯하다.

『택리지(擇里志)』에서 말하였다.

『화엄경(華嚴經)』[132]은 주(周)나라 소왕(昭王) 이후에 만들어졌는데

---

130) **濟州漢拏山, 是爲瀛洲, 山上有大池, 每人語喧鬧則輒雲霧大作, 絶頂有一**方巖, **如人鑿成, 其**下莎草成蹊, 香風滿山, 時聞**笙簫聲, 不知自何來, 諺**傳神仙恒遊之所.(『擇里志, 卜居總論, 山水』)→**以雲漢可拏故名之, 又曰圓山, 在耽羅, 可瞰老人星, 其大如燈**, 方岩下莎草成**微**蹊, **恍聞絲管之聲, 世**傳神仙恒遊之所**云. 其上有白鹿潭, 若有人喧, 則雲霧咫尺不辨云.**(『松南雜識』)

131) 선춘령(先春嶺) : 두만강 북쪽 700 리에 있는 고개.

132) 화엄경(華嚴經) : 석가모니가 성도한 깨달음의 내용을 그대로 설법한 경문. 법계 평등

이때는 천축(天竺)이 중국과 교통하지 않았다. 하물며 중국 밖의 동이(東夷)에 있어서랴? 그러나 '동북쪽 바다 가운데 금강산(金剛山)'이라는 말이 이미 경문(經文)에 기록되어 있으니, 부처의 눈으로 멀리까지 내다보고 기록한 것이 아닐까?[133]

중이 말하기를 "불상(佛像) 쉰 세 개가 천축국에서부터 바다를 건너오자 군수 노춘(盧椿)이 유점사(楡岾寺)[134]를 건립하였다"라고 한다. 유점사(楡岾寺) 서쪽을 내산(內山)이라 하고 동쪽을 외산(外山)이라 한다.

예부터 호랑이와 뱀이 없으니 천하의 기이한 일로 나라 안의 첫째 가는 명산이 되는 것이 당연하다. 그러니 "고려에 태어나기를 바란다"는 이야기가 어찌 빈 말이겠는가? 불가(佛家)에서는 열반(涅槃)이라 부르며, 기달(怾怛)[135]이라고도 한다. 세상에서는 봄에는 중향성(衆香城), 여름에는 금강(金剛), 가을에는 풍악(楓嶽), 겨울에는 개골(皆骨)이라고 부른다.

어떤 사람의 시에,

조물주가 청산의 고기를 다 먹어치워서	化翁喫盡青山肉
앙상한 뼈대만 삐죽삐죽 바닷가에 서 있네	瘦骨崚崚立海頭

라는 구절이 있다.

또 담무갈보살(曇無竭菩薩)[136]이 항상 그 가운데 사는 까닭에 김안국(金安國)[137]이 시에서,

(法界平等)의 진리를 증오(證悟)한 부처의 만행(萬行)과 만덕(萬德)을 칭양하고 있다.

133) 『擇里志, 卜居總論, 山水』.

134) 유점사(楡岾寺) : 강원도 고성군(高城郡) 서면(西面) 금강산(金剛山)에 있다.

135) 기달(怾怛) : 옛 금강산(金剛山)의 다른 이름.

136) 담무갈보살(曇無竭菩薩) : 당나라의 승려. 어려서 사미승(沙彌僧)이 되었다. 법현(法顯) 등에게서 몸소 불국(佛國)을 다녀왔다는 말을 듣고 불경을 구하기 위해 계빈국(罽賓國)에 가서 관세음수기경범문(觀世音受記經梵文)을 얻었다. 나중에 월저국(月氐國)의 천축(天竺) 경계에 들어가 석밀(石蜜)을 양식으로 바다를 떠돌다 광주(廣州)로 돌아왔다.

영랑이 읊은 풍월 삼천 수 永郎[138]風月三千首
무갈이 사는 연무 속 일만 봉우리 曇無雲煙一萬峯

라고 하였다.

성석린(成石磷)[139]은 시에서,

일만 이천 봉 一萬二千峯
높이가 절로 다르네 高低自不同
그대 보았나, 해 뜨는 광경을 君看日輪上
어디가 가장 먼저 붉어지던가 何處最先紅

라고 하였고,

서파(西坡) 오도일(吳道一)[140]은 시에서,

겹겹의 긴 시간 동안 장구히 흐르는 눈이요 層層浩劫長流雪
낱낱의 먼 하늘에서 떨어지지 않는 연꽃일세 箇箇遙空不墮蓮

라고 하였다.

세상에 전하는 말로는 미수(眉叟) 허목(許穆)의 기문(記文)에 "청려장(青藜杖) 짚고 비로봉(毘盧峰)에 올라 동해를 바라보니 동해의 동쪽에 동쪽

137) 김안국(金安國) : 조선 중종 때의 문신(1478~1543). 자는 국경(國卿), 호는 모재(慕齋), 시호는 문경(文敬). 성리학뿐만 아니라 천문·주역·농사 등에도 조예가 깊었다. 저서에 『모재집(慕齋集)』·『동몽선습(童蒙先習)』 등이 있다.

138) 영랑(永郎) : 신라 효소왕(孝昭王) 때의 화랑. 술랑(述郎)·남랑(南郎)·안상(安詳) 등과 더불어 사선(四仙)이라고 한다.

139) 성석린(成石璘) : 고려 말기·조선 전기의 문신(1338~1423). 자는 자수(子修), 호는 독곡(獨谷). 고려 공민왕 때 양광도(楊廣道) 관찰사로서 각 고을에 의창(義倉)을 세워 빈민을 구제했다.

140) 오도일(吳道一) : 조선 숙종 때의 문신(1645~1703). 자는 관지(貫之), 호는 서파(西坡). 대제학과 한성부 판윤 등을 지내고 병조 판서에 올랐으나 민언량(閔彦良)의 옥사에 연루되어 유배되었다. 저서에 『서파집(西坡集)』이 있다.

이 없구나"라고 말하였다고 한다.

『명산기(名山記)』에서 "내금강, 외금강에 표훈사(表訓寺) 등 백 팔 개의 절이 있으니 염주의 숫자와 같은가? 또, 산의 바위는 모두 세상 만물의 형상인 까닭에 만물초(萬物草)라고 하니 동방의 항사(恒沙)인가? 대개 하늘이 동쪽과 서쪽에 신선과 부처의 마을을 따로 열어 서로 응하게 한 것인가?"라고 하였다.

해금강
海金剛

중이 "몇 만 겁(劫)의 세월을 지나 바다 밑의 금강(金剛)이 세상에 나타나니, 지금 바다 위의 금강(金剛)은 도리어 물 아래 자리잡고 있다"라고 하였다. 대개 바닷가의 산 그림자가 바다 밑에 잠기는 것이 마치 거울 속에 사물이 비치는 것과 같으니 「칠명(七命)」[141]에서 이른바 "거꾸러진 그림자를 받들어 창문을 여네[承倒影而開軒]"라고 한 것과 같다.

오대산
五臺山

『화엄경(華嚴經)』에서 "청량산(淸凉山)은 바로 안문군(雁門郡)의 오대산(五臺山)으로 일년 내내 단단한 얼음이 쌓여 있고 여름에도 눈이 날린다. 다섯 봉우리가 높이 솟았는데 보살(菩薩)의 정수리에 다섯 상투가 있는 모양이 바로 오방여래(五方如來)의 자리이다"라고 하였다.

지금 강릉(江陵)의 오대산(五臺山)도 안문(雁門)의 오대산(五臺山)과 같은

141) 칠명(七命) : 진(晉)나라 장협(張協)의 작품.

가? 오대산 위에 있는 샘은 '우통(于筒)'이라고 하니 바로 한강(漢江)의 발원지이다.

우리나라 사람의 한경시(漢京詩)에,

산 빛은 삼각산에서 오고	山色來三角山
강물 소리는 오대산에서 나오네	江聲出五臺山

라고 한 말이 이것이다.

세상에 다음과 같은 말이 전한다.

임진왜란 이후 매년 칠 월 보름밤에 이 산 정상에서 통곡하는 소리가 나니 사람 소리 같기도 하고 귀신 소리 같기도 하였는데, 그 원인을 알지 못하였고 마을의 백성들이 괴이하게 생각하였다. 이날 밤 산에서 엿보니, 달이 한 가운데 뜨자 어떤 늙은 중이 와서 곡을 하였다. 그를 붙잡아 물어 보니 "나는 왜국(倭國)의 검객이오. 임진왜란 때 여러 친구와 같이 왔는데 친구들이 모두 전사하고, 오직 세 사람만이 살아남아 고국에 돌아가지 못하였소. 그래서 약정하여 형제의 의를 맺고 여기에서 함께 지냈다오. 그중 한 사람이 의롭지 못한 짓을 하자 한 사람이 노하여 그를 죽였고 나도 노하여 친구를 해쳐서 이 산 위에서 죽였소. 오늘밤이 바로 그때라오. 그러나 이제는 나 한 사람뿐이오. 그때문에 늘 통곡을 하고 간다오"라고 하였다.

정조가 일찍이 이 일을 과거의 시제(詩題)로 내었는데, 신광수(申光洙)[142]가,

---

142) 신광수(申光洙) : 조선 영조 때의 문신(1712~1775). 자는 성연(聖淵), 호는 석북(石北)·오악산인(五嶽山人). 음보로 참봉이 되고, 영조 48년(1772)에 기로정시(耆老庭試)에 장원이 되었다. 영조 51년에 승지가 되었다. 시서·회화에 뛰어났고, 특히 과시(科詩)에 능하였는데, 「관산융마(關山戎馬)」가 대표작이다. 저서에 『부해록(浮海錄)』·『석북집(石北集)』이 있다.

고국엔 붉은 산초 피었겠건만 정처 없이 외로운 몸　　紅椒故國一葉身
빈산에 흰 원숭이 우는 천고의 밤이로다　　白猿空山千古夜

라는 시를 지어 큰 상을 받았다.

단발령
斷髮嶺

지봉 이수광이 말하였다.

세상에서 전하는 말에 "세조가 금강산(金剛山)에 행차할 때 이 고개에 이르러 머리를 깎으려다가 간언을 듣고 중지하였다"라고 하였다.[143)]

추강 남효온(南孝溫)[144)]의 「금강록(金剛錄)」에 "고려 태조가 동쪽을 정벌할 때, 고개를 넘어가 머리를 깎아 나무에 걸고서 결연(結緣[145)])하였다고 한다"라고 하였다. 이것은 대개 중들이 세조의 일을 억지로 갖다 붙여 말한 것이다.

세상에는 고려 태조는 삼한을 통합한 것이 부처의 힘이라 여기고 금강산(金剛山)에 시주하였다는 이야기가 전한다.

---

143) 世傳世祖**大王**幸金剛山, **回**至**斷髮**嶺欲祝髮, **群臣**諫止云.(『芝峯類說, 卷十六, 語言部, 謬誤』) → 世傳世祖幸金剛山, 至此嶺 欲祝髮, 諫止云.(『松南雜識』)

144) 남효온(南孝溫) : 조선 단종 때 생육신의 한 사람(1454~1592). 자는 백공(伯恭), 호는 추강(秋江)·행우(行雨)·최락당(最樂堂), 시호는 문정(文貞). 저서에 『추강집(秋江集)』·『생육신전(生六臣傳)』·『추강냉화(秋江冷話)』 등이 있다.

145) 결연(結緣) : 중생이 불도를 닦기 위하여 삼보(三寶)와 인연을 맺음.

구석
龜石

속리산 법주사 서쪽에 구석(龜石)이 있으니 천연으로 만들어진 것이다. 그 등에는 쉰 명이 앉을 수 있고 머리는 서쪽으로 치켜들고 있다. 세상에 다음과 같은 말이 전한다.

중국의 술사(術士)가 와서 보고 "중국의 재물이 날마다 동쪽으로 옮겨지기에 나는 누가 그렇게 하는지 몰랐었는데 과연 이 물건 때문이었구나!"라고 하였다. 그리고는 바로 그 머리를 자르고 기도하였다.

속리산
俗離山

「명산기(名山記)」에서 "속리산(俗離山)의 옛 이름은 미류(彌留)이다. 고려 공민왕이 속세를 떠났기 때문에 속리(俗離)라고 이름하였다. 또 덕유산(德裕山)의 옛 이름은 장명(張明)이다. 그러므로 지금 두 산을 양궁(兩弓)이라고 한다"라고 하였다.

『택리지(擇里志)』에서 말하였다.

풍수가(風水家)들의 말로는 석화성(石火星)[146]인데 바위의 형세가 높고 크며 중첩되어 갓 피어난 연꽃 같기도 하고 횃불을 멀리 벌린 것 같기도 하다. 골짜기가 휘감겨 돌아 '팔곡구요(八曲九遙)'라는 명칭이 있다. 그윽한 경치는 금강산(金剛山)에 버금간다.[147]

146) 석화성(石火星) : 산봉우리가 불꽃모양의 석봉으로 이루어진 산을 말한다.
147) 俗離堪輿家謂之石火星, 然石勢高大重疊, 峯巒皆石尖叢聚, 形如初發芙蓉, 又如遠列炬火, 而山下皆石, 作洞府紆回深遠, 有八曲九遙之名, …… 幽泉奇石, 幽妙窈窕之

남명 조식(曺植)[148]의 시에,

천 섬들이 종을 보게나 請看千石鍾
크게 두드리지 않으면 울리지 않네 非大扣無聲
만고의 천왕봉이여 萬古天王峰
하늘은 울어도 울지를 않는구나 天鳴猶不鳴[149]

라고 하였다. 세상에 전하는 말로는 "세조가 이 산에 거둥하여 오르다가 칡넝쿨에 걸려 넘어졌다. 중이 서서 주문을 외우자 즉시 칡넝쿨이 없어졌는데 지금까지도 없다"라고 한다.

묘향산
妙香山

옛 기록에 다음과 같은 내용이 있다.

우리나라에는 원래 임금이 없었고 다만 아홉 종류의 오랑캐만 있었다. 환인(桓因)이 서자(庶子) 환웅(桓雄)에게 명하여 태백산(太白山) 신단수(神檀樹) 아래로 내려가게 하였다. 당시 어떤 곰이 영약(靈藥)을 먹고 여자로 변해서 환웅과 결혼하고 왕검(王儉)을 낳으니, 이 사람이 단군(檀君)이다. 태백산은 곧 영변(寧邊)의 묘향산(妙香山)이다. 산 위에

狀, 亞於金剛.(『擇里志, 卜居總論, 山水』) → 堪輿家謂石火星**也**, 石勢高大重疊, 如初發芙蓉, 如遠列炬火, 洞府紆回, 有八曲九遙之名, 泉石窈窕, 亞於金剛.(『松南雜識』)

148) 조식(曹植) : 조선 명종(明宗) 때의 학자(1501~1572). 자는 건중(楗仲), 호는 남명(南冥), 시호는 문정(文貞). 유학의 대가로 지리산(智異山)에 은거하며 성리학을 연구하여 독특한 일가를 이루었다. 후진 양성에 힘써 저명한 학자들이 많이 배출되었다. 저서에 『남명집(南冥集)』·『남명학기유편(南冥學記類編)』 등이 있다.

149) 지리산을 노래한 시로 착오가 있음.

단군이 화생(化生)한 석굴(石窟)이 있다고 한다.

송덕상(宋德相)[150]이 만년에 이 산에 올랐는데, 마침 이웃 고을 사또가 개장국을 보내왔다. 송덕상이 평소 개장국을 좋아하여 막 먹으려고 할 때였다. 늙은 중이 엎드려 말하였다.

"이 산에는 신령이 있으니, 며칠동안 채식만 하고서야 오를 수 있습니다. 게다가 개장국은 가장 꺼리는 음식입니다."

송덕상이 이 말을 듣지 않고 한 입 먹자, 바로 피를 쏟고 죽었다고 한다.

치악산
雉嶽山

세상에 다음과 같은 이야기가 전한다.

옛날 무착도사(無着道師)가 원주산(原州山)에 들어갔다가, 꿩 한 마리가 구렁이에게 곤액(困厄)을 당하는 모습을 보고 지팡이를 휘둘러 구해주었다. 해가 지고 산이 어두워지자 한 점 불빛이 있는 곳을 따라가 보니, 어떤 한 사람이 꿩을 먹지 못하였다고 책망하며 말하였다.

"도사는 이미 법술이 있으니, 법당의 경쇠가 저절로 울게 한다면 너를 놓아주리라."

얼마 뒤에 경쇠가 높고 낮은 소리를 내며 울렸다. 꿩이 경쇠를 쪼다가 죽었던 것이다.

지금 사당의 벽에 그 그림이 있다.

---

150) 송덕상(宋德相) : 조선 후기의 문신. 본관은 은진(恩津), 자는 숙함(叔咸), 호는 과암(果菴). 송시열(宋時烈)의 현손이다.

소은백이산
所隱栢伊山

세상에 다음과 같은 이야기가 전한다.

신선이 사는 곳이다. 옛날에 어떤 사냥꾼이 짐승을 쫓아 높은 봉우리에 올라갔다가, 멀리서 마을 안을 바라보니 늙은 나무와 초가집이 있고 계곡과 길이 질서정연하고 시냇가에서는 베를 햇볕에 표백하고 옷을 빠는 모습이 의연히 존재하는 듯 하였다. 산을 내려가 찾아보았으나 구름과 이내가 골짜기에 가득하여 길을 잃고 그곳을 찾지 못하니, 또한 우리나라의 도원(桃源)이다. 지금의 강릉에 있다.

태백산 · 소백산
太小白

『택리지』에서 말하였다.

백두산 한 줄기가 영남에 이르러 큰 것은 태백산(太白山)이 되고 작은 것은 소백산(小白山)이 되니, '백(白)'이라는 명칭은 조산(祖山)을 돌아본다는 의미이다. 태백산은 예부터 '삼재(三災)[151])가 들지 않는다[三災不入]'라고 하여 국가에서 사고(史庫)를 설치하였으며 안동(安東) · 순흥(順興) 등의 읍이 그 남쪽을 둘러 싸고 있으니 신령스럽고도 복된 땅이다. 대체로 태백산 · 소백산은 모두 냇물과 바위가 있는 골짜기

151) 삼재(三災) : 인간에게 9년 주기로 돌아온다는 3가지 재난. 곧 도병제(刀兵災) · 역려재(疫災) · 기근재(飢饉災)이다. 이 삼재는 각각 3년 동안 머무르게 되는데 그 첫해가 들삼재, 둘째 해가 묵삼재(또는 눌삼재), 셋째 해가 날삼재가 되어 그 재난의 정도가 점점 희박해진다고 한다. 그래서 첫번째 해인 들삼재를 매우 겁내고 조심하는 풍습이 있다. 한편 대삼재(大三災)라 하여 화재(火災) · 풍재(風災) · 수재(水災)를 말하기도 한다.

지만 산허리 위로는 돌이 없으니, 비록 웅대해도 살기는 없다. 봉우리가 우뚝 솟아나진 않았지만 하늘까지 닿아 북쪽을 막고 있으며 때로 붉고 흰 구름이 산 위에 있다. 옛날 방술가(方術家) 남사고(南師古)[152]가 그것을 보고 말에서 내려 절하며 "이곳은 사람을 살리는 산이다"라고 했으니, 병란을 피할 수 있다는 말이다.[153]

세상에 전하는 말로는 "사람을 구하려면 태백산·소백산에 곡식을 심고 곡식을 구하려면 삼풍(三豊)[154]에 곡식을 심어라"라고 하니, 진실로 여기에서 비롯되었다고 한다.

학가산
鶴駕山

학가산은 안동 이수(二水)의 사이에 있다. 그 형세가 오관산(五冠山)·삼각산(三角山)과 흡사한데, 바위 봉우리가 적은 점이 아쉽다. 봉우리 아래에 풍산(豊山) 들이 있으니, 어떤 사람은 도읍으로 정할 만하다고 말한다.

---

152) 남사고(南師古) : 조선 중기의 학자. 본관은 영양(英陽), 호는 격암(格庵). 효행과 청렴으로 이름났으며, 평생 『소학(小學)』을 즐겨 읽었다. 역학·풍수·천문·복서(卜筮)·관상의 비결에 도통하여 예언이 꼭 들어맞았다고 한다. 특히 풍수학에 조예가 깊어 전국의 명산을 찾아다니며 많은 일화를 남겼다. 문집에 『격암일고(格庵逸稿』가 있다.

153) **自**古**又**稱三災不入, **故**國家**亦**置史庫**於此**, **小白有郁錦洞**, **泉石數十里**, **上有毗盧殿**, **卽新羅古刹也**. **洞口有退溪李滉書院**. 大凡**大小**白, 泉石**皆在**洞府**低平處**, 山腰以上無石, **故**雖雄大**而少**殺氣, **遠而望之**, 峯巒不起**鬱紆**, **如行雲流水**, 際天障北, 時有紫白雲在上, 昔**有**方士南師古見**小白**, **輒**下馬拜曰, 此活人山**也**. **著**言**以大小白爲**避兵**第一地**.(『擇里志, 卜居總論, 山水』)→**白頭一脈**, **至嶺之南**, **大而爲大白**, **小而爲小白**, **白之名**, **其顧祖也**. **大白**古稱三灾不入, 國家置史庫, **而安東順興等邑**, **環其南**, **爲神皐福地焉**, 大凡**兩**白, **皆**泉石洞府, **而**山腰以上無石, 雖雄大**無**殺氣, 峯巒不起, 際天障北, 時有紫白雲在上, 昔方士南師古見**之**, 下馬拜曰, 此活人山. 言**可**避兵也.(『松南雜識』)

154) 삼풍(三豊) : 풍기(豊基)·연풍(延豊)·풍산(豊山).

적악

赤岳

지금 원주(原州)에 있다. 비록 토산(土山)이지만, 골짜기에는 냇물과 바위가 있고 이름난 마을이 많다. 또 산에 신령한 감응(感應)이 있어서 사냥꾼이 감히 여기서 짐승을 잡지 못하니, “변산(邊山)의 호랑이와 표범이 사람을 피한다”[155]라고 하는 말과 같다. 고려말 운곡(耘谷) 원천석(元天錫)[156]이 은거한 곳이다.

두타산

頭陀山

지금의 삼척(三陟)이다. 산허리에 쉰 개의 석정(石井)이 있고 곁에 신사(神祠)가 있는데, 고을 사람이 봄 가을로 제사를 드리고 가뭄이 들면 기우제(祈雨祭)를 지낸다. 고려 충렬왕(忠烈王) 때 이승휴(李承休)[157]가 전중시사(殿中侍史)로서 상소하였다가 파직을 당하여 이 산에 자리 잡고 살면서 동안거사(動安居士)라고 불렸다. 나이 일흔에 심왕(瀋王)의 명을 받고 산에서 나와 서울에 이르러 시를 지었다. 이 시에서,

몇 년이나 외로운 자취 강산에 부쳤던가　　　幾年孤迹寄江山

155) 뒤의 「변산(邊山)」의 내용 참조.

156) 원천석(元天錫) : 고려 말의 은사(隱士). 호는 운곡(耘谷), 자는 자정(子正), 본관은 원주(原州). 고려 말 문란한 정치를 피해 치악산에 은거했다. 조선 개국 후 태종이 불렀으나 나오지 않았다. 저서에 『운곡집(耘谷集)』이 있다.

157) 이승휴(李承休) : 고려 시대의 문신(1224~1300). 자는 휴휴(休休), 호는 동안거사(動安居士). 가리 이씨(加利李氏)의 시조. 고종 39년(1252) 문과에 급제했다. 삼별초의 난이 일어났을 때 횡렴(橫斂)과 영선(營繕)으로 백성이 괴로움을 당하는 것에 대해 극론하였고, 이후에도 신진관료로서의 개혁적 삶을 살았다. 뒤에 전중시사(殿中侍史)에 임명되어 충렬왕 6년(1280) 국왕의 실정과 국왕측근의 폐단을 10개항으로 간언하다가 파직되었다. 저작으로 『제왕운기』·『내전록(內典錄)』·『동안거사문집(動安居士文集)』이 있다.

서울 먼지 다시 밟으니 한바탕 꿈속일세　　　　更踏京塵一夢間

라고 하였는데, 얼마 뒤에 사퇴를 청하였다.

무등산
無等山

광주(光州)의 진산(鎭山)이다. 또 무진악(武珍岳)이라고 부르기도 하고 서석산(瑞石山)이라고 부르기도 하는데, 높이가 백 척 가량 되는 바위 기둥 수십 개가 늘어서 있기 때문에 그런 이름이 붙었다. 가뭄이 들었다가 비가 오려하고 장마가 들었다가 개려 하면 산이 우는데 우는 소리가 수십 리까지 들린다.

마이산
馬耳山

신라 때 서다산(西多山)이라 불렀으며 소사(小祀)[158]를 지냈다. 태종이 남쪽으로 거둥하여 제사를 지냈는데 산 모양이 말의 귀와 닮았기 때문에 '마이산'이라는 이름을 하사하였다.

세상에 전하는 말에 "동봉(東峯)에는 작은 연못이 있으며, 서봉(西峯)에는 평탄하게 넓은 샘이 있어서 도적을 피할 만하다"라고 한다. 지금의 전주(全州)에 있다.

158) 소사(小祀) : 우리나라에서 행해지던 소규모의 제사.

황산
黃山

일명 천호산(天護山)으로, 연산(連山)[159]에 있다. 신라 때 김유신(金庾信)과 소정방(蘇定方)이 백제 장군 계백(階伯)을 이 산에서 공격하여 이겼고, 후백제의 견훤(甄萱)이 고려 태조를 따라 그 아들 신검(神劍)을 토벌하고 울분에 가득 차 이곳에서 죽었다. 또 석성(石城) 장군동(藏軍洞)은 세상에 전하는 말에 소정방이 백제를 정벌할 때 이곳에 군사를 매복시켰다고 한다.

변산
邊山

일명 영주산(瀛洲山)이다. 궁실(宮室)과 선박의 목재를 고려 때부터 모두 여기에서 가져왔다. 세상에서는 "범과 표범이 사람을 보면 즉시 피하기에 밤에 다녀도 장애가 없다"라고 전한다. 지금의 부안(扶安)에 있다.

내연산
內延山[160]

『택리지』에서 "내연산은 바위와 폭포의 승경이 기묘하고 그윽하여 청량산보다 자못 뛰어나다고 한다"[161]라고 하였다. 산에는 대 · 중 · 소

159) 연산(連山) : 충청남도 논산 지역의 지명. 본래 백제의 황등야산군(黃登也山郡)이었는데, 경덕왕 16년(757)에 황산군(黃山郡)으로 고치고, 태조 23년(940)에 연산으로 고쳐 현이 되었다. 황산(黃山)의 '황(黃)'과 연산의 '연(連)'은 같은 뜻으로 큰 산들이 연이어 있기에 국방상의 요지라는 의미에서 나왔다.

160) 『松南雜識』에는 '內迎山'으로 되어 있다.

161) **淸河內延山**, 巖瀑之勝, 奇妙幽閑, 殆勝淸涼山.(『擇里志, 卜居總論, 山水』) → 巖瀑之勝, 奇妙幽閒, 殆勝淸涼山**云**.(『松南雜識』)

세 개의 바위가 언덕 위에 솥발처럼 벌려 있으니, 사람들이 '삼동석(三動石)'이라고 부른다. 손가락으로 건드리면 조금 움직이다가 두 손으로 흔들면 움직이지 않으니, 월출산(月出山)의 영암(靈岩)과 같다. 신라왕이 여기서 '견훤(甄萱)의 난(亂)'을 피하였다.

오산
鰲山[162]

청도(淸道)에 있다. 하늘에서 비바람이 몰아치려고 하면 그보다 먼저 울면서 운기(雲氣)를 내뿜는다. 구름이 골짜기 안으로 들어가면 비가 오고 구름이 골짜기 밖으로 나오면 바람이 분다. 크게 울면 그 날 효력이 있고 작게 울면 이삼일 만에 효력이 드러난다.

칠점산
七點山

김해(金海) 삼차수(三叉水) 사이에 산이 일곱 개 있는데, 세상에서는 가락국(駕洛國) 시대에 참시선인(昰始仙人)이 노닐던 곳이라고 전한다.

원수산
元帥山

고려 충렬왕(忠烈王) 때 합단(哈丹)[163]이 침범하자 왕이 원나라에 구원

162) 규장각본 『松南雜識』에는 없다.
163) 합단(哈丹) : 원나라 세조의 막내 동생 내안(乃顔)의 무리에 속한 부장. 충렬왕 16년(1290)에 만주 지방에서 반란을 일으켰다가, 내만대(乃蠻帶)에게 패배한 뒤, 무리를 거

병을 청하였다. 원나라 세조(世祖)가 평장(平章) 설암간(薛闇干)을 파견하여 구원하게 했는데, 이곳에서 합단의 군사를 격파하고 주둔했기에 원수산(元帥山)이라 한다.

식사
息沙

부석사(浮石寺) 밖에 흙덩이 같은 식사(息沙)[164]가 있는데, 예전부터 마멸되지 않고 깎아도 다시 솟아나는 것이 식양(息壤)[165]과 같다. 살펴보건대 유종원의 글에서 "영주(永州) 용흥사(龍興寺)의 동북쪽 변두리에 땅이 불룩하게 벽돌을 지고 일어났는데, 고르게 해도 다시 올라오고 삽을 잡은 사람은 죽었다"[166]라고 하였다. 지금 황해도에 간혹 평지가 몇 길씩 저절로 함몰된 곳이 있는데 사람이 그 가운데서 농사를 지으니 모두 기이하다.

명사
鳴沙

『한서(漢書)』[167]의 주석에서 "서역(西域)에 명사산(鳴沙山)이 있는데 겨울과 여름에 우르릉하는 우레 같은 소리가 나니 바로 「우공(禹貢)」[168]의

느리고 두만강을 건너 고려 동북변에 침입했다.

164) 식사(息沙) : 홍수로 인하여 불룩 솟아 오른 모래.

165) 식양(息壤) : 층층으로 융기(隆起)한 땅.

166) 永州龍興寺東北陬**有堂**, **堂之**地, 隆然負塼甓而起**者**, **廣四步高一尺五寸**, **始之爲堂也**, 夷之而又高, **凡**持鍤者**盡**死.(『柳河東集, 卷二十八, 永州龍興寺息壤記』)→永州龍興寺東北陬地, 隆然負塼甓而起, 夷之而又高, 持鍤者死.(『松南雜識』)

167) 『漢書』에는 없고 『五代史, 卷七十四, 四夷附錄』에 있는 내용으로 『佩文韻府』 등에서도 동일한 내용을 『오대사』에서 인용한 것으로 밝히고 있음.

유사(流沙)[169]이다"라고 하였다.

간성(杆城) 남쪽 연해(沿海)의 모래는 고르고 희기가 눈 빛 같은데, 사람과 말이 다니면 쟁그랑 쟁그랑 쇠경쇠 같은 소리가 난다. 대개 영동(嶺東)이 모두 그러한데, 해당화가 사이사이 만발하면 붉은빛과 흰빛이 서로 비춘다. 승려 상탄(祥坦)의 시 "명사십리에 해당화 붉네[鳴沙十里海棠紅]"가 이것이다.

통신사가 왕래하는 바닷길
水道通信

지금 부산포(釜山浦)에서 대마도(對馬島)까지는 사백 팔십 리이고, 대마도에서 관백(關伯)[170]이 사는 강호(江戶)[171]까지는 수로로 이천 육백 리이고 육로로 백 팔십 리라고 한다. 세상에 전하는 말에 "강호에서 표류하여 살마국(薩摩國)[172]에 이르면 돌아오지 못한다"라고 하니, 대개 그 나라 사람들은 포악하여 다 죽이고야 그만둔다.

「오학편(吾學篇)」에 "유구국(琉球國)[173] 남쪽에 팽호도(彭湖島)가 있는데, 해수가 점점 낮아지는 곳을 낙제(落漈)라 부른다. 항해하다가 이곳으로 잘못 들어온 배는 백에 한 척도 돌아가지 못한다"라고 하였다.

---

168) 우공(禹貢) : 『서경(書經)』의 편명. 하(夏)나라의 우(禹)임금이 홍수를 다스려 천하의 판도를 구주(九州)로 나누고 산천의 경계와 산수의 형세를 정한 내용을 담고 있다.
169) 유사(流沙) : 사주(沙州) 서쪽 80리에 있는데. 모래가 바람을 따라 흘러다니므로 유사(流沙)라 한다. 우임금이 홍수를 다스릴 때 약수(弱水)의 남은 물줄기를 유사로 돌렸다고 한다.
170) 관백(關伯) : 옛날 일본의 벼슬 이름. 천황을 보좌하여 정사를 집행하는 중직(重職).
171) 강호(江戶) : 에도. 일본 '도쿄'의 옛 이름.
172) 살마국(薩摩國) : 사모아 군도.
173) 유구국(琉球國) : 일본 남쪽 대만 동북쪽에 있는 50여 개의 섬을 포함한 나라이다. 유구국(琉求國)이라고도 한다.

수로로 중국에 조회하다
水路朝天

『선원보(璿源譜)』[174]에서 "광해군 신유년(1621)에 요동(遼東)과 심양(瀋陽)이 연달아 함락되어 육로가 막히자, 조사(詔使) 유홍훈(劉鴻訓) 등이 해로를 통하여 돌아와 자문(咨文)[175]을 전하고 황궁으로 들어가면서부터 비로소 바닷길이 열렸다"라고 하였는데, 이만영(李晩榮)[176]의 『조천록(朝天錄)』과 황신(黃愼)[177]의 「서해문(誓海文)」에 기록으로만 보인다.

지금 변경에 채색으로 장식한 배에서 노래하는 기생이 뱃전을 두드리며 "배 떠나가네! 배 떠나가네! 이 배 떠나가면 어느 때 이 물가로 돌아 올려나?"라고 하는데, 매우 처량하게 들린다.

성호 이익이 말하였다.

명나라 말기에 요양(遼陽)이 막혀 공물을 올리는 길은 바다를 통할 뿐이었으니, 선후로 사신으로 파견된 유간(柳澗)·박이서(朴彝敍)·정응두(鄭應斗)·윤창립(尹昌立)·윤안국(尹安國) 등이 연달아 물에 빠져 죽었다. 이는 중국에서 편리한 길을 허락하지 않았기 때문이다. 만약 해주(海州)에서 광녕(廣寧)을 거치지 않고 바로 영원(寧遠)으로 간다면 매우 가깝고 편하기에, 명나라 헌종(憲宗)이 그 직로(直路)를 허락하려

174) 선원보(璿源譜) : 왕실의 혈통과 그에 대한 기록 작성·개정 등의 의식 절차를 기록한 것으로 왕실 족보에 해당한다.

175) 자문(咨文) : 조선 시대에 중국과 외교적인 교섭·통보·조회할 일이 있을 때에 주고받던 공식적인 외교 문서.

176) 이만영(李晩榮) : 조선 후기의 문신(1604~1672). 본관은 전주(全州), 자는 춘장(春長), 호는 설해(雪海). 「조천록」은 인조 14년(1636) 병자호란 직전에 정조사(正朝使)의 서장관으로 명나라에 파견되었을 때의 기록으로 그의 문집 『설해유고(雪海遺稿), 卷三』에 있다.

177) 황신(黃愼) : 조선 중기의 문신(1560~1617). 자는 사숙(思叔), 호는 추포(秋浦), 본관은 창원(昌原), 시호는 문민(文敏). 성혼(成渾)과 이이(李珥)의 문인이다. 저서로는 『일본왕환일기(日本往還日記)』·『막부삼사수창록(幕府三司酬唱錄)』·『추포집(秋浦集)』·『대학강어(大學講語)』 등이 있다. 「서해문(誓海文)」은 그의 문집에 있다.

고 하였다. 그러나 유대하(劉大夏)[178]가 "당초 사행길을 자세히 정할 때 반드시 서너 개의 큰 진영(鎭營)을 우회(迂回)하여 산해관(山海關)[179]에 닿도록 한 것은 깊은 생각이 없지 않으니 경솔하게 고칠 수 없습니다"라고 하였다. 조선의 인조 때 등주(登州) 옛 길을 되살릴 것을 주청했으나 역시 허락하지 않았다. 각화도(覺華島)로 가는 길은 등주 보다 갑절이고, 경유하는 철산자(鐵山觜) 등은 파도가 사납고 암초가 예리하며 근처에 정박할 만한 섬도 없다. 게다가 제작 수준이 조악한 배는 가볍게 뜰 수가 없기에 빨리 건너갈 수 없다. 유대하의 일은 진실로 의도가 있다. 그러나 이미 편한 길을 알고 있는데, 만약 침략하려는 의도가 있다면 한 때 돌아간들 무슨 도움이 있겠는가? 대국이 멀리 있는 나라를 편안하게 하는 도리의 견지에서 한갓 이러한 논의만 고집하여 온갖 고난을 겪으면서도 반드시 동쪽으로 오는 정성으로 하여금 표류와 익사를 모면치 못하게 하는 이유는 무엇인가?

근래에 어떤 남쪽 고을의 수령이 회오리바람 때문에 서쪽으로 갔다가 나흘 밤만에 강 입구에 들어갔는데, 양쪽 기슭에 등불이 밝고 닭이 울었다. 바람이 반대로 불자 또 나흘 만에 돌아오니, 우리나라와의 거리가 멀지 않다.[180]

---

178) 유대하(劉大夏) : 명나라의 문신. 자는 시옹(時雍), 시호는 충선(忠宣). 동산(東山) 아래 초당을 짓고 강학하여 당시 동산 선생(東山先生)이라 불렸다.

179) 산해관(山海關) : 중국 하북성(河北省) 북동단에 있는 교통·군사상의 요지. 동북 방면과의 연안 육상교통로의 관문이 되고 있다. 군사적으로도 중요한 지점으로, '천하제일관(天下第一關)'이라는 현판이 걸린 관문은 만리장성 동단의 기점이 되고 있다.

180) 大明之末, 遼陽阻絶, 進貢, 只有航海一路, 前後奉使者, 柳澗·朴彝叙·鄭應斗·尹昌立·尹安國等, 相繼渰死, 此由中朝不許便程故也. 若自海州, 不經廣寧, 直達于寧遠, 則甚捷易. 憲宗欲許其直路, 劉大夏, 以爲當初詳定, 必迂回三四大鎭, 達于山海關者, 不無深意, 不可輕改. 我仁祖之時, 復奏請復登州舊路, 亦不許. 其覺華之路, 倍於登州, 所經鐵山觜等處, 波濤險惡, 逆礁廉利, 傍無島嶼可停泊, 兼之舡制鈍劣, 不能輕浮, 其勢不可徑渡也. 劉大夏之事, 固若有意, 然旣知有便路在前, 如有侵犯之謀, 一時迂回其行, 何補之有哉, 大邦柔遠之道, 徒執此議, 使萬折必東之誠, 往往不免漂溺而不卹, 奚可哉, 劉東山, 爲明世名臣之首, 而其狹小如此也. 近有人言, 南郡有一守宰, 風漂西走, 至第四日夜, 入于江口, 兩岸燈火照耀, 群鷄亂唱, 於是而風回,

울릉도

鬱陵島

당나라 왕유(王維)[181]의 「송조감서(送晁監序)」[182]에서 “부상[183]은 냉이 같고 울도는 개구리밥 같다[扶桑若薺, 鬱島如萍]”라고 하였다.

성호 이익이 말하였다.

울릉도(鬱陵島)는 동해 가운데 있으니 옛날 우산국(于山國)이다. 신라 지증왕(智諮王)[184] 12년(512)은 바로 양무제(梁武帝) 천감(天監) 11년 임진년이다. 울릉도 사람들이 용맹을 믿고 복종하지 않기에 하슬라주(何瑟羅州) 강릉(江陵) 군주(軍主) 이사부(異斯夫)[185]가 나무사자(木獅子)

又**張帆東走**四日**而**得返**我界**, **不知彼乃何地**, **而要是**距我不遠**云爾**.(『星湖僿說, 卷十六, 人事門, 航海』)→明末, 進貢只有航海一路, 前後奉使者, 柳澗・朴彝叙・鄭應斗・尹昌立・尹安國等, 相繼渰死, 此由中朝不許便程故也. 若自海州, 不經廣寧, 直達于寧遠, 則甚捷易. 憲宗欲許其直路, 劉大夏, 以爲當初詳定, 必迂回三四大鎭, 達于山海關者, 不無深意, 不可輕改. 我仁祖**朝**, 奏請復登州舊路, 亦不許. 其覺華之路, 倍於登州, 所經鐵山觜等處, 波濤險惡, 逆礁廉利, 傍無島嶼可停泊, 兼之舡制鈍劣, 不能輕浮, 其勢不可徑渡也. 大夏之事, 固有意, 然旣知便路, 如有犯**順**之謀, 一時迂回, 何補之有哉, 大邦**綏**遠之道, 徒執此議, 使萬折必東之誠, 不免漂, **何**哉, 近有南郡宰, 風漂西走, 第四日夜, 入十江口, 兩岸燈**明**鷄唱, 於是風**廻**, 又四日得返, **則**距我不遠.(『松南雜識』)

181) 왕유(王維) : 중국 당나라의 시인・화가. 자는 마힐(摩詰). 벼슬은 상서우승(尙書右丞)에 이르렀고, 중국 자연시인의 대표로 꼽히며 남종화의 창시자로 불린다. 저서에 『왕우승집(王右丞集)』이 있다.

182) 원제는 「送秘書晁監還日本國」. 『松南雜識』에는 ‘晁’가 ‘朝’로 오기되어 있음.

183) 부상(扶桑) : 중국 전설에서, 해가 뜨는 동쪽 바다 속에 있다고 하는 상상의 나무. 또는 그 나무가 있다는 곳.

184) 지증왕(智證王) : 신라 제22대 왕(437~514). 성은 김(金). 이름은 지대로(智大路)・지도로(智度路)・지철로(智哲老). 국호를 신라로 정하고 왕이라는 칭호를 처음으로 사용했다. 순장법(殉葬法)을 금하고 농사를 장려하여 우경법(牛耕法)을 처음으로 시행하였으며, 울릉도를 점령하여 국토를 개척하고, 중국식을 따라 왕에게 시법(諡法)을 사용하기 시작했다. 재위 기간은 500~514년. ≒ 지증 마립간.

185) 이사부(異斯夫) : 신라 시대의 장군. 지증왕 13년에 가야와 우산국을 정벌하였고, 진흥왕 11년(524)에는 고구려의 도살성(道薩城)과 백제의 금현성(金峴城)을 빼앗는 등 여러 지방을 공격하여 신라의 영토를 크게 넓혔다.

로 위협하여 항복을 받았다. 고려 초에는 와서 특산물을 바쳤다.

의종(毅宗) 11년(1157)에 김유립(金柔立)을 파견하여 우릉도(羽陵島 : 울릉도)를 조사하게 하였는데, 산정(山頂)에서 동쪽으로 가니 바다까지 일 만여 보(步)이고, 서쪽으로 가니 일만 삼천 보이고, 남쪽으로 가니 일만 오천 보이고, 북쪽으로 가니 팔천 보였다. 촌락 터가 있지만 땅에 암석이 많아 살 수 없었다. 그렇다면 이때 이미 빈땅이 된 것이다.

조선 시대에는 도피자가 많이 들어가 살았기에 태종·세종 때에 모두 가서 수색하여 사로잡아 돌아왔다.

지봉 이수광은 "울릉도는 임진년 이후로 왜적의 분탕질과 노략질을 당해 다시 인적이 없었는데, 근래에 왜(倭)가 의죽도(礒竹島)를 점거하였다고 들었다. 기죽도(磯竹島)라고도 하니 바로 울릉도이다"[186] 라고 하였다.

왜국은 어부 안용복(安龍福)이 국경을 넘어온 일 때문에 와서 논쟁하면서 『지봉유설』과 예조의 회답 가운데 '귀계(貴界)'니 '죽도(竹島)' 하는 말이 있는 것을 증거로 삼았다. 조정에서 장한상(張漢相)[187]을 파견하여 조사하게 하였더니, 남북이 칠십 리이고 동서가 육십 리였다. 나무는 동백·자단·측백·황벽·홰나무·유자나무·뽕나무·느릅나무가 있고 소나무·상수리나무는 없었다. 짐승은 까마귀·까치·쥐·고양이가 있고 바다 동물로는 물개가 있었다.

안용복은 동래(東萊) 전선(戰船)의 노꾼으로 일본말을 잘하였다. 숙종 십 구 년 계유년(1693) 여름에 표류하다가 울릉도에 정박하니, 왜선

---

186) **亦**被倭焚掠, 無復人烟, 近聞倭奴占據**礒**竹島, 或謂**磯**竹, 卽蔚陵**島**也.(『芝峯類說, 卷二, 地理部, 島』)→**鬱陵**島, 壬辰後, 被倭焚掠, 無復人烟, 近聞倭占據**礒**竹島, 或謂**礒**竹, 卽鬱陵也.(『星湖僿說, 卷三, 天地門, 鬱陵島』)→**島**, 壬辰後, 被倭焚掠, 無復人烟, 近聞倭奴占據**蟻**竹島, 或謂**蟻**竹, 卽蔚陵也.(『松南雜識』)

187) 장한상(張漢相) : 조선 후기의 무신. 1694년 경상좌도병마절도사로서 탐학한 행위로 한때 파직되었다가 삼척포진영장(三陟浦鎭營將)으로 기용되어 울릉도의 도피자를 수색 토벌했다.

(倭船) 일곱 척이 먼저 도착해 있었다. 당시 일본은 이미 섬의 소유권을 논쟁하는 단서를 야기하였는데, 안용복이 왜와 변론하고 힐난하다가 왜가 노하여 잡아갔다. 오랑도(五浪島)에 도착하여 안용복이 도주(島主)에게 "울릉도 · 우산국(于山國)은 본래 조선에 속한다. 조선이 가깝고 일본은 먼데, 무슨 이유로 나를 잡아 왔는가?"라고 말하자, 도주가 백기주(伯耆州)[188]로 보냈다. 백기도주(伯耆島主)가 안용복을 환대하니, 안용복이 전후의 일을 말하였다. 또 다시 말하였다.

"우리나라에서 매년 쌀 한 섬을 반드시 열닷 말로, 무명은 한 필을 서른 다섯 자로, 종이는 한 권을 이십 장으로 채워 보내건만, 대마도주(對馬島主)가 훔쳐 빼돌리고 쌀 한 섬을 일곱 말로, 무명은 한 필을 스무 자로, 종이는 한 권을 잘라서 세 권으로 만들었소. 제가 관백(關伯)에게 바로 말하고자 하니 누구를 기만한 죄로 다스리겠소?"

대마도주의 아비가 그 말을 듣고 용서를 비니, 백기주의 일이 드디어 일단락 되었다.[189]

---

188) 백기주(伯耆州) : 일본말로 호키주.

189) 鬱陵島, 在東海中, 一名于山國, 遠可七八百里, 自江陵三陟等地登高望之, 三峯縹緲隱見, 新羅智證王十二年, 其人恃强不服, 何瑟羅州軍主異師夫, 以木獅威服, 何瑟羅, 卽今江陵也. 高麗初, 來獻方物, 毅宗十一年, 遣金柔立往審羽陵島, 從山頂東行至海一萬餘步, 西行一萬三千餘步, 南行萬五千步, 北行八千步. 有村落基址七所, 有石佛鐵鍾石塔, 地多岩石, 不可居, 然則是時已成空地矣. 本朝逋民多入居, 太宗世宗時, 皆往搜盡俘還之. 芝峰類說云, 鬱陵島, 壬辰後, 被倭焚掠, 無復人烟, 近聞倭占據礒竹島, 或謂礒竹卽鬱陵也. 倭以漁氓安龍福, 犯越事來爭, 以芝峰類說及禮曹回答有貴界竹島之語爲證. 朝廷遣武臣張漢相往審之, 南北七十里, 東西六十里, 木有冬栢紫檀側栢黃蘗槐椵桑楡, 無桃李松橡, 禽獸有烏鵲猫鼠, 水族有嘉支魚, 穴居巖礦, 無鱗有尾, 魚身四足, 而後足甚短, 陸不能善走, 水行如飛, 聲如嬰兒, 脂可以燃燈云. 於是, 朝廷費辭往復彌縫乃止. 余謂此事非難判, 當時胡不曰鬱陵之服屬新羅, 自智證王始, 時卽貴邦繼體之六年, 未知威德遠被史乘特書有可以考見者耶, 至於高麗, 或獻方物, 或空其地, 史不絶書, 今千有餘年, 今者, 何故突然惹此爭端, 卽無論羽陵礒竹之何指, 鬱陵之屬我邦則百分明白, 而其旁近島嶼, 亦不過鬱陵之屬島與, 貴邦絶遠, 其乘隙占據, 所宜羞吝, 而不合誇言者也. 設或中間爲貴邦冒奪, 兩國約和誠信之後, 悉宜還其舊田之不暇, 况未曾著在貴邦之版籍也耶. 旣在我界, 則我氓之漁獵往來, 理固宜然何與, 於貴邦如是, 則彼雖巧黠, 將無復容其喙矣. 安龍福者, 東萊府戰船櫓軍也, 出入倭館, 善倭語, 我肅廟十九年癸酉夏, 漂泊鬱陵島, 倭船七艘先到,

이후로 통신사(通信使)[190]가 대마도에서 막히게 되었으니, 순조 신미년(1811)에 김이교(金履喬)[191]와 이면구(李勉求)[192]가 통신사가 되어 대마

時倭已惹爭島之端, 龍福與倭辨詰, 倭怒執以歸, **拘**五浪島, 龍福謂其島主曰, 鬱陵芋山, 本屬朝鮮, 朝鮮近**而**日本遠, 何故拘執我**不歸**, 島主送諸伯耆州, **伯耆島主, 待以賓禮**, 資**銀許多, 辭不受, 島主問汝欲何爲, 龍福又言其故曰, 禁止侵擾, 以厚交隣, 是吾願也. 島主許之, 稟于江戶, 成契券與之, 遂遣還行, 到長崎島, 島主黨馬島, 奪其券, 送之馬島, 馬島主囚之. 聞于江戶, 江戶復爲書契, 令勿侵兩島, 且令護送. 馬島主復奪其書契, 囚五十日, 押送東萊倭館, 又留之四十日, 送之東萊府, 龍福悉訴之, 府使不以聞, 以犯越, 刑之二年. 乙亥夏, 龍福憤鬱不已, 誘販僧五人及棹工四人, 復至鬱陵, 我國三商船先泊, 魚採斫竹, 有倭船適至. 龍福, 令諸人縛執, 諸人懼不從, 倭云, 我等漁採松島, 偶至此卽去. 龍福曰, 松島本我芋山島, 明日, 追至芋山島, 倭擧帆走, 龍福追之, 漂泊于玉岐島, 轉至伯耆州**, 島主歡迎龍福, **自稱鬱陵搜捕將, 乘轎入, 與島主抗禮**, 言前後事**甚詳**. 且云, 我國歲輸米一石必十五斗, 綿布一匹三十五尺, 紙一卷二十張, 馬島偸損, 謂米石七斗, 布匹二十尺, 截紙爲三卷, **吾將**欲直達于關白, **治斯誣之罪. 同行有稍解文字者, 製疏示島主**, 馬島主父聞之, 乞憐**於**伯耆州, 事遂已.(『星湖僿說, 第三卷, 天地門, 鬱陵島』) → 在東海中, **古**于山國, 新羅智證王十二年, **卽梁武帝天監十一年壬辰也**, 其人恃强不服, 何瑟羅州**江陵**, 軍主異師夫, 以木獅威服, 麗初, 來獻方物, 毅宗十一年, 遣金柔立, 往審羽陵島, 從山頂東行至海一萬餘步, 西行一萬三千餘步, 南行萬五千步, 北行八千步, 有村落基址, 地多**巖**石, 不可居, 然則是時已成空地矣. 本朝逋民多入居, 太宗世宗時, 皆往搜俘還. 芝峰**曰**, 島壬辰後, 被倭焚掠, 無復人烟, 近聞倭占據, **蟻**竹島, 或謂**蟻**竹, 卽鬱陵也. 倭以漁氓安龍福, 犯越事來爭, 以芝峰類說及禮曹回答, 有貴界竹島之語爲證, 朝廷遣張漢相, 往審之, 南北七十里, 東西六十里, 木有冬栢紫檀側栢黃蘗槐椵桑楡, 無松橡, 禽獸有烏鵲猫鼠, 水族有嘉支魚**矣**. 龍福者, 東萊戰船櫓軍, 善倭語, 肅廟十九年癸酉夏, 漂泊鬱陵, 倭船七艘先到, 時倭已惹爭島之端, 龍福與倭辨詰, 倭怒, 執以歸, **泊**五浪島, 龍福謂其島主曰, 鬱陵芋山, 本屬朝鮮, 朝鮮近日本遠, 何故拘執我, 島主送諸伯耆州, 島主歡迎龍福, 言前後事, 且云我國歲輸米一石必十五斗, 綿布一匹三十五尺, 紙一卷二十張, 馬島主偸損, 謂米石七斗, 布匹二十尺, 截紙爲三卷, 吾欲直達于關**伯**, 馬島主父聞之, 乞憐伯耆州, 事遂已.(『松南雜識』)

190) 통신사(通信使) : 조선 시대 조선 국왕의 명의로 일본의 막부장군에게 보낸 공식적인 외교사절.

191) 김이교(金履喬) : 조선 후기의 문신(1764~1832). 본관은 안동, 자는 공세(公世), 호는 죽리(竹里). 1811년 2월 12일 통신사의 사명을 띠고 출발해 5월 22일 부사 이면구(李勉求)와 함께 대마도부중의 객관에서 동무상사(東武上使) 미나모토와 부사 후지야스에게 국서전명(國書傳命)을 거행하고 공사예단을 전달했다. 이듬해에도 대마도에 건너가서 국서를 전달했다. 저서에 『죽리집(竹里集)』이 있다. 시호는 문정(文貞).

192) 이면구(李勉求) : 조선 후기의 문신(1757~1818). 본관은 전주(全州), 자는 자여(子餘), 호는 남하(南霞). 1811년 부사직으로 통신부사가 되어 일본에 다녀와서 의주부윤이 되었으며, 1817년에 대사성을 역임했다.

도까지만 들어갔다가 돌아왔다. 지금은 문서로만 서로 통신할 뿐이다.

탐라도
耽羅島

성호 이익이 말하였다.

탐라도는 방성(房星)[193]의 분야(分野)[194]이다. 고려 충렬왕(忠烈王) 때부터 목장을 만들었는데, 지금 해산물과 약재가 우리나라 생산량의 반을 차지한다. 또 귤·유자·보패(寶貝)·진주·갓 양태[195]와 망건은 온 나라에서 최고이지만 철물과 숫돌이 나지 않는다고 한다. 『풍토록(風土錄)』[196]에서 "황새와 까치는 없고 올빼미만 있다"라고 하였다.

옛 기록에서 말하였다.

섬에 옛날에는 사람이 없었는데, 고을나(高乙那)·부을나(夫乙那)·양을나(梁乙那)가 한라산(漢拏山) 모흥혈(毛興穴)에서 나와 가죽을 입고 고기를 먹으며 살았다. 하루는 붉은 진흙으로 봉한 나무 상자가 떠내려 왔는데, 열어 보니 비단옷 입은 세 명의 처녀와 망아지·송아지·오곡의 종자가 있었다. 세 사람이 나누어 아내로 맞이하고 고을나를

---

193) 방성(房星): 이십팔수(二十八宿)의 하나. 창룡칠수(蒼龍七宿)의 넷째 성수(星宿)로서 별 넷으로 구성되었으며 거마(車馬)를 맡는다고 한다.

194) 분야(分野): 옛날의 천문학자들이 온 나라 땅을 28수(宿)의 별자리와 짝지어 나누어 놓은 것을 가리킨다.

195) 갓양태: 갓모자의 밑 둘레 밖으로 둥글넓적하게 된 부분.

196) 풍토록(風土錄): 조선 중기 김정(金淨)이 지은 제주풍토록(濟州風土錄). 제주도 유배생활에서 체험한 풍토와 상황을 사실적으로 기록했는데, 그의 문집인 『충암집(沖庵集)』 권4에 수록되어 있다.

왕으로 삼아 스스로 하나의 나라를 만들었다. 신라 시대에 처음 통교하여 고려조에는 신하로 순종하기도 하고 대항하기도 했는데, 최영(崔瑩)[197]이 평정한 뒤부터 반역하지 않았다고 한다.

세상에 전하기를 "모흥혈에 매년 제사 지냈는데, 어떤 목사(牧使)가 메워버리고 제사 지내지 않으니 바람과 우뢰가 늘 일어나고 사람이 병들고 흉년이 들었다. 목사가 두려워 열고 다시 제사를 지냈다"라고 한다.

근래에 모흥혈이 점차 저절로 메워져 겨우 붓대가 들어갈 만하니 섬 사람들이 떠들썩하게 "만약 모흥혈이 없어지면 섬이 바다에 가라앉을 것이다"라고 하였다.

『고씨보(高氏譜)』를 살펴보니, "모흥혈(毛興穴)은 곧 '品(품)'자 모양으로 세 명의 신인(神人)이 각기 하나의 구멍에서 나왔는데 '毛(모)'자는 '三(삼)'자의 고자(古字)이니, 바로 삼흥혈(三興穴)이다. 지금은 와전(訛傳)되어 '毛'를 모발(毛髮)의 '毛'자로 생각한다"라고 하였다.

학지도
鶴指島[198]

『택리지』에서 말하였다.

강화도가 무너져서 홍수가 났을 때 돌줄기에 섬이 있었다. 옛날에 학이 바위 위로 걸어가니, 사람들이 따라가서 그 길을 찾았기에 학지도(鶴指島)라고 이름을 붙였다. 병자호란 때 섬사람들이 오랑캐에게

197) 최영(崔瑩) : 고려 말기의 명장・재상(1316~1388). 1388년에 팔도(八道) 도통사가 되어 명나라를 치기 위해 출정하였으나 이성계의 회군(回軍)으로 실패하고 후에 그에게 피살되었다.

198) 『松南雜識』에는 '鸛指島'로 되어 있음.

쫓기다가 바위 위를 따라 꼬불꼬불 달아났는데, 오랑캐가 뒤따를 길을 알지 못하여 물에 빠졌기에 마침내 섬이 보전되었다.199)

군산도
羣山島

『대명일통지(大明一統志)』에서 "열 두 봉우리가 성처럼 연결되어 있다. 옛날에 군산정(羣山亭)과 오룡묘(五龍廟)이라는 객관(客館)이 있다"200)라고 하였다.

지금은 망망대해 가운데 있는데, 둘레가 육십 리이다. 왕래하는 선박이 모두 여기에서 바람을 기다린다. 섬 가운데 왕릉 같은 큰 무덤이 있다.

흑산도
黑山島

우리나라 섬에서 흑산도(黑山島)·고금도(古今島)·금갑도(金甲島)·신지도(薪智島)가 제일 멀리 떨어져 있고 열악한 지역인 까닭에 거듭 귀양 가는 사람이 보내지는 곳이다. 장돌뱅이들이 맹세하고 욕하는 말로 쓰는데, 흑산도가 가장 귀관(鬼關)201)이다. 밤이나 낮이나 뱀, 살무사, 지네와 함께 자야 하고 찌는 남기와 독한 장기가 몸에 스며든다.

---

199) 昔**有鶴焉**, 從**水中**石脊上步去, **島**人隨而得其**路**, **號爲鶴指**, **惟島人熟諳**, **而他處人不知也**. 丙**子**, 島人爲胡所逐**步**, 從石脊**行**, **而石皆**屈曲**難尋**, 胡**騎**不知隨而渰焉, 島遂**獲**全.(『擇里志, 八道總論, 京畿』) → **江華崩洪**, **石脉有島**, 昔**鸛**從石脊上步去, 人隨而得其**道**, **故名焉**. 丙**亂**, 島人爲胡所逐, 從石脊屈曲**走**, 胡不知隨而渰焉, 島遂全.(『松南雜識』)

200) 『明一統志, 卷八十九, 外夷, 朝鮮國』.

201) 귀관(鬼關) : 저승으로 들어가는 문. 흔히 살아 돌아 올 수 없는 귀양지를 비유하는 말로 쓰인다. 귀문(鬼門).

또 송나라에 "춘주(春州)·순주(循州)·매주(梅州)·신주(新州)는 저승과 이웃이고 고주(高州)·두주(竇州)·뇌주(雷州)·화주(化州)는 말만해도 떨린다[春·循·梅·新, 與死爲隣, 高·竇·雷·化, 說著也怕]"[202]라는 노래가 있다.

국도
國島

『택리지(擇里志)』에서 "나그네가 노닐다가 이곳에 이르러 만약 나팔과 피리를 불면 아래의 용추(龍湫)에서 문득 천둥소리가 나고 비바람이 불어오는 신이함이 있다고 한다"[203]라고 하였다.

안변부(安邊府)에서 동쪽으로 육십 리, 해안에서 십 리 떨어진 거리에 마전하는 듯한 백사장이 있다. 그 아래에 평지가 있으니 반벽(半壁) 모양의 평지에 집터가 있으니 사람들은 승려가 살던 곳이라 말한다.

배를 타고 들어가니 석벽(石壁)이 있는데, 화려한 기둥 같은 것·바둑판 같은 것·에워싼 병풍 같은 것·둥근 구슬 같은 것·모난 패옥(佩玉) 같은 것 등이 모두 기록할 수 없을 만큼 많았으며, 물을 담고 있는 모난 철망이 있었는데 갈려서 조금 둥글고 길이는 오륙십 자로 사람들은 철망석(鐵網石)이라 불렀다.

생각하건대 동해에 조수가 없게 만들려고 조물주가 철망으로 조수가

---

202) 송나라 유안세(劉安世)는 '전상호(殿上虎)'라고 칭해 질 정도로 간쟁을 잘하였기에 권귀(權貴)의 미움을 받아 변방의 악명 높은 귀양지를 전전했다. 그래서 이를 두고 당시 사람들이 "春·循·梅·新, 與死爲隣, 高·竇·雷·化, 說著也怕, 八州惡地, 公歷遍其七"이라는 노래를 만들어 불렀다.

203) **海中千餘里**, **又有國島**, **後則石柱撑起攢立**, **上成石峯**, **四圍皆石**, **而博以莎草**, **中則産竹箭甚良**, **無人居**, **使**遊客**玩**到此, 吹鑼笛, **則**下有龍湫, 輒有雷霆風雨之異.(『擇里志, 卜居總論, 山水』)→客遊到此, **若**吹鑼笛, 下有龍湫, 輒有雷霆風雨之異**云**.(『松南雜識』)

이르는 것을 막으려고 했던 것인가? 우리나라 북해는 중국의 동해다.

홍의도
紅衣島

『택리지』에서 말하였다.

신라가 당나라에 조회할 때 영암(靈巖) 바닷가에서 배를 출발하여 하루를 가면 흑산도(黑山島)에 이르고 흑산도에서 하루를 가면 홍의도에 이르며, 하루를 더 가면 가가도(佳可島)에 이른다. 여기서 동북풍을 받아 사흘이면 태주(台州) 영파부(寧波府) 정해현(定海縣)에 이르는데, 만약 순풍을 만나면 하루만에 남송(南宋)에 이를 수 있다. 송나라에서 고려로 갈 때 정해현에서 출발하니 정해현은 사통팔달(四通八達)의 나루인 요로(要路)로 선박이 끊임없이 왕래하였다. 최치원(催致遠)·김가기(金可紀)[204]·최승우(崔承祐)[205]가 상선(商船)을 타고 당나라에 들어갈 때 모두 이 길로 갔다.[206]

---

204) 김가기(金可紀) : 신라의 학자(?~859) 중국 당나라에 들어가 빈공과(賓貢科)에 급제하여 학식과 문장으로 이름을 떨쳤다. 만년에는 『선경(仙經)』·『노자도덕경』 등을 연구했다.

205) 최승우(崔承祐) : 통일 신라 말기의 문인·학자. 중국 당나라에 유학하고 빈공과에 급제하였으며 문장이 뛰어나 최치원·최언위와 더불어 삼최(三崔)로 불렸다. 문집에 『호본집(餬本集)』이 있다.

206) 新羅朝唐, **皆**於**此郡**海上發船, **乘**一日**海**, 至黑山島, 自黑山**乘**一日**海**, 至紅衣**島**, 又**乘**一日**海**, 至**可佳**島, 良風三日, 乃至台州寧波府定海縣, 苟風順則一日可至, 南宋之通**高**麗**也**, 亦自定海**縣**,**海上發船**, **七日可至麗境登陸**, **卽此地也**. **唐時新羅人浮海入唐**, 如通津要**渡而**舟航絡繹, 崔**致遠**金可紀崔承祐附商船入唐, **中唐制科**.(『擇里志, 八道總論, 全羅道』)→新羅朝唐, 於**靈岩**海上發船, 一日, 至黑山島, 自黑山一日, 至紅衣, 又一日, 至**佳可**島, 良風三日, 乃至台州寧波府定海縣, 苟風順則一日, 可至**南宋**, **宋**之通麗, 亦自定海, 如通津要**路**, 舟航絡繹, 崔**孤雲**金可紀崔承祐附商船入唐, **皆由此**.(『松南雜識』)

휘종(徽宗)과 흠종(欽宗)이 돌아오지 못했으니, 송나라 고종(高宗)[207]의 불효한 죄가 하늘에 통하였다고 할 만하다.

살피건대 여산(礪山)에 황화정(皇華亭)이란 지명이 있으니 신라가 당나라에 조회하고 당나라 사신이 영접한 곳인 듯하다.

오호도
嗚呼島

「홍주읍지(洪州邑誌)」에서 "현(縣) 내의 면으로 바다 안에 있는 어청도(於靑島)는 바로 전횡(田橫)[208]이 살던 오호도(嗚呼島)이다. 성곽이 마을을 둘러있고 벽돌로 우물을 만들었으며, 정결하게 다듬은 얼마간의 비석이 있다"라고 하였다.

지금 산 전복을 진상하는 곳이다.

---

207) 고종(高宗) : 남송의 제1대 황제(1107~1187). 재위 기간은 1127~1162년. 이름은 조구(趙構). 북송의 8대 황제인 휘종의 9번째 아들. 북송의 9대 황제인 흠종(欽宗)의 동생. 여진족(女眞族)이 세운 금(金)이 요(遼)를 쳐서 멸망시키고 그 여세를 몰아 1126년 송나라의 수도 개봉(開封)을 점령하고 휘종(徽宗)과 흠종(欽宗)을 포로로 잡아갔으므로 송나라 왕실의 혈통이 중단되었다. 이를 '정강(靖康)의 변(變)'이라 한다. 난을 피해 남쪽으로 도망간 흠종의 동생 고종은 남중국의 임안(臨安 : 지금의 抗州)에 도읍을 정하고 즉위하니, 이때를 남송(南宋)이라 한다. 1142년 금나라에 대해서 스스로를 신(臣)이라 부르고 은과 비단을 보내는 등 굴욕적인 화약을 맺어 20년 간 평화를 얻었다.

208) 전횡(田橫) : 전국 시대 제나라 왕 전영(田榮)의 아우. 전영이 죽은 뒤 그의 아들 전광(田廣)을 왕으로 삼았는데, 전광이 한나라 장군 한신(韓信)에게 잡히자 전횡이 스스로 왕이 되었다. 한나라 고조가 즉위하자 전횡은 죽을까 두려워 그의 무리 5백여 명을 거느리고 바다의 섬으로 들어갔다. 고조가 부르자, 전횡은 도중에 자살했다. 후에 그 무리들이 전횡의 죽음을 듣고 모두 자살했다.

덕적도
德積島

신라의 역사에서 소정방(蘇定方)이 백제를 정벌할 때 군사를 주둔시킨 곳이라 하였다. 지금 서산(瑞山) 바다에 있다.

완도
莞島

신라의 역사에서 장보고(張保皐)[209]가 살던 청해진(淸海鎭)이라고 한다. 지금 강진(江津) 바다에 있다.

대청도
大靑島

『택리지(擇里志)』에서 말하였다.

> 장연(長淵)[210] 바다에 대청도(大靑島)와 소청도(小靑島)가 있다. 원나라 문종(文宗)이 경신제(庚申帝)를 대청도에 유배하니 바로 순제(順帝)다. 그가 등극하자 수양산(首陽山)[211]에 신광사(神光寺)[212]를 창건하였다.[213]

---

209) 장보고(張保皐/張寶高): 통일 신라 시대의 장군(?~846). 본명은 궁복(弓福)·궁파(弓巴). 중국 당나라에 건너가 무령군(武寧軍) 소장(小將)이 되어 활약하였으며, 귀국 후 청해진 대사(大使)로 임명되어 황해와 남해의 해상권을 장악하고 당나라와 일본으로 왕래하며 동방 국제 무역의 패권을 잡았다.

210) 장연(長淵): 황해도 서단에 위치한 장연군(長淵郡). 지리적으로 황해를 사이에 두고 중국과 마주하여 한·중 문화 교류의 통로가 되어 오던 이 군은 삼국 시대 이래로 불교의 선착지가 되었고, 기독교가 가장 빨리 들어와 종교적인 유적이 많다.

211) 수양산(首陽山): 황해도 해주시 북서쪽에 있는 산. 높이는 899미터.

212) 신광사(神光寺): 황해도 해주에 있었던 절. 창건에 대한 정확한 기록은 전하지 않는

가도

椵島[214)]

성호 이익이 말하였다.

가나무(椵)는 우리말로 가죽나무(皮樹)이다. 그래서 피도(皮島)라고 한다. 지금 삼화현(三和縣)[215)]에 속하니 바다 길로 50리이다. 고려 원종(元宗) 십년(1269)에 임연(林衍)[216)]이 왕을 폐위시키고 안경공(安慶公) 왕창(王淐)을 옹립하려고 하였다. 최탄(崔坦) 등이 임연을 주벌한다는 명목으로 사람들을 불러모아 섬의 군영에 들어가 웅거하고, "고려가

다. 다만 『삼국유사』에서 923년에 입조사(入朝使) 윤질(尹質)이 중국에서 오백나한상을 가져와서 이 절에 모셨다고 한 것으로 보아, 창건연대 또한 그 이전으로 추정된다. 이 절이 대찰로서의 면모를 갖춘 것은 충숙왕 복위 3년(1334)에 원나라의 마지막 황제인 순제(順帝)가 그의 원찰(願刹)로 중건하면서부터이다. 순제가 서해의 대청도에서 귀양살이 할 때 이곳에서 이상한 기운이 빛나고 있는 것을 발견하고 찾아가 보았더니, 수풀 속에 부처가 있었다. 이에 그는 만약 부처 도움을 얻어 환궁등극(還宮登極)할 수만 있다면 마땅히 절을 지어 그 은혜에 보답하겠다고 기도했다. 그 뒤 그가 등극하고 2년이 지난 어느 날, 부처가 꿈에 나타나서 "어찌 서로 잊을 수 있단 말인가!"라고 했다. 꿈을 깬 그는 이상하게 생각하다가 중국의 재력을 기울여 이 절을 중창하였는데, 그 웅장하고 화려하기가 동방에서 으뜸이었다고 한다.

213) 長淵**南大**海中, 有大靑小靑二島, **周圍頗廣**, 元文宗竄**順**帝於大靑島, **順帝築室以居奉純金佛像一軀, 每日出時, 輒祈禱返國, 未幾歸而登極, 遣工匠百餘人, 使中官監役, 大建佛寺於海州首陽山中, 是爲神光寺**.(『擇里志, 八道總論, 黃海道』)→長淵海中, 有大靑小靑二島, 元文宗竄**庚申**帝於大靑島, **卽順帝也. 及登極, 創神光寺於首陽山**.(『松南雜識』)

214) 가도(椵島 / 假島) : 평안북도 철산군 백량면에 속하는 섬. 피도(皮島)라고도 하는데, 철산반도의 남단에서 남쪽으로 약 4㎞ 지점에 있다.

215) 삼화(三和) : 평안남도 용강 지역의 옛 지명.

216) 임연(林衍) : 고려 후기의 권신(?~1270). 본관은 진주(鎭州). 초명은 승주(承柱). 대장군 송언상(宋彦祥)의 종이었는데, 고종 45년(1258)에 유경(柳璥)·김준(金俊) 등과 공모해 권신 최의(崔竩)를 죽이고 정권을 왕실에 복귀시킨 공으로 위사공신(衛社功臣)의 호를 받고 추밀원부사가 되었다. 뒤에 원(元)나라와의 화의가 진전되어 자신의 위치가 불안해지고 왕과의 사이도 벌어지자, 삼별초와 육번도방(六番都房)을 거느리고 재추(宰樞)와 더불어 왕의 폐립을 논한 뒤 원종 대신 동생 안경공(安慶公) 창(淐)을 옹립하고, 자신은 교정별감(教定別監)이 되었다. 시호는 장렬(莊烈)이다.

북쪽 변경 여러 성의 사람을 죽이려 한다"라고 몽고를 속였다. 몽고 황제는 금패(金牌)를 하사하고 조서를 내려 이 지역을 몽고에 내속(內屬)시키고 동녕부(東寧府)로 이름을 바꾸었으며 자비령(慈悲嶺[217])을 경계로 확정하고 최탄을 총관(總管)으로 삼았다. 충렬왕 16년(1290)에 몽고 황제가 동녕부를 혁파하자 최탄이 처형되었다. 이곳은 모문룡(毛文龍[218])이 웅거하던 지역이다.[219]

모문룡이 섬에 있을 때 금나라 군대가 뒤에서 엄습할까 두려워 감히 깊이 들어가지 못하였다고 한다. 숭정(崇禎[220]) 말기에 명나라의 사대부 거족(巨族)들이 청나라를 피해 이 섬에 들어오니 청나라에서 우리 장군 유림(柳琳)과 임경업(林慶業)에게 요청하여 그 길을 가르쳐 주고 습격하여 죽이게 하였다.

---

217) 자비령(慈悲嶺) : 황해도 황주군 구락면, 봉산군 산수면, 서흥군 소사면·목감면 사이에 있는 고개. 예로부터 개성에서 평양을 잇는 행정적·군사적 요충지였다. 고려의 역신 최탄(崔坦)이 난을 일으켜 서경을 비롯한 북계(北界) 54성과 자비령 이북의 6성을 합하여 모두 60여성을 가지고 몽고에 귀순하여 이곳을 동녕부(東寧府)라 칭함으로써 원종 11년(1270)부터 충렬왕 16년(1290)까지 자비령이 고려와 원(元)나라의 국경이 되었다.

218) 모문룡(毛文龍) : 명나라 말기의 무장(1576~1629). 호는 진남(振南). 1605년 무과에 급제, 처음에는 요동(遼東)의 총병관 이성량(李成梁) 밑에서 유격활동을 했다. 뒤에 조선과 교묘하게 손잡고 청나라를 위협할 태세를 취하자, 좌도독(左都督)에 임명되었다. 그 뒤 전횡을 일삼다가 원숭환(袁崇煥)에게 참살되었다.

219) 椵樹, 俗名皮樹也. 今屬三和**縣**, **在**海中五十里. **高**麗元宗十年, 林衍廢王, 立安慶公淐, 崔坦**韓愼李延齡桂文庇玄孝哲**等, 以誅衍爲名, 嘯聚入據島營, **殺分司御史沈元濬監倉朴守奕京別抄等**, 詭言于蒙古, **高**麗將**盡**殺北界諸城人, 蒙**古**帝賜金牌, 詔令內屬, 改號東寧府, 畫慈悲嶺爲界, 以坦爲總管, **以三千兵來京西**, **後王復位**, **請還諸城不許**, 至十六年, 帝罷東寧府, **悉歸西北諸城**, 坦伏誅, 此**卽近世**毛文龍所據之地.(『星湖僿說, 第二卷, 天地門, 椵島』) → 椵樹, 俗名皮樹也. **故曰皮島**, 今屬三和, 海中五十里, 麗元宗十年, 林衍廢王, 立安慶公淐, 崔坦等, 以誅衍爲名, 嘯聚入據島營, 詭言于蒙古, 麗將殺北界諸城人, 蒙帝賜金牌, 詔令內屬, 改號東寧府, 畫慈悲嶺爲界, 以坦爲總管, 至十六年, 帝罷東寧府, 坦伏誅, 此毛文龍所據之地.(『松南雜識』)

220) 숭정(崇禎) : 명나라의 마지막 황제 의종(毅宗) 때의 연호(1628~1644). 명나라가 망한 뒤에도 조선은 청나라 연호를 쓰는 것을 꺼려 이 연호를 사용했다.

운종도
雲從島

광해군 임술년(1622)에 모문룡(毛文龍)이 도독(都督)이라 자칭하고 가도(椵島)에 부(府)를 열었다가 뒤에 선천(宣川) 운종도(雲從島)로 옮겨 동강진(東江鎭)이라 명명하였는데, 관서(關西)의 모든 지방이 물건을 바치느라 피폐해졌다. 인조 을사년(1629)에 원숭환(袁崇煥)이 주벌(誅伐)하였다.

대마도
對馬島

신라의 역사에서 "실성왕(實聖王)[221] 원년(元年) 임인년(402)은 진(晉)나라 안제(安帝) 원흥(元興) 원년으로 왜인(倭人)이 대마도에 처음 진영을 설치하였다"라고 한다.

왜사(倭史)에서 "대마도에는 두 개의 군이 있으니, 남북이 삼백 오십 리이고 동서가 일백 리 혹은 팔십 리로 사방이 큰 바다이다. 동쪽으로 바닷길 사백 팔십 리쯤에 일기도(一岐島)가 있으니 일본의 경계다. 서쪽으로 바닷길 사백 팔십 리쯤이 부산포(釜山浦)이니 조선의 경계다"라고 하였다. 대마도는 대개 왜(倭)와 조선 사이에 있어서 배반자들의 소굴이다.

성호 이익이 "예나 지금이나 본래 신라에 소속된다"라고 하였는데, 삼국사(三國史)에 근거하면 반드시 그렇다고는 볼 수 없다. 그러나 토지가 두텁게 몇 자 되는 곳도 없고 귤·유자·담배만 가장 잘 될 뿐이기에 사람들은 장사를 업으로 삼고 조선에 식량을 의지하니, 우리가 칼자루를 잡고 있는 격이다.

『택리지(擇里志)』에서 말하였다.

---

221) 실성왕(實聖王) : 신라 제18대 왕(?~417). 성은 김(金). 내물왕이 죽자 즉위하였으며, 고구려·일본과 수호를 맺었다. 재위 기간은 402~417년. ≒ 실금왕.

실로 일본에 소속된 섬이 아니다. 두 나라 사이에 있으면서 왜를 빙자해 우리에게 요구하고 우리를 빙자해 왜에서 중요시되니, 박쥐 같은 짓을 하여 스스로 그 이익을 싹쓸이한다. 토지는 척박한데 인구가 많다. 고려 말에 일어나 바다 위에서 도적질을 하니, 태조 병자년(1396)[222]에 김사형(金士衡[223])과 남재(南在[224])를 파견해서 토벌하여 평정하였다. 그러나 관리와 도주(島主)를 두지 않았기에 그때는 일본 사람들을 머물게 하지 않았다.

임진년(1592) 전에 읍의 남쪽 바닷가에 왜관(倭館)을 설치하고 둘레 수십 리에 목책(木柵)을 설치하여 경계로 삼았으며, 병졸을 배치하여 방어해서 우리나라 사람과의 접촉을 금하였다. 매년 대마도 사람은 도주의 문서를 받고 와서 수백 명이 왜관에 머물렀다. 조정에서는 영남(嶺南)의 조세 약간을 떼어 주고 '하납미(下納米)'라고 하였는데, 반은 도주에게 공물로 주고 반은 녹봉으로 쓰였다. 일이 없고 하는 일이란 피차간의 서신과 토산물의 교역을 관장하는 것뿐인데, 바로 값을 치르지 않고 다음 해에 주기로 약속하는 것을 '잡혔다'라고 한다. 임진년의 난리에 이르러 특별한 까닭 없이 철거했으니, 이익은 없고 해만 있었음을 알 수 있다.[225]

---

222) 『松南雜識』에는 '世宗'으로 되어 있으나 태조 때 있었던 사실이다.

223) 김사형(金士衡): 고려 말 조선 초의 문신(1332~1407). 본관은 안동(安東), 자는 평보(平甫), 호는 낙포(洛圃). 이성계를 추대해 개국공신 1등에 봉해졌는데, 태조 5년(1396) 12월 3일에 오도병마도통처치사(五道兵馬都統處置使)에 임명되어, 남재(南在)·신극공(辛克恭)·이무(李茂)와 함께 5도의 병선을 모아 이키도(壹岐島)와 대마도를 정벌했다.

224) 남재(南在): 고려 말 조선 초기의 문신(1351~1419). 본관은 의령(宜寧), 초명은 겸(謙), 자는 경지(敬之), 호는 구정(龜亭).

225) ① **自**壬辰前, 於邑南海上, **創**置倭舘, 周**圍**數十里, 設**木**柵爲限, 置卒**以**防之, 禁我國人**出入**交通, **而**每歲**對馬**島人受島主文, **引**數百倭**來**留舘**中**, **我**朝割**慶尙**租賦若干, **與之所留倭**, 以一半貢**于**島主, **以**一半廩用, 無所事, 只掌彼此書信與**貨財**交易**之事**, 而**亦不**卽與價, 以次約歲**年流割** 謂之被執, …… ② 昔**莊憲大王**, 遣**將**討**對馬島**平**之**, 不置官守, **而復以**與島主, 其時**必**不舘倭, **此不知防於何時**, **而實無意義**, ③ **此島元**不屬倭**國**, 居兩國間, 借倭而要於我, 借我而又見重於倭, 爲蝙蝠之役, 自網其利, **討而臣屬之上也**, …… **蓋馬島**土**甚**薄人稠**衆**, 麗末起而爲盜於海上**者**, **皆此島人也**, ……

왜(倭)의 역사를 살펴보니 "섭진주(攝津州)에 대판성(大板城)이 있는데 대개 일본 수로(水路)의 초입이 되는 곳이다. 사방 오십 리로, 각 주(州)의 상선(商船)이 왕래하고 보화가 이곳에서 모인다"라고 하였다.

해랑도
海浪島

성호 이익이 말하였다.

해랑(海浪)은 섬 이름이다. 중국 동북해에 있으니, 명나라 말기에 정지룡(鄭芝龍[226])의 무리가 섬의 도적과 결탁하여 위세를 떨쳤다. 그의 아들 정성공(鄭成功)과 손자 정경(鄭經)까지 가세하자 우리나라에도 우환거리가 되었다. 연산군 때에 이점(李坫)·전림(田霖)·조원기(趙元紀) 등을 파견하여 요동 사람 예순 네 명[227]과 우리나라 사람 마흔 여덟 명을 수색하여 사로잡았다.

---

④ 壬**辰又**無故撤**歸**, **亦**可見**毫不得力於兩國**, **爭戰之際而反爲害焉**.(『擇里志, 八道總論, 慶尙道』)→③ **實**不屬於倭, 居兩國間, 借倭而要於我, 借我而又見重於倭, 爲蝙蝠之役, 自網其利也, 土薄人稠, 麗末起而爲盜於海上, \② 我**世宗丙子**, 遣**金士衡南在**, 討平之, 不置官守與島主, 其時不舘倭. \① **及**壬辰前. 於邑南海上. 置倭舘. 周數十里. 設柵爲限. 置卒防之. 禁我人交通. 每歲島人受其主文. **來**數百人留舘, 朝**家**割**嶺南**租稅若干與之, **謂下納米** 以一半貢島主, 一半廩用, 無所事, **事**只掌彼此書信與**土物**交易, 而**卽不**與價, 以次約歲, 謂之被執. \④ **及**壬**亂**, 無故撤**去**, 可見**無益而有害矣**.(『松南雜識』)

*『택리지』에 없는 내용이 『松南雜識』에 추가된 것도 있다.(下納米, 金士衡, 南在)

*『택리지』의 내용이 『松南雜識』에서 착종되어 있다. 『택리지』 ①·②·③·④→『松南雜識』 ③·②·①·④.

226) 정지룡(鄭芝龍) : 명나라 말·청나라 초의 무역상(1604~1661). 자는 비황(飛黃 / 飛皇)·비홍(飛虹). 복건성(福建省) 남안현(南安縣) 출신. 일관(一官)·노일관(老一官)이라고도 한다. 처음에는 해적이었으나, 명나라 조정의 부름을 받아 해상권을 장악하고, 중국·타이완·일본을 무대로 무역을 하여 거부가 되었다.

227) 『松南雜識』에는 60명으로 되어 있음.

기대승(奇大升)[228] 계문(啓聞)의 "선왕 때에 전림(田霖)에게 해랑도를 토벌하게 하였는데 그가 돌아오자 개성부(開城府)에 명하여, 일등의 음악을 내려 위로하였다"[229]라고 한 말이 이것이다.[230]

지봉 이수광이 "근래 해적이 해서・호서・호남에 출몰하여 도적질을 하니 그 피해를 당하지 않는 달이 없었다. 조정에서 백령도(白翎島)와 안흥량(安興梁)에 진영(鎭營)을 설치하여 방비하자 그 피해가 점차 줄어들었다"[231]라고 하였다.

지금 해적(海賊)을 '해랑적(海浪賊)'이라 한다.

---

228) 기대승(奇大升) : 조선 선조 때의 학자・문신(1527～1572). 자는 명언(明彦), 호는 고봉(高峯)・존재(存齋). 벼슬이 대사간에 이르러, 혁신적인 정치를 하고자 하였으나 뜻을 이루지 못하고 벼슬을 그만두었다. 저서에 『주자문록(朱子文錄)』・『고봉집(高峯集)』 등이 있다.

229) **我**祖宗朝命田霖, 討海浪島, **盡**討而歸**來**, 命於開城府, 賜一等樂以慰之.(『高峯先生, 論思錄, 卷之上, 己巳正月十六日』)→祖宗朝命田霖, 討海浪島, 討而歸, 命於開城府, 賜一等樂以慰之.(『松南雜識』)

230) **盖**海浪島名也, 在中國東北海中, 明末鄭芝龍輩, **結**連島賊, 爲聲勢, 其子成功及孫經入**海**, 我國亦以爲憂, **每有浮說騷動, 至發於賊招, 其眞與僞, 雖不可知, 經之據海島則有之. 今之海浪船, 安知非餘種也**. 燕山**六年, 下海人至海浪島, 見島內居人, 多本國逃移生長, 漸加滋蔓, 奏請中朝**, 遣李坫田霖趙元紀等, 搜括遼東人六十**四名, 差人送去, 本國**人四十八**名刷還**, 奇**高峯**大升, **嘗有**啓曰, 祖宗朝, 命田霖, 討海浪島而歸, 命於開城府, 賜一等樂以慰之, **當指此事, 海浪之說, 非今日始有也**.(『星湖僿說, 第二卷, 天地門, 海浪島』)→海浪島名也. 在中國東北海中, 明末鄭芝龍輩, 連**結**島賊, 爲聲勢, 其子成功及孫經入**之**, 我國亦以爲憂, 燕山**時**, 遣李坫田霖趙元紀等. 搜括遼東人六十, **我**人四十八, 奇大升啓曰, 祖宗朝, 命田霖, 討海浪島而歸, 命於開城府, 賜一等樂以慰之, **是也**.(『松南雜識』)

231) **自頃**年來, 海賊出**沒**寇**抄**, 兩西**至**湖南, 無月不被其害, 朝廷於白翎島安興梁, 設鎭以備之, 其禍稍息.(『芝峯類說, 卷二, 地理部, 島』)→年來, 海賊出寇兩西湖南, 無月不被其害, 朝廷於白翎島安興梁, 設鎭以備之, 其禍稍息云.(『松南雜識』)

주호
州胡

『후한서(後漢書)』에서 말하였다.

마한(馬韓) 서해의 큰 섬 중에 주호(州胡)라는 곳이 있다. 그곳 사람들은 키가 작고 삭발하였으며 가죽옷을 입는데, 언어는 한(韓)과 다르다. 배를 타고 왕래하며 한(韓)이나 중국과 장사한다.[232]

섬을 나누어 장군을 봉하다
分島封將

석간(石磵) 조운흘(趙云仡[233])이 말하였다.

우리나라는 바다로 왜와 가깝고 육지로 오랑캐와 이어집니다. 크고 작은 여러 섬은 비옥한 토양과 생선·소금에서 생기는 이익이 있으니, 마땅히 오군(五軍) 장수(將帥)의 식읍(食邑)으로 만들어 자손에게 전하게 하면, 사람마다 각자 스스로 싸우리니 도적이 감히 엿보고 도적질하지 못할 것입니다. 별이 북두칠성을 향해 돌 듯, 물이 바다를 향해 흘러들 듯 구심점이 있어 외침(外侵)을 막아낼 정성이 있으며 땅이 작고 힘이 약하지만 심지가 굳어 배반하려는 마음이 없을 것입니다. 혹여 주나라의 열국(列國) 제도와 당나라의 번진(藩鎭[234]) 제도처

232) 馬韓之西海島上, 有州胡國, 其人短小髡頭, 衣韋衣有上無下, 好養牛豕, 乘船往來貨市韓中.(『後漢書, 卷一百十五, 東夷傳, 東夷』) → 馬韓西海中大島, 有州胡, 其人短小髡頭衣韋,言語不與韓同, 乘船往來, 市貿韓中.(『松南雜識』)

233) 조운흘(趙云仡) : 고려 말 조선 초의 문신(1332~1404). 본관은 풍양(豊壤), 호는 석간(石磵). 저서로는 『석간집』이 있으나 남아 있지 않고, 편서 『삼한시귀감(三韓詩龜鑑)』이 전한다.

럼 만들 수 있을까 의심한다면 잘못입니다. 만약 위에서 올바른 도리를 잃는다면 오랑캐는 서울 안에서 일어날 것입니다.

피난의 소굴
逃亂之窟

성호 이익이 말하였다.

발해가 망하자 태자와 대신, 병졸과 백성 수만 명이 우리나라에 투항하여 백성이 되었다. 거란이 망하여 서쪽으로 금나라에 위축되고 북쪽으로 몽고에 땅을 빼앗겨 유민들이 돌아갈 곳이 없자 금산왕자(金山王子)가 무리를 이끌고 와서 또 우리나라에 투항하였다. 거란은 옛날 군신 관계를 맺은 나라로 발해에 비할 바가 아니었는데, 노략질하고 유린하여 피해가 극심하였다. 그래서 몽고・동진(東眞)[235]과 협격(挾擊)하여 삼 년 만에 겨우 무찔렀다.

진(眞)은 바로 금나라의 유파로 금나라가 망한 뒤 자주 변경의 걱정거리가 되었다. 원나라 세조 때 내안대왕(乃顔大王)이 원나라에서 반란을 일으키니, 세조가 친히 정벌하여 사로잡았다. 내안의 잔당 합단(哈丹)이 철령(鐵嶺)을 넘어 먼저 양근(楊根)[236]을 점령하고 원주(原州)와 공주(公州)[237]에서 노략질하니, 왕이 강화도로 피란하였다. 결국 원나라가 크게 병사를 일으켜 온 덕분에 소탕되었다. 그 국력이 쇠약

234) 번진(藩鎭) : 당나라 때에 변방에 설치하여 군대를 거느리고 그 지방을 다스리던 관아. 또는 그 으뜸 벼슬. ≒ 절도사.
235) 동진(東眞) : 금나라의 요동 선무사(遼東宣撫使) 포선만노가 간도(間島) 지방에 세운 대진(大眞)이 두만강 유역으로 쫓겨오면서 불리게 된 이름. 19년 만에 몽고의 세력에 밀려 멸망했다.
236) 양근(楊根) : 경기 양평군 일부의 고구려 이래 한 말까지의 행정구역.
237) 『松南雜識』에는 '忠州'로 되어 있음.

해 졌을 때 나하추(納哈出)[238]가 크게 침입했는데, 다행히 조선 태조의 뛰어난 무용(武勇) 덕에 몰아낼 수 있었다.

명나라가 일어나자 홍건적(紅巾賊)이 요(遼)에서부터 침입하고 또 배를 타고 와서 노략질하니, 백성은 도탄에 빠지고 왕은 영남으로 피신한지 사 년 만에 겨우 평정되었다. 나라가 작고 힘이 약하여 번번이 난리에서 도망친 자들의 소굴이 되니, 당나라 이후부터 전쟁이 동북쪽 변방에 많이 발생한 원인이다.[239]

또 고려 원종(元宗) 때 몽고에서 탈출한 우리나라 사람들이 하나의 무리를 이루고 '신의군(神義軍)'이라 불렀는데, 이들이 삼별초(三別抄)의 난을 일으켰다. 살펴보건대, 은나라가 망하자 기자(箕子)가 왔고, 진(秦)나라가 망하자 진한(辰韓)이 일어났고 노관(盧綰)의 난이 일어나자 위만이 들어왔다.[240]

---

238) 나하추(納哈出) : 원 및 명나라의 무장(?~1381). 원나라의 멸망 5년을 앞둔 공민왕 11년(1362) 2월 고려의 반역자 조소생(趙小生)의 유인을 받은 그는 동북면(東北面) 쌍성(雙城 : 함남 永興)을 치고자 수만 대군을 이끌고 삼철(三撤 : 北靑) · 홀면(忽面 : 洪原) 등지에 침입하였으나 동북면병마사 이성계(李成桂)가 이끄는 고려군에게 함흥평야의 대회전(大會戰)에서 참패하고 달아났다.

239) 渤海之亡, 太子大臣及兵民數萬, 來投於我, **皆**爲編氓, 契丹之亡, 西鼈於金, 北削於蒙**古**, 餘衆無所歸, 其金山王子, 率衆亦**悉**投於我, 契丹則舊爲君臣, 非渤海之比, 寇攘蹂躪, 爲害慘毒, 乃與蒙古東眞, 挾擊三年而僅滅, **東**眞**者**, 金之餘**落**也, 金亡, 數爲邊患, 元世祖時, 乃顔大王, 叛元, 親征擒之, 其餘黨哈丹, 踰鐵嶺, 先陷楊根**城**, 剽掠于原州**公**州之間, 王避兵江華, 卒賴元, 大興師來掃, 及其衰亡, 納哈出大入, 幸有我太祖之神武而驅出之, 明之興, 紅頭賊, 自遼闖入**我邦**, 又乘船**入**寇, 生靈塗炭, 王乃**播**遷嶺南, 四年而底定, 國小力弱, 便**成寇盜**逃亂之窟, 自李唐後, 用兵多在東北一隅故也.(『星湖僿說, 卷二十一, 經史門, 逃亂之窟』) → 渤海之亡, 太子大臣及兵民數萬, 來投於我, 爲編氓, 契丹之亡, 西鼈於金, 北削於蒙, 餘衆無所歸, 其金山王子, 率衆亦投於我, 契丹則舊爲君臣, 非渤海之比, 寇攘蹂躪, 爲害慘毒, 乃與蒙古東眞, 挾擊三年而僅滅, 眞**乃**金之餘也, 金亡, 數爲邊患, 元世祖時, 乃顔大王, 叛元, 親征擒之, 其餘黨哈丹, 踰鐵嶺, 先陷楊根, 剽掠于原州**忠**州之間, 王避兵江華, 卒賴元, 大興師來掃, 及其衰亡, 納哈出大入, 幸有我太祖之神武而驅出之, 明之興, 紅頭賊, 自遼闖入, 又乘船**來**寇, 生靈塗炭, 王乃遷嶺南, 四年而底定, 國小力弱, 便**爲**逃亂之窟, 自李唐後, 用兵多在東北一隅故也.(『松南雜識』)

우리나라의 지도
東國地圖

성호 이익이 말하였다.

영고탑(靈古塔)은 바로 옛날 숙신씨(肅愼氏)의 옛터이다. 한(漢)·당(唐) 이전에는 동북쪽에 강대한 나라나 큰 부족이 없고 우리나라 한 지역만이 요지를 독차지하고 있었다. 그때는 요동(遼東)과 요서(遼西)의 태반이 우리의 소유였고 백두산 내외의 여러 부락이 대부분 우리에게 복속되어 있었다.

한번 여진·만만(滿萬)의 종족이 경박(鏡泊)에서 일어나면서부터 드디어 송나라를 대신해 중국에 들어가 주인이 되니, 이것이 금나라다. 금나라가 원나라 사람에게 쫓겨날 때 그 잔당이 압록강과 두만강 서북쪽에 흩어져 살면서 '야인(野人)'이라 칭하고 우리나라의 국경을 침범하였다. 북쪽은 이탕개(梨湯介),[241] 서쪽은 이만주(李滿住)이니 생여진(生女眞)·숙여진(熟女眞)[242]의 구별이 있었다.

만력(萬曆) 이후에는 여진의 동산(童山) 일파(一派)가 점점 건주위(建州衛)[243]보다 강대해져 모린위(毛獜衛)·좌위(左衛)·우위(右衛) 등 종족의 부락을 통합하여 종속시켰는데, 폐사군(廢四郡)이 가장 피해를 많이 받았다. 이것이 그 지역을 비우고 폐지한 이유이다.

청 태조(太祖 : 누루하치) 이후에는 심양(瀋陽)을 성경(盛京), 요양(遼陽)을 동경(東京), 건주(建州)를 흥경(興京)이라 하여, 영고탑 서쪽 지역을 모두 차지하였다. 연경(燕京)에 들어가 주인이 된 뒤에 건주는 그들

---

240) 「패산(浿滻)」 참조.

241) 『松南雜識』에는 '藜陽介'로 되어 있음.

242) 「外國類, 生女眞熟女眞」 참조.

243) 건주위(建州衛) : 명나라 성조인 영락제 때에, 남만주의 건주 지역에 사는 여진족을 다스리기 위하여 설치한 군영. 이후 여진족의 부족장에게 지휘권을 넘겨주었으며, 건주 좌위와 건주 우위가 새로 생겨남에 따라 건주 삼위가 되었다.

선대의 묘릉(墓陵)이 있고 노성(老城)은 그들의 종족이 거주한다는 이유로 그 제도와 배치를 성경(盛京)과 같이 하였다. 요(遼)에서부터 동쪽으로 세 명의 장군을 별도로 배치하니 한 명은 봉천(奉天) 등지를 방어하되 심양에 주둔하고 한 명은 영고탑을 방어하되 선창(船廠)에 주둔하고 한 명은 흑룡강을 방어하되 애호(艾滸)에 주둔하니, 각기 만주 지역을 통솔하는 고산대사원(固山大四員)[244]이다. 강희(康熙)[245] 연간 말기에 흑룡강 북쪽의 몽고를 근심하여 다시 백도눌(白度訥) 장군 한 명을 더 배치하였다고 한다.

몽고의 마흔 여덟 부족 가운데 동북 지방의 여러 부락이 가장 강성했는데, 대비달자(大鼻㺚子)가 흑룡강 북쪽에 있으면서 동쪽으로 흑룡강에서부터 장성 밖을 거쳐 북쪽으로 뻗치고 서쪽으로 뻗치니 모두 몽고의 경계다. 그 넓이는 중국에 비하여 몇 배가 될 뿐만이 아니고 서로 패권을 잡고 각기 한 지역의 황제가 되니 동서남북의 황제라고 부른다. 황태극(黃太極)과 청태극(淸太極)은 중국 서남쪽에 있고, 액라(額羅)가 바로 대비(大鼻)이고, 합이합(哈爾哈)은 동북쪽에 있었다고 한다.

대개 우리나라의 지형은 북쪽이 높고 남쪽이 낮으며 가운데가 좁아지다가 아래쪽이 펑퍼짐해진다. 백두산은 머리가 되고 대관령(大關嶺)은 등뼈가 되어 마치 사람이 머리를 옆으로 하고 등을 굽혀 서 있는 모양 같다. 대마도(對馬島)와 탐라(耽羅)는 양쪽 발꿈치와 같아 북서쪽에서 남쪽을 향하고 있다. 이것은 바로 풍수가의 정론이다. 서울을 중심으로 사방 방위를 정하면 온성(穩城)은 북쪽, 해남은 남쪽, 풍천(豊川)은 서쪽, 강릉은 동쪽이 되니, 동서를 합하면 일천 일백 이 리이고 남북은 삼천 구백 팔 리이다.

---

244) 고산대사원(固山大四員) : 중요한 임무를 띤 네 명의 관원이라는 뜻. 고산(固山)은 만주어에서 미칭(美稱)으로 쓰인다.

245) 강희(康熙) : 청나라 성조(聖祖)의 연호. 1662~1722년.

근세의 이른바 '지도'는 대체로 모두 종이 크기만큼 방위를 안배하고 방위에 따라서 만들기 때문에 길이와 넓이가 지세와 어긋나고 넓고 좁은 것이 제대로 맞지 않는다. 두만강이 온성으로 향하는 것만 시험삼아 보아도 어떤 물은 동쪽으로 흐르고 어떤 물은 북쪽으로 흘러 미전보(美錢堡)에 와서는 남쪽으로 흘러 서수라(西水羅)로 들어간다. 압록강은 삼수(三水)・갑산(甲山)・폐사군을 지나 여러 차례 구부러져 강계(江界)와 위원(渭原)을 거쳐 서남쪽으로 향하다가 창성(昌城) 아래쪽으로부터는 남쪽으로 곧장 흘러 통군정(統軍亭)의 서쪽을 싸고돌다가 대통강(大統江)으로 들어간다.[246)]

---

246) **其言曰**, 靈古塔, 卽古肅愼之墟, 漢唐以前, 東北無强國雄部, 惟我一域, 擅其形**勢**, 其時遼東西 太半爲我有, 白山內外諸落, 多服屬, 一自女眞滿萬之種, 起於鏡泊, 遂代宋而入主中國, 是爲金**國**. 及被元人之毆逐, 則其餘黨, 散處於鴨綠豆滿之西北而稱野人, 侵軼我境, 北則梨湯介, 西則李滿住, 有**生女眞熟女眞之別**. 至萬曆以後, 女眞董山一派, 漸大於建州衛, 而統屬毛獜衛**左右衛衛**等種落, **而**廢四郡最受弊, 此所以空其地而廢之也. 及淸汗以後, 以瀋陽稱盛京, 遼陽稱東京, 建州稱興京, 靈**古**以西, 並據**以**有之, 及入主燕京, 建州**卽**陵墓所在, 老城**卽**宗族所居, 故其制置, 與盛京同矣. 自遼以東, 列置三將軍, 其一鎭守奉天等處而坐瀋陽, 其一鎭守靈古塔而坐船廠, 其一鎭守黑龍江**地**而坐艾滸, 各統滿洲固山大四員. 康熙末, **最**憂黑龍江以北蒙古, 加設白度訥將軍一員云. 蒙古四十八部之中, 東北諸落, 最**强**盛, 大鼻㺚子, 在黑龍之北, 而東自黑龍, 歷長城之外, 迆北迆西, 皆蒙古之界, 其廣比中國, 不啻累倍, 互相雄長, 各帝一隅, 號稱東西南北皇帝. 曰黃太極, 曰靑太極, 在中國之西南, 曰**厄羅斯**, 卽大鼻也, 曰嗒爾塔, 在東北云. 盖我國地形, 北高南低, 中殺而下贏, 白山爲頭, 大嶺爲脊, 若人之側腦傴背而立, 對馬耽羅, 如兩趾, 坐亥面**巳**, 乃堪輿家之正論, 以京**都**, 定四方之位, 則穩城爲子, 海南爲午, 豊川爲酉, 江陵爲卯, 近世所謂地圖者, 類皆因幅而排位, 因位而成圖, 長廣乖勢, 濶狹失宜也. 試看豆滿之向穩城者, 或東或北, 至美錢堡, 南走入于西水羅, 鴨綠過三甲廢四郡, 許多屈曲, 戞江界渭原, 向西南而昌城以下則直南注, 包統軍亭之西, 而入于大總江矣.(『星湖僿說, 卷一, 天地門, 東國地圖』) → 靈古塔, 卽古肅愼**氏**之墟. 漢唐以前, 東北無强國雄部, 惟我一域, 擅其形**勝**, 其時遼東西, 太半爲我有, 白山內外諸落, 多服屬, 一自女眞滿萬之種, 起於鏡泊, 遂代宋而入主中國, 是爲金, 及被元人之毆逐, 則其餘黨, 散處於鴨綠豆滿之西北而稱野人, 侵軼我境, 北則**黎陽**介, 西則李滿住, 有**女眞生熟之別**, 至萬曆以後, 女眞董山一派, 漸大於建州衛, 而統屬毛憐衛**左衛右衛**等種落, 廢四郡, 最受**其**弊, 此所以空其地而廢之也. 及淸汗以後, 以瀋陽稱盛京, 遼陽稱東京, 建州稱興京, 靈**塔**以西, 並據**而**有之, 及入主燕京, **以**建州陵墓所在, 老城宗族所居, 故其制置, 與盛京同矣. 自遼以東, **別**置三將軍, 其一鎭守奉天等處而坐瀋陽, 其一鎭守靈古塔而坐船廠, 其一鎭守黑龍江而坐艾滸, 各統滿洲固山大

살펴보건대 『명사(明史)』에서 "하투(河套)는 한(漢)나라 때의 삭방군(朔方郡)이고 당나라 때의 삼수항성(三受降城[247])이다"라고 하였다.[248] 청태길(靑台吉)·적태길(赤太吉)·황태길(黃台吉)·흡태길(恰台吉)·낭태길(狼台吉)·철개태길(鐵皆台吉)·은정태길(銀定台吉)·불간태길(不艮台吉)·실리태길(失利台吉) 등이 있다.

근자에 중국에 사신 갔던 사람 편에 들으니 "북쪽 변방에 스스로 황제라 부르는 사람이 있는데 한 명은 '황태극(皇太極)'이라고 하고 한 명은 '청태극(淸太極)'이라고 한다. 중국에서 그 이름을 싫어하여 황태길(黃台吉)·청태길(靑台吉)이라고 부른다. 황태길·청태길은 모두 서남쪽 천리 밖에 있다. 중국 사람들이 난리로 인하여 그 땅에 많이 유입되었는데 '천명이 돌아오면 백성이 옛 주인을 알아본다'는 말이 있다고 한다"라고 하였다.

어떤 사람은 "명(明)나라 영종(英宗)[249]이 오랑캐에게 사로잡히자 오랑캐가 두 명의 호녀(胡女)로 하여금 시중을 들게 하여 각각 아들 한 명씩을 낳았다. 황제가 귀환하자 오랑캐 사신이 와서 두 아들을 바쳤지만

四員, 康熙末, 憂黑龍江以北蒙古, 加設白度訥將軍一員云. 蒙古四十八部之中, 東北諸落, 最盛, 大鼻撻子, 在黑龍之北, 而東自黑龍, 歷長城之外, 迆北迆西, 皆蒙古之界, 其廣比中國, 不啻累倍, 互相雄長, 各帝一隅, 號稱東西南北皇帝. 曰黃太極, 曰靑太極, 在中國之西南, 曰**額**羅, 卽大鼻也. 曰**嗒**爾**嗒**, 在東北云. 盖我國地形, 北高南低, 中殺而下贏, 白山爲頭, 大嶺爲脊, 若人之側腦僂背而立, 對馬耽羅, 如兩趾, 坐亥面南, 乃堪輿家之正論. 以京**城**, 定四方之位, 則穩城爲子, 海南爲午, 豊川爲酉, 江陵爲卯, **合東西一千百二里**, **南北二千九百八里**. 近世所謂地圖者, 類皆因幅而排位, 因位而成圖, 長廣乖勢, 濶狹失宜也. 試看豆滿之向穩城者, 或東或北, 至美錢堡, 南走入于西水羅, 鴨綠過三甲廢四郡, 許多屈曲, 憂江界渭原, 向西南而昌城以下則直南注, 包統軍亭之西, 而入于大總江矣.(『松南雜識』)

247) 삼수항성(三受降城): 중수항성·서수항성·동수항성.

248) 河套, **古**朔方郡, 唐**張仁愿築**三受降城**處**也.(『明史, 卷三百二十七, 列傳, 外國, 韃靼』) → 河套, **卽漢**朔方郡, 唐三受降城也.(『松南雜識』)

249) 영종(英宗): 명나라의 제6대·제8대 황제(1427~1464). 연호는 정통(正統)·천순(天順). 어린 나이에 즉위하여 환관들의 횡포로 내정이 문란해지자 도처에서 난이 일어났다. 토목(土木)의 변에서 몽고의 에센에게 잡혀 포로가 되었으나 화의가 성립되어 다시 복위했다. 재위 기간은 1435~1449년·1457~1464년이다.

중국에서 받아들이지 않고 황태길·청태길에 봉하여 서남쪽 변방 밖에 살게 하였는데, 『명사(明史)』에서는 그 사실을 숨겼다"라고 하였다.

어떤 사람은 "원(元)나라 순제(順帝)가 막북(漠北)[250]으로 달아나 대대로 달단족(韃靼族)이 되어 지자(支子) 두 명을 서북쪽에 봉하였다. 그 뒤에 점점 강대해진 까닭에 '백성이 옛 주인을 알아본다'라고 말한다"라고 하였다.

그 세 번째는 액라(厄羅)이니, 바로 대비달자(大鼻獐子)이다.

네 번째는 합이합(哈爾哈)이니, 바로 사십 팔 부(部)의 하나로 동북쪽에 있다고 한다. 지금의 황극달자(皇極獐子)가 바로 황태극(黃太極)이다.

점선
黏蟬

이양(漁陽) 왕사진(王思眞)이 우리 사신에게 준 시에서 "옛 길이 점선에서 나오네[古道出黏蟬]"라고 하였다. 『한서(漢書), 지리지(地理志)』에 "낙랑군(樂浪郡) 점선(黏蟬)"이라고 하였다.

열하
熱河

연암 박지원이 말하였다.

역도원(酈道元)[251]의 『수경주(水經註)』에 "유수(濡水)가 동남쪽으로

250) 막북(漠北): 사막의 북쪽이라는 뜻으로, 고비 사막 이북인 현재의 외몽골 지방을 이르는 말.

251) 역도원(酈道元): 중국 북위(北魏)의 지리학자(地理學者). 자(字)는 선장(善長). 어사

흘러가고 무열수(武列水)가 그것에 유입되니 유수는 지금의 난수(欒水)이고 무열수는 지금의 열하(熱河)이다"라고 하였는데, 열하(熱河)라는 이름은 경전(經傳)에는 보이지 않으니, 이것은 무열(武列)이 바뀐 소리인 듯하다.[252]

강희황제(康熙皇帝)[253]가 회수(淮水)와 제수(淛水)를 순수하여 은밀히 호걸(豪傑)의 마음을 눌렀으나, 또한 천하의 근심은 항상 북쪽 오랑캐에 있었기에 열하에 궁실(宮室)을 짓고 중무장한 몽고(蒙古) 병사를 주둔시키니, 중국을 번거롭게 하지 않으면서 오랑캐로 오랑캐를 대비하였다. 서번(西藩)은 억세고 사나우면서도 황교(黃教)[254]를 매우 경외(敬畏)하기에 황제가 그 풍속을 따르고 몸소 숭상하여 받들고 그 법사 반선(班禪)을 영접하였다. 궁실(宮室)을 성대하게 장식하여 그들의 마음을 기쁘게 하며 분봉(分封)해 주고 왕이라는 이름을 부여하는 방법으로 그 세력을 분산시키니, 이것이 청나라가 사방을 제어하는 기술이다. 오직 중국 본토에 대한 정책은 세금을 적게 하는 동시에 주자(朱子)를 높여 공문십철(孔門十哲)[255]의 반열에 끼워 넣어 천하의 떠도는 선비의 마음을 크게 위로하였다.[256]

중위(御史中尉)가 되어 법을 엄혹하게 다스렸는데, 섬서(陝西) 방면의 행정 사찰을 나갔을 때 암살당했다. 저서에 『수경주(水經註)』 40권이 있다.

252) 酈道元水經註, 濡水東南流, 武列水入焉, 濡水, 今灤河, 武列水, 今熱河, 熱河之號, 不著於經, 則**似**是武列之轉聲.(『燕巖集, 卷十四, 別集, 熱河日記, 口外異聞, 武列河』) → 酈道元水經註, 濡水東南流, 武列水入焉, 濡水, 今灤河, 武列水, 今熱河, 熱河之號, 不著於經, 則是武列之轉聲**耳**.(『松南雜識』)

253) 『松南雜識』에는 '乾隆皇帝'로 오기 되어 있음.

254) 황교(黃教) : 나마교의 한 분파. 15세기 이후 티베트 불교의 중심 세력을 이루었으며 다른 파와 구별하기 위하여 노란색 옷과 모자를 착용하여 황교(黃教)라 한다. 최고 지도자는 다라이라마로, 17세기 청(淸) 태조 누르하치가 황교 지도자에게 부여한 호칭이 오늘날까지 이어지고 있다.

255) 공문십철(孔門十哲) : 공자 문하의 뛰어난 제자 10명을 말한다. 덕행의 안연(顔淵) · 민자건(閔子騫) · 염백우(冉伯牛) · 중궁(仲弓), 언어의 재아(宰我) · 자공(子貢), 정사(政事)의 염유(冉有) · 계로(季路), 문학(文學)에는 자유(子游) · 자하(子夏).

세상에서 전하기를 “청나라의 제도는 좋지만, 세 가지 깊은 근심이 있었으니, 황하가 터지는 것과 아편(鴉片) 연기와 이슬람 국가이다”라고 하였다. 그러나 진시황과 한무제가 지혜와 힘으로 나라를 다스린 것이 오히려 요임금과 순임금이 인의(仁義)로 세상을 교화한 것만 못하다.

여러 작은 국도
諸小國都

진수(陳壽)의 『삼국지(三國志)』에서 “진한(辰韓)이 통합한 나라에 월지국(月支國)[257]이 있다”[258]라고 하였는데, 지금 그 지역이 자세하지 않다.

황룡국(黃龍國)[259]은 지금의 용강(龍崗)인데, 성호 이익은 “그렇지 않다. 악비(岳飛)[260]가 ‘곧장 황룡부(黃龍府)에 이르렀다’라고 한 말이 이것이니, 지금 요서(遼西)에 황룡현(黃龍縣)이 있다”라고 하였다.

비류국(沸流國)은 지금의 성천(成川)[261]으로 그 임금 송양(松讓)이 고구

---

256) **康熙六**巡淮淛, **所以**陰沮豪傑之心, **而今皇帝踵而五巡矣**, 天下之患, 常在北虜, 則**迨其賓服**, **自康熙時**, 築宮於熱河, 宿留蒙古之重兵, 不煩中國而以胡備胡, **如此則兵費省而邊防壯**, **今皇帝身自統禦而居守之矣**. 西藩强悍而甚畏黃教, 則皇帝循其俗而躬自崇奉, 迎其法師, 盛飾宮室, 以悅其心, 分封名王, 以析其勢, 此清**人所以**制四方之術也, 獨於中土, **似若無所用心**, **然其心以爲天下之小民**, **薄其**賦斂**則安矣**, **安知不反便乎我之帽服而不欲變我之制度乎但天下之士大夫顧無可安之術**, **則姑**尊朱子**之學**, 大慰遊士之心.(『燕巖集, 卷十四, 別集, 熱河日記, 審勢編』) → **乾隆皇帝**巡淮淛, 陰沮豪傑之心, **且**天下之患, 常在北虜, 則築宮於熱河, 宿留蒙古之重兵, 不煩中國而以胡備胡**矣**. 西藩强悍而甚畏黃教, 則皇帝循其俗而躬自崇奉, 迎其法師**斑禪**, 盛飾宮室, 以悅其心, 分封名王, 以析其勢, 此清**之**制四方之術也, 獨於中土, 則薄賦斂而尊朱子, **列於十哲之位**, 大慰**天下**遊士之心**云**.(『松南雜識』)

257) 월지국(月支國) : 삼한 시대의 소국. 마한 54개 소국 중의 하나이다. 달지국(達支國)이라고도 한다. 후한서(後漢書)』에는 목지국(目支國)으로 기록되어 있다.

258) 『三國志, 魏志, 卷三十』.

259) 황룡국(黃龍國) : 삼국 시대 이전에, 평안남도 용강군 지역에 있던 부족 국가. 뒤에 고구려에 합병되었다.

260) 악비(岳飛) : 남송의 충신(1103~1141). 자는 붕거(鵬擧). 금나라에 대하여 주전론(主戰論)를 펴다 재상 진회(秦檜)의 참소로 옥사했다. 시호는 무목(武穆).

려에 항복하여 물다후(勿多侯)에 봉해졌다.

안정국(安定國)은 그 지역이 자세하지 않은데 왕 오현명(烏玄明)이 송나라에 공물을 바쳤다고 한다. 고구려 옛 땅이니, 발해의 유민들이 고려 현종(顯宗) 9년(1018)에 넘어 왔다.

가락국(駕洛國)은 지금의 김해(金海)이다. 대가야국(大伽倻國)은 지금의 고령(高靈)이다. 소가야국(小伽倻國)은 지금의 고성(固城)이다. 고령가야국(古寧伽倻國)은 지금의 함창(咸昌)이다. 벽진가야국(碧珍伽倻國)은 지금의 성주(星州)이다. 예국(濊國)은 지금의 강릉(江陵)이다. 맥국(貊國)은 지금의 춘천(春川)이다. 행인국(荇人國)은 지금의 영변(寧邊)이다. 실직국(悉直國)[262]은 지금의 삼척(三陟)이다. 이서고국(伊西古國)[263]은 지금의 청도(淸道)이다. 음즙벌국(音汁伐國)은 지금의 흥해(興海)이다. 아호량국(阿戶良國)은 지금의 함안(咸安)이다. 압량소국(押梁小國)은 지금의 경산(慶山)이다. 장산국(萇山國)은 일명 거칠산국(居漆山國)이니, 지금의 동래(東萊)이다. 창녕국(昌寧國)은 지금의 안동(安東)이다. 미추홀국(彌鄒忽國)은 지금의 인천(仁川)이다. 소문국(召文國)은 지금의 의주(義州)이다. 사벌국(沙伐國)은 지금의 상주(尙州)이다. 감문국(甘文國)은 지금의 개령(開寧)이다. 초팔국(草八國)은 지금의 초계(草溪)이다. 골벌국(骨伐國)은 지금의 영천(永川)이다. 대방국(帶方國)은 지금의 남원(南原)이다. 우산국(于山國)은 지금의 울릉도이다. 탐라국(耽羅國)은 지금의 제주이다. 북옥저국(北沃沮國)은 일명 치구루(置溝婁)이니,

---

261) 성천(成川) : 평안남도 남동쪽에 있는 성천군. 평양 북동쪽 약 56 km 지점으로, 대동강(大同江)의 지류인 비류강(沸流江) 왼쪽 기슭에 있다.

262) 실직국(悉直國) : 강원도 삼척 지역에 있던 삼국 시대 초기의 소국. 실직곡국(悉直谷國)이라고도 한다. 파사이사금 23년(102)에 경상북도 안강(安康) 지역에 있던 음즙벌국(音汁伐國)과 영역문제로 다투어 종주국인 사로국(斯盧國 : 신라)에 해결을 요청했는데, 음즙벌국이 사로국과 대립하다 멸망되는 것을 보고 사로국에 자진 항복했다. 삼척 지역은 고구려와의 국경 부근에 위치한 곳으로, 신라는 이후 이 지역에 최초로 주(州)를 설치하여 전략적 요충지로 삼았다.

263) 이서고국(伊西古國) : 이서국(伊西國). 신라 초기의 소국. 지금의 경상북도 청도군 이서면과 화양읍 일대에 있었던 것으로 추정된다. 신라에 복속되어 뒤에 솔이산(率伊山) · 경산(驚山) · 오도산(烏刀山)에 있는 세 성과 합쳐 대성군(大城郡)이 되었다고 한다.

두만강(豆滿江) 남쪽에 있다. 동옥저국(東沃沮國)은 철령(鐵嶺) 바깥, 북청(北靑) 이남에 있다. 남옥저국(南沃沮國)은 평안도 안에 있다. 우시산국(于尸山國)은 지금의 영해(寧海)이다. 발해국(渤海國)은 백두산에 있다. 비지국(比只國)·다벌국(多伐國)·개마국(盖馬國)·구다국(句茶國)·조나국(藻那國) 등은 모두 백두산 아래 있다. 양맥국(梁貊國)은 바로 맥(貊)의 별종으로 고구려 서북쪽에 있다.

지봉 이수광은 "우리나라는 땅이 수천 리에 불과한데, 삼국 이전에 쉰 개나 되는 많은 나라가 있었다"[264]라고 하였다. 살펴보건대, 크게 군사를 일으켜도 고작 서른 여섯 명뿐이었으니, 이른바 '나라'라고 하는 것이 나라가 되지 못한다.

땅을 버려 나라가 작아지다
地棄國小

내가 고찰해보니, 우리나라는 본래 한사군(漢四郡) 지역이었다. 그러나 진번(眞番) 한 군(郡)은 고려 이래로 몽고 때문에 버리고, 폐사군(廢四郡) 서쪽 백여 리 땅은 야인(野人) 때문에 버렸다. 목극등(穆克登)이 분수령(分水嶺)을 따라 국경을 정할 때 두만강 이북과 선춘령(先春嶺)[265] 이남

264) 『芝峯類說, 卷二, 諸國部, 本國』.
265) 선춘령(先春嶺): 고려 예종 때 윤관(尹瓘) 등이 동북여진(東北女眞)을 축출하고 새로 개척한 지역의 동북쪽 경계에 있었던 영(嶺). 본래 선춘령에는 윤관이 9성을 쌓았는데, 9성의 하나인 공험진의 선춘령에 비를 세웠다고 한다. 비석 4면에 글이 있었으나 호인(胡人)이 뭉개버렸다. 그러다 뒷날 어떤 사람이 그 밑등을 파보았더니 '高麗之境(고려지경)' 네 자만이 있었다고 한다. 선춘령과 그 비가 역사적으로 의미를 가지게 된 것은 뒷날 연구자들에 의해 윤관의 9성 범위가 논의의 대상이 되면서부터이다. 실학자들은 두만강 북쪽 700리까지 진출한 것이 아니라 길주 이남에 한정된다고 주장했다. 반면에 민족항일기 때의 학자들은 그 범위가 함흥평야에 한정된다는 이론을 제기했다. 따라서, 선춘령은 마운령(摩雲嶺)에, 때로는 함관령(咸關嶺)으로 추정되기도 했다. 길주 이남설에 비정되는 것은 한백겸(韓百謙)의 『동국지리지』에 근거한다. 한백겸은 마운령상(摩雲嶺上)에 존재하는 석추구기(石樞舊基)가 진흥왕순수비라는 것을 확인하지 못한

즉 윤관(尹瓘)의 비석이 서있는 곳 사・오백 리의 땅을 버렸다. 울릉도 백 리의 땅은 왜(倭)와 가깝다는 이유로 버렸다. 대마도(對馬島) 사 백여 리의 땅은 옛날에 신라에 속했는데 우리 조정에서는 토벌하고도 버려서 왜가 우리나라를 염탐하는 소굴로 쓰고 있다.

겨우 팔도 수 천리의 땅에서 함경도의 세금은 교역에 사용하고, 평안도・황해도의 세금은 사신의 왕래에 사용한다. 영남의 세금 중에서 절반은 왜관(倭館)에 사용하고 영남의 토지중에서 또 반은 사패(賜牌)[266]에 사용한다. 허신(許愼)[267]이 이른바 "주(周)나라 천 리 안에 천 팔백 개 나라의 탕목읍(湯沐邑)[268]이 있다"라는 말이 이것이니, 문왕이 백 리의 땅에서 나라를 일으켜 칠십 리를 동산으로 만들었다는 것과 같은가 보다. 이런 까닭에 땅을 버렸기 때문에 나라가 작고, 나라가 작기 때문에 돈 들어 갈 곳이 많고 돈 들어 갈 곳이 많기 때문에 백성이 고달프다.

채 막연히 윤관의 정계비일 것이라는 오인했다. 함흥평야설에 비정되는 논리적 근거는 『세종실록, 지리지』 등의 기록을 탁상공론이었다고 일축한 데 기인한다.

266) 사패(賜牌) : 고려・조선조 때에, 임금이 왕족 또는 공신에게 노비나 토지를 하사할 때 그 소유권을 적은 문서나 명패.

267) 허신(許愼) : 후한(後漢)의 경학자. 자는 숙중(叔重). 저서에 『설문해자』 30권과 『오경이의(五經異義)』 10권 등이 있다.

268) 탕목읍(湯沐邑) : 그 읍에서 거두는 세금으로 목욕의 비용에 충당한다는 뜻으로, 천자(天子)나 제후(諸侯)의 사유 영지(領地)를 말한다. 채읍(采邑) 혹은 채지(采地).

4. 국호류(國號類)

조선
朝鮮

『동사(東史)』에서 “나라가 천하의 동쪽에 있어서 해가 먼저 뜨기 때문에 조선(朝鮮)이라 이름하였다”라고 하니, 대개 아침해[朝日]가 선명(鮮明)하다는 뜻이다.

『산해경(山海經)』에서 “북해(北海)에 조선(朝鮮)과 천독(天毒)이란 나라가 있는데, 그 사람들은 물에 살며 사랑하는 사람을 사랑한다”[1]라고 하였다. 그 주석에서 “천독은 바로 천축(天竺)이다. 외(偎) 역시 ‘사랑’이다”라고 하였다.

---

1) **東海之內**北海**之隅**, 有國, 名曰朝鮮天毒, 其人水居, 偎人愛**之**.(『山海經, 卷十八, 海內經』)→北海有國, 名曰朝鮮天毒, 其人水居, 偎人愛**人**.(『松南雜識』)

삼한

三韓

『후한서(後漢書), 동이전(東夷傳)』에 "한(韓)에는 세 종족이 있다"라고 하였다.

『동사』에서 말하였다.

> 조선왕 기준(箕準)이 위만(衛滿)에게 쫓겨 남쪽으로 달아나 한(韓) 땅을 빼앗고 금마군(金馬郡)에 도읍하였다. 그래서 마한(馬韓)이라 하여 진한(辰韓)·변한(卞韓)과 구별하였다. 진(秦)나라의 유망민이 마한으로 들어오자 마한이 동쪽 경계를 분할하여 떼어 주니, 나라를 세우고 진한(辰韓) 또는 진한(秦韓)이라 하였다. 경주(慶州)에 도읍하고 언제나 마한 사람을 왕으로 세워 유망민임을 밝혔다.

두우(杜佑)[2]의 『통전(通典)』에 "진한(辰韓)에는 처음 여섯 나라가 있었으니, 양산(楊山)·고허(高墟)·진지(珎支)·대수(大樹)·가리(加利)·고야(高耶)[3]등 육촌(六村)을 진한육부(辰韓六部)[4]라 한다. 뒤에 나뉘어져 열두 나

---

2) 두우(杜佑) : 당나라의 정치가·역사가(735~812). 자는 군경(君卿). 장안(長安) 출신. 저서 『통전(通典)』 200권은 상고로부터 당의 현종조(玄宗朝)까지 역대의 제도를 9부분으로 분류하여 수록한 역사서로서 오늘날에도 제도사 연구상 불가결한 자료이다.

3) 『松南雜識』에는 '高那'로 오기되어 있다.

4) 진한육부(辰韓六部) : 신라 건국 이전 진한(辰韓) 시대에 있던 육촌을 뒤에 육부로 고쳐 그 이름도 바꾸고 각 부에 성씨를 하사했다. 알천양산촌(閼川楊山村)을 양부(梁部, 及梁部 : 南川 남쪽)로, 돌산고허촌(突山高墟村)을 사량부(沙梁部 : 南川의 북쪽)로, 취산진지촌(觜山珍支村 : 于珍村)을 본피부(本彼部 : 月城 및 그 동쪽)로, 무산대수촌(茂山大樹村)을 점량부(漸梁部, 牟梁部 : 西川의 지류 牟梁川의 流域)로, 금산가리촌(金山加利村)을 한기부(漢祇部, 韓祇部 : 北川 북쪽 柏栗寺 부근)로, 명활산고야촌(明活山高耶村)을 습비부(習比部 : 明活山 서남 普門里 일대)로 고쳤다. 또한 양부에 이(李), 사량부에 최(崔), 본피부에 정(鄭), 점량부에 손(孫), 한지부에 배(裵), 습비부에 설(薛) 등의 성씨를 하사했는데, 이들은 경주가 관향이 되었다. 고려 시대에 이르러서 양부는 중흥부(中興部), 사량부는 남산부(南山部), 본피부는 통선부(通仙部), 점량부는 장복부(長福部), 한기부는 가덕부(加德部), 습비부는 임천부(臨川部)로 개칭되어 경주

라[十二國][5)]가 되었다"[6)]라고 하였다.

변한(卞韓)은 『문헌통고(文獻通考)』에 변진(弁辰)으로 되어 있다.[7)]

『당서(唐書)』에 "변한(弁韓)은 낙랑(樂浪)에 있다"[8)]라고 하였는데, 어떤 사람은 "김해(金海) 지역에 도읍 하였다. '弁(변)'은 아마도 冠弁(관변 : 고깔모자)의 '弁[고깔]'인 듯하다. 진한·마한의 우두머리가 된다는 의미인 듯하다"라고 하니 어디서 온 말인지 모르겠다. 이것을 삼한(三韓)이라 한다.

성호 이익이 "진(秦)나라를 피해 온 한(韓)나라 사람들이 먼저 와서 스스로 한(韓)이라 이름했으니, 한(韓)이 동방(東方)이 된 시초인 듯하다"라고 하였다. 서복(徐福)[9)]이 동쪽으로 갔고 또 한종(韓終)이 동쪽으로 간 일도 있다.

『삼국유사(三國遺事)』에 "고구려 지역에 마읍산(馬邑山)이 있는 까닭에 마한(馬韓)이라 하였다"고 하였고 "백제 땅에 변산(卞山)이 있는 까닭에 변한(卞韓)이라 하였다"[10)]라고 하였다.

지금 평양부(平壤府)에 마읍산(馬邑山)이 있고, 부안현(扶安縣)에 변산(邊

부(慶州府)의 육부가 되었다.

5) 십이국(十二國) : 경주의 사로국(斯盧國)을 위시하여 기맹국(已萠國)·불사국(不斯國)·근기국(勤耆國)·난미리미동국(難彌理彌凍國)·염해국(騎奚國)·군미국(軍彌國)·여담국(如湛國)·호로국(戶路國)·주선국(州鮮國)·마연국(馬延國)·우유국(優由國)을 말한다. 진수(陳壽)의 『삼국지, 위지, 동이전』에 따르면 진한 12개의 소국은 큰 나라는 4,000~5,000가(家), 작은 나라는 600~700가 정도였다고 한다.

6) 魏時, 新盧國焉. 其先本辰韓種也. 辰韓始有六國, 稍分爲十二, 新羅則其一也.(『通典, 卷一百八十五, 邊防一, 東夷上, 新羅』) → 辰韓始有六國, 楊山·高墟·珎支·大樹·加利·高那等六村是謂辰韓, 六部後稍分爲十二國.(『松南雜識』)

7) 『文獻通考, 卷三百二十四, 東, 馬韓』.

8) **新羅國本**弁韓**之苗裔也**. **其國**在**漢時**樂浪**之地**.(『舊唐書, 卷一百九十九上, 列傳, 第一百四十九, 東夷』) → 弁韓在樂浪.(『松南雜識』)

9) 서복(徐福) : 자는 군방(君房). 『사기(史記)』에는 서불(徐市)로 기록되어 있다. 진시황제의 불로불사(不老不死)하려는 소원을 풀어주기 위하여, 그는 수천 명의 동남동녀를 데리고 영약(靈藥)을 찾아 바다 끝 신산(神山)으로 배를 타고 떠났으나 다시 돌아오지 않았다고 한다.

10) **百**濟地自有卞山, 故云卞韓.(『三國遺事, 卷一, 紀異』) → 濟地自有卞山, 故云卞韓.(『松南雜識』)

山)이 있다.

예
濊

『동사』에서 말하였다.

예(濊)는 예(穢)・예(薉)・예(蘂)・철국(鐵國)이라고도 하니, 지금의 강릉(江陵)이다. 임금은 남려(南閭)이다. 한무제(漢武帝) 원삭(元朔) 계축년(B.C. 128)에 한(漢)나라에 항복하였는데, 한나라에서 그곳에 창해군(滄海郡)을 설치하였다.

살펴보건대, 예(濊)는 지명(地名)을 국호(國號)로 삼은 것이다.

맥
貊

『동사』에 '맥(貉)'으로 되어 있으니, 『맹자(孟子)』에 이른바 '대맥(大貉)'・'소맥(小貉)'이 이것이다. 지금의 춘천(春川)이다. 오소리(貉)가 있었기 때문에 그렇게 이름하였다.

부여
夫餘

『동사』에 '부여(扶餘)'로 되어 있다.

『후한서(後漢書)』에 "단군(檀君)의 아들 해부루(解夫婁)가 부여(扶餘)에 나라를 세우고 북부여(北扶餘)라 불렀다"라고 하였다. 뒤에 가섭원(伽葉原)으로 옮기고 동부여라고 하였으니, 지명으로 국호를 삼은 것이다. 백제 성왕(聖王)[11]이 사자하(泗泚河)로 도읍을 옮기고 남부여라고 하였으며 국성(國姓)을 국호로 삼았다.

『자휘보(字彙補)』에서 "부아(鳧兒)는 동방의 나라 이름이니, 바로 부여이다"라고 하였다.

신라
新羅

신라의 역사에 "新(신)은 '날로 그 덕을 새롭게 한다[新其德]'라는 뜻을 취하고, 羅(라)는 '사방(四方)을 망라한다[網羅四方]'라는 뜻을 취하였다"라고 하였으니, 지증왕(智證王)으로부터 시작되었다. 처음 국호는 사로(斯盧)·서벌라(徐伐羅)·서야벌(徐耶伐)·서라벌(徐羅伐)이다. 탈해왕(脫解王)[12] 때에 국호를 계림(鷄林)이라 하였는데, 숲에서 닭소리가 나는 기이한 일에서 비롯되었다. 진덕여왕(眞德女王)[13] 이상을 상대(上代), 혜공왕(惠恭王)[14] 이상을 중대(中代), 경순왕(敬順王)[15] 이상을 하대(下代)라고 부

---

11) 성왕(聖王) : 백제 제 26대왕(?~554.) 무녕왕의 아들, 이름은 명(明). 재위 기간 523~554년.

12) 탈해왕(脫解王) : 신라의 제4대 왕(?~80). 성은 석(昔). 토해(吐解)라고도 한다. 국호를 계림(鷄林)이라 하였으며, 일본과 화친하면서 백제·가야와 자주 싸움을 벌였다. 재위 기간은 57~80년이다. ≒ 석탈해, 탈해 이사금, 토해 이사금.

13) 진덕여왕(眞德女王) : 신라 제28대 왕(?~654). 성은 김(金). 이름은 승만(勝曼). 연호를 태화(太和)로 정하고, 648년 김춘추를 당나라에 보내 군사 원조를 받았으며 김유신을 기용하여 국력을 키워 삼국 통일의 기초를 닦았다. 재위 기간은 647~654년.

14) 혜공왕(惠恭王) : 신라의 제36대 왕(758~780). 성은 김(金), 이름은 건운(乾運). 재위 중 천재지변이 자주 일어나 민심이 흉흉하였으나 사치와 방탕을 일삼고 국사를 돌보지 않다가, 780년에 이찬 김지정의 난으로 살해되었다. 재위 기간은 765~780년.

15) 경순왕(敬順王) : 신라 제56대 마지막 왕(?~978). 성은 김(金), 이름은 부(傅). 경애왕

르니, 이것을 '신라삼대(新羅三代)'라고 한다.

고구려
高句麗

『동사』에서 "주몽(朱蒙)의 본래 성(姓)은 해씨(解氏)인데, 스스로 고신씨(高辛氏)[16]의 후예라고 하여 고씨(高氏)로 고쳤다. 요동(遼東) 구려산(句麗山) 아래에서 태어났는데, 성을 산 이름 앞에 두어 국호로 삼았다"라고 하였다.

이덕무(李德懋)가 말하였다.

고구려라는 호칭은 『한서, 지리지』에서 비롯되었다.[17] 고구려의 선조는 금와(金蛙)이다. 우리나라 방언(方言)으로 '蛙(와)'를 개구리(皆句驪) 또는 왕마구리(王摩句驪)라 하니, 옛날 사람들이 질박하여 바로 임금의 이름으로 국호를 삼고, 성(姓)을 얹어 고구리(高句驪)라고 하였다. 예를 들면 중국인이 음역(音譯)한 글자로, 은(銀)을 '몽고(蒙古)'라 하고, 호금(好金)을 '애신각라(愛新覺羅)'[18]라고 하며, 장사(壯士)를 '예락하(曳落河)'라고 하는 말이 이것이다.

살펴보건대, 임금의 이름으로 국호를 삼은 것은 토욕혼(吐谷渾)[19]이

이 죽은 뒤 견훤에 의해 왕위에 올랐으나, 935년 고려 왕건에게 항복했다. 재위 기간은 927~935년.

16) 고신씨(高辛氏) : 태고 시대의 제왕으로 황제의 증손이라 하는데 고신은 호이며 이름은 곡(嚳)이라고 전하며, 제곡(帝嚳) 고신씨라고도 한다.

17) 『청장관전서』에는 '漢書地理志云' 앞에 '稱高句麗始'가 있는데 『松南雜識』 원문에는 결락되어 있다.

18) 애신각라(愛新覺羅) : 청조(清朝)의 성(姓). 각라(覺羅)는 종실(宗室)의 후예(後裔)와 같은 말이다. 대개 자칭 금인(金人)의 후예라는 뜻으로 성(姓)을 삼은 것이다.

19) 토욕혼(吐谷渾) : 4세기 중엽 이후 7세기까지 청해성(青海省) 및 감숙성(甘肅省) 남

있다. 『한서』에 왕망(王莽)[20]이 폄하(貶下)하여 하구려후(下句麗侯)라고 하였으니, 이것은 성을 빼버린 것이다.

우리나라 시에,

동국은 원래 기자(箕子)의 나라이니	東國元爲箕子國
고구려가 어찌 하구려(下句麗)이랴	高麗豈是下句麗

라고 하였다.

백제
百濟

『삼국사기』에서 말하였다.

시조는 부여 온조왕(溫祚王)이다. 오간(烏干)·마려(馬黎) 등 열 명의 신하가 보필했던 까닭에 처음에는 '십제(十濟)'라 부르다가, 뒤에 '백성이 즐겨 따른다[百姓樂從]'는 뜻을 취한 까닭에 '백제(百濟)'라고 하였다.[21]

부를 지배한 몽골계 유목민인 선비족(鮮卑族)이 세운 나라.

20) 왕망(王莽) : 전한(前漢) 말기 신(新)의 임금. 한나라 애제를 물리치고 평제를 독살하여 스스로 가제(假帝)라 부르고 국호를 신이라 하였음. 나중에는 후한의 광무제(光武帝)에게 멸망되었다.

21) 溫祚, **恐爲太子所不容**, **遂**與烏干·馬黎等十臣**南行**, **百姓從之者多**, **遂至漢山**, **登負兒嶽**, **望可居之地**, **沸流欲居於海濱**, **十臣諫曰**, **惟此河南之地**, **北帶漢水**, **東據高岳**, **南望沃澤**, **西阻大海**, **其天險地利**, **難得之勢**, **作都於斯**, **不亦宜乎**, **沸流不聽**, **分其民**, **歸彌鄒忽以居之**, **溫祚都河南慰禮城**, **以十臣**爲輔翼, **國**號十濟, **是前漢成帝鴻嘉三年也**. **沸流以彌鄒**, **土濕水鹹**, **不得安居**, **歸見慰禮**, **都邑鼎定**, **人民安泰**, **遂慙悔而死**, **其臣民皆歸於慰禮**, 後**以來時**百姓樂從, **改號**百濟.(『三國史記, 卷二十三, 百濟本紀, 第一, 始祖, 溫祚王』) → **始祖夫餘**溫祚**王**, 與烏干·馬黎等十臣爲輔翼, **故初**號十濟, 後**取**百姓樂從, **故曰**百濟.(『松南雜識』)

살펴보건대, 백제왕 온조는 본래 주몽의 아들로 조상이 부여(夫餘)에서 나온 까닭에 성을 부여씨(夫餘氏)로 하였다.

살펴보건대 『통감석의(通鑑釋義)』[22]에 "부여왕 동명(東明)의 후손으로 구태(仇台)란 사람이 있는데, 인신(仁信)에 돈독하다. 대방(帶方)에 나라를 세우고 처음에 백가(百家)를 다스렸던[濟] 까닭에 국호로 삼았다"라고 하였다.

가락국
駕洛

일명 가야국(伽倻國)이다. 가락국(伽洛國)이라고도 하니 가야라는 소리가 바뀌어 가락이 된 것이다. 가야산(伽倻山)[23]을 근거지로 나라를 세웠기 때문인 듯 하다. 또 '금관(金官)'이라고 이름을 고치니, 구지봉(龜旨峯)[24]의 금상자[金樻]에서 취하여 성씨를 삼고 그대로 국호로 삼은 것이다. '官(관)'은 곧 官家(관가)의 官으로, 또한 고구려의 사례와 같다.

발해
渤海

『운회(韻會)』에서 "동쪽을 발해라 한다"라고 하였다. 고왕(高王) 대조

22) 통감석의(通鑑釋義) : 명나라 왕봉(王逢)이 찬술한 책.
23) 가야산(伽倻山) : 경상북도 성주군과 경상남도 합천군 사이에 있는 산.
24) 구지봉(龜旨峯) : 경상남도 김해시 구산동(龜山洞)에 있는 산. 가야의 건국설화와 「구지가(龜旨歌)」의 산실로 널리 알려져 있다. 가야땅을 다스리던 아홉 추장이 구지봉에 모여 제사를 지내는데, 문득 하늘에서 알 여섯 개가 담긴 금합이 붉은 실에 매달려 내려왔다. 이튿날에 그 알 여섯 개가 차례로 깨어지며 아이가 하나씩 나왔는데, 하루가 다르게 부쩍부쩍 자라나서 열흘째가 되자 모두 키가 아홉 자가 넘는 어른이 되었다고 한다. 그 가운데 맨 먼저 나온 이가 가락국의 시조인 김수로왕이다.

영(大祚榮)[25]은 본래 말갈(靺鞨)의 추장으로 숙신(肅愼)의 땅에 살았는데, 말갈을 버리고 발해라고 부르니 지명을 취한 것이다. 또 '진국(震國)'이라고도 불렀는데, 『주역』에 "황제가 진(震)방[동쪽]에서 나온다[帝出震]"는 뜻을 취한 것이다. 또 진단(震旦)으로 바꾸었는데, 동방에 해 뜨는 뜻을 취한 것이다.

살펴보건대 『규염객전(虯髯客傳)』에서 "부소국(扶蘇國)을 얻었다"라는 것의 부소(扶蘇)는 부여(扶餘)가 와전된 듯 하다. 규염은 걸걸중상(乞乞仲象)이고, 고왕(高王)은 걸걸중상의 아들이다.

『누탄경(樓炭經)』[26]에 "총하(葱河) 동쪽을 진단(震旦) 또는 서역(西域)이라 한다"라고 하였으니, 진단은 중국을 부르는 이름이다.

태봉
泰封

궁예(弓裔)[27]가 처음에 국호를 마진(摩震)이라고 한 것은 진방(震方)을 어루만져 다스린다는 뜻을 취한 듯하고, 또 진국(震國)을 어루만져 취한다라는 뜻인 듯하다. 또 태봉(泰封)으로 바꾸었는데 아마도 그 동쪽을 대산(泰山)이라 하니, 영토를 확장한다는 의미인 듯하다. 지금의 철원(鐵圓)이다.

25) 『松南雜識』 원문에는 '대영조(大榮祚)'로 오기되어 있다.
26) 누탄경(樓炭經) : '대루탄경(大樓炭經)'이라고도 한다. 6권. 5권 혹은 8권으로 된 것도 있다. 서진(西晉)의 석법립(釋法立)이 법거(法炬)와 함께 번역했다.
27) 궁예(弓裔) : 후고구려의 건국자(?~918). 송도에 도읍을 정하고, 901년에 스스로 왕이 되어 국호를 후고구려라고 했다. 뒤에 왕건에게 패위되었다. 재위 기간은 901~918년.

후백제
後百濟

견훤(甄萱)이 완산(完山)[28]에 웅거하여 한남군개국공(漢南郡開國公)이라 자칭하고, 의자왕(義慈王)[29]의 묵은 울분을 설욕하고자 국호를 후백제라고 하였다.

고려
高麗

『고려사(高麗史)』에서 "'산이 높고 물이 아름답다[山高水麗]'의 뜻을 취하였다"라고 한다. 어떤 사람은 "고구려의 땅에서 일어난 까닭에 그렇게 이름하였는데 초기에는 철원(鐵圓)에 도읍하였다"라고 하였다.

성호 이익이 말하였다.

구려(句麗)는 아마도 의주(義州)의 바깥 말갈(靺鞨)의 서쪽이 바로 그 땅일 듯하다. 句如(구여)[30]나 句吳(구오)[31]의 '句'는 깊은 뜻이 있는 글자가 아니다. 주몽(朱蒙)이 국호로 삼고 그곳에 나아가 스스로 높였던 까닭에 '高(고)'자를 덧붙이고 그대로 성(姓)으로 삼았다. 요즘 사람들이 '산이 높고 물이 아름답다[山高水麗]'는 뜻을 취한 것이라는 생각은 잘못이니, 왕망(王莽)이 폄하(貶下)하여 '하구려(下句麗)'라고 한 말이 증

---

28) 완산(完山) : 전라북도 전주(全州)의 옛 지명.
29) 의자왕(義慈王) : 백제의 제31대 마지막 왕(?~660). 642년에 신라를 공격하여 미후성(獼猴城) 등 많은 지역을 점령하고, 고구려와 화친하는 등 기울어져 가는 국위의 선양에 힘썼다. 만년에 사치와 방탕에 흘러, 660년에 나당 연합군에 항복하여 당에 압송되었다가 병사했다. 재위 기간은 641~660년.
30) 구여(句如) : 주(周)나라 때의 사람 이름.
31) 구오(句吳) : 태백(太伯)의 자호.

거가 될 만하다. 뒤에 자칭 고신씨(高辛氏)의 후예라고 하였다는 설은 더욱 황당하건만 왕씨(王氏)가 세습하여 국호로 삼으니 가소롭다.[32)]

최승로(崔承老)[33)]의 상소문[34)]에서 "태조(太祖)께서 금계(金鷄)[35)]가 스스로 망하는 운세와 병록(丙鹿)이 다시 일어나는 기회를 만났습니다"라고 하였다. 유한준(兪漢雋)[36)]의 「광한부(廣韓賦)」에서 "찌푸린 병록(丙鹿)의 산하[蹙丙鹿之山河]"라는 구절의 주석에 "丙鹿은 '麗'의 파자(破字)이다"라고 하였으니 '鮮(선)'을 '魚羊(어양)'이라 하고 '明(명)'을 '日月(일월)'이라 하고 '胡(호)'를 '古月(고월)'이라 하는 것과 같다.

---

32) 句麗者, 恐是義州之外韃靺之西, 卽其地, 句如**太白**句吳之句, 非有深意, 朱蒙以爲國號而就其中自尊故, 加高字, 仍爲姓, 今人以爲山高水麗者, 誣矣. 王莽**時以其侵叛**, 降爲下句麗, 可**以驗矣**, 後自稱高辛之裔, 尤極誕妄, 而王氏襲以爲號, 可笑.(『星湖僿說, 卷二, 天地門, 渤海黃龍』) → 句麗者, 恐是義州之外韃靺之西, 卽其地, 句如句吳之句, 非有深意, 朱蒙以爲國號而就其中自尊故, 加高字, 仍爲姓, 今人以爲山高水麗者, 誣矣. 王莽降爲下句麗, 可驗. 後自稱高辛之裔, 尤極誕妄, 而王氏襲以爲號, 可笑.(『松南雜識』)

33) 최승로(崔承老) : 고려 초기의 문신 · 학자(927~989). 수문하시중(守門下侍中)을 지냈다. 왕명을 받고 시무책(時務策) 28조를 올려 고려 왕조의 기초를 다지는 데 기여했다.

34) 성종 1년(982) 최승로가 지어 성종에게 올린 문서. 상서문의 첫째 부분은 태조 · 혜종 · 정종 · 광종 · 경종 등 5조(朝)의 치적을 평가하는 내용으로 되어 있다. 둘째 부분은 시무 28조(時務二十八條)의 봉사이다. 이는 성종대에 이루어야 할 정치개혁을 모두 28개 조목으로 나누어 자신의 견해를 솔직하게 피력한 것이다. 그러나 현재는 그중 22개조의 내용만이 전해지고 있다.

35) 금계(金鷄) : 신라를 의미함.

36) 유한준(兪漢雋) : 조선 후기의 문장가 · 서화가(1732~1811). 본관은 기계(杞溪), 초명은 한경(漢炅), 자는 만청(曼倩) · 여성(汝成), 호는 저암(著菴) · 창애(蒼厓). 남유용(南有容)의 제자로 송시열(宋時烈)을 추모하여 『송자대전(宋子大全)』을 놓지 않았다고 한다. 당대에 뛰어난 문장가로 손꼽혔으며 저서로 『저암집』이 있다.

화녕조선
和寧朝鮮

조선의 태조는 화녕군(和寧君)으로 있다가 왕이 되었다. 황명(皇明) 홍무(洪武) 25년 임신년(1392)의 일이다. 계유년(1393)에 조반(趙胖)[37]에게 명나라에 들어가 국호를 청하게 하였는데 고황제(高皇帝)가 조반에게 손바닥을 펴라 명하고 친히 화녕(和寧)이라 썼다. 또 말로 명하기를 "너희 동방은 오직 '조선'이라 하는 것이 좋다"라고 하였다.

부기-요·금·몽·청
附遼金蒙淸

『금사(金史)』에서 아골타(阿骨打)가 "요(遼)는 빈철(賓鐵)을 국호로 삼으니 견고하다는 의미를 취한 것이다"라고 하였다는 기록이 있다. 대개 거란(契丹)의 방언에 철(鐵)을 요(遼)라고 한다. 빈철(鑌鐵)이 비록 견고하지만 마침내 변하여 부수어지고 오직 금(金)만은 변하지도 않고 부수어지지도 않는다. 그 색이 희기 때문에 완안(完顔[38])은 흰색을 숭상하여 국호를 금(金)이라 하였다. 일설에 그 나라말에 "금(金)을 안출호(安出虎[39])라 하니 안출호(安出虎[40])가 여기에서 발원하기 때문에 국호로 취한 것이다"라고 한다.

또 몽고(蒙古)는 그 나라 말로 은(銀)을 의미한다. 금(金)으로부터 바뀌

---

37) 조반(趙胖) : 고려 말 조선 초의 문신(1341~1401). 본관은 백천(白川). 조선 개국 후 개국공신 2등에 책록되고 복흥군(復興君)에 봉해졌으며, 지중추원사가 되었다. 또한, 백관(百官)의 장문(狀文)을 가지고 조선 개국의 사실을 알리러 명나라에 갔다가 석 달 만에 돌아왔다. 태조 3년(1394) 6월 이방원(李芳遠)과 함께 명나라에 표문(表文)을 올렸고, 11월에는 이방원을 수행하여 재차 명나라에 다녀왔다. 시호는 숙위(肅魏).

38) 완안(完顔) : 동여진의 부족이름. 완안(完顔)은 중국말로 왕(王)과 같다.

39) 안출호(安出虎) : 완안(完顔)이 살던 곳이다.

40) 『청장관전서』에는 '安'자로 되어 있다.

었기에 은(銀)을 국호로 삼았다. 청(淸)은 본래 금의 후예로, 만주(滿洲)에서 일어났기 때문에 처음에는 만주(滿洲)를 국호로 삼았다가 뒤에 후금(後金)으로 고쳤다. 중국에 들어와 황제가 되었을 때, 애신각라(愛新覺羅)를 성(姓)으로 삼고 청(淸)을 국호로 삼은 것은 방언에 애신(愛新)은 '호(好)'이고 각라(覺羅)는 '금(金)'이기 때문이다.

청(淸)은 '태청(太淸)'의 의미를 취하니, 원(元)나라가 '건원(建元)'의 의미를 취하고 명(明)나라가 '대명(大明)'의 의미를 취한 것과 같다.

영통대왕
永通大王

『동사』에 "마한(馬韓)의 무강왕(武康王) 기준(箕準)의 호가 영통대왕(永通大王)이다"라고 하니, 『고려사(高麗史)』에 이른바 '호강왕(虎康王)'이 이 사람이다.

거서간
居西干

신라의 역사에 "시조 박혁거세(朴赫居世)가 등극하여 거서간이 되었다"라고 하니, 우리나라 말로 왕을 말한다. 또는 존장의 칭호이다.

이사금
尼斯今

유리왕(儒理王)의 호칭이 이사금 또는 치흔왕(齒痕王)이다. 우리나라 말에서 '이[齒]'를 왕(王)이라고 하니, 글자의 음이다. 탈해(脫解)가 "성인(聖人)은 이가 많다고 하니, 떡을 깨물어 보자"라고 말하였는데, 유리왕이 이가 많아 등극하였다.

차차웅
次次雄

남해왕(南解王)[41]의 호칭이 차차웅이니 자충(慈充)으로 쓰기도 하는데 우리나라 말로 '무당'을 경외(敬畏)해서 부르는 이름이다.

마립간
麻立干

눌지왕(訥祗王)[42]의 호칭이 마립간이다. 우리나라 말로는 '말뚝'이니 지위를 표시한다는 뜻의 칭호이다.

신갈문왕
神葛文王

첨해왕(沾解王)[43]이 부친 골정(骨正)[44]을 신갈문왕(神葛文王)에 추봉(追

41) 남해왕(南解王) : 신라의 제2대 왕(?~24). 박혁거세의 맏아들로, 시조의 능을 짓고 석탈해를 사위로 맞아 대보(大輔)로 삼고 정사를 맡겼다. 재위 기간은 4~24년. ≒ 남해거서간, 남해 차차웅.

42) 눌지왕(訥祗王) : 신라 제19대 왕(?~458). 고구려에 볼모로 갔다가 돌아와 실성왕(實聖王)을 죽이고 왕위에 올랐다. 백제와 공수 동맹(攻守同盟)을 맺어 고구려를 견제하였으며, 왕위의 부자 상속제를 확립했다. ≒ 눌지 마립간.

43) 첨해왕(沾解王) : 신라 제 12대왕(?~261). 재위 기간은 247~261년.

封)하였는데, 우리나라 말로 '추숭(追崇)'의 의미이다.

법운왕
法雲王

진흥왕(眞興王)이 머리를 깎고 '법운왕'이라 자호하였으며 왕비도 비구니라고 불렀다.

성조황고
聖祖皇姑

선덕왕의 호칭이 '성조황고(聖祖皇姑)'이다.

민중왕
閔中王

고구려 민중왕(閔中王)[45]은 민중(閔中)에 장사지냈으니 장지(葬地)를 왕호로 삼은 것이다. 『춘추좌전(春秋左傳)』에서 이른바 "거이(莒夷)는 시호가 없어서 호로 칭한다"[46]고 한 말과 같다.

---

44) 골정(骨正) : 신라의 왕족으로 성은 석씨(昔氏)이다. 신라 9대 벌휴 이사금의 아들이며 11대 조본 이사금과 12대 첨해 이사금의 아버지이다.

45) 민중왕(閔中王) : 고구려의 제4대 왕(?~48). 이름은 해색주(解色朱). 제3대 대무신왕의 아우로, 대무신왕이 죽은 후 나이 어린 태자를 대신하여 즉위했다. 재위 기간은 44~48년.

46) 莒夷無謚, 以號**爲**稱.(『春秋左傳, 卷十五, 僖公 二十六年』) → 莒夷無謚, 以號稱**之也**.(『松南雜識』)

태조왕
太祖王

고구려왕 수성(遂成)[47]이 선왕인 궁(宮)을 높여 태조왕(太祖王)[48]이라고 하였다.

건길지
鞬吉支

『문헌통고(文獻通考)』[49]에서 "백제인은 왕을 건길지(鞬吉支)라고 부른다"라고 하였다.

미륵불
彌勒佛

태봉왕(泰封王) 궁예(弓裔)가 미륵불이라 자호하고, 맏아들은 청광보살(青光菩薩)이라 하고 막내아들은 신광보살(神光菩薩)이라고 하였다.

---

47) 수성(遂成) : 고구려 제 7대왕인 차대왕(次大王)의 이름. 재위 기간 146~165년. 태조왕의 동생.

48) 태조왕(太祖王) : 고구려의 제6대 왕(47~165). 이름은 궁(宮). 영토를 확장하고 정치 체제를 확립하는 데 힘써서, 고구려가 실질적인 중앙 집권적 국가로 전환하는 기틀을 마련했다. 재위 기간은 53~146년 ≒ 국조왕.

49) 문헌통고(文獻通考) : 중국 고대로부터 남송 영종(寧宗) 때까지의 제도와 문물사(文物史)에 관한 책. 1319년에 원나라의 마단림(馬端臨)이 당나라 두우의 『통전』을 본떠서 엮었으며 『통전』·『통지』와 더불어 '삼통(三通)'이라 이른다. 348권. ≒ 통고(通考).

추왕
皺王

『고려사』의 기록에 의하면 태조가 목포(木浦) 사람 오씨(吳氏)의 딸[50]을 만나 동침하였는데, 미천한 몸에서 자식이 태어나 적통(嫡統)이 될까 염려하여 정액을 자리에 버렸다. 그러자 오씨가 입으로 들이마셔 혜종을 잉태하였는데 나면서부터 자리 무늬가 있었다. 까닭에 세상에서 추왕(皺王) 혹 접왕(褶王)이라 불렀다.[51]

일수왕
逸壽王

충렬왕(忠烈王)이 원나라에서 일수왕으로 책봉되었다.

태위왕
太尉王

충선왕(忠宣王)[52]이 심왕(瀋王)의 지위를 세자 호(暠)에게 물려주고 태위왕이라 자호하였다.

---

50) 고려 태조 왕건의 비. 본관은 나주(羅州). 오다련(吳多憐)의 딸이며 혜종의 어머니이다.

51) 莊和王后吳氏羅州人, 祖富伅父多憐君, 世家州之木浦 …… 太祖召幸之, 以側微不欲有娠, 宣于寢席, 后卽吸之, 遂有娠生子, 是爲惠宗, 面有席紋, 世謂之皺主.(『高麗史, 卷八十八, 列傳第一』) → 太祖見木浦吳氏女同寢, 以微賤生子, 恐爲嫡嗣, 遺精於席, 吳氏口吸惠宗, 生而有席文, 故俗號皺王又褶王.(『松南雜識』)

52) 충선왕(忠宣王) : 고려 제26대 왕(1275~1325). 이름은 장(璋), 초명은 원(謜), 자는 중앙(仲昂). 즉위 직후 교서를 발표하여 권세가의 탈세와 양민의 노비화를 금지하는 따위의 혁신 정치를 실시하였고 원나라 수도인 대도(大都)에 거주하면서 만권당을 세우고 고려와 원나라의 학자들을 모아 학문 교류에 크게 힘썼다. 재위 기간은 1298, 1308~1313년.

정윤
正胤

고려 태조가 아들 무(武)를 책봉하여 정윤(正胤)이라고 하니, 태자(太子)의 우리나라 말이다.

성주
星主

신라의 역사에서 말하였다.

문무왕(文武王) 때에 태사(太史)가 "객성(客星)이 출현하니 다른 나라에서 와서 조회할 것입니다"라고 하였더니, 과연 고후(高厚)와 고청(高淸)이 왔다. 왕이후하게 포상하고 성주(星主)라 불렀다. 나라를 탐라(耽羅)라고 하니 신라를 노려왔기[耽] 때문이다.

고려 태조 때에 탐라의 태자 말노(末老)가 공물(貢物)을 바치고 역시 성주의 칭호를 받았다. 고득종(高得宗)[53]의 시에 "토성이 성주(星主)로 높여졌네[土姓尊星主]"라고 한 것이 이것이다.

---

53) 고득종(高得宗) : 조선 전기의 문신. 본관은 제주(濟州), 자는 자전(子傳), 호는 영곡(靈谷). 1439년 통신사가 되어 부사 윤인보(尹仁甫), 서장관 김몽례(金夢禮)와 함께 일본에 가서 아시카가[足利義教]와 오우치[大內持世]의 서계(書契)를 가지고 돌아왔다. 문장과 서예에 뛰어났으며, 효성이 지극하여 사후에 정문(旌門)이 세워졌다. 시호는 문충(文忠)이다.

존호
尊號

『전한서(前漢書)』에서 애제(哀帝)가 병진년(B.C. 6)에 호를 고쳐 진성유태평황제[陳聖劉太平皇帝]라고 하니[54], 바로 존호(尊號)의 시작이다.

당나라 고종(高宗)이 천황(天皇)이고 무후(武后)가 천후(天后)이고 현종(玄宗)이 개원신무황제(開元神武皇帝)이다.

조선 정종(定宗)이 경진년(1400, 정종 2)에 태조에게 계운신무(啓運神武)라는 존호를 올려 드디어 사례가 되었다.

연호
年號

신라의 역사에서 말하였다.

> 법흥왕(法興王)이 처음 연호를 세우니, 양(梁)나라 대동(大同) 2년 병진년(536, 법흥왕 23)에 해당하는데, 중국이 어지러웠던 까닭이다. 연호를 고쳐 건원(建元)이라 하였다. 진흥왕(眞興王) 신미년(551, 진흥왕 12) 정월에 연호를 개국(開國)이라 하였고, 무자년(568, 진흥왕 29) 정월에 연호를 대창(大昌)이라 하였으며 임진년(572, 진흥왕 33) 정월에 연호를 홍제(鴻濟)라고 하였다. 진평왕(眞平王) 갑진년(584, 진평왕 6) 2월에 연호를 건복(建福)이라 하고, 선덕왕(善德王) 갑오년(634, 선덕왕 3) 정월에 연호를 인평(仁平)이라 하였으며 진덕왕(眞德王) 정미년(647, 진덕왕 1) 7월에 연호를 태화(太和)라 하였다. 이 뒤로는 연호를 버리고 당(唐)나라 정삭(正朔)을 받들었다. 효소왕(孝昭王)은 사사로이 자월(子月 : 11월)을 정

---

54) 其大赦天下, 以建平二年, 爲太初元年, 號曰陳聖劉太平皇帝.(『前漢書, 卷十一, 哀帝紀, 第十一』)

월로 삼았다.

일본의 연호는 효덕천황(孝德天皇) 백치(白雉)에서부터 시작되었다.

발해(渤海) 무왕(武王) 대무예(大武藝[55])가 연호를 고쳐 인안(仁安 : 719~736)이라고 하였고 문왕(文王) 대흠무(大欽武)는 연호를 대흥(大興 : 737~793)이라고 하였으며 성왕(成王) 대화서(大華嶼)는 연호를 중흥(中興 : 794)이라고 하였다. 강왕(康王) 대숭린(大嵩璘)은 연호를 정력(正歷 : 795~808)이라고 하였고 정왕(定王) 대원유(大元瑜)는 연호를 영덕(永德 : 809~812)이라고 하였고 희왕(僖王) 대언의(大言義)는 연호를 주작(朱雀 : 813~817)이라고 하였다. 간왕(簡王) 대명충(明忠)은 연호를 대태시(大太始 : 818)라고 하였고 선왕(宣王) 대인수(大仁秀)는 연호를 건흥(建興 : 818~829)이라고 하였고 우왕(又王) 대이진(大彛震)은 연호를 함화(咸和 : 830~858)라고 하였다. 대연림(大延琳)은 바로 대조영의 칠대손으로, 거란에 반란하여 연호를 고쳐 천흥(天興)이라고 하였다.

정안국(定安國)의 왕 열만신(烈萬莘)은 마한(馬韓)의 종족으로 서쪽 변방을 지키다가 여진에 망명하고 연호를 고쳐 원흥(元興)이라고 하였다.

태봉(泰封)의 왕 궁예(弓裔)는 연호를 고쳐 성책(聖冊 : 905~910), 수덕만세(水德萬世 : 911~914)라고 하였다.

고려 태조는 무인년(918)에 연호를 천수(天授 : 918~933)로 고쳤는데, 연상(延祥), 정풍(正豐)이라는 연호도 사용하였다. 광종(光宗)은 연호를 광덕(光德 : 950~959)이라고 하였는데 소사(素沙)라는 연호도 사용하였다. 「홍경사비(弘慶寺碑)」에서 "현종(顯宗)은 연호를 고쳐 태평(太平)이라고 하였다"라고 하였다.

---

55) 『松南雜識』에는 '藝'로 되어 있음.

생일을 절일로 정하다

生日立節

『고려사』에서 말하였다.

명종(明宗)[56]은 생일을 건흥절(乾興節)로 정하였다.[57] 문종(文宗)[58]은 태자의 생일을 장흥절(長興節)로 정하였다.[59] 예종(睿宗)[60]은 자기 생일을 함녕절(咸寧節)로 정하였다.[61] 숙종(肅宗)[62]은 태자의 생일을 창녕절(昌寧節)로 정하였다.[63] 목종(穆宗)[64]은 생일을 장녕절(長寧節)로 정하였다.[65] 원종(元宗)[66]은 태자의 생일을 수원절(壽元節)로 정하였다.[67]

---

56) 명종(明宗) : 고려 제19대 왕(1131~1202). 이름은 호(晧), 초명은 흔(昕), 자는 지단(之旦). 1170년 의종을 몰아낸 정중부 등의 추대로 즉위하였으며, 재위 기간 중 무신들을 제거하려 노력하였으나 실패하고, 1197년 최충헌에 의하여 폐위되었다. 재위 기간은 1170~1197년.

57) 丁巳, 以王生日爲乾興節.(『高麗史, 卷十九, 世家, 明宗』)

58) 문종(文宗) : 고려 제11대 왕(1019~1083). 이름은 휘(徽), 자는 촉유(燭幽), 시호는 인효(仁孝). 공음전시법・양전보수법・삼심제(三審制) 등의 법률을 제정하였으며 학문과 서도를 좋아했다. 양주 삼천사의 대지국사비(大智國師碑)는 그가 직접 쓴 글씨이다. 재위 기간은 1046~1083년.

59) 丙辰, 中外進箋賀王太子長興節於壽春宮.(『高麗史, 卷七, 世家七, 文宗』)

60) 예종(睿宗) : 고려 제16대 왕(1079~1122). 이름은 우(俁), 자는 세민(世民). 윤관에게 여진을 치게 하여 9성을 쌓았으며 학교를 세우고 국학(國學)에 양현고를 설치하는 등 학문을 진흥시켰다. 재위 기간은 1105~1122년.
*『松南雜識』에는 '肅宗'으로 오기되어 있음.

61) 以王生日爲咸寧節.(『高麗史, 卷十二, 世家十二, 睿宗』)

62) 숙종(肅宗) : 고려 제15대 왕(1054~1105). 이름은 옹(顒), 초명은 희(熙), 자는 천상(天常). 해동통보를 주조하여 화폐 제도를 시작했다. 재위 기간은 1095~1105년.

63) 以太子生辰爲昌寧節.(『高麗史, 卷十一, 世家十一, 肅宗』)

64) 목종(穆宗) : 고려 제7대 왕(980~1009). 이름은 송(誦), 자는 효신(孝伸). 경종의 맏아들로 전시과를 개정하고 학문을 장려하는 따위의 치적(治績)이 많았으나, 후계자 문제로 강조(康兆)에게 피살되었다. 재위 기간은 998~1009년.

65) 以王生日爲長寧節.(『高麗史, 卷三, 世家三, 穆宗』)

66) 원종(元宗) : 고려 제24대 왕(1219~1274). 이름은 식(植), 초명은 전(倎). 고종 46년(1259)에 왕의 대리로 몽고에 입조(入朝)하여 굴욕을 당한 뒤 즉위했다. 재위 기간 중 임연(林衍)의 난, 삼별초(三別抄)의 난 등으로 화평한 날이 없었다. 재위 기간은 1259~1274년.

살펴보건대, 생일을 절일(節日)로 정한 것은 당나라 현종(玄宗)에서 시작되었다. 두보(杜甫) 시에서,

천추절이 끝나면서부터	自罷千秋節
팔 월 오는 것이 자주 상심되네	頻傷八月來[68]

라는 것이다.

임금마다 하나씩 절일을 만들었다. 송나라 태조는 장춘절(長春節)을 만들었다. 태종(太宗)은 건명절(乾明節)을 만들었는데, 명나라에 이르러 일률적으로 만수성절(萬壽聖節)이라 이름하였다.

태자의 생일을 명절로 정한 것은 고려 문종(文宗)이 처음이다. 성종(成宗)[69]이 처음 생일을 천추절(千秋節)이라 하여 사례를 만들었다.

---

67) 以太子生日爲壽元節.(『高麗史, 卷二十五, 世家二十五, 元宗』)

68) 「천추절유감이수(千秋節有感二首)」.

69) 성종(成宗) : 고려의 제6대 왕(960~997). 이름은 치(治), 자는 온고(溫古). 고려 초기의 제반 문물 제도를 정비하고, 유교를 국가의 지도 원리로 삼아 중앙 집권적인 봉건 제도를 확립했다. 재위 기간은 982~997년.

5. 역년류(歷年類)

단군조선(檀君朝鮮)은 요(堯) 임금 갑진년부터 주(周)나라 무왕(武王) 기묘년까지 1111년이다. 어떤 사람은 무인년에 망하였다고 한다. 『유보(遺補)』에서 "나라를 다스린 것이 1005년이다"라고 하였다.

조선의 권근(權近)[1]이 사신으로 명나라에 들어가니, 명나라 고제(高帝)가 단군을 제재로 시를 짓도록 하였다. 권근의 「응제시(應製詩)」에서,

전해진 세대 얼마인지 모르겠지만	傳世不知幾
지난 세월 천 년이 넘는구나	歷年曾過千

라고 하니, 세상에서 실제의 기록으로 여겼다고 한다. 단군의 아들 해부

1) 권근(權近) : 고려 말에서 조선 초의 문신·학자(1352~1409). 초명은 진(晉), 자는 가원(可遠)·사숙(思叔), 호는 양촌(陽村). 성리학자이면서 문장에도 뛰어났으며, 왕명으로 하륜 등과 함께 『동국사략』을 편찬했다. 저서에 『양촌집』·『오경천견록(五經淺見錄)』 등이 있다.

루(解夫婁)가 기자(箕子)를 피하여 장장평(莊莊坪)〈혹자는 당장경(唐莊京)이라 한다〉에 살았다. 증손 동부여왕(東夫餘王) 대소(帶素)가 고구려 대무왕(大武王)에게 멸망되었다.

기자조선(箕子朝鮮)은 주나라 무왕 기묘년부터 한나라 혜제(惠帝) 정미년에 기준(箕準)이 마한의 왕이 되기까지 모두 929년이다. 기준부터 마한의 계왕(稽王)이 죽고 원산(圓山)과 금현(錦峴) 두 성이 항복하지 않다가 기사년에 백제에 항복할 때까지 모두 여덟 왕 203년이다. 기자에서부터 마한이 망할 때까지는 1132년이다.

위만조선은 한나라 혜제(惠帝) 정미년(B.C. 194)부터 무제(武帝) 원봉(元封) 계유년(B.C. 108)까지 삼 대 86년이다.

진한은 한나라 혜제 정미년부터 선제(宣帝) 오봉(五鳳) 갑자년(B.C. 57)에 신라에 병합될 때까지 158년이다.

변한은 한나라 혜제 정미년부터 원제(元帝) 영광(永光) 임오년(B.C. 39) 신라에 병합될 때까지 156년이다.

신라의 시조는 박혁거세이다. 한나라 선제 오봉 원년 갑자부터 후당(後唐) 노왕(潞王) 종가(從珂) 청태(淸泰) 2년 을미년(935)에 경순왕이 고려에 항복할 때까지, 박씨 왕이 열 명, 석씨 왕이 여덟 명, 김씨 왕이 삼십 칠 명이며 모두 구백 구십 이 년이다. 살펴보건대, 세 개의 성이 번갈아 왕이 되어 요 임금이 순 임금에게 선양했던 성대함이 있었다. 외손이 왕통을 이었지만 '거(莒)가 증(鄫)을 멸망시켰다는 기롱'[2]은 없었다. 또 왕의 누이가 임금이 되는 것은 비록 왜의 풍속에 가깝지만 감히 치조(雉曌 : 측천무후)에 비견되고 여와(女媧)에게 짝할 수 있다. 하나의 나라가 천년 동안 존재한 것은 또한 고금에 드문 일이다.

고구려의 시조는 동명왕이다. 한(漢)나라 원제(元帝) 건소(建昭) 2년 갑

2) 거인멸증(莒人滅鄫) : 춘추 시대 양공(襄公) 4년에 거(莒)의 여인이 증(鄫)의 부인(夫人)이 되었으나 후사를 보지 못하여 외손이 태자가 되었다. 이를 두고 거가 증을 망하게 했다고 비난했다.

신년(B.C. 37)부터 당나라 고종 총장(總章) 원년 무진년(668)에 보장왕이 당나라에 항복할 때까지 모두 이십 팔 대 705년이다.

백제의 시조는 온조왕이다. 한나라 성제(成帝) 홍가(鴻嘉) 3년 계묘년(B.C. 18)부터 당나라 고종 현경(顯慶) 5년 경신년(660)에 의자왕이 당나라에 항복할 때까지 모두 삼십 일 대 678년이다.

가락국의 시조는 수로왕인데, 최치원 글에는 청예(靑裔)라고 되어 있다. 한나라 광무제(光武帝) 건무(建武) 18년 임인년(42)부터 신라 법흥왕 임자년(532)에 신라에 항복할 때까지 모두 십 대 491년이다.

대가야의 시조는 이진아고(伊珍阿鼓)이니 바로 수로(首露)의 아우이다. 한나라 광무 임인년부터 진(陳)나라 문제(文帝)[3] 천가(天嘉) 3년 임오년(562) 설도지(設道智) 왕이 신라에 항복할 때까지 모두 십육 대 521년이다.

부여의 시조는 해부루(解夫婁)이다. 한나라 선제(宣帝) 신작(神爵) 3년 임술년부터 명제(明帝) 영평(永平) 11년 무진년 갈사왕(曷思王)이 고구려에 항복할 때까지 모두 삼 대 47년이다.

발해의 시조는 대조영(大祚榮)이다. 당나라 현종(玄宗) 개원(開元) 3년 계축년[4]부터 후당(後唐) 명종(明宗) 천성(天成) 원년 병술년(926)에 대인선왕(大諲譔王)이 거란에 멸망될 때까지 모두 214년이다.

태봉(泰封)의 왕은 궁예(弓裔)이다. 당나라 소종(昭宗) 대순(大順) 2년 신해년부터 후량말제(後梁末帝) 우정(友貞) 정명(貞明) 4년 무인년(918)에 고려에 멸망될 때까지 28년간 존재하였다.

후백제의 왕은 견훤(甄萱)이다. 당나라 소종(昭宗) 경복(景福) 원년 임자년(892)부터 후당(後唐) 민제(閔帝) 을미년(935)에 고려에 항복할 때까지 48년간 존재하였다.

고려의 시조는 태조이다. 후량말제(後梁末帝) 정명(貞明) 사 년 무인년

3) 『松南雜識』 원문에는 문제(文帝)가 세조(世祖)로 되어 있다.
4) 발해의 건국은 당나라 중종 16년 기해년(699)이다. 『松南雜識』에 당나라 현종 개원 3년 계축이라 했는데, 잘못이다. 개원 3년은 을묘년으로 715년이다.

(918)부터 대명 고황제(高皇帝) 홍무(洪武) 25년 임신년에 공양왕(恭讓王)이 원주로 쫓겨나 손위할 때까지 모두 삼십 이 대 475년이다.

『춘추위(春秋緯)』를 살펴보니 "천지개벽으로부터 기린이 잡힐 때까지는 모두 이백 이십 칠만 육천 년"이라고 하였다. 박율(朴繘)의 「역년도(歷年圖)」에서 "당요(唐堯) 원년 갑진부터 황명 숭정(崇禎) 십 육 년 계미년까지는 총 4000년이다. 우리나라는 단군 원년 갑진년부터 고려 공양왕 사년 임신년까지는 도합 3725년이다"라고 하였다.

6. 외국류(外國類)

구이 · 팔만
九夷八蠻

『통감(通鑑)』의 주석에서 "동방의 오랑캐는 아홉 종류이니 묘이(畎夷) · 우이(于夷) · 방이(方夷) · 황이(黃夷) · 백이(白夷) · 적이(赤夷) · 현이(玄夷) · 풍이(風夷) · 양이(陽夷)이다"[1)]라고 하니, 『당서(唐書)』에서 "공부(邛部)의 육성(六姓) 중에 오만(烏蠻) · 백만(白蠻)이 있다고 한 것"[2)]과 같다. 또 현도(玄菟) · 낙랑(樂浪) · 고려(高麗) · 포희(蒲餙) · 부이(凫夷) · 색가(索家) · 동도(東屠) · 왜인(倭人) · 천비(天鄙)라고도 한다.

팔만(八蠻)은 천축(天竺) · 해수(咳首) · 초요(僬僥) · 파종(跛踵) · 천흉(穿胸) · 담이(儋耳) · 구지(狗軹) · 방춘(旁春)이니, 또한 오호(五胡)의 유연(劉淵)을 흉노(匈奴), 석륵(石勒)을 갈(羯), 부견(苻堅)을 저(氐), 요익중(姚弋仲)을 강

---

1) 『通鑑地理通釋, 卷十, 七國形勢攷, 下』.
2) 『唐書, 卷二百二十二, 列傳, 第一百四十七, 南蠻』.

(羌), 모용외(慕容廆)를 선비(鮮卑)라고 하는 것과 같다.[3]

운서(韻書)를 살펴보니, "갈(羯)은 개갈(犗羯: 불깐 검은 소와 양)이니 흉노(匈奴)의 별종으로 양의 우리에 들어가 살기 때문에 그렇게 부른다"라고 하였다.

『강목(綱目)』의 주석에서 "강(羌)은 본래 양을 기르던 사람들이고 임시(壬市)는 강씨(羌氏)의 별종이다"라고 하였다.

『유원(類苑)』에서 "저(氐)는 서호(西胡)의 별종으로 염간(冉駹)의 동북쪽에 있고 우두머리가 수십 명인데, 백마(白馬)가 가장 강대하다. '백저(白氐)'라고 부르는 것도 있고, '청저(青氐)'라고 부르는 것도 있고, '염저(冉氐)'[4]라고 부르는 것도 있으니, 이것은 대개 중국 사람들이 그들의 옷 색깔에 따라 이름을 붙인 것이다. 선비(鮮卑)는 요동(遼東)의 산 이름이다. 초요(僬僥)는 난쟁이다"라고 하였다.

사방 오랑캐
四夷

『아희원람(兒戲原覽)』에서 "동이(東夷)를 왜(倭), 서융(西戎)을 회회(回回), 남만(南蠻)을 격설인(鴃舌人), 북적(北狄)을 달단(韃靼)이라 한다"[5]라고 하였다. 유조인(柳祖訒)의 소(疏)에서 "夷(이)는 큰 활[大弓]이고, 戎(융)은 열 자루의 창[十戈]이고, 蠻(만)은 벌레가 변한 것[蟲所變]이고, 狄(적)은 개가 변한 것[犬所化]이고, 倭(왜)는 사람의 도리를 버린 것[委棄人道]이다"라고 하였다.

『일본고(日本攷)』에서 말하였다.

---

3) 劉淵匈奴也, 居晉陽, 石勒, 羯也, 居上黨, 苻氏, 氐也, 居臨渭, 姚弋仲羌也, 居扶風, 慕容廆, 鮮卑也居昌黎, 是爲五胡.(『山堂肆考, 卷十五, 地理, 五胡』)→五胡, 劉淵謂胡, 石勒謂羯, 苻堅謂氐, 姚弋仲謂羌, 慕容廆謂鮮卑也.(『松南雜識』)

4) 蚺氐.(『淵鑑類函, 卷二百三十五, 邊塞部, 六』)→冉氐.(『松南雜識』)

5) 四夷東夷, 倭子, 西戎, 回回, 南蠻, 鴃舌人, 北狄, 韃達.(『兒戲原覽, 附數彙』)→東夷**曰**倭, 西戎**曰**回回, 南蠻**曰**鴃舌人, 北狄**曰**韃達.(『松南雜識』)

옛날 왜노국(倭奴國)[6] 천황이 중주(中主)에 행차하여 축자(筑紫)에 도읍하고 '대왜(大倭)'라고 하였다.

묘강 땅의 백성
苗民

『신이경(神異經)』[7]에서 말하였다.

서황(西荒)에 사람이 있는데, 얼굴 · 눈 · 손 · 발이 모두 사람의 형상이다. 겨드랑이 아래에 날개가 있지만 날지는 못한다. 사람됨이 욕심이 많고 음탕하며 이치를 모르는데 '묘민(苗民)'이라고 한다.

힐노의 오랑캐
犵狫蠻

명나라 전여성(田汝成)의 『염요기문(炎徼記聞)』에서 말하였다.

힐노는 다섯 종류가 있는데, 봉두난발(蓬頭亂髮)에 맨다리를 하고 목숨을 가벼이 여겨 무리를 위해 죽는다. 베 한 폭을 허리에 둘렀는데 옆에 주름이 없어서 '통군(桶裙)'이라고 한다. 남녀의 복식이 같다. 화포(花布)[8]로 옷을 만들어 입은 자들을 '화힐노(花犵狫)'라 하고, 붉은 베로 옷을 해 입은 자들을 '홍힐노(紅犵狫)'라 한다. 종족이 따로 있어 서로 혼인하지 않는다. 또 타아힐노(打牙犵狫)가 가장 사납다. 또 전두

6) 왜노국(倭奴國) : 일본의 옛 국명.
7) 신이경(神異經) : 한(漢)나라의 동방삭(東方朔)이 편찬한 책.
8) 화포(花布) : 반물 빛깔의 바탕에 흰 빛깔로 꽃무늬를 박은 무명.

힐노(剪頭犵狫)는 남녀가 모두 머리를 한 치 쯤만 기른다. 또 저시힐노(猪屎犵狫)는 더러운 것을 좋아하여 개・돼지와 같은 우리에서 살며, 짐승을 잡으면 이리처럼 씹어 먹는다. 또 목노(木狫)는 풍속이 힐노(犵狫)와 같은데 땅을 파서 화로를 만들어 불을 피우고 빙 둘러서 누워 자며 소가죽을 깔고 이부자리를 쓰지 않는다.[9)]

또 묘(猫)・힐(犵)・영(狑)・료(獠) 네 종족은 모두 계곡 골짜기에 사는 백성인데, 광서성(廣西省) 계림(桂林)에 힐동(犵獞)이 있다.

미융

袾㑝

『광운(廣韻)』에서 "㑝의 음은 '융(戎)'이다. 사람의 몸에 세 개의 뿔이 있다"라고 하였다.

『정자통(正字通)』[10)]에서 "서융(西戎)은 여섯 종족이 있는데, 요이(僥夷)・융이(戎夷)・노백(老白)・기강(耆羌)・비식(鼻息)・천강(天剛)이다"[11)]라고 하였다.

『산해경(山海經)』의 곽박(郭璞)의 찬(贊)에서 "융은 뿔이 세 개이고, 미는 눈썹이 곤두섰다[戎三其角袾竪其眉]"[12)]라고 하였다.

9) 『염요기문(炎徼記聞)』을 축약 인용하였음.

10) 정자통(正字通) : 명나라 장자렬(張自烈)이 편찬했다. 혹은 교문영(廖文英)이 편찬했다고 된 것도 있다. 교문영이 장자렬의 원고를 사서 자기 소유로 하고 아울러 청 문자로 12자모(字母)를 앞에 붙였다. 12권.

11) 西戎, 其類有六, 僥夷・戎夷・老白・耆羌・鼻息・天剛.(『正字通』)

12) 『山海經, 卷十二, 海內北經』의 주석.

동제인
東鯷人

지봉(芝峰) 이수광(李睟光)은 "동제인(東鯷人)은 회계해(會稽海) 밖에 있으니 왜노(倭奴)를 가리키는 듯하다. 지금 우리나라를 '제잠(鯷岑)'이라고 하는데 옳지 않은 듯하다"[13]라고 하였다.

살펴보건대, 제어(鯷魚)는 우리나라 말로 '멸치[滅麗治]'라고 한다. 지금 영남에서 생산된다. 동해는 왜(倭)의 하이(蝦鮧)와 가깝다. 鮧(이 : 메기)는 鯷(제 : 메기)이다.

색목인
色目人

지봉(芝峰) 이수광(李睟光)이 말하였다.

『원사(元史)』에서 '색목인(色目人)'이라고 칭하는 것은 대개 몽고(蒙古) 지역 밖의 오랑캐들이다. 소설(小說)에서 "범어(梵語)의 '아수라(阿修羅)'[14]"라고 하는 것은 바로 지금 사이(四夷)[15]의 여러 색목인(色目人)이다.[16]

『명사(明史)』에서 "철현(鐵鉉)은 본래 몽고의 색목인(色目人)이다"라고 하였다.

---

13) 會稽海外, 有東鯷人, 分爲三十餘國云, 此則似指倭奴而言, 今以我國爲鯷岑, 恐未是.(『芝峯類說, 卷二, 諸國部, 外國』)→東鯷人, 在會稽海外, 似指倭奴, 今以我國, 恐未是.(『松南雜識』)

14) 아수라(阿修羅) : 범어 Asura의 음역. 고대 인도 신화 속의 항상 제석과 전투를 한다는 신. 불교에서 그 이름을 따서 무주신(無酒神) · 무선신(無善神)이라고 한다.

15) 사이(四夷) : 동이(東夷) · 서융(西戎) · 남만(南蠻) · 북적(北狄).

16) 元史**稱**色目人者, 蓋**謂**蒙古外諸**番**夷人也, **按**小說云佛語阿修羅, 卽今四夷**諸**色目, **是**也.(『芝峯類說, 卷二, 諸國部, 北虜』)→元史色目人者, 蓋蒙古外諸夷人也, 小說云佛語阿修羅, 卽今四夷色目也.(『松南雜識』)

야인
野人

『황왕기(皇王紀)』에서 "야인(野人)은 유웅씨(有熊氏 : 黃帝)의 후손으로 자몽(紫濛) 들판에 살면서 대대로 동호(東胡)가 되었다. 나중에 나뉘어져 오환산(烏桓山)에 웅거한 종족을 '오환(烏桓)'이라 한다"라고 하였다.

'선비(鮮卑)'는 말갈(靺鞨)이라고도 한다. 본래 야인(野人)으로 옛날 숙신씨(肅愼氏)의 땅에 사니, 『삼국지(三國志)』에서 말하는 '읍루(挹婁)', 북위(北魏)에서 말하는 '물길(勿吉)', 당나라에서 말하는 '흑수말갈(黑水靺鞨)', 지금 청나라에서 말하는 '길림군(吉林軍)'이다. 우리나라 북쪽 경계에 있는데 속칭 '야인(野人)'이다.

『산해경(山海經)』에서 "야인(野人)의 이름은 '교(蟜)'이다. 호랑이 무늬에 다리에 장딴지가 있으며, 궁기(窮奇)의 동쪽에 있다"[17]라고 하였다.

『집운(集韻)』을 살펴보니, "말갈(靺鞨)은 호양(胡羊)의 이름이다"라고 하였다.

생여진 · 숙여진
生女眞熟女眞

『금세기(金世紀)』에서 말하였다.

본래 명칭은 '주리진(朱里眞)'인데, 토번(土蕃)의 말에 설음(舌音)이 와전되어 '여진(女眞)'이 되었다. 어떤 사람은 거란(契丹) 홍종(興宗)[18]의 이름인 '종진(宗眞)'을 기휘하여 여진(慮眞)을 '여직(女直)'으로 고쳤

17) 『山海經, 卷十二, 海內北經』.
18) 홍종(興宗) : 요(遼)의 7대 황제. 성종(聖宗)의 장자. 이름은 종진(宗眞), 자는 이불근(夷不堇).

다고 한다.

성호 이익이 말하였다.

우리나라의 육진(六鎭)[19]은, 바로 숙신씨(肅愼氏)의 지역이니 석노(石砮)가 있는 것으로 증거 삼을 수 있다. 여진(女眞)은 생여진(生女眞)과 숙여진(熟女眞)으로 구분한다. 옛날에 속말(粟末)과 흑수(黑水) 두 부족이 있었으니 흑수가 생여진이고 속말이 숙여진이다. 속말은 혼동강(混同江)의 다른 이름이고, 흑수는 흑룡강(黑龍江)을 말한다. 속말은 발해(渤海)를 도와 전쟁을 하여 흑수를 복속시키고 혼동강을 경계로 삼았다. 남쪽에 가까운 것이 숙여진이고 북쪽에 가까운 것이 생여진인 까닭에 남여진 · 북여진으로 칭한다. 또 그 가운데 동서의 구분이 있으니 『고려사(高麗史)』에서 이른바 동여진(東女眞) · 서여진(西女眞)이 이것이다.[20]

『선원보(璿源譜)』에서 말하였다.

조선 태조 정축년(1397)에 이지란(李之蘭)[21]을 파견하여 여진을 초안

19) 육진(六鎭) : 조선 세종 때 동북 방면 여진족의 침입에 대비하여 두만강 하류 지역에 설치한 종성(鍾城) · 온성(穩城) · 회령(會寧) · 경원(慶源) · 경흥(慶興) · 부령(富寧)의 여섯 진.

20) 我東六鎭, 卽**古**肅愼之域, 有石砮可驗, **後稱女眞新羅末**, **渤海統合五天里之地**, **則西盡全遼東傳海耳**. 女眞有生熟之別, 舊有粟末黑水二部, 黑水爲生, 粟末爲熟, 粟末者, 混同江之一名, **源出白頭北流**, **與出塞外一支**, **合折而東流**, **與黑龍江合入海**. **意者**, **近黑龍者爲生**, **近粟末者熟**. 粟末**後**爲渤海役, 屬黑水而以混同爲界, 近南者爲熟, 近北者爲生, 故稱南北, 又其中, 有東西之別, 故麗史所謂東西女眞, 是也.(『星湖僿說, 卷三, 天地門, 生熟女眞』)→我東六鎭, 卽肅愼之域, 有石可驗, 女眞有生熟之別, 舊有粟末黑水二部, 黑水爲生, 粟末爲熟, 粟末者, 混同江之一名, **黑水者**, **黑龍江之謂也**. 粟末爲渤海役, 屬黑水而以混同爲界, 近南者爲熟, 近北者爲生, 故稱南北. 又其中, 有東西之別, 故麗史所謂東西女眞, 是也.(『松南雜識』)

(招安)[22]하고 모두 호적에 편입시켰다. 청 태조가 홍경(興京)에서 일어나니 이곳이 이른바 '건주(建州)'로, 생여진과 숙여진을 통합하여 하나로 만들었다.

『동파집(東坡集)』의 주에 "경애해(瓊厓海)의 섬에 여인동(黎人洞)이 있는데, 생려(生黎)와 숙려(熟黎)의 구분이 있다"라고 하였으니, 아마도 여진에 생여진·숙여진이 있는 것과 같은 듯하다.

이주 · 단주
夷洲亶洲

『통감전편(通鑑前編)』에서 "오(吳)나라가 월(越)나라에게 멸망당하자 그 방손(傍孫)들이 바다로 들어가 왜(倭)가 되었다"라고 하였다.

『후한서, 동이전』에서 "이주(夷州)와 단주(亶州)는 서복(徐福)[23]이 머물며 왕이 된 땅으로 백성들이 때때로 회계(會稽)의 시장에 오기도 하였다"[24]라고 하였다.

심형(沈瑩)의 『수지(水志)』에서 "이주(夷洲) 그 땅에는 서리나 눈이 내리

---

21) 이지란(李之蘭) : 우리나라에 귀화한 여진인(1331~1402). 본관은 청해(靑海), 자는 식형(式馨), 본성은 퉁(佟), 시호는 양렬(襄烈). 고려 공민왕 때 고려에 귀화, 이씨(李氏) 성과 청해를 본관으로 받았다. 조선 건국에 공을 세워 개국공신 1등에 책록, 청해군(靑海君)에 봉해지고, 후에 동북면도안무사(東北面都按撫使)가 되어 갑주(甲州)와 공주(孔州) 두 성을 축조했으며, 좌찬성(左贊成)에 이르렀다.

22) 초안(招安) : 못된 짓을 하는 자를 불러 설득시켜서 편안하게 살도록 하여 줌.

23) 서복(徐福) : 진(秦)나라의 방술사. 진시황제 때 불로초를 구하러 동남동녀 각 수천 명을 거느리고 배를 타고 바다로 들어갔다가, 불로초를 얻지 못하여 죽음이 두려워 돌아오지 않았다고 한다.

24) 又有夷洲及澶洲, 傳言秦始皇遣方士徐福, 將童男女數千人, 入海求蓬萊神仙不得, 徐福畏誅, 不敢還, 遂止此洲, 世世相承, 有數萬家人民, 時至會稽市.(『後漢書, 卷一百十五, 東夷傳, 第七十五, 東夷』) → 夷洲亶洲, 徐福止王地而人民, 時至會稽市.(『松南雜識』)

지 않고 초목이 죽지 않는다. 사방이 산과 계곡이고 구리와 철이 생산된다. 사슴뿔로 창을 만들어 전투를 하고, 푸른 돌을 갈아 활과 화살을 만든다. 생선살을 큰 토기(土器)에 섞어 담아서 젓갈을 만들어 한 달 남짓 되면 먹는데 최고의 반찬으로 친다"라고 하였다.

일본
日本

『당서(唐書)』에서 "왕의 성은 아매씨(阿每氏)이고, 평(平)·원(源)·귤(橘)·등(藤)의 네 성씨가 번갈아 관백(關白)[25])이 된다"라고 하였다.

지봉(芝峰) 이수광(李睟光)이 말하였다.

남북은 좁고, 동서는 길어서 '일자(一字)'라고 부른다. 이 나라의 풍속이 하나의 주(州)를 하나의 나라로 삼는다. 『일본사(日本史)』를 살펴보니, "일본은 팔 도(道) 육십 육 주(州)이다. 동서는 사백 십 오 리(里)이고, 남북으로는 팔십 리이다"라고 하였는데, 그 주석에 "그 나라의 리(里)"라고 하였다. 일기도(壹岐島)와 대마도(對馬島) 두 섬은 들어있지 않다. 또 영양부(永良部)에 평호도(平戶島)·오도(五島)·삼도(三島)·팔장(八丈) 등의 땅이 있다. 향(鄕)이 구만 이천 개, 촌(村)이 십만 구천 팔백 오십 육 개이다. 논이 팔십 구만 구천 일백 육십 정(町), 밭이 십일만 이천 일백 사십 팔 정이다. 사찰이 이천 구백 오십 팔 개, 신궁(神宮)이 이만 칠천 육백 십 삼 개이다. 남자는 일백 구십 구만 사천 팔백 팔 명, 여자가 이백 구십만 사천 팔백 이십 명이다. 성과 해자가

25) 관백(關白): 일본 평안(平安) 시대의 관직명. 천황이 어릴 때 태정대신(太政大臣)이 정사를 전담하는데 '섭정(攝政)'이라고 부른다. 천황이 성장하여 친정을 하면 '관백'이라고 고쳐 부른다.

있는 곳을 향(鄕)이라 한다"[26]라고 하였다.

강항(姜沆[27])의 『간양록(看羊錄)』[28]에서 "일본의 토지제도는 우리나라의 다섯 자쯤을 한 칸[間]으로 한다. 쉰 다섯 칸이 일 정(町)이고, 서른 여섯 정이 일 리(里)이니 조선의 십 리(里)에 해당된다"[29]라고 하였다.

---

26) 以其南北狹東西長, 故謂之一字國, 漢書曰, 倭王居邪馬臺, 續文獻通考曰, 倭奴有百餘國, 一曰邪馬, 姜沆聞見錄云倭王舊都曰野馬臺, 有四百八十寺, 極其華麗, 蓋與南朝四百八十寺相埒耳, 日本一州爲一國, 而陸奧州最大, 管五十四郡, 東西六十日程, 其海中有金山, 北接蝦蛦, 其人長大而身有毛, 地產文魚貂皮等物, 亦有山戎自成聚落, 其地廣漠無際, 或言自奧州之平和泉, 至夷海纔三十里, 與我國野人接界, 頃歲唐官入鍾城, 開諭忽虜時, 倭人在彼地, 聞知其事云, 夷海亦曰夷島, 所謂蝦蛦, 疑卽毛人也, 申叔舟海東諸國記曰, 其地始於黑龍江之北者是矣, 按日本國圖, 八道六十六州, 壹岐對・馬二島不與焉, 此外又有永良部, 平戶島・五島・三島, 八丈島等地方, 其鄕有九萬二千, 其村九十萬九千八百餘, 田八十九萬九千一百六十町, 畠十一萬二千一百四十八町, 佛宇二千九百五十八, 神宮二萬七千六百十三, 男口十九億九萬四千八百零, 女二十九億四千八百零, 凡城池所在, 謂之鄕.(『芝峯類說, 卷二, 諸國部, 外國』)→南北狹東西長, 謂一字國, 俗以一州爲國, 按日本史, 八道六十六州, 東西四百一十五里, 南北八百里, 註卽國之里也. 壹岐對・馬二島不與焉, 又有永良部, 平戶島・五島・三島, 八丈島等地方, 其鄕有九萬二千, 其村九十萬九千八百五十六, 其田八十九萬九千一百六十町, 其畠十一萬二千一百四十八町, 佛宇二千九百五十八, 神宮二萬七千六百十三, 男口一百九十九萬四千八百, 女二百九十萬四千八百二十, 凡城池所在, 謂之鄕.(『松南雜識』)
* 일본의 인구에 관한 양 문헌의 기록이 매우 상이함.

27) 강항(姜沆) : 조선의 문신(1567~1618). 본관은 진주, 자는 태초(太初), 호는 수은(睡隱). 정유재란 때 영광에서 의병을 모집하여 싸웠다. 이순신 휘하에 들어가려고, 남행(南行)하던 도중에 포로가 되어 일본 오사카로 끌려갔다가 1600년 포로생활에서 풀려나 가족들과 함께 고국에 돌아왔다. 포로로 일본에 있을 때 후지와라 세이카[藤原惺窩]에게 성리학을 전함으로써 일본 성리학의 원조(元祖)가 되었으며, 많은 명유를 배출시켰다.

28) 간양록(看羊錄) : 정유재란 때 일본에 잡혀갔던 강항이 일본에서 견문한 풍속・지리・군사 정세 등을 기록한 책. 목판본. 1권 1책. '간양(看羊)'은 흉노에 포로로 잡혀갔던 소무(蘇武)의 충절을 뜻하는 말로, 본래의 제목은 죄인이라는 뜻에서 『건거록(巾車錄)』이라 하였으나, 책이 간행될 때 제자들이 강항의 애국충절을 기린다는 의미에서 '간양'으로 고쳤다.

29) **倭人謂**我國五尺長許爲一間, 五十五間爲一町, 三十六町爲一里, **倭中一里**, **猶**我國十里**之長**.(『睡隱集看羊錄, 疏』)→**日本田制**, **以**我國五尺長許爲一間, 五十五間爲一町, 三十六町爲一里, 準我國十里**云**.(『松南雜識』)

멧닭이 나고, 범・표범・매・까치・꾀꼬리는 없으니, 황완(黃琬)[30]의 시 "꾀꼬리 우는 소리 끊어졌네[黃鳥絶綿蠻]"가 이것이다. 그 풍속을 노래한 시는 다음과 같다.

나라는 중원의 나라에 비견되고	國比中原國
사람은 상고의 사람과 같습니다	人同上古人
의관은 당의 제도를 따르고	衣冠唐制度
예악은 한의 군신을 따릅니다	禮樂漢君臣
은동이에 새 술 담고	銀甕蒭新酒
금칼로 생선회를 뜹니다	金刀膾錦鱗
해마다 이삼월이면	年年二三月
복숭아 오얏 모두가 봄입니다	桃李一般春[31]

『해동일기(海東日記)』에서 "고려 우왕(禑王) 때에 나홍유(羅興儒)[32]・정몽주(鄭夢周)[33] 등이 패가대(覇家臺)에 초빙되었는데 바로 박다진(博多津)이었다. 왜인(倭人) 우삼동(雨森童)이 시를 지어 주니, '달이 패가대를 비추네[月照覇家臺]'가 이것이다"라고 하였다.

원가강(源家康)이 평수뢰(平秀賴)을 멸망시키고 스스로 정이대장군(征夷大將軍)이 되어 '동조대권현(東照大權現)'이라 불렀으며 일광산(日光山)에

30) 황완(黃琬) : 후한(後漢) 때 사람. 자는 자염(子琰). 예주목사를 거쳐 관내후(關內侯)에 봉해졌고, 동탁(董卓)을 죽이려 도모하다가 발각되어 죽임을 당했다.

31) 할리마합(嗐哩嘛哈)의 「답명고제문일본풍속(答明高帝問日本風俗)」.

32) 나홍유(羅興儒) : 고려의 무신. 본관은 나주, 호는 중순당(中順堂). 공민왕 때 중랑장(中郎將)으로 영전도감판관(影殿都監判官)이 되어 공사를 잘 감독하여, 예의총랑(禮儀摠郎)이 되었다. 우왕 1년 전객시판사(典客寺判事)가 되어 자청하여 통신사(通信使)로 일본에 건너가, 왜구 출몰을 금하도록 요구하다 간첩 혐의로 구속되었다. 고려 출신으로 일본에 귀화한 승려 양유(良柔)의 주선으로 석방되어 돌아왔다.

33) 정몽주(鄭夢周) : 고려 말기의 충신・유학자(1337~1392). 초명은 몽란(夢蘭)・몽룡(夢龍), 자는 달가(達可), 호는 포은(圃隱). 오부 학당과 향교를 세워 후진을 가르치고, 유학을 진흥하여 성리학의 기초를 닦았다. 명나라를 배척하고 원나라와 가깝게 지내자는 정책에 반대하고, 끝까지 고려를 받들었다. 문집에 『포은집』이 있다.

원당(願堂)을 짓고 '권현당(權現堂)'이라고 명명하였다고 한다.

조선 정종 기묘년(1399)에 와서 빙문한 뒤로 대대로 통교(通交)하였다. 선조 경인년(1590) 평수길(平秀吉)이 현소(玄蘇)를 파견하자, 조선에서는 황윤길(黃允吉[34])과 김성일(金誠一[35])로 하여금 답방케 하였다. 신묘년(1591)에 평조신(平調信)과 현소가 조선 사신을 따라 왔다. 임진년(1592)에 쳐들어와 노략질하였다.

성호(星湖) 이익(李瀷)이 말하였다.

근래에 사신이 일본인의 글 몇 편을 얻어 왔는데 후세에 참고자료가 될 만하다. 그러나 그 말의 잘못된 곳을 바로 잡아야만 분명하게 이해할 수 있기 때문에 지금 그 의미는 살려두면서 그 말을 가려 뽑아 기록한다.

그 하나는 「일본지세변(日本地勢辨)」이니 내용은 대략 다음과 같다.

중국이 사방의 오랑캐를 복종시켰으나 유독 우리나라(일본을 의미함)만이 명령을 받지 않은 이유는 무엇인가? 우리나라는 동해 가운데 있으면서 지형이 비파(琵琶)와 같다. 동북쪽은 산에 의지해서 땅이 넓게 이어졌다. 서남쪽은 바다에 접해있는데 지형이 좁고 굴곡이 졌다. 사방으로 인접한 나라가 없고 오직 서남쪽 끝의 구주(九州)가 중국의 동오(東吳)·조선과 가깝지만 오히려 바다로 수 천리 떨어져 있다. 만약 남북으로 뻗어 중국과 대치했더라면 형세상 독립할 수 없었을 것이다. 또 주장(主將)은 반드시 동주(東州)의 넓은 땅에 거주해서 근거지를 굳건히 하고, 여러

34) 황윤길(黃允吉) : 조선의 문신(1536~?). 자는 길재(吉哉), 호는 우송당(友松堂). 임진왜란 직전인 1590년에 통신정사(通信正使)로 일본에 다녀와 장차 일본의 침략이 있을 것을 보고하였으나 조정에 채택되지 않았다.

35) 김성일(金誠一) : 조선의 문신(1538~1593). 본관은 의성(義城), 자는 사순(士純), 호는 학봉(鶴峯). 이황(李滉)의 제자. 1590년에 통신 부사로서 일본에 가서 실정을 살핀 후, 침략의 우려가 없다고 보고했다. 임진왜란이 일어나자 경상우도 관찰사로 임명되어 의병 규합, 군량미 확보 등에 힘썼다. 저서에 『학봉집』·『상례고증(喪禮考證)』 등이 있다.

주(州)에 군영을 설치하여 내부를 지키고, 서주(西州)에 진(鎭)을 벌려놓아 외적을 막아 나라가 절로 안정된다. 중국이 비록 거대하지만 힘이 미치지 못하고, 우리가 비록 용맹하지만 땅이 좁아서 외국을 도모할 겨를이 없으니 이것이 피차 서로 침입할 수 없는 까닭이다. 태고(太古)부터 우리의 천자(天子)를 세우고, 우리의 왕명(王命)을 존중하고, 우리의 신명(神明)을 공경하면서도 망하지 않을 수 있었던 이유는 백성들의 힘 때문이 아니라 좋은 지세(地勢)를 얻었기 때문이다.

둘째는 「격조선론(擊朝鮮論)」이니 내용은 대략 다음과 같다.

맹자는 "작은 나라는 진실로 큰 나라를 대적할 수 없고, 약한 나라는 진실로 강한 나라를 대적할 수 없다"라고 하였고, 손무(孫武)는 "적을 작게 보면 굳건하고 적을 크게 보면 사로잡힌다"라고 하였다. 풍신수길(豊臣秀吉) 공이 이런 이치에 어두워 멀리 명나라를 치기 위하여 조선에 길을 빌리려고 하였지만 조선은 허락하지 않았다. 그래서 풍신수길 공이 십 삼 만의 군사를 일으켜 먼저 조선을 공격하였다. 부전중납언(浮田中納言) 수가(秀家)를 대장군으로 삼고, 소조천(小早川) 융경(隆景)을 모주(謀主)로 삼고, 안국사(安國寺) 혜경(惠瓊)을 감군(監軍)으로 삼고, 소서행장(小西行長)[36]을 선봉장으로 삼았다. 일기주(壹岐州)에 이르러 바람을 기다렸다가 소서행장이 먼저 출발하여 부산포(釜山浦)에 이르렀다. 조선 군사 이 만 명이 부산성을 지키고 있었는데, 소서행장이 신속하게 성을 공격하여 함락시키고 팔 천 여명의 목을 베었다. 진격하여 등래성(登萊城)을 함락시키고 구백 여명의 목을 베었다. 마침내 충주(忠州)에 이르러 은밀히 계책을 세워 갑자기 공격하여 불을 지르니 성에서 흩어지고 죽은 적의 수를 헤아릴 수 없을 정도였다.

36) 소서행장(小西行長) : 왜군의 무장(?~1600). 임진왜란 때 선봉장으로 조선에 출병하여 평양까지 침공했다. 화평공작에 실패하여 귀국했다가 정유재란 때 재침하였으나 위세가 떨어지고, 풍신수길이 죽자 후퇴하여 갔다. 귀국 후 덕천가강(德川家康)에 반항하여 싸우다가 패하여 참수형을 받았다.

나중에 바다를 건넌 여러 장수들이 충주에서 소서행장과 합류하였다. 이에 군사를 두 길로 나누어 가등청정(加藤淸正)[37]은 남대문선봉장이 되고, 소서행장은 동대문선봉장이 되어 곧바로 한양으로 진격하였다. 조선의 왕은 의주(義州)로 달아났고, 소서행장은 한양을 점거하였다. 가등청정이 태자 임해군(臨海君)[38]과 둘째 왕자 순화군(順和君)[39]이 올량합(兀良哈)으로 달아났다는 소식을 듣고 급히 쫓아가서 사로잡았다.

풍신수길 공이 명나라에서 구원병을 파견할까 염려하여 육만의 군대를 더 출병시키고, 석전삼성(石田三城)·대곡길융(大谷吉隆)·증전장성(增田長盛)에게 인솔하도록 하였다. 여러 장수들이 한양에 모여 융경에게 작전을 묻자, 융경이 말하였다.

"조선은 명나라의 속국입니다. 조선이 침략 당하였다는 소식을 듣는다면 명나라는 반드시 출병할 것입니다. 우리는 군사의 수가 적고 백성들은 항복하지 않으니, 군량이 떨어지고 힘이 모자라면 후환이 있을 것입니다. 지금 막 승리한 위세를 타고 군사를 물려서 부산포에 진을 설치해서 군사를 정비하고 군량을 축적하여 저들이 오기를 기다립시다. 지구전이 유리하고, 성급한 전투는 불리합니다."

여러 장수들이 따르지 않고 겁을 낸다고 생각하고 모두 곧바로 압록

---

37) 가등청정(加藤淸正) : 임진왜란 때 조선에 침입해 왔던 왜군의 무장(1562~1611). 어려서부터 풍신수길의 막하에 들어가 무사로 전공을 세워, 비후(肥後)의 영주(領主)가 되었다. 정유재란 때에는 울산(蔚山)에서 우리 군사에게 포위되어 악전고투했다.

38) 임해군(臨海君) : 선조의 첫째 서자(1574~1609). 성질이 난폭하여 세자에 책봉되지 못했다. 1592년 임진왜란 때 함경도로 피란, 회령(會寧)에서 왜장 가등청정에게 포로가 되었다가 풀려났다. 1608년(광해군 즉위) 일부 대신들과 명나라에서 왕으로 즉위시킬 것을 주장하자 이를 불안해한 광해군에 의해 영창대군(永昌大君)·김제남(金悌男)과 함께 역모죄로 몰려 진도에 유배되어 사사되었다.

39) 순화군(順和君) : 조선 선조의 6번째 왕자(?~1607). 시호 희민(僖敏). 임진왜란이 일어나자 왜군을 피하여 함경도로 피신하였으나, 이복형인 임해군과 함께 포로가 되었다가 1593년 명의 사신 심유경(沈惟敬)과 왜장 소서행장 사이에 강화가 이루어져 풀려났다. 그는 성질이 포악하여 사람을 함부로 죽이고 재물을 약탈하는 등 불법을 저질러 양사(兩司)의 탄핵을 받았으며, 1601년 순화군의 군호까지 박탈당하였으나 사후에 복구되었다.

강을 건너 명나라로 쳐들어가기를 원하였다. 이에 융경은 어쩔 수 없이 석전삼성의 계책을 따라 보루를 쌓아서 근거지를 굳건히 하고, 다음으로 군대를 평양으로 진격시켜 옛 성을 지키기로 하였다. 의통(義統)이 그 다음을 맡고, 장정(長政)과 미수포(米秀包)가 또 그 다음을 맡고, 융경이 후전(後殿)[40]이 되었다. 부전중납언 수가와 석전삼성은 한양을 지켰다.

이때, 요동(遼東) 변방의 장수 조승훈(祖承訓)이 군사 삼 천 명을 거느리고 안정관(安定館)에 이르렀다. 소서행장이 먼저 날랜 군사를 출동시켜 맞아 싸워 승리하고는 기뻐하며 말하였다.

"명나라 군대도 두려워할 것이 못된다."

명나라에서 이여송(李如松)[41]에게 오 만의 군사를 징발하여 구원하게 하니, 조선 군사와 합하여 이십 만 명을 거느리고 평양을 공격하였다. 소서행장 군대의 전사자는 만 명이었고, 휘하에는 겨우 패잔병 오천 명이 있을 뿐이었다. 소서행장이 도망쳐 돌아와 미수포에게 말하였다.

"명나라의 대군이 도착하였으니 보루를 버리고 달아나야 합니다."

미수포가 말하였다.

"적의 깃발이 보이지도 않았는데 먼저 후퇴하는 것은 무사가 아닙니다. 우리에게는 싸움만이 있을 뿐입니다."

수가는 소서행장이 패하였다는 소식을 듣고 크게 놀라 급히 융경 등으로 하여금 한양으로 군사를 물리게 하였다. 융경은 "구원병이 올 것은 이미 생각했습니다. 그러나 우리들이 바다를 건너오던 날 적과 싸우다 죽을 뜻이 있었으니 먼저 후퇴할 수는 없습니다"라고 하고 사람을

40) 후전(後殿) : 군대가 퇴각할 때에, 최후에 남아 추격하여 오는 적을 막는 군대.

41) 이여송(李如松) : 명나라의 무장(?~1598). 자는 자무(子茂), 호는 앙성(仰城). 조선에서 임진왜란이 일어나자 제2차 원군으로 4만의 군사를 이끌고 조선에 들어와, 1593년 1월 평양성에서 소서행장의 일본군을 격파하여 전세를 역전시키는 데 큰 공을 세웠다. 그러나 벽제관(碧蹄館) 싸움에서 융경(隆景)에 패한 후로는 평양성을 거점으로 화의교섭 위주의 소극적인 활동을 하다가 그해 말에 철군했다. 1597년 요동 총병관(總兵官)이 되었으나 이듬해 토번(土蕃)의 침범을 받아 반격 중에 전사했다.

시켜 가등청정을 올량합에서 불러 모두 한양에 모이게 하였다.

이여송은 평양성을 함락시키고 달아나는 병사를 추격하여 개성에 당도하였다. 조선의 군사 수만 명으로 하여금 유격대를 만들어 한양(漢陽)의 사방에 밤마다 불을 지르게 하니, 왜군들이 더욱 두려워하고 군량이 다 떨어져 사람이 굶주렸다. 어떤 사람이 이여송에게 말하였다.

"왜군의 강한 군사들은 평양에서 모두 죽었습니다. 진격하면 반드시 승리합니다."

이여송이 그 말을 믿고 고승(高昇)·손수렴(孫守廉)·조승훈(祖承訓)으로 하여금 이만 명을 거느리게 하여 선봉장으로 삼고, 그 자신은 중군(中軍)을 맡고, 조선군은 후군으로 삼아 벽제관(碧蹄館[42])에 이르렀다. 융경이 그 사실을 듣고 통무(統茂)·미수포 등을 거느리고 선봉장이 되어 군대를 정비하고 기다렸다. 정월 26일에 통무의 군대가 암흑 속에서 명나라 군대와 서로 맞닥뜨렸는데, 고슴도치처럼 화살이 모여드니 통무의 용맹으로도 물리치지 못하였다. 장정이 빨리 달려와 구원하여 마침내 통무를 데리고 돌아갔다.

다음날 이여송이 다시 와서 공격을 하였다. 왜의 여러 장수들이 다투어 선봉이 되고자 하였다. 융경이 말하였다.

"여러분들은 그러지 마시오. 오늘의 일은 오직 늙은 내게 있소."

수가가 그의 말을 따랐다. 융경이 이 만여 명의 군대를 출동시켜 세 부대로 나누었다. 통무·수포·축자(筑紫)·상야개(上野介)·고교구랑(高橋九郎)은 육천 명을 거느리고 선봉군이 되고, 융경은 일만 이천 명을 거느리고 중군이 되고, 모리원강(毛利元康)은 육천 명을 거느리고 후군이 되었다. 적과 만나자 통무의 군대가 작은 강을 사이에 두고 조총(鳥銃)을 쏘아 물리치고 드디어 강을 건너 교전하였다. 수포가 말에서 떨어져 사

---

42) 벽제관(碧蹄館): 조선 시대 경기 고양시 벽제에 있던 역관(驛館). 중국에 내왕하는 사신들이 서울에 들어오기 전에 쉬는 곳이기도 했다. 임진왜란 때 이 근처에서 명군(明軍)과 왜군(倭軍) 사이에 대격전이 벌어졌는데 이것을 벽제관 싸움이라 한다.

로잡힐 뻔하였는데 단검으로 올려쳐 죽지 않을 수 있었다. 축자와 고교 구랑이 각각 힘을 합쳐 전투를 도왔다. 감군(監軍) 안국사(安國寺) 혜경(惠瓊)은 아귀정(餓鬼旌)[43]을 휘날리면서 진격하였는데 불자(拂子)를 잡고 지휘하여 힘껏 떨쳐 격파하였다.

융경은 이여송의 깃발을 멀리서 보고 좌・우익으로 나누어 그중군을 곧바로 치고 들어갔다. 좌군(左軍) 율옥사랑(栗屋四郎)이 조금 물러서자 우군(右軍) 정상오랑(井上五郎)과 원강(元康)이 와서 구원하였는데, 사시(巳時 : 오전 9시~오전 11시)부터 오시(午時 : 오전 11시~오후 1시)까지 치열하게 싸웠다. 수가(秀家)는 후군에 있으면서 궤멸된 병사들을 거느리고 여러 장수를 따라 선봉을 다투었다.

이여송은 이여백(李如栢)・이여매(李如梅)・이영(李寧)・이유승(李有昇)・양원(楊元)을 거느리고 역시 결사항전하였다. 이유승은 직접 몇 명의 목을 베고 탄환에 맞아 죽었다. 이여송이 말에서 떨어져 정상오랑에게 사로잡히려 하자 때마침 명나라 병사 수백 명이 부축하여 말에 태우고 달아났다. 명나라 군대는 죽은 자가 만여 명이었다. 이에 융경이 개선가를 부르며 돌아왔다.

이여송은 명나라의 훌륭한 장수이고, 융경은 일본의 지혜롭고 용감한 사람이다. 두 영웅이 서로 만나 한 번의 싸움으로 승부를 판가름한 것은 고금에 없던 일이다.

이여송은 개성에서 군사를 거두어 물러가 평양을 보전하려 하였는데 때마침 남쪽에서 군사 수천 명이 계속 도착하자 그것을 믿고 움직이지 않았다. 왜군 또한 개성천(開城川)을 넘지 않고 오랫동안 서로 버티었다. 그러나 명나라 군사가 날마다 늘어나자 백성들이 믿고 따랐다. 한편 왜군은 후원군이 없고 백성들이 복종하지 않았기에 풍신수길 공에게 증원병을 요청하였다. 풍신수길 공이 비록 이만 명을 증병하여 지원했지

43) 아귀정(餓鬼旌) : 아귀도(餓鬼道)가 그려진 깃발. 아귀도는 불교에서 육도(六道)의 하나로 악업을 짓고 탐욕을 부린 자가 가는 곳으로 늘 굶주림의 고통 속에서 사는 곳.

만 전세는 여전히 대항할 수 없었다.

융경이 여러 장수들을 모아 놓고 의논하였다.

"적군은 날로 편안해지는데 우리는 날로 피곤해 지고 군량도 고갈되었으니 부산포로 물러나 지키면서 뒷일을 도모하는 것이 나을 것 같습니다."

모두 그의 말을 따랐다.

왜군이 한양을 점거하자 조선사람 중에 왜군에 붙좇는 사람이 왜군보다 많았는데, 어떤 사람이 조선사람을 유인하여 모두 죽이려고 하였다. 그렇지 않으면 계획이 누설되어서 아군의 퇴로를 차단할 것이라고 하였다. 융경이 말하였다.

"옳지 않다. 조선사람이 아니면 우리의 군수품을 운반할 수 없을 것이다. 병영을 급히 태워 연기가 오를 때를 이용해 후퇴하면 백성들이 놀라고 두려워서 우리의 뒤를 도모하는 일이 없을 것이다."

이에 모두 그의 계책대로 하였다.

조선의 모신(謀臣)이 이여송에게 "빨리 추격한다면 왜적을 섬멸할 수 있을 것입니다"라고 하였지만, 이여송이 듣지 않았다. 일본 군사들이 마침내 부산포에 도착하여 명나라 장수 심유경(沈惟敬)이 오기를 기다려 강화하려고 하였다.

풍신수길 공이 또 진주성(晉州城)을 공격하여 함락시키라고 명령을 내렸다. 그러나 여러 장수들과 병졸들은 고국으로 돌아가기만을 생각하며 전쟁에 염증을 느꼈다. 게다가 돌림병으로 죽는 사람이 매우 많았으며 소서행장이 평양에서 패했기 때문에 사기가 더욱 꺾였다. 삼사(三司)[44]와 의논하여 강화가 이루어져서 풍신수길 공에게 보고하자, 풍신수길 공이 기뻐하며 모든 군에 철수 귀환을 명령하니, 백성들은 노소(老少)할 것 없이 모두 만세를 불렀다.

---

44) 삼사(三司) : 대장(大將) · 모주(謀主) · 감군(監軍).

풍신수길 공이 융경의 공이 큰 것을 가상히 여겨 조정에 고하고 중납언(中納言)에 임명하였다. 융경은 연로하다고 벼슬을 사양하고 축전주(筑前州)[45]를 금오중납언(金吾中納言) 수추(秀秋)에게 양보한 후 비후주(備後州)[46]의 삼원읍(三原邑)으로 물러나 살았다. 경장(慶長 : 後陽成의 연호) 2년(1597)에 병으로 죽으니 62세였다. 풍신수길 공이 그를 위해서 애통히 애도하였다. 어떤 사람이 풍신수길 공에게 고하였다.

"융경이 죽은 것은 모리원강의 후전(後殿)의 힘이 떨어졌기 때문입니다."

'힘이 떨어졌다'는 것은 다치거나 죽는다는 말이다. 풍신수길 공이 말하였다.

"그렇지 않다. 나라는 어진 사람이 있어서 존립하나니, 모리원강의 후군의 힘이 떨어진 것이 아니라 바로 일본의 힘이 떨어진 것이다."

나중에 강화가 이루어지지 않자 다시 발병(發兵)하여 조선으로 갔다. 가등청정·소서행장·장정이 차례로 진군한 것이 여덟 차례에 이르렀다. 왜병들은 전쟁에 염증을 느껴 깊이 쳐들어가려 하지 않았다. 그래서 해변에 보루를 쌓고 지구전을 위한 계책으로 삼았다. 여러 장수들이 진군하여 남원성(南原城)을 함락시키고, 또 울산(蔚山)의 적을 물리치니 그 공적이 또한 위대하다.

풍신수길 공은 오로지 살벌(殺伐)을 좋아하여 조선을 불모지로 만들고자 하였다. 그래서 조선사람들이 복종하지 않고 원수처럼 여겼다. 일본도 전쟁으로 피폐해지고, 백성들은 굶주리고 추위에 떨고, 도적들이 일어나려 하였다. 비록 풍신수길 공이 영웅의 재주가 있었지만 날마다 불평을 하고 오로지 강화만을 믿다가 마침내 명호주(名護州)의 영지를 떠나 서울로 돌아와서 복견읍(伏見邑)에 성을 쌓고 거처하였다.

조선에 있을 때 소서행장이 유정(劉綎)의 계략에 빠져 사로잡힐 뻔하

45) 『松南雜識』에는 '州'가 '川'으로 오기되어 있음.
46) 『松南雜識』에는 '州'가 '川'으로 오기되어 있음.

였는데, 마침 그 계책을 알려 주는 사람이 있어서 드디어 벗어날 수 있었으니 신명으로 나라를 수호한 듯 하다.

풍신수길 공이 경장(慶長) 3년 8월에 죽었다. 그래서 출정했던 군사를 모두 귀환시켜 우리나라가 위험한 지경에서 벗어날 수 있었으니 아, 다행이다! 풍신수길 공은 백성을 편안하게 만들고 나라를 다스릴 방법도 없이 헛되이 무익한 전쟁을 일으켜 멀리 이웃나라를 정벌하여 무고한 사람을 죽이고 천 리 밖으로 물자를 날라 우리 백성들을 피폐시켰다. 그래서 신명에게 죄를 받아 죽었다. 그가 죽은 지 삼 년이 되지 않아 왜국이 크게 어지러워졌다. 그의 맏아들 수뢰(秀賴)는 원화(元和)[47]의 싸움에서 죽었다. 그러므로 "작은 것으로 큰 것을 친 자는 재앙을 받는다"라고 하였다. 나의 말이 망령되지 않으니 융경이 오래 지탱할 수 있었던 것은 그것을 경계하였기 때문이다.

내가 살펴보건대, 이 「격조선론」은 우리나라에서 전해지는 내용과는 다른 곳이 있다. 그러나 들어서 참고하고 피차간에 그 정황을 서로 극진히 하니, 비로소 분명히 알게 되었다. 벽제관의 전투는 이여송이 패전한 사실을 숨겨서 상세한 내용을 알 수 없는데, 「격조선론」에서는 최고의 훌륭한 공적이라고 하였으니 이것은 민멸시킬 수 없다. 우리나라가 저들과 7년 동안 버티면서 사신이 끊임없이 왕래하였으면서도 융경이 모주(謀主)이고, 저 가등청정과 소성행장의 무리는 일개 장수일 뿐이라는 사실을 아는 사람이 없었으니 왜군의 정황을 살피기가 이렇게 어려웠다.

윗 글에서 이른바 조선의 모신(謀臣)이란 서애(西厓) 유성룡(柳誠龍)[48]이다. 만약에 그 계책을 실행하였다면 왜군을 모두 섬멸할 수 있었을 것이다. 당시에 이여송이 그 계책을 듣지 않은 것을 왜군은 다행스럽게

47) 원화(元和) : 후수미(後水尾)의 연호. 1615~1623.

48) 유성룡(柳成龍) : 조선 선조 때의 재상(1542~1607). 자는 이견(而見), 호는 서애(西厓). 이황의 문인으로, 대사헌 · 경상도 관찰사 등을 거쳐 영의정을 지냈다. 임진왜란 때 이순신과 권율 같은 명장을 천거했으며, 도학 · 문장 · 덕행 · 서예로 이름을 떨쳤다. 저서에 『서애집』 · 『징비록』 · 『신종록(愼終錄)』 등이 있다.

생각하였다. 이여송이 자신의 패배는 숨기고 남의 공은 시기하여 기회를 크게 놓쳤으니 그의 죄가 크다.

대개 왜군은 군대의 기강이 없고 오직 강력함과 속임수와 예리한 칼과 빠른 탄환만을 믿었기 때문에 경솔하게 전진하는 사람을 막지 않고 패하는 자도 벌주지 않았다. 비록 수가가 대장이 되고 융경이 모주가 되었으나 여러 장수들을 제재하고 명령할 수 없었다. 그가 군사를 운용하고 군율을 실행하는 것이 도리어 일개 비장(裨將)과 다름 없었으니 이것이 왜군의 단점이다. 왜군을 막는 사람은 당연히 알아야 할 것이다.[49]

또 가등청정이 북쪽으로 임해군을 추격한 것은 세자로 오인했기 때문이다. 소서행장이 유정(劉綎)의 계책에 빠지지 않은 것은 우리나라 사람이 누설했기 때문이다. 이것은 모두 일찍이 우리나라 사람이 미처 깨닫지 못했던 사실이다. 모두 유정(劉綎)이 뇌물을 받고 비밀을 흘린 것으로 생각하여 모든 사람들이 분노하였다. 그러나 그 일에는 아마 그럴만한 곡절이 있었던 듯하다.

또 『일본사(日本史)』에서 "예부터 외국의 침입을 받지 않았다. 오직 원(元)나라 때 대군이 몰려와 거의 전멸될 뻔하였다. 다행히 태풍 덕에 전함들이 모두 침몰하였다"라고 하였다.

살펴보건대, 고려 충렬왕(忠烈王) 때 김방경(金方慶)[50] 등이 몽고군・남만군(南蠻軍)과 합세해서 일기도(壹岐島)로 진군하여 삼백여 명의 목을 베었다. 그러나 재차 싸워 패전하였고, 태풍을 만나 전함 삼천 오백 척과 남만군 십여 만 명이 모두 익사하였다. 『원사(元史)』에도 "평호도(平壺島)에 이르러 태풍으로 전함이 침몰하고 장수들은 각기 달아나 섬에 십여 만 명의 군사를 버려 두었다. 그들이 나무를 베어내 배를 만들어 귀환할 계획을 세우고 있는데 일본이 급습하여 거의 다 죽고 남만인(南蠻人)

49) 『星湖僿說, 第十二卷, 人事門, 日本地勢辨及擊朝鮮論』.

50) 김방경(金方慶) : 고려 시대의 명장(1212~1300). 자는 본연(本然). 삼별초의 난을 평정하였고 원나라가 일본을 정벌할 때 고려군 도원수로서 종군했다.

만여 명만 남았다"라고 하였다.

조선에 이르러 이종무(李從茂)[51] 등이 대마도를 정벌하여 공을 세웠다. 그러나 일기도와 대마도는 왜국 밖에 있는 섬일 따름이니, 언제 그들 변경의 마을이라도 한 번 본 적이 있던가?

내가 생각하기로는 하늘이 왜(倭)와 우리를 바다로 떨어뜨려 놓았으니, 서로 삼킬 수 있는 나라가 아니다. 근래에 들으니 물마루(水宗)가 점점 평탄해져 배를 말처럼 부리기에, 우리나라의 보화, 예를 들면 인삼·웅담·종이·무명 등과 같은 물건은 부유한 상인들이 이익을 탐내어 아깝게 생각하지 않는다. 목민관의 인사고과도 오직 세금을 잘 거두는데 있기에 요새지를 버리고 관문을 만들지 않으니 살찐 사슴을 굶주린 호랑이 옆에 기르는 것과 같다. 그러므로 청렴하고 근실한 관리를 선발하여 지모를 시험하고 씩씩하고 용맹한 무사를 선발하여 책략을 가르치는 편이 낫다. 또 큰 고개와 험한 하천에 성곽과 보루를 쌓아서 저들이 오면 신의로서 대하고 떠나도 붙잡지 않는다면 팔짱을 끼고 자리에 앉아있는 편안함이 있을 것이다. 왜국은 성질이 경박하지만 사나운 북쪽 오랑캐보다는 나아서 제압하여 밖으로 막아낼 수 있다. 지난 임진왜란 때 치우친 논의로 속단을 하여 왜병이 동서간을 8년 동안이나 유린하다가 돌아갔으니 나라를 다스리는 자는 당연히 알아야 할 것이다.

유구국

琉球國

어떤 사람이 "옛날의 유사(流蛇) 땅이니 만경창파가 구불구불하게 뱀

51) 이종무(李從茂) : 고려 말에서 조선 초의 무신(1360~1425). 1381년 강원도에 침입한 왜구를 격퇴하고, 1397년 옹진 만호(萬戶)로 있을 때 왜구의 침입을 물리쳤으며, 1419년 전함 227척을 거느리고 대마도(對馬島)를 정벌했다.

이 물에 떠있는 것 같기 때문에 그렇게 이름하였다. 나중에 와전되어 유구(琉球)가 되었다"라고 하였다.

『수서(隋書)』에서 "국왕의 성은 환사씨(歡斯氏)이다"[52]라고 하였다.

『명사(明史)』에서 "나라가 셋 있으니 중산(中山)·산남(山南)·산북(山北)으로 모두 상(尙)씨인데, 중산이 가장 강하다. 동남해 가운데 있고, 왕의 거처에는 장식이 없고 소라 껍질로 불을 때어 밥을 지어 먹고 의원과 약을 알지 못한다"라고 하였다.

『정자통(正字通)』에서 "대유구(大琉球)와 소유구(小琉球)가 있는데 왕이 사는 곳에 해골을 많이 모아 놓았다. 사람들은 손에 문신을 하고 수염은 다 깎았으며 털옷을 입고 깃모자를 쓰며 예절이 없다"[53]라고 하였다.

『송사(宋史), 유구전(琉球傳)』에서 "달이 차고 기우는 것을 보고 때를 기록한다"[54]라고 하였다.

『황명세법록(皇明世法錄)』[55]에서 "책립(冊立)하고 조문하고 제사지내는 것이 조선(朝鮮)과 비슷하다. 그곳의 풍속은 검소하고 인색하다. 오경(五經)은 없고 사서(四書)는 있으며, 『두율우주(杜律虞註)』를 경전으로 삼는다"라고 하였다.

연암 박지원은 "유구국의 공물의 예는 유황(硫黃) 일만 근, 적동(赤銅) 일천 근, 석랍(錫鑞) 삼천 근이다"[56]라고 하였다.

『고려사(高麗史)』에서 "창왕(昌王) 원년에 유구국(琉球國)의 중산왕(中山王) 찰도(察度)[57]가 또 신하 옥지(玉之) 등을 파견하여 표문을 받들고 '신

---

52) 『隋書, 卷八十一, 列傳, 第四十六, 東夷, 流求國』.

53) 有大琉球·小琉球, **在泉州之東**, 王**姓歡**, **斯**所居, 多聚髑髏, 其人, 黥手去髭, 毛衣羽冠, 無禮節.(『正字通』) → 有大琉球·小琉球, 王所居, 多聚髑髏, 其人, 黥手去髭, 毛衣羽冠, 無禮節.(『松南雜識』)

54) 『宋史, 卷四百九十一, 列傳, 第二百五十, 外國, 七, 流求國』.

55) 황명세법록(皇明世法錄) : 진인석(陳仁錫)이 편찬한 책. 92권.

56) 琉球**國**貢例, 硫黃一萬斤, 赤銅一千斤, 錫鑞三千斤云.(『燕巖集, 卷之十五, 別集, 熱河日記, 銅蘭涉筆』) → 琉球**國**貢例, 硫黃一萬斤, 赤銅一千斤, 錫鑞三千斤云.(『松南雜識』)

(臣)'이라고 칭하게 하였다",[58] "창왕(昌王)이 전객령(典客令)[59] 김윤후(金允厚)를 유구국의 빙문에 보답케 하였다"[60]라고 하였다.

조선 태종 9년 기축년(1409)에 국왕 사소(思紹)의 사신이 왔고, 대대로 우호관계를 유지하다가 성종 8년 정유년(1477)부터 통사가 왕래하지 않았다고 한다.

『택리지』에서 말하였다.

한라산에서 바다를 건너면 유구 땅이라고 하였는데, 이것은 알 수 없지만 아마도 매우 가까울 것이다.

인조 때 왜국이 유구를 공격하여 왕을 잡아가자, 그 세자가 국보를 싣고 부왕과 바꾸려 하다가 표류하여 제주도에 이르렀다. 제주 목사가 보물이 있는지를 묻자 세자가 답하였다.

"만산장(漫山帳)과 주천석(酒泉石)이 있습니다. 주천석 한 덩어리는 가운데가 움푹 들어가서 맑은 물을 담아두면 바로 맛있는 술이 됩니다. 만산장은 거미줄을 약으로 물들여 짠 것으로 조금 펼치며 한 칸 정도는 덮을 수 있고, 크게 펼치면 태산도 덮을 수 있고 비도 새지 않으니 참으로 천하에 둘도 없는 보물입니다."

목사가 달라고 했지만 허락하지 않았다. 그래서 세자를 급히 붙잡으니 세자는 주천석을 바다에 던져 버렸다. 그는 처형 당할 때 다음과 같은 시를 지었다.

요의 말씀이라도 걸을 깨우쳐 주기 어려우니　　堯語難明桀服身

---

57) 『松南雜識』에는 '尙察度'로 오기되어 있음.

58) 琉球國中山王察度遣玉之, 奉表稱臣.(『高麗史, 卷一百三十七, 列傳, 第五十, 辛禑』) →辛昌元年, 國王尙察度, 遣王臣之, 奉表稱臣.(『松南雜識』)

59) 『松南雜識』에는 '主客令'으로 오기되어 있음.

60) **遣典**客令金允厚**副令金仁用**報聘**于琉球國答書曰**……(『高麗史, 卷一百三十七, 列傳, 第五十, 辛禑』)→辛昌以主客令金允厚報聘.(『松南雜識』)

처형을 당하는 처지에 하늘에 호소할 겨를 있나　　臨刑何暇訴蒼旻
세 어진 이 죽으니 누가 몸값을 내랴　　三良入穴人誰贖
두 아들 배를 타고 가건만 도적이 어질지 못하네　　二子乘舟賊不仁
사장에 뼈가 버려져서 풀이 뒤엉키고　　骨暴沙場纏有草
고국에 혼이 돌아간들 조문할 어버이 없네　　魂歸故國弔無親
죽서루(竹西樓) 아래 도도히 흐르는 물은　　竹西樓下滔滔水
남은 한으로 틀림없이 만년토록 오열하리　　遺恨分明咽萬春[61]

살펴보건대 유구왕 상영(尙寧)이 만력(萬曆) 사십 년 신해년(1612)에 일본에게 포로가 되었다고 하니, 그 후로 우리와 교통하지 않은 듯하다.

안남국
安南國

옛날 교지(交趾)[62]의 지역으로 동서로 일천 칠백 리, 남북으로 이천 팔 리이다. 당나라 이전에는 중국에 예속되었는데, 곡승미(曲承美)란 자가 몰래 점거하였다. 그 후로 대승왕(大勝王)·정공저(丁公著)·이공온(李

61) **或云**, 漢拏**又**渡海爲琉球**國**, 此不可知也, **然**蓋**知其**甚邇也. 仁**祖**朝, 倭攻琉球虜王去, 其世子載**其**國寶, 欲贖父, **舟**漂到濟州, 牧使**某**問**舟中**寶, 世子答以有**酒泉石漫山帳**, **酒泉石者**, **方**石一塊, 中央凹, 每以淸水貯**則變**爲美酒, 帳則以蜘蛛絲染藥織成, 小張則可覆一間, 大張則**雖大山**可覆, **而**雨亦不漏, 眞絶寶也. 牧使請之, **世子**不許, **牧使遣兵圍**捕世子, **被收卽**以石投海, **牧使盡籍舟中物**, **因杖殺之**, **世子臨死請紙筆**, **書一律曰**, 堯語難明桀服身, 臨刑何暇訴蒼旻, 三良**臨**穴人誰贖, 二子乘舟賊不仁, 骨暴沙場纏有草, 魂歸故國弔無親, 竹西樓下滔滔水, 遺恨分明咽萬春.(『擇里志, 卜居總論, 山水』)→漢拏**山**渡海爲琉球, 此不可知也, 蓋甚邇也. 仁**廟**朝, 倭攻琉球虜王去, 其世子載國寶, 欲贖**其**父, 漂到濟州, 牧使問**有**寶, 世子答以**漫山帳酒泉石**, 石一塊, 中央凹, 每以淸水貯**之**, **卽**爲美酒, 帳則以蜘蛛絲染藥織成, 小張則可覆一間, 大張則**泰山**可覆, 雨亦不漏, 眞絶寶也. 牧使請之不許, 仍捕世子**急**, **世子**以石投海, **臨刑有詩曰**, 堯語難明桀服身, 臨刑何暇訴蒼旻, 三良**入**穴人誰贖, 二子乘舟賊不仁, 骨暴沙場纏有草, 魂歸故國弔無親, 竹西樓下滔滔水, 遺恨分明咽萬春.(『松南雜識』)

62) 교지(交趾): 한대(漢代)의 군명(郡名)으로 지금 베트남의 북부인 하노이·통킹 지방. 후에 교주(交州)라 일컬음.

公蘊)・진일조(陳日照)[63]가 서로 이어서 임금이 되었다.

『청통전(淸通典)』에서 말하였다.

여(黎)・막(莫)・진(陳)・이(李) 네 성이 끊임없이 찬탈하였다. 진일조(陳日照)는 본래 사승경(謝承卿)인데, 살인을 하고 성명을 바꾼 자이다. 그 시에,

연못의 물고기 곤어와 붕새로 변하니	池魚便作鯤鵬化
제비, 참새가 어찌 기러기의 마음 알랴	燕雀安知鴻鵠心

라고 하였다.

천축국
天竺國

『한서(漢書), 서역전(西域傳)』에서 "신독국(身毒國)이라고도 하며, 월지국(月氏國) 동남쪽 수천 리 밖에 있다"라고 하였다.

『하도괄지지(河圖括地志)』에서 "천축국은 동・서・남・북・중앙의 다섯 나라가 있다"라고 하였다. 『수경주(水經註)』에서 "오장국(烏萇國)이 바로 북천축이니 부처가 이른 나라이다"라고 하였다.

『산해경(山海經)』에서 "조선(朝鮮)과 천독(天毒)이란 나라가 있다"라고 하였는데, 그 주석에 "천축이다"라고 하였다.

『영환지략(瀛環志略)』에서 "원나라 세조 때에 인도국(印度國)에서 목화씨를 얻었다"라고 하니 바로 천축(天竺)이다.

---

63) 『廣西通志, 卷一百二十七, 藝文, 雜記』・『粵西叢載, 卷十, 安南國王』・『全閩詩話, 卷五, 宋元, 陳日照』에는 모두 '陳日照'로 되어 있는 반면, 『松南雜識』에는 '陳日煚'으로 되어 있다.

곡국
鵠國

서해 밖에 있다. 남녀는 모두 키가 일곱 치이고 삼백 년을 살며, 걸음걸이는 나는 듯하여 하루에 천 리를 간다.

『신이경(神異經)』에서 "남녀가 모두 바다고니[海鵠]를 두려워하니, 고니가 사람을 만나면 삼켜버리기 때문이다. 소인국(小人國) 사람들과 함께 농사를 지으며 학에게 잡아먹히는 것을 두려워하여 서로 무리지어 산다"64)라고 하였다.

『당사(唐史)』에서 말하였다.

도주(道州)에서 난쟁이가 나는데 해마다 공물로 바쳐진다. 양성(陽城)65)이 "도주(道州)의 백성들은 모두 키가 작으니 어느 사람을 바쳐야 할지 모르겠다"라고 하였다.

대개 중국 태생 중에도 고니와 학을 두려워하는 자가 있다.

여인국
女人國

동남해 가운데에 있는데 벌거숭이다. 바람과 감응해서 태어나고 우물에 비추어 교감한다. 지금 세상에서는 하는 말에 "우리나라 남자들이 소변을 볼 때 교감을 한 듯이 몸을 떠는 것은 여인국(女人國)에서 잉태할

---

64) 西海之外, 有鵠國焉, 男女皆長七寸, 爲人自然有禮, 好經綸跪拜, 其人皆壽三百歲, 行如飛, 日行千里, 百物不敢犯之, 惟畏海鵠, 過輒呑之, 亦壽三百歲, 此人在鵠腹中不死, 而鵠亦一擧千里.(『神異經』)

65) 양성(陽城) : 당나라의 문신. 도주자사로 부임하여 난쟁이를 공물로 바치는 악행을 폐지했다고 한다.

때라고 한다"라고 전해진다.

지봉 이수광이 말하였다.

> 어떤 사람이 표류하여 이 나라에 이르렀는데, 이 나라 사람들이 보고 "단꼭지[甘蔕]가 왔다"라고 말하고는, 국왕이 맞이하여 동침을 하고, 공경 백관으로부터 순서를 나누어 동침을 하였다. 그 사람이 음기(陰氣)에 시달려 거의 죽을 지경에 이르렀다가 도망쳐서 돌아왔다.[66)]

또, 우리나라에서는 남자가 임종할 때에 반드시 여인국에 들어가라고 축원을 해주니, 웃음을 머금고 죽지 않는 자가 없다.

또, 여인국은 무함(巫咸)의 북쪽에 있다. 곽박(郭璞)의 찬(贊)에 "여인국은 황수(黃水)에 목욕을 하고 잉태하여 아이를 낳는데 아들이면 곧 죽인다"라고 하였다. 또, 동여국(東女國)은 여왕을 '빈취(賓就)'라고 한다. 또, 부상(扶桑)의 동쪽 천 리에 여인국이 있는데, 그곳 사람들은 용모가 단정하고 몸에 털이 나 있다.

사유국
思幽國

『산해경(山海經)』에서 "대황(大荒)의 가운데에 사유국(思幽國)이 있으니 사사(思士)는 장가들지 않고 사녀(思女)는 시집가지 않는다"[67)]라고 하였

66) 世傳昔有人漂到女國, 國人見其陽, 吐舌曰此甘蔕也, 恐其傷損, 褁以衣褥, 舁以彩轎, 進之于國王, 至尊貴矣, 然不數年, 病髓竭, 乃竊其船, 逃還本土云.(『芝峯類說, 卷十六, 語言部, 諧謔』)→有人漂至此國, 人見之曰, 甘蔕至. 國王迎入同寢, 卽自有公卿百官, 分番同宿, 其人爲陰所困, 幾死逃還.(『松南雜識』)

67) 大荒之中 …… 有司幽之國, 帝俊生晏龍, 晏龍生司幽, 司幽生思士不妻, 思女不夫.(『山海經廣注, 卷十四, 大荒東經』)→大荒之中, 有有思幽之國, 思士不妻, 思女不夫.(『松南雜識』)

는데, 그 주석에서 "그 사람들은 다만 생각으로 감응해서 기(氣)가 통하니 교합하지 않고도 아이를 낳는다"라고 하였다.

우사첩
雨師妾

『산해경(山海經)』에서 "우사첩(雨師妾)은 그 북쪽에 있다"[68]라고 하였는데, 양신(楊愼)이 그 주석에서 "우사첩은 항아(姮娥)나 직녀(織女)와 같은 부류이다"라고 하였다.

섬라국
暹羅國

동남해 가운데에 있는데, 사방 천여 리이다. 불교를 숭상하고 손으로 음식을 먹으며 중국의 문자를 모른다. 흰 코끼리와 흰 쥐가 난다.

『고려사(高麗史)』에 공양왕(恭讓王) 때 사신이 왔다는 기록이 있다.[69]

살마아한국
撒馬兒罕國

한대(漢代)의 계빈국(罽賓國)으로 동서로 천 리다. 사람들은 재능이 많고 거의 중국과 같다.

---

68) 『山海經, 卷九, 海外東經』.
69) 戊子, 暹羅斛國遣奈工等八人來獻土物致書.(『高麗史, 卷四十六, 世家, 四十六, 恭讓王 二年』)

과왜국

瓜哇國

동양(東洋)에 있다. 수저를 사용하지 않고, 뱀・개미・벌레・지렁이를 먹고, 개와 함께 먹고 잠잔다. 수장(水葬)・화장(火葬)・견장(犬葬)을 한다.

진랍국

眞臘國

부남(扶南)[70]에 있고, 땅은 사방 칠 천여 리이다. 날씨는 언제나 여름 같다. 술을 마시는 것을 음란한 짓으로 비하기에 오직 아내하고만 마신다. 기러기・까치・제비・앵무새가 없고, 쥐는 고양이보다 크다고 한다.

『한서(漢書), 조황후전(趙皇后傳)』에서 "진랍국(眞臘國)에서 만년합(萬年蛤)과 불야주(不夜珠)를 진상하였는데, 사람을 비추어보면 아름다운 사람이나 못난 사람이나 모두 아름답게 보인다"라고 하였다.

지봉 이수광이 "풍속이 사치스럽기 때문에 '부귀한 진랍국(眞臘國)'이라는 말이 있고, 가지와 목화의 높이가 지붕을 넘기 때문에 '목을 매다는 가지'라는 말이 있다"[71]라고 하였다.

---

70) 부남(扶南) : 2세기에서 7세기 사이에 인도차이나 반도 남동쪽의 메콩 강 하류에 있었던 나라. 중국과 밀접한 통상 관계를 맺고 남해 무역의 기항지(寄港地) 또는 시장의 역할을 하였으나 7세기 중엽에 멸망했다.

71) 俗**尙**華侈, **故**古有富貴眞臘國之**稱**, **其地四時常如五六月** , **自四月至九月**, **每日下雨**, **自十月至三月**, **絶無點雨**, **禽有孔翠鸚哥**, **獸有犀象野牛山馬**, **無鴻鵲鶯燕**, **鼠大如猫**, **正月間荷花開**, 有茄樹與木綿樹, 高可過屋.(『芝峯類說, 卷二, 諸國部, 外國』) →俗華侈, 古有富貴眞臘國之**語**, 有茄樹與木綿樹, 高可過屋, **故繫項茄樹之說**.(『松南雜識』)

천방국
天方國

지봉(芝峰) 이수광(李睟光)이 말하였다.

천방(天方)의 옛 이름은 '천당(天堂)'이다. 사철이 봄 같고 전지(田地)가 비옥하며 벼농사가 잘 된다. 백성들이 모두 생업을 즐기고 선행(善行)을 좋아하여 형벌이 없고 도둑질하지 않는다. 불교에서 말하는 '천당(天堂)'이 아마 이곳일 것이다.[72)]

불경의 긍가(殑伽)는 중국말로 '천당(天堂)'이다. 그 주석에 "殑의 음은 '긍'이다"라고 하였다.

삼불제국
三佛齊國

동남해 가운데 있는데, 열 다섯 개의 주(州)가 있다. 범어(梵語)를 사용한다. 화계(火鷄)가 생산되는데 학보다 크며 털은 푸른 양과 같으며 숯을 먹는다.

72) 舊名天堂, **俗用回回曆**, **風景融和**, 四時**皆**如春, 田沃稻饒, 居**民**樂業, **風俗**好善, **亦**無刑罰, **自然淳化**, 不作盜**賊**, 佛書所謂天堂, 疑**指**此也.(『芝峯類說, 卷二, 諸國部, 外國』)→舊名天堂, 四時如春, 田沃稻饒, 居皆樂業好善, 無刑罰, 不作盜, 佛書所謂天堂, 疑此也.(『松南雜識』)

우전국
于闐國

총령(葱嶺[73]) 북쪽에 있는데, 동서로 오천 리이고 남북으로 천 리이다. 스님을 좋아하여 서로 만나면 무릎을 꿇으며 질문을 받고 글을 주면 머리에 이고 길을 간다. 그 의식이 지금의 중이나 보부상과 같다.

『당서(唐書)』의 기록에 의하면 우전국(于闐國)은 처음에 누에가 없었기 때문에 이웃 나라에서 빌리려고 하였지만 주지 않아서 왕이 이웃나라와 혼인을 맺었다. 그 나라 여인이 모자의 솜 속에 누에를 담아와서 비로소 누에를 치게 되었다고 한다.[74]

『흡문기(洽聞記)』에서 "나라 풍속이 발로 하루에 칠백 리를 달린다"라고 하였다.

『두양잡편(杜陽雜編)』에서 "당나라 원재(元載[75])가 운휘당(芸暉堂)을 지으니, 운휘는 우전국(于闐國)에서 나오는 향초다. 옥같이 하얀데 가루를 내어 벽에 발랐다"라고 하였다. 또 옥산(玉山)에는 옥이 많다.

『문헌통고(文獻通攷)』에서 말하였다.

> 후진(後晉) 천복(天福[76])연간에 왕 이성천(李聖天)이 자칭 당나라의 종친이며 연호는 동경(同慶)이라고 하면서 와서 조공을 받쳤다. 중국과의 거리가 구천 오백 리이니 바로 장건(張騫[77])이 말한 궁하(窮河)의

---

73) 총령(葱嶺) : 파미르 고원과 곤륜산·천산의 서쪽을 통들어 이름.

74)『唐書, 卷二百二十一, 上, 列傳, 第一百四十六, 上, 西域』.

75) 원재(元載) : 당나라 인물. 자는 공보(公輔). 노자와 장자에 밝았다. 대종(代宗) 때 권력을 천단하여 뇌물이 성행하였으며 충신을 배척하니, 황제가 경고하였으나 뉘우치지 않자 자결을 명했다.

76) 천복(天福) : 후진(後晉) 고조와 출제(出帝)의 연호. 936~943년.

77) 장건(張騫) : 전한(前漢) 때의 외교가(?~B.C.114). 자는 자문(子文). 인도 통로를 개척하고, 서역 정보를 가져와 동서의 교통과 문화 교류의 길을 열었다. 그의 여행으로 서역의 지리·민족·산물 등에 관한 지식이 중국으로 유입되어 동서간의 교역과 문화가 발전하게 되었다.

발원지이다. 의관이 중국과 같고, 궁궐과 누각은 모두 동향(東向)으로 '금책전(金冊殿)' · '칠봉루(七鳳樓)'라고 한다.

회회국
回回國

『정자통(正字通)』에서 말하였다.

대식국(大食國)의 종족이다. 명나라 구준(丘濬)이 "옥문관(玉門關) 밖 만리에 있는데, 진(陳)나라 · 수나라 연간에 중국으로 들어왔고, 금나라 · 원나라 이후로는 그 세가 더 불어나서 이르는 곳마다 직접 지켰다. 이른바 교문(教門)은 더욱 독실하여 지금은 곳곳마다 있다"[78]라고 말하였다.

대개 그 나라는 산이 둘려져 있고 물이 둘려져 있으며, 또 사막이 둘려져 있다. 나와서 노략질을 하다가 적의 추격을 받아도 적이 사막과 강과 산에 막혀서 들어오지 못하고 되돌아간다. 그러면 또 나와서 노략질을 한다. 그래서 지금 청나라에서는 항상 사막 주위에 군사를 주둔시킨다고 한다. 그 사람들은 흰 베를 머리에 두르고 음낭을 보호하여 차지 않게 한다. 전서(篆書) · 초서(草書) · 해서(楷書)가 있다. 조선에 일찍이 배가 표류해 왔는데 말이 통하지 않아 아는 사람이 없었는데, 오직 이서구(李書九)[79]가 머리에 흰 베로 음낭을 보호하는 것을 보고 알았다고 한다.

---

78) **回回**, **西域**大食國種也. 陳隋間, 入中國. **明**丘濬曰, **國**在玉門關外萬里, **其俗祀天**, **不爲像**, **航海至廣州者**, **始于其地**, **創寺禮拜**, 金元以後, 蔓延**中國**, 所至輒相親守, 其所謂教門者, 尤篤, 今在在有之.(『正字通』) → 大食國種也. 丘濬曰, 在玉門關外萬里, 陳隋間, 入中國, 金元以後, 蔓延**滋甚**, 所至輒相親守, 其所謂教門者, 尤篤, 今在在有之.(『松南雜識』)

79) 이서구(李書九) : 조선 순조 때의 대신 · 문인(1754~1825). 자는 낙서(洛瑞), 호는 강

역사파한국
亦思把罕國

서남해 가운데 있는데, 넓이가 천 리이다. 불교를 숭상하고 형벌을 두려워한다. 베풀기를 좋아하고 약탈을 싫어한다. 호박(琥珀)이 있으며, 벼와 기장은 없고 보리만 있다.

기탑의서갈국
忌塔意西葛國

『곤여도(坤輿圖)』[80]에서 말하였다.

> 이 나라 풍속에 부모가 늙으면 자식이 직접 죽여서 그 고기를 먹는데, 이것이 부모의 고생을 덜어주는 것이라 여겨서 자기의 배 속에 장사지내고 차마 산에 버리지 않는다고 한다.

아! 사람이면서 효조(孝鳥 : 까마귀)처럼 되지 못하고 효경(梟獍[81])이 되었구나. 심하도다! 오랑캐도 그 부모에게 그런 짓을 차마하지 않나니 요나라 사람들이 제파(帝羓)[82]로 만드는 것과 비슷하구나.

산(薑山)·척재(惕齋). 벼슬은 사관(史官)을 거쳐 호조판서·대제학·우의정에 이르렀다. 명문장가로 시명(詩名)이 높아 한시(漢詩) 사가(四家)의 한 사람으로 알려졌다. 저서에 문집 『강산집』·『척재집』이 있다.

80) 곤여도(坤輿圖) : 1628년 무렵 선교사로 명나라에 와 있던 독일인 신부 샬(Schall, A.)이 제작한 세계 지도. 각 지역의 기후·산물·인종·해류 등을 자세히 기록하고 8첩 병풍으로 만들어 인쇄한 것이다. 조선 숙종 34년(1708)에 우리나라에 전래된 것을 후에 최석정이 발문(跋文)을 써서 보관했다.

81) 효경(梟獍) : 효(梟)는 올빼미과의 맹금으로 예로부터 어미 새를 잡아먹는 흉악한 새라 하여 불효조(不孝鳥)라 일컫는다. 경(獍)은 범과 비슷한데 몸집이 작으며 태어나자마자 어미를 잡아먹는다고 하는 전설상의 짐승.

82) 제파(帝羓) : 요나라 태종 야율덕광(耶律德光)의 말린 시신을 가리킨다. 야율덕광이

파이가국
巴尒加國

『곤여도(坤與圖)』에서 "이 나라는 일년 내내 비와 구름이 없다. 그래서 이 나라사람들은 천문(天文)에 정통하다. 이 나라의 강은 매년 범람하고 땅은 거름을 준 것처럼 매우 비옥하기 때문에 백성들이 오곡을 심기에 나라가 풍요롭다"라고 하였다.

호인국
互人國

서양 밖에 있는데, 흰 흙으로 성을 쌓아 귀신이 감히 들어오지 못한다. 세상에 귀신이 없는 곳이 없지만 오직 이 나라만 없다고 한다.
『산해경(山海經)』에서 말하였다.

호인국에 청조(靑鳥)가 있으니, 몸통은 황색이고 발은 붉고 머리는 여섯으로 '촉(鸀)'이라고 한다.[83]

남번국
南番國

바다 가운데 있는데, 중국과의 거리가 팔 만 리이다. 이곳 사람들은

죽자 거란의 옛 풍습에 따라 말린 시신으로 만들었다. 거란에서는 부귀한 집안에서 사람이 죽으면 배를 갈라서 내장을 꺼내 씻고 내장에 향초와 소금을 넣어서 다시 배속에 넣고 오색실로 꿰맨다. 날카로운 갈대로 피부를 찔러서 기름기와 피를 뺀 후, 금과 은으로 얼굴을 장식하고 구리 철사로 손발을 장식한다.

83) 有靑鳥, 身黃赤足六首, 名曰**鸀鳥**.(『山海經, 卷十六, 大荒西經』)→有靑鳥, 身黃赤足六首, 名曰**鸀鳥**.(『松南雜識』)

눈썹과 속눈썹이 하나로 붙어있고 수염은 양수염 같다. 모습이 매우 추하고 괴상하니 아마도 바다귀신의 무리인 듯하다.

박제가(朴齊家)는 "하과국(蝦夸國)은 일본에 속하는데 북쪽으로는 야인(野人)[84]과 인접해있다. 그 사람들은 모두 수염이 길어서 땅에 닿는다"라고 하였다.

『유설(類說)』[85]에 "어떤 사람이 표류하다가 장수국(長鬚國)에 떨어졌다. 왕이 그 딸을 아내로 주었는데 그녀 역시 수염이 수십 가닥이었으니 대개 하국(蝦國) 사람인 듯하다"[86]라고 하였다.

『후한서(後漢書), 장제본기(章帝本紀)』에서 "모이(冒耏)[87]의 부류니 현도(懸度)[88]까지 다닌다"라고 하였는데, 그 주석에 "수염이 얼굴을 덮은 것이다"라고 하였다. 지금 여러 갈래 수염이 얼굴을 뒤덮은 것과 같다.

파사국
波斯國

서역(西域)에 있다. 『본초강목(本草綱目)』에서 "중국과의 거리가 만 리이다. 산호(珊瑚)와 파율향(婆律香)[89]이 생산된다"라고 하였다.

---

84) 「야인(野人)」 참조.
85) 유설(類說) : 송나라 증조(曾慥)가 편찬한 책, 60권.
86) 『類說, 長鬚國』의 내용과 일치하지 않음.
87) 모이(冒耏) : 구레나룻. 일설에는 두건을 쓰고 수염이 많은 모양. 서역(西域) 사람들을 이르는 말.
88) 현도(懸度) : '돌산'으로 계곡을 통행할 수 없기에 쇠줄을 매어 서로 당겨 건넌다고 한다.
89) 파율향(婆律香) : 향의 이름. 용뇌향·빙편.

환구국
環狗國

『산해경(山海經)』에서 "그 사람들은 짐승의 머리에 사람의 몸이다"[90] 라고 하였다.

『운회(韻會)』에 또 '환옥국(環玉國)'이 있다.

북구국
北狗國

『오대사(五代史)』에서 "남자는 날로 먹고 여자는 익혀 먹는다. 어떤 중국사람이 그 나라에 이르렀다. 북구국의 아낙이 그를 도망쳐서 귀환하게 하려고 젓가락 열 개를 주면서 십 리 마다 젓가락 하나씩을 떨어뜨리게 하였다. 구부(狗夫)는 자기 집의 물건을 보면 반드시 물고 집으로 돌아오기에 그의 뒤를 쫓아갈 수 없었다"[91]라고 하였다.

『안자춘추(晏子春秋)』에서 "구국(狗國)으로 사신가는 사람이라야 개구멍으로 들어가지요[使狗國者, 從狗門入]"[92]라고 하였으니, 구국(狗國)에 대한 이야기는 오래전부터 있었다.

고찰해보니, 구국(狗國)은 거란의 속국이다. 이곳 사람들은 사람의 몸에 개의 머리인데 털이 길어서 옷을 입지 않는다. 말은 개 짖는 소리와 같다. 남자를 낳으면 개가 되고 여자를 낳으면 사람이 되니 끼리끼리

---

90) **環狗**, 其爲人, 獸首人身.(『山海經, 卷十二, 海內北經』) → 其爲人, 人身獸首.(『松南雜識』)

91) 『五代史, 卷七十三, 四夷附錄, 第二』.

92) 안자가 초나라로 사신을 갔을 때 안자의 키가 작았으므로 그를 조롱하기 위하여 대문 옆에 작은 문을 만든 후 들어가도록 했다. 안자는 그 문으로 들어가지 않고 "구국(狗國)으로 사신가는 사람이라야 개구멍으로 들어가지요"라고 말했다.(『晏子春秋, 雜下, 九』)

짝을 짓는다. 동굴에 살기도 하고 집에 살기도 하는데 북해(北海) 가에 있다. 대개 천지 간의 순음(純陰)과 잡박한 기운을 타고 났나보다.

우제돌궐국
牛蹄突厥國

『오대사(五代史)』에서 "거란 북쪽에 있는데, 이곳 사람들은 사람의 몸에 소의 발을 하고 있다"[93]라고 하였다.

거란국
契丹國

철이 생산되고, 들에는 초목이 적다. 물은 피같이 짜고 탁하다.

골리간국
骨利幹國

『당사(唐史)』에서 "한해(瀚海)[94] 북쪽에 있다. 낮이 길고 밤이 짧다. 밤은 양의 어깨뼈가 익을 정도의 짧은 시간에 불과하고 다시 해가 뜬다"[95]라고 하였다. 대개 양의 어깨뼈는 잘 익는 물건인가보다. 구양수(歐陽修)의 시에서 "세월이 겨우 양의 어깨뼈가 익을 정도로 짧구나[歲月纔如熟羊

---

93) **北牛蹄突厥**, 人身牛足.(『五代史, 卷七十三, 四夷附錄, 第二』) → **在契丹北**, 人身牛足.(『松南雜識』)
94) 한해(瀚海) : 몽고 고원의 동북쪽에 있는 북해(北海), 또는 바이칼호.
95) 骨利幹, 處瀚海北, …… 晝長夜短, 日入烹羊胛熟, 東方已明.(『唐書, 卷二百十七, 下, 列傳, 第一百四十二, 下』) → 在瀚海北, 晝夜短, 暮煮羊胛熟, 日復出.(『松南雜識』)

胛]”[96]라고 하였다. 동래(東萊)에 해가 밤에도 떠 있어서 불야성을 이룬 것과 같다.

영국
永結利國

『영환지략(瀛環志略)』에서 “영국[英吉利]은 그 사람들의 모발이 붉고 누렇기 때문에 홍모국(紅毛國)이라고도 한다”라고 하였다.

지봉(芝峰) 이수광(李睟光)이 말하였다.

> 서쪽 끝 바다에 있다. 낮은 매우 길고 밤은 겨우 네 시간이다. 보릿가루만 먹고 가죽옷을 입는다. 배를 집으로 삼는데 네 겹으로 배를 만들고 선미(船尾)에 바람을 일으키는 기계를 설치하였다. 닻줄은 쇠사슬을 수백 가닥 합쳐서 만들었기 때문에 풍랑을 만나도 난파되지 않는다. 전투에는 화포(火砲)를 사용하여 출몰하며 노략질을 하는데, 어떤 섬 나라도 감히 대항할 수 없다. 몇 년 전에 일본에서 표류하여 흥양(興陽)에 도착하였는데, 층층누각과 큰 집처럼 높고 거대하였다.[97]

살펴보건대, 영국의 선박이 순조 임진년(1832)에 홍주(洪州) 바닷가에 표류하였는데, 그 후로 오지 않는 해가 없다. 세상에서는 ‘이양선(異樣

---

96) 「사관문왕상서혜서경목단(謝觀文王尙書惠西京牡丹)」.

97) 在極西外洋, 晝則極長, 夜纔二更, **旋卽天明**, **其俗**惟喫麥屑衣皮裘, 以舟爲家, 四重造船, **以鐵片周裹內外**, **船上建數十檣竹**, **船尾**設生風之機, 碇索用鐵鎖數百, 湊合以成, 故雖遇風濤不敗, 戰用大砲, 出沒行劫, 海中諸國, 莫敢相抗, 頃年, 自日本漂到興陽**之境**, 其船極高大, 如層樓大屋.(『芝峯類說, 卷二, 諸國部, 外國』) → 在極西外洋, 晝則極長, 夜纔二更, 惟喫麥屑衣皮裘, 以舟爲家, 四重造船, 設生風之機, 碇索用鐵鎖數百, 湊合以成, 故雖遇風濤不敗, 戰用大砲, 出沒行劫, 海中諸國, 莫敢相抗, 頃年, 自日本漂到興陽, 其船極高大, 如層樓大屋.(『松南雜識』)

船)'이라고 부른다. 배의 제도는 구리와 철로 갑판을 꾸미고 길이는 수십 리가 되며 돛을 대여섯 개 세웠는데 그 위에는 풍낭(風囊)을 많이 달아 놓았다. 바람이 많이 불면 풍낭의 입구를 열어서 바람을 거두고, 바람이 없으면 닫아 버리니, 이른바 '바람을 일으키는 기계'이다. 수백 척의 작은 배들이 따르는데 흩어지면 바다 위에 가득하고 모이면 다만 하나의 배일뿐이니 지금 약장(藥欌) 서랍과 같다. 또 화경(火鏡)을 해를 향해 비추어 천 리 밖까지 산으로 막히지만 않으면 모두 태운다고 한다. 왜군 수백 명이 갑옷 허리띠에 화약을 싸서 그 배에 들어가 스스로 불을 질러 죽으니 불이 일어 배가 타서 조각배 한 척도 돌아가지 못하였다고 한다.

불랑기국
佛狼機國[98)]

지봉(芝峰) 이수광(李睟光)이 "불랑기국(佛狼機國)은 서양의 큰 나라이다. 그 화기(火器) 이름이 '불랑기(佛狼機)'인데, 지금 병가(兵家)에서 나라 이름으로 화기의 이름을 삼았다"[99)]라고 하였다.

흑귀자국
黑鬼子國

『영환지략(瀛環志略)』에서 말하였다.

---

98) 불랑기국(佛狼機國) : 5, 6세기에 강성했던 프랑코의 영역. 중국 명나라 때에 프랑스·포르투갈·에스파냐인을 지칭함.

99) 乃西洋大國也, 其火器號佛**浪**機, 今兵家**用之**.(『芝峯類說, 卷二, 諸國部, 外國』) → 乃西洋大國也, 其火器號佛**狼**機, 今兵家**以國名名焉**.(『松南雜識』)

바로 해지도(海地島)이니, 불랑기국(佛狼機國) 서쪽에 있다. 그 사람들은 키가 크고 형체가 검으며 몸 한 면에 털이 나고 힘이 세니, '흑노(黑奴)'라 한다. 그 종족은 사 만여 명인데, 불랑기국 사람들이 사서 노예로 삼은 경우가 많다. 밭두둑으로 몰아 소나 말처럼 부리니 바로 '곤륜노(崑崙奴)'이다. 함풍(咸豐)[100] 경신(1860)년에 서양의 비적들이 모집하여 중국으로 오니 대항할 수 있는 사람이 없었다. 그 사람들은 물 속에 들어가 자기도 하고 불 속에 들어가 살기도 하며 총알·화살·창도 그들의 몸에 들어가지 않지만 돌로 치고 마가목(馬價木)[101]으로 때리니 죽었다고 한다.

여송국
呂宋國

지봉(芝峰) 이수광(李睟光)이 말하였다.

서남해 밖에 있다. 조총(鳥銃)이 처음 이곳에서 나왔다.

살펴보건대 왜(倭)가 그 제조술을 얻어서 세상에 신묘한 물건으로 만들었다.[102]

---

100) 함풍(咸豐) : 청나라 문종(文宗)의 연호. 1851~1861.
101) 마가목(馬價木) : 장미과의 활엽교목. 높이는 6~8미터로 초여름에 흰 꽃이 피고 가을에 둥근 열매가 붉게 익음. 재목이 단단하다.
102) 『芝峯類說, 卷三, 兵政部, 兵器』의 "鳥銃出於西域"만 『松南雜識』와 일치함.

점성국

占城國

옛날 임읍(林邑)이다. 마원(馬援)103)이 구리기둥을 둔 곳이다. 대해(大海) 남쪽에 있는데 항상 여름 같아서 서리나 눈이 없고 오색앵무새가 생산되고 말이 노새보다 적다.

대식국

大食國

『강희자전(康熙字典)』에서 "바라문[婆羅門]에 도읍을 정하였다. 병장기는 단단하고 예리하며, 야전(野戰)에 용맹하다. 파사국(波斯國) 서쪽에 있다"라고 하였다.

고려 현종 때 와서 특산물을 바쳤다.

『외국기(外國記)』에서 "그 나라 사람들은 섬 위에서 이상한 새가 날아 모여드는 것을 지켜보며 기다리는데 그 아래에는 물고기떼가 헤엄치고 숨은 용이 뱉은 침이 물위로 떠오른 것이 있다"라고 하였다.

『고려사(高麗史)』에서 "인종 때, 묘청(妙淸)104)이 떡의 구멍에 기름을 넣어 대동강에 가라앉혔다. 기름이 물위로 떠올랐는데 바라보니 오색과 같았기에 그것을 일러 신령스런 용이 내뱉은 침이라고 하여 상서로 여겼다"105)라고 하니, 대개 여기에서 나왔다.

---

103) 마원(馬援) : 후한(後漢)의 장군(B.C. 14~A.D. 49). 자는 문연(文淵). 광무제 때 감숙성 방면의 강(羌)·저(猪) 등의 외민족을 토벌했다. 41년 이후에는 복파장군(伏波將軍)에 임명되어, 교지(交趾 : 북베트남) 지방에서 봉기한 징칙(徵側)과 징이(徵貳) 자매의 반란을 토벌하고, 하노이 부근의 낭박(浪泊)까지 진출하여 그곳을 평정했다. 그 공로로 43년 신식후(新息侯)가 되었다.

104) 묘청(妙淸) : 고려 인종 때의 중(?~1135). 도참설로 중앙 정계에 진출하여, 서경 천도 따위의 개혁 정치와 금국정벌론을 주장하다가 반대에 부딪치자 난을 일으켰으나 실패했다.

『향보(香譜)』에서 "장미수(薔薇水)는 대식국(大食國)의 화로(花露)[106]다. 오대(五代) 때에 번국(藩國)의 사신 포가산(浦訶散)이 열 다섯 병을 조공으로 바쳤다"[107]라고 하였다.

『정자통(正字通)』에서 "서백(西伯)[108]이 기국(飢國)을 정벌하여 멸망시켰다"[109]라고 하였다.

번우국
番禺國

『번우잡기(番禺雜記)』에서 말하였다.

> 서남해 밖에 있다. 어떤 풀이 있는데, 불이 태울 수 없어서 마치 강물로 불을 막는 것 같기에 '화하(火河)'라고 한다. 채소가 있는데 네 장의 잎이 서로 마주보고 있으며 밤이면 합치고 낮이면 열린다. 그래서 '합환채(合歡菜)'라고 하니 합혼화(合昏花)의 종류인 것 같다.

---

105) 妙清**壽翰等**, **嘗密作大**餠空**其中穿一孔**盛**熟**油, 沈**于**大同江, 油**漸出浮**水面, **望**之若五色, 因**言曰**, 神龍吐涎**作五色雲**, **此嘉**瑞**也**.(『高麗史, 卷一百二十七, 列傳, 第四十, 反逆一, 妙清』)→**仁宗時**, 妙清, **以**餠空盛油, 沈**於**大同江, 油水面, **望**之若五色, 因**謂**神龍吐涎, **以爲**瑞.(『松南雜識』)

106) 화로(花露) : 꽃잎으로 만든 즙.

107) 大食國花露也, 五代時蕃將蒲訶散, 以十五效貢.(『陳氏香譜, 卷一, 薔薇水』)→薔薇**紅色**, 大食國花露也. 五代時, 藩使蒲河散, 以十五瓶效首.(『古今事文類聚, 續集, 卷十二, 香茶部』)→薔薇大食國花露也, 五代時, 蕃使滿河散, 以十五瓶效首.(『松南雜識』)

108) 서백(西伯) : 문왕(文王)을 가리킨다. 주(周)나라의 기초를 닦은 명군(名君). 이름 창(昌). 계왕(季王)의 아들, 무왕의 아버지.

109) **又國名**, 西伯伐飢國滅之.(『正字通』)→西伯伐飢國滅之.(『松南雜識』)

화주국
火洲國

옛날 전(前)・후(後) 거사국(車師國)[110]의 지역이다. 천신(天神)을 섬기고 불교를 믿는다. 백 살까지 사는 사람이 많고 산(山) 빛이 불 같다.

홀노모사국
忽魯謨斯國

서남해 가운데 있다. 사람의 외모가 매우 훌륭하고 불교를 좋아하며 술을 마시는 사람은 저자에서 참수시킨다.

만랄가국
滿剌伽國

남해 가운데 있다. 왕은 흰 비단을 머리에 둘렀다. 검은 호랑이가 있는데, 사람의 모습으로 변해서 대낮에 무리 지어 시장에 들어가는데, 알아차리는 자는 죽음을 당한다.

『동명기(洞冥記)』[111]에서 "화계(火鷄)가 있는데, 불을 삼키고 불기운을 내뿜는다. 도과(島夸)가 그 알로 물그릇을 만들었다"[112]라고 하였다.

---

110) 거사국(車師國) : 옛날 서역의 나라 이름. 한나라 선제(宣帝)가 그 지방을 전후로 두 지역으로 나누었다가 서역도호부에 복속시켰다.

111) 동명기(洞冥記) : 한(漢)나라 곽헌(郭憲)이 편찬한 책. 4권.

112) 화계란배(火鷄卵杯)에 술을 부으면 저절로 데워진다고 한다.(『說郛』)
＊『동명기』에 없는 내용임.

고리국
古俚國

서양의 번회(番會)에 있는데, 중국과의 거리가 십만 리다. 왕은 불교를 좋아하고 코끼리와 소를 공경한다. 왕위를 아들에게 전하지 않고 외손이나 동생에게 전하는데, 없으면 선행을 행한 사람에게 전한다.

노진국
魯陳國

서역에 있다. 서쪽에는 유사하(流沙河)가 있고, 북쪽에는 화염산(火焰山)이 있다. 물풀이 없고 귀신·도깨비가 있다.

합렬국
哈烈國

가욕관(嘉峪關)에서 일만 삼천 리 밖에 있다. 남자는 삭발을 하고 흰 옷을 입는데, 초상 때에는 청흑색으로 바꾼다. 사람들은 달리기를 잘하여 하루에 삼백 리를 간다. 남녀가 음란하여 부끄러움을 모른다.

방갈랄국
榜葛剌國

나라가 크고 물산이 풍부하며 언제나 여름 같다. 달력에는 열두 달이 있으며 윤달이 없다. 여자는 화장을 하지 않지만 나면서부터 곱고 희다. 남녀가 같은 자리에서 음식을 먹지 않으며, 배우자가 죽어도 재혼하지 않는다.

『명사(明史)』에 성조(成祖)[113] 때에 이 나라에서 푸른 기린을 바쳤다는 기록이 있다.

빈사국
頻斯國

왕가(王嘉)[114]의 『습유기(拾遺記)』에서 "위제(魏帝) 때 조회(朝會) 왔다. 이 나라 사람들은 곡식을 먹지 않고 계장(桂漿)만을 마신다. 햇빛 아래에서 있어도 그림자가 없다"[115]라고 하였다.

또한 한(漢) 무제(武帝) 때에 지지국(郅支國) 사람이 마간석(馬肝石)[116]을 먹는 것과 같은 류(類)이다"라고 하였다.

석난산국
錫蘭山國

대해(大海) 가운데 있다. 왕은 불교를 숭상하고 코끼리와 소를 중요하게 여긴다. 우유를 마시고 소고기는 먹지 않는다. 소를 죽이면 사형을 당한다. 백성들은 모두 윗도리는 벗고 아랫도리는 수건을 두른다.

지봉(芝峰) 이수광(李睟光)이 "바라밀[波羅蜜][117]이 이 나라 남쪽 바닷가

---

113) 성조(成祖) : 명나라의 제3대 황제인 영락제의 묘호(廟號).

114) 왕가(王嘉) : 진(晉)나라의 문인. 자는 자년(子年). 농서(隴西) 안양(安陽) 출신.

115) 泰始元年魏帝爲陳留王之歲, 有頻斯國人來朝 …… 其國人, 皆多力, 不食五穀, 日中無影, 飮桂漿.(『拾遺記, 卷九』)→魏時來朝, 人不食穀, 惟飮桂漿, 立日中無影.(『松南雜識』)

116) 마간석(馬肝石) : 벼루를 만드는 붉은 돌.

117) 바라밀[波羅蜜] : 파인애플.

에서 생산되는데, 모양이 동과(東瓜) 같다”라고 하였다.

살펴보건대, 불경에서 말한 ‘바라밀’은 도피안(到彼岸)[118]이란 말과 같지만 이것과는 다르다.

아속국
阿速國

서해 가운데 있다. 불교와 귀신을 공경하고 보시(普施)를 좋아한다. 굶주리고 추위에 떠는 사람이 없으며 도적도 없다.

아자국
烏秅國[119]

『전한서(前漢書), 서역전(西域傳)』의 주석에서 말하였다.

> ‘烏秅’의 음을 ‘안나’라고 하였는데 안사고(顔師古)[120]는 “烏秅를 빨리 발음하면 ‘안나’와 같을 뿐이다”[121]라고 하였다.
>
> “아자국의 백성들은 양 손을 붙여 물을 마신다”[122]의 주석에서 “높은 산 아래의 골짜기에서 물을 마시기 때문에 손을 이어 붙인다”

118) 도피안(到彼岸) : 『松南雜識』 원문에는 ‘岸’자가 ‘人’자로 오기되어 있다. ‘도피안’은 저 언덕에 도달하다란 뜻으로, 생사의 경지를 벗어나 열반에 도달함을 이름.

119) 안사고의 주석에 근거해 烏秅를 ‘아자’로 표기하였음.

120) 안사고(顔師古) : 당나라의 학자(581~645). 태종의 칙명으로 『오경정의』 편찬에 참가하였으며, 태자 승건(承乾)을 위하여 『한서(漢書)』에 주를 달았다.

121) 鄭氏曰, 烏秅音鷃拏, 師古曰, 烏音一加反秅音直加反, 急言之聲如鷃拏耳, 非正音也.(『前漢書, 卷九十六, 上, 西域傳, 第六十六, 上』)

122) 接手飮.(『前漢書, 卷九十六, 上, 西域傳, 第六十六, 上』) → **烏秅民**, 接手飮.(『松南雜識』)

라고 하였다.

화산국
火山國

『산해경(山海經)』에서 말하였다.

그 산은 비록 장마비가 오더라도 불이 항상 타오른다. 흰 쥐가 때때로 나와서 산 주위에서 먹이를 찾는데, 잡아서 그 털로 베를 만드니 '화완포(火浣布)'라고 한다.[123)]

『수경주(水經註)』에서 "화산은 불이 땅속에서 솟아나는 것 같기 때문에 '형대(熒臺)'라고 부른다"[124)]라고 하였다.

토로번국
土魯番國

지봉(芝峰) 이수광(李睟光)이 말하였다.

화주(火洲) 서쪽에 있는데 '거사국(車師國)'이라고도 한다. 더운 날이 많고 비와 눈이 적으며 불교를 믿는다. 이곳의 영산(靈山)은 모두 오

---

123) **今去扶南東萬里, 有耆薄國, 東復五千里許, 有火山國**, 其山, 雖霖雨火常然, 火中**有**白鼠, 時出山邊求食, **人**捕得之, 以毛作布, **今之**火**澣**布, **是也**.(『山海經, 卷十六, 大荒西經』의 주석)→其山, 雖霖雨火常然, 火中白鼠時出山邊求食, 捕得之, 以毛作布, **名**火**浣**布.(『松南雜識』)

124) **其**山**以**火從地中出**故亦**名熒臺.(『水經注, 卷十三』)→**火**山**似**火從地中出名熒臺.(『松南雜識』)

색의 모래와 돌로 광채가 사람을 태울 정도다. 불경의 '영산(靈山)'이 이곳이다.[125]

흑루국
黑婁國

토로번국(土魯番國)과 가깝다. 산천의 초목과 금수가 모두 검고 남자와 여자도 검은 형상이다.

지봉(芝峰) 이수광(李睟光)이 "소금못이 있으며 돌소금이 생산된다"[126]라고 하였다.

나양국
裸壤國

일본과 가깝다. 이 나라 사람들은 키가 매우 크고 몸은 숯처럼 검고 눈에 흰자위가 많으며 모발은 양털 같다.

옛날의 부(賦)에서 "벌거숭이 나라에도 추위가 심해지면 비단 옷 입는다네[裸壤垂繒]"[127]라고 하였다. 또 『회남자(淮南子)』에서 "서방의 나국(倮國)에는 짐승들을 쫓지 않고 함께 산다"[128]라고 하였다.

---

125) 在火州西百里, **古交河縣**, 亦曰車師國, **氣候**多煖少雨雪, **土宜麻麥**, **人皆屋居**信佛**法**, **有**靈山**周二十餘里**, 悉五色砂石, 光焰灼火, **四回峻壑**, **天巧奇絶**, **草木不生**, **禽獸鮮少**, **蓋**佛書所稱靈山是也.(『芝峯類說, 卷二, 諸國部, 外國』) → 在火州西百里, 亦曰車師國, 多煖少雨雪, 信佛, **芝峯曰**, **其**靈山, 悉五色砂石, 光焰灼火**人**, 佛書所稱靈山是也.(『松南雜識』)

126) 有鹽澤産石鹽.(『芝峯類說, 卷二, 諸國部, 外國』)

127) 사혜련(謝惠連)의 「설부(雪賦)」.

128) 西方之倮國, 鳥獸弗辟**與**爲一也.(『淮南鴻烈解, 卷十七, 說林訓』) → 西方之倮國, 鳥獸弗辟**無**爲一也.(『松南雜識』)

대진국
大秦國

『후한서(後漢書), 서역전(西域傳)』에서 말하였다.

대진국(大秦國)은 바다 서쪽에 있으니, 해서국(海西國)이라고도 한다. 그 사람들은 몸집이 크고 단정하며 중국과 비슷하다. 그래서 '대진(大秦)'이라 하니, 바로 불름국(拂菻國)이다. 돌로 성을 쌓고, 우정(郵亭)을 벌려 설치하였데, 모두 흰 흙으로 벽을 발랐다.[129)]

저인국
氐人國

『산해경(山海經)』에서 "건목(建木)의 서쪽에 있다. 사람 얼굴에 물고기 몸통이며 발이 없다"[130)]라고 하였다.

염장국
鹽長國

『산해경(山海經)』에서 "새의 머리를 한 사람이 있는데 이름은 '조씨(鳥氏)'이다"[131)]라고 하였다.

---

129) 大秦國, …… 在海西, 亦云海西國, …… **以石爲城郭**, **列置郵亭**, **皆堊壁之**, …… 其人民, 皆長大平正, 有類中國, 故謂之大秦.(『後漢書, 卷一百十八, 西域傳, 第七十八』) →大秦國, 在海西, 亦云海西國. 其人民, 皆長大平正, 有類中國, 故謂之大**秦國**, **卽拂菻國**, **以石爲城**, **列置郵亭**, **皆堊壁之**.(『松南雜識』)

130) **氐人國**, 在建木西, **其爲人**, 人面而魚身無足.(『山海經, 卷十, 海內南經』) → 在建木西, 人面魚身無足.(『松南雜識』)

131) **有鹽長之國**, 有人**焉**, 鳥首, 名曰鳥氏.(『山海經, 卷十, 海內南經』) → 有人, 鳥首, 名

『사기(史記), 진본기(秦本紀)』에서 "대비(大費)[132]의 아들 대렴(大廉)은 사실 조속씨(鳥俗氏)이다"[133]라고 하였는데, 그 주석에 "중연(仲衍)[134]은 새의 몸이지만 사람의 말을 하기 때문에 '조속씨(鳥俗氏)'라고 한다"라고 하였다.

구라파국

歐羅巴國

서역에 있는데 중국과의 거리가 8만 리이다. 옛날에는 중국과 교통하지 않았다. 명나라 만력(萬曆) 9년(1581)에 비로소 조공을 바쳤으며 문자는 중국과 같다. 마테오리치가 그 나라 사람이다. 진(晉) 태강(太康)[135] 연간에 이건(犁鞬)이 조공을 바치니 또한 구라파의 옛 이름이다.

요국

獠國

『북사(北史)』에서 말하였다.

사람들은 성명이 없고 태어난 차례로 서로 부른다. 또 나무에 의지해 나무를 쌓아 집을 짓고 사람이 그 위에 사니, '간란(干闌)'이라 한다.[136]

曰鳥氏.(『松南雜識』)

132) 대비(大費) : 진(秦)의 먼 조상으로 순임금에게서 영(嬴)씨 성을 받았다.

133) 大費**生**子二**人**, **一曰**大廉, 實鳥俗氏.(『史記, 秦本紀, 第五』) → 大費子大廉, 實鳥俗氏.(『松南雜識』)

134) 중연(仲衍) : 대렴(大廉)의 현손(玄孫).

135) 태강(太康) : 진(晉) 무제(武帝)의 연호. 280~289년.

136) 無名**字**, **所生男女**, **唯以長幼次第呼之**, **其丈夫稱阿謩阿段**, **婦人阿夷阿等之類**, **皆語之**次第稱**謂也**, 依樹積木, **以**居其上, **名**曰干闌.(『北史, 卷九十五, 列傳, 第八十三,

또 『광운(廣韻)』에서 “요국은 박분(樸瓮) 남쪽 끝의 오랑캐로 꼬리 길이가 몇 치나 되고 산의 숲에 산다”라고 하였다.

늑필국

勒畢國

『동명기(洞冥記)』에서 말하였다.

> 늑필국(勒畢國) 사람들은 키가 세 치이고 날개가 있다. 말과 농담을 잘하기 때문에 ‘선어국(善語國)’이라 한다.[137]

『열자(列子)』에서 “동북쪽 끝에 ‘쟁인(諍人)’이라는 사람이 있는데, 키가 아홉 치이다”[138]라고 하였다.

소인국

小人國

『산해경(山海經)』에서 “소인국은 ‘정인(靖人)’이라고도 하니 바로 ‘정인(竫人)’이다. 신(神)이 있으니 사람의 얼굴에 짐승의 몸통이며 이름이 ‘이령지시(犁䰱之尸)’이다”[139]라고 하였다.

蠻獠』) → **人**無**姓**名, **以**次第**相**稱, **又**依樹積木, **人**居其上, 曰干蘭.(『松南雜識』)

137) 勒畢國人, 長三寸有翼, 善言語戲笑, 因名善語國.(『洞冥記, 卷二』)

138) 東北極有人, 名曰諍人, 長九尺有.(『列子, 卷五, 湯問, 第五』)

139) **有小人國**, **名**靖人, 有神, 人面獸身, 名曰犁䰱之尸.(『山海經, 卷十四, 大荒東經』)
→ **一名靖人**, **卽**竫人, 有神, 人面獸身, 名曰犁䰱之尸.(『松南雜識』)

대인국

大人國

『산해경(山海經)』에서 "대황(大荒) 가운데 대인국(大人國)이 있으니 성이 '이(釐)'이다"140)라고 하였는데, 그 주석에서 "제홍(帝鴻)의 후예이다"라고 하였다.

조인국

佻人國

『하도옥판(河圖玉版)』에서 "조인국(佻人國) 사람은 키가 서른 다섯 자이다"라고 하였다.

용백국

龍伯國

『유설(類說)』에서 "곤륜산 북쪽 구만 리에 있다. 그 나라 사람의 키는 서른 길이고 만 팔천 년을 살고 죽는다"141)라고 하였다.

『열자(列子)』에서 "용백국에 거인이 있으니 낚시질 한 번으로 자라 여섯 마리를 낚는다"142)라고 한 말이 이것이다.

---

140) 『山海經廣注, 卷十七, 大荒北經』.

141) **龍伯國**. **河圖玉板曰**, **從**崑崙以北九萬里, **得龍伯國**人, 長三**十**丈, **生**萬八千歲**而**死.(『類說, 卷六十, 拾遺類總』)→**在**崑崙以北九萬里, 人長三丈, 萬八千歲**乃**死.(『松南雜識』)

142) 龍伯**之**國, 有大人, **擧足不盈數步**, **而蹔五山之所**, 一釣而連六**鼇**.(『列子, 卷五』)→龍伯國, 有大人, 一釣而連六**鼇**.(『松南雜識』)

반비국
反臂國

『산해경(山海經)』에서 "대황에 팔이 뒤집혀 있는 사람이 있으니 '천우(天虞)'라고 한다."[143] 또, "유리지국(留利之國)에 발이 반대로 꺾인 사람이 있다"[144]라고 하였다.

장비국
長臂國

『산해경(山海經)』에서 "남해 가운데에 있다. 물속에서 물고기를 잡는데, 두 손으로 각각 물고기 한 마리를 잡는다"[145]라고 하였다.

곽박(郭璞)의 찬(贊)에 "두 팔은 세 자이고 몸은 보통사람과 비슷한데 해변에서 물고기를 잡는다"[146]라고 하였다.

기굉국
奇肱國

『산해경(山海經)』에서 "그 나라 사람들은 팔 하나에 눈이 세 개다. 상반신은 여자고 하반신은 남자며, 무늬 있는 말[147]을 탄다"[148]라고 하였다.

---

143) 大荒之中 …… 有人反臂, 名曰天虞.(『山海經, 卷十六, 大荒西經』) → 大荒之中, 有人反臂, 名曰天虞.(『松南雜識』)

144) 留利之國人, 足反折.(『山海經, 卷八, 海外北經』)

145) **長臂國**, **在其東**, 捕魚水中, 兩手各操一魚.(『山海經,,卷六 海外南經』) → **在南海中**, 捕魚水中, 兩手各操一魚.(『松南雜識』)

146) 圖贊曰, 雙**肱**三**尺**, 體如中人, **彼曷爲者**, **長臂之民**, **脩脚是負**, 捕魚海濱.(『山海經, 卷六, 海外南經』) → 雙**臂**三**丈**, 體如中人, 捕魚海濱.(『松南雜識』)

147) 『산해경』 주석에서 文馬는 신마(神馬)인 양길(良吉)이라고 했다.

148) 其人, 一臂三目, 有陰有陽, 乘文馬.(『山海經, 卷七, 海外西經』)

『박물지(博物志)』에서 "한 팔로 나는 수레를 몰고 바람을 좇아 멀리 갈 수 있다"[149]라고 하였다. 또 "그 나라 북쪽의 여제국(女祭國)과 여척국(女戚國)에는 차조(鵸鳥)란 새가 있는데, 사람 얼굴을 하고 있다"[150]라고 하였다.

무계국
無腎國

『산해경(山海經)』에서 "장고국 동쪽에 있다. 사람이 장딴지가 없다"[151]라고 하였는데, 그 주석에 "계(腎)는 장딴지이다"라고 하였다.

현고국
玄股國

『산해경(山海經)』에서 "그 사람들은 물고기의 껍질로 옷을 해 입고 우(驅)라는 불새를 먹는다"[152]라고 하였고, 주석에서 "驅의 음은 우"라고 하였다.

양신(楊愼)이 "우사첩(雨師妾) 북쪽에 있다"[153]라고 하였다.

149) **結胸國**, **有滅蒙鳥**, **奇肱民**, **善爲拭扛**, **以殺百禽**, 能**爲**飛車從風遠行.(『博物志, 卷二, 外國』) → **一臂**能**駕**飛車, 從風遠行.(『松南雜識』)

150) 女祭女戚, **在其北**, …… **女祭北**鵸人面.(『博物志, 卷二, 外國』) → **國之北**, 女祭女戚, 國有鵸人面.(『松南雜識』)

151) 在長股東, 爲人無腎.(『山海經, 卷八, 海外北經』)

152) 其爲人, 衣魚食驅.(『山海經, 卷九, 海外東經』)

153) **一日**在雨師妾北.(『山海經, 卷九, 海外東經』) → **楊愼曰**, 在雨師妾北.(『松南雜識』)

삼신국

三身國

『황사(荒史)』[154]에서 말하였다.

용성(庸成)은 용성(墉城)이다. 군옥산(群玉山)은 사방이 평평하고 곧으니 용성씨(庸成氏)가 지키는 곳이다. 이때는 결승문자(結繩文字)로 정치를 하였다. 백성들은 어리석어 동서도 구분하지 못했고 쉴 새 없이 입술을 서로 부딪치고 이부자리에서 먹어댔다. 어린아이를 새 둥지에 맡기고 남은 양식은 밭머리에 쌓아두었다. 호랑이와 표범이 사람을 해칠 마음이 없었기에 그 꼬리를 잡아당길 수 있었고 살무사나 뱀은 독이 없었기에 밟을 수 있었다. 이때 용성씨에게 막내아들이 있었는데, 성품이 음탕한 짓을 좋아하여 대낮에도 시장에서 음란한 짓을 하였다. 천제가 화가 나서 서방으로 내쳤다. 막내아들이 말을 짝으로 맞아 아들을 낳았는데, 사람의 몸에 꼬리와 발굽은 말과 같았으니, 이를 '삼신국(三神國)'이라 한다.[155]

154) 『路史』의 오기인 듯함.

155) 庸成者, **垣**墉城**郭**也. 羣玉之山, **平阿無隘**, 四徹中繩, 庸成**氏**之所守**先王之册府**也. **册府所在庸成是立故**, **號曰庸成氏云**, **容成者**, **非也**. 方是時, **人**結繩**而用之**, 其民童**蒙**, 莫知西東, 摩唇蓐食, **而**莫知**其**止息, 託嬰巢中, 棲粮隴首, 虎豹可尾, 虺蛇可蹑, **而人無有相媚之心**, **實**有季子, **其**性喜淫, 晝淫**于**市, **帝**怒放之于西南, 季子儀馬而產子, 身人也而尾**蹏**馬, **是爲**三身之國.(『路史, 卷五, 前紀, 五, 因提紀』)→庸成者, 墉城也. 羣玉之山, 四徹中繩, 庸成之所守也. 方是時, 結繩**爲政**, 其民童**僕**, 莫知西東, 摩唇蓐食, 莫知止息, 託嬰巢中, 棲粮隴首, 虎豹可尾, 虺蛇可蹑, **時**有季子, 性喜淫, 晝淫**於**市, 怒放之于西南, 季子儀馬而產子, 身人也而尾**蹄**馬, **謂**三身之國.(『松南雜識』)

비견국
比肩國

『이아(爾雅)』에서 "북방에 어깨를 맞붙이고 사는 사람이 있으니 번갈아 먹으며 번갈아 바라본다"156)라고 하였으니, 대개 반쪽이다.

『장자(莊子)』에서 "남방에 반쪽이가 있으니 황료(黃繚)라 한다"157)라고 하였다.

천흉국
穿胸國

『괄지도(括地圖)』에서 말하였다.

우(禹) 임금이 방풍씨(防風氏)를 주살하였다. 하우씨(夏禹氏)의 성대한 덕(德)에 두 마리 용이 내려오자 우임금이 범씨(范氏)로 하여금 몰고 가게 하였다. 남방을 지나가는데 방풍신(防風神)이 우 임금을 보고 노하여 활을 쏘았다. 빠른 우레가 일어나고 두 마리 용이 올라갔다. 방풍신이 두려워서 칼로 자신의 심장을 관통시켜 죽었다. 우 임금이 그를 불쌍하게 여겨 불사초로 치료해주자 다시 살아났다. 이것의 이름이 '천흉국(穿胸國)'이다.158)

---

156) 北方有比肩民焉, 迭食而迭望.(『爾雅注疏, 卷六, 釋地』)

157) 南方有倚人焉, 曰黃繚.(『莊子, 天下』)

158) 禹誅防風氏. 夏后德盛, 二龍降之, 禹使范氏御之以行經南方, 防風神見**怒**射之, 有迅雷, 二龍升去, 神懼, 以刃自貫其心而死, 禹哀之瘗下, 不死草皆生, 是名穿胸國.(『古今事文類聚, 後集, 卷三十三, 二龍降禹』) → 禹誅防風氏. 夏后德盛, 二龍降之, 禹使范氏御之以行經南方, 防風神見射之, 有迅雷, 二龍升去, 神懼, 以刃自貫其心而死, 禹哀之瘗下, 不死草皆生, 是名穿胸國.(『松南雜識』)

*『藝文類聚』·『太平御覽』에는 "禹哀之瘗下, 不死草皆生"가 "禹哀之瘵以不死草, 皆生"으로 되어 있는데 의미상 더 선명하기에 이것을 따른다.

『산해경(山海經)』에서 "관흉국(貫胸國) 사람들은 가슴에 구멍이 있다"라고 하였다.

환두국
讙頭國

『산해경(山海經)』의 주석에서 "환두(讙兜)는 사흉(四凶)[159] 중의 하나이다. 죄를 짓고 남해에 투신해 죽었다. 요(堯) 임금이 불쌍히 여겨서 그의 아들을 남해에 살게 하면서 제사지내게 하였다"[160]라고 하였는데, 그 본문에 "그 나라 사람은 사람의 얼굴에 새의 부리가 있고 날개가 있다"[161]라고 하였다. '환주국(讙朱國)'이라고 부르기도 한다.

지종국
跂踵國

『산해경(山海經)』의 "기종국(企踵國)"의 주석에서 "이 나라 사람들이 걸을 때 발뒤꿈치가 땅에 닿지 않는다"[162]라고 하였으니, 사람이 까치발하고 있는 것과 같다.

『회남자(淮南子)』의 주석에서 "뒤꿈치가 땅에 닿지 않고 다섯 발가락으로 다닌다. 구영(句纓)의 동쪽에 있다"[163]라고 하였다.

---

159) 사흉(四凶) : 순임금 때의 악인(惡人) 네 사람. 공공(共工) · 환도(讙兜) · 삼묘(三苗) · 곤(鯀).

160) 讙兜**堯臣**, 有罪**自**投南海而死, 帝憐之, 使其子, 居南海而祠之.(『山海經, 卷六, 海外南經』) → 讙兜**卽四凶之一也**, 有罪投南海而死, 帝憐之, 使其子, 居南海而祠之.(『松南雜識』)

161) **讙頭國, 在其南**, 其**爲**人, 人面有翼鳥喙.(『山海經, 卷六, 海外南經』) → 其**國**人, 人面鳥喙有翼.(『松南雜識』)

162) 『山海經, 卷八, 海外北經』.

반설국
反舌國

『회남자(淮南子)』의 주석에서 "반설민이 하는 말을 알 수는 없지만 자기들끼리는 알아 듣는다. 혀뿌리가 앞에 있고 목구멍으로 향하지 않기 때문에 '반설'이라고 한다고 말하는 사람도 있다. 남방의 나라 이름이다"라고 하였다.[164]

『산해경(山海經)』에서 "기설국(岐舌國)은 불사민국(不死民國)의 동쪽에 있다"[165]라고 하였다. 그 주석에서 "사람들의 혀가 모두 갈라져 있다. 지설국(支舌國)이라고도 한다"[166]라고 하였다.

장지국
長鼓國

『집운(集韻)』에서 "鼓의 음은 지다. 그 나라 사람은 머리털이 몸보다 길다"라고 하였다.

---

163) **跂踵民, 踵不至地, 以五指行也.**(『淮南子, 卷四, 墬形訓』의 주석)→不至地, 以五指行, **拘纓東.**(『松南雜識』)
164) 反舌民, **語**不可知, 而自相曉. 一說, 舌本在前, 不向喉, 故曰反舌也. 南方之國**名.**(『淮南鴻烈解, 卷四, 墬形訓』)→反舌民, 不可知, 而自相曉. 一說, 舌本在前, 不向喉, 故曰反舌也. 南方之國.(『松南雜識』)
165) 岐舌國, **在其東, 一曰**在不死民東.(『山海經, 卷六, 海外南經』)→岐舌國, 在不死民東.(『松南雜識』)
166) 其人舌皆岐, 或云, 支舌也.(『山海經, 卷六, 海外南經』)

모민국

毛民國

『산해경(山海經)』에서 "그 사람들은 모두 몸에 털이 났다"[167]라고 하였다.

『신이경(神異經)』에서 "팔황(八荒)에 털북숭이 사람이 있는데, 사람을 만나면 눈을 감고 입을 다문다"[168]라고 하였다. 그 주석에 "䀿의 음은 '호'이니, 눈을 감는 것이다"라고 하였다.

난민국

卵民國

『산해경(山海經)』에서 "난민국(卵民國) 사람들은 모두 알로 태어난다"[169]라고 하였다.

우민국

羽民國

『산해경(山海經)』에서 "우민국(羽民國) 사람들은 머리가 길고 몸에 깃털이 있다"[170]라고 하였다.

『박물지(博物志)』에서 말하였다.

---

167) 毛民之國, 在其北, 爲人身生毛.(『山海經, 卷九, 海外東經』) → 其民皆生毛.(『松南雜識』)

168) 八荒之**中**, 有毛人**焉** …… 見人則**瞑**目開口.(『神異經』) → 八荒之, 有毛人, 見人則**䀿**目開口.(『松南雜識』)

169) 其民, 皆生卵.(『山海經, 大荒南經』)

170) 其**爲**人, 長**頭**身生羽.(『山海經, 海外南經』) → 其人, 長身生羽.(『松南雜識』)

우민국(羽民國)은 서해 가운데 있다. 푸른 털이 난 짐승이 있는데 표범의 털과 같으며 붓을 만들 수 있으니, 호복모(虎僕毛)라고 한다.[171]

장고국
長股國

『산해경(山海經)』에서 "장고국(長股國)은 웅상(雄常) 북쪽에 있으며 머리털을 풀어헤쳤으니, '장각(長脚)'이라고도 한다"[172]라고 하였다.

일목국
一目國

『산해경(山海經)』에서 "바다 밖에 일목국(一目國)이 있는데 그곳의 사람들은 눈 하나가 얼굴 가운데 있다"[173]라고 하였다.

심목국
深目國

『산해경(山海經)』에서 "심목국(深目國)은 반(盼)을 성(姓)으로 하고 생선을 먹는다"라고 하였다. 그 주석에 "황제(黃帝) 때의 성(姓)이다"라고 하였다.

---

171) 『박물지』에 보이지 않는 내용으로, 『강희자전』 등에서 『박물지』를 출전으로 인용하고 있음.

172) 長股之國, 在雄常北, 被髮, 一曰長脚.(『山海經, 海外西經』)

173) 一目國, **在其東**, 一目中其面而居.(『山海經, 海外西經』)→**海外有**一目國, 一目中其面而居.(『松南雜識』)

무장국
無腸國

『산해경(山海經)』에서 "심목국(深目國) 동쪽에 있다. 그곳의 사람들은 키가 크고 창자가 없다"[174]라고 하였다.

섭이국
聶耳國

『산해경(山海經)』에서 "무장국(無腸國) 동쪽에 있다. 그곳의 사람들은 두 손으로 귀를 잡는다"[175]라고 하였다. 그 주석에서 "귀가 길어서 걸을 때는 두 손으로 귀를 잡는다는 의미이다"[176]라고 하였다.

유귀국
流鬼國

『유설(類說)』에서 "신라 사람이 바다에서 표류하다가 귀국(鬼國)에 이르렀다. 귀신이 그를 잡아서 겨를 세 판의 높이로 쌓게 하였지만 쌓지 못하자 코를 코끼리처럼 뽑아놓았다"[177]라고 하였다. 곤륜산 밖에 있다.

『산해경(山海經)』에서 "귀국(鬼國)은 이부(貳負)[178]의 시체 북쪽에 있

174) 無腸之國, 在深目東, 其爲人, 長而無腸.(『山海經, 海外北經』)
175) 聶耳之國, 在無腸國東 …… 爲人, 兩手聶其耳.(『山海經, 海外北經』)
176) 言耳長行則以手攝持之也.(『山海經, 海外北經』)
177) 新羅人, 泛海**漂墮**鬼國, 鬼執之**曰, 汝能與我築糠三板乎, 汝欲鼻長一丈乎. 其人請築糠, 久不成, 乃爲鬼**拔其鼻如象.(『類說, 卷四十二, 酉陽雜俎, 築糠三板』)→新羅人, 泛海**落**鬼國, 鬼執之, **使築糠三板不成**, 拔其鼻如象.(『松南雜識』)
178) 이부(貳負) : 고대의 전설상의 신의 이름. 신하인 위위(危危)와 함께 알유(窫窳)를 죽이자 천제가 그를 소속산(疎屬山)에 붙들어 맸다.

다"[179]라고 하였다.

『옥편(玉篇)』의 "나찰국(羅魑國)이 있으니 '역(魕)'이라고도 한다"의 주석에 "귀신의 사자다"라고 하였다.

모과
木瓜[180]

『정자통(正字通)』에서 "목과국(木瓜國)은 가지국(柯枝國)의 별종(別種)이다. 남녀가 벌거벗었고, 풀과 나뭇잎을 엮어서 앞뒤를 가린다"[181]라고 하였다.

탑비국
闒非國

『산해경(山海經)』에서 "탑비(闒非)는 사람 얼굴에 짐승의 몸이며 푸른 빛이다"[182]라고 하였다.

질민국
㦸民國

『산해경(山海經)』에서 "그곳의 사람들은 황색이다. 또 질국(㦸國)은 삼

179) 鬼國, 在**貳**負之尸北.(『山海經, 海外北經』) → 鬼國, 在負**二**之尸北.(『松南雜識』)
180) 『松南雜識』에는 '가지국(柯枝國)'으로 되어 있으나 내용상 '모과[木瓜]'가 되어야 함.
181) **又柯枝國**別種, **酋**曰木瓜, 穴居, 男女裸體, 紉結草木葉, 蔽前後.(『正字通』) → **又國名**, 正字通, **柯枝國**別種**曰**木瓜, 穴居, 男女裸體, 紉結草木葉, 蔽前後.(『康熙字典, 瓜』) → 正字通曰, 別種木瓜, 穴居, 男女裸體, 紉結草木葉, 蔽前後.(『松南雜識』)
182) 闒非, 人面而獸身青色.(『山海經, 海外北經』)

모국(三毛國)의 동쪽에 있다"[183]라고 하였다.

백민국
白民國

『산해경(山海經)』에서 "그곳 사람들은 몸이 희다. 그곳에 승황(乘黃)이란 놈이 사는데 등에 뿔이 있다. 승황은 수명이 이천 년이다"[184]라고 하였다.

오명국
吳明國

『두양잡편(杜陽雜編)』[185]에서 "당나라 덕종(德宗) 때 난봉(鸞蜂)과 푸른 꿀[碧蜜]을 바쳤는데 꿀벌소리가 마치 난새·봉황새 같고, 큰 것은 무게가 십 여 근이나 된다. 꿀의 색은 푸른데 먹으면 장수한다. 또 불을 때지 않아도 되는 솥[不燃鼎]이 있으니 불을 피우지 않아도 음식이 익는다. 그 나라는 동해(東海)에 있다"라고 하였다.

---

183) **其**爲人, 黃**能操弓射蛇**, **一曰**臷國, 在三毛東.(『山海經, 大荒南經』)→爲人, 黃**色**, **又**臷國, 在**於**三毛東.(『松南雜識』)

184) 白身**被髮**, **有乘黃**, **其狀如狐**, **其**背**上**有角, 乘之壽, 二千歲.(『山海經, 海外西經』)→白身, 背有角, 乘之壽, 二千歲.(『松南雜識』)

185) 두양잡편(杜陽雜編) : 두양편(杜陽編). 총 3권. 당나라 소악(蘇鶚)이 당대의 이문(異聞)을 대종(戴宗) 광덕(光德) 원년에서부터 의종(懿宗) 함통(咸通) 14년까지 모두 세 글자를 표제(標題)로 하여 기록했다. 문사가 미려하여 곽헌(郭憲)·왕가(王嘉)의 체와 비슷하다.

염인국
炎人國[186)]

『열자(列子)』에서 "초(楚)나라 남쪽에 염인국(炎人國)이 있다. 그곳에서는 친척이 죽으면 그 살을 썩혀서 버린 후에 그 뼈만 묻는다"[187)]라고 하였다.

맹서국
孟舒國

『박물지(博物志)』에서 "사람 머리에 새의 몸을 하고 있는데 선대의 왕은 삽씨(霅氏)이다"[188)]라고 하였다.

사자국
獅子國

남해 가운데 있는데 그곳 사람들은 키가 한 길 다섯 자이고 산호가 생산된다. 『본전(本傳)』의 기록에 의하면 진(晉)나라 때 옥상(玉像)을 바쳤는데 제(齊)나라의 동혼후(東昏侯)[189)]가 그것을 잘라서 반비(潘妃)[190)]의 팔

186) 염인국(炎人國) : 초(楚) 남쪽에 있는 고대의 나라 이름.
187) 楚之南, 有炎人之國, 其親戚死, 歹丂其肉而棄, 然後埋其骨.(『列子, 湯問』)
188) 人首鳥身, 其先主爲霅氏.(『博物志, 卷二, 外國』)
189) 동혼후(東昏侯) : 남제(南齊) 명제(明帝)의 둘째 아들. 성은 소(蕭), 이름은 보권(寶卷). 자는 지장(知藏). 난폭하고 사나웠다. 그를 시해하려는 대신들의 계획이 발각되어 많은 사람이 죽었다. 후궁에 화재가 발생한 후, 선화(仙華)·신선(神仙)·옥수(玉壽) 등의 여러 궁전을 세우는 등 사치가 심했다. 반비(潘妃)를 총애하였으나 무도하여 양무제(梁武帝)이 군사를 일으켰으며, 왕진국(王珍國)에 의해 시해되었다.
190) 반비(潘妃) : 동혼후(東昏侯)의 부인. 어렸을 때 이름은 옥아(玉兒). 옥노(玉奴)이다. 동혼후가 작은 실수라도 하면 그녀가 때렸다. 건신(建神)·신선(神仙)·옥수(玉壽)의

찌와 비녀를 만들었다고 한다.[191] 또 중태국(中泰國)은 동해 가운데 있는데 사람들의 키가 한 길이다.

인소국
因霄國

『습유기(拾遺記)』에서 "인소국 사람들은 휘파람을 잘 분다. 사내의 휘파람 소리는 백 리까지 들리고 부인의 휘파람 소리는 오십 리까지 들린다"[192]라고 하였다.

불사국
不死國

『산해경(山海經)』에서 "그곳은 남해의 아득한 곳에 있다"라고 하였다. 곽박(郭璞)의 찬(贊)에서,

적천(赤泉)은 나이를 멈추게 하고	赤泉[193]駐年
신목(神木)은 생명을 늘려준다	神木[194]養命
이것에 힘입어 수명이 연장되어	稟此遐齡
아득히 끝이 없구나	悠悠無竟[195]

세 전각을 세웠는데 매우 사치스러웠다. 또 땅을 파고 황금 연꽃을 심고 반비로 하여금 그 위를 걷게 하기도 했다. 동혼후가 피살된 뒤에 목을 매어 자살했다.

191) 『梁書, 卷五十四, 列傳, 第四十八, 諸夷』.

192) 因霄之國人, 皆善嘯, 丈夫嘯聞百里, 婦人嘯聞五十里.(『拾遺記, 卷五』)

193) 적천(赤泉): 샘 이름. 원구산(員丘山)에 있는데 그 물을 마시면 늙지 않는다고 한다.

194) 신목(神木): 불사국(不死國)의 산 위에 있는 나무로 이 나무를 먹으면 명이 길어진다고 한다.

195) 『山海經, 大荒南經』.

라고 하였다.

주연국
珠輦國[196]

주연국(珠輦國)은 옛날에는 중국과 통하지 않아 수로로 가서 광주(廣州)에 이르렀는데 대략 사십 일 만여 리였다.

『몽계필담(夢溪筆談)』에서 말하였다.

송나라 희령(熙寧) 연간(1068~1077)에 이 나라 사람이 와서 공물을 바치며 본국의 풍속대로 궁전에 구슬을 뿌리겠다고 요청하기에 허락해 주니 그 나라에서 지극한 공경을 보이는 예이다. 그들이 조정에서 물러난 후에 관리가 궁전을 쓸어서 십여 양(兩)의 구슬을 얻었다.[197]

역민국
蜮民國

『산해경(山海經)』에서 "역민국(蜮民國)은 성이 상(桑)이며 기장을 먹고 사역(射蜮)[198]도 먹는다"[199]라고 하였다. 또 "불여국(不與國)은 열(烈)을 성으로 하고 기장을 먹는다"[200]라고 하였다.

---

196) 『松南雜識』에는 '注輦國'으로 오기되어 있음.
197) 熙寧中, **珠輦**國**使**入貢, 乞依本國**俗**撒**殿**, **詔**從之, **使人以金盤貯珠**, **跪捧於殿楹之間**, **以金蓮花酌珠**, **向御座撒之**, **謂之撒殿**, 乃其國至敬之禮**也**. **朝退**, 有司掃**徹**, 得珠**十**餘兩.(『夢溪筆談, 卷二十四, 雜誌, 一』)→**宋**熙寧中, **此**國入貢, 乞依本國撒**珠**, 從之, 乃其國至敬之禮. **退朝** , 有司掃**殿**, 得珠**千**餘兩.(『松南雜識』)
198) 사역(射蜮) : 자라와 비슷하다. 모래를 입에 머금고 있다가 사람을 향해 쏘는데 그것을 맞으면 사람이 병사한다.
199) 桑姓, 食黍, 射蜮是食.(『山海經, 卷十五, 大荒南經』)

무함국
巫咸國

『산해경(山海經)』에서 "무함국 사람은 오른 손에는 푸른 뱀을 쥐고 왼 손에는 붉은 뱀을 쥐고 있다. 등보산(登葆山)에 있으니, 무당들이 여기에서부터 오르내리는 곳이다"[201]라고 하였다.

구사국
歐絲國

『산해경』[202]에서 "바다 밖의 구사야(歐絲野)는 대종국(大踵國) 동쪽에 있다. 무릎을 꿇고 나무에 기대 실을 토하는 여자가 있다"[203]라고 하였다. 그 주석에서 "뽕잎을 먹고 실을 토한다는 말이니 대개 누에의 종류이다"[204]라고 하였다.

『백공육첩(白孔六帖)』[205]에서 "나무에 무릎 꿇고 실을 토해낸다. 산채로 쪄서 누에고치를 얻는다"[206]라고 하였다.

---

200) 不與**之**國, 烈姓, **黍食**.(『山海經, 卷十七, 大荒北經』)→不與國, 烈姓, **食黍**.(『松南雜識』)

201) 巫咸國 …… 右手操青蛇, 左手操赤蛇, 在登葆山, 羣巫所從上下也.(『山海經, 卷七, 海外西經』)

202) 『松南雜識』에는 '郭璞'으로 되어 있다.

203) 歐絲之野, 在大踵東, **一**女子, 跪據樹歐絲.(『山海經, 卷八, 海外北經』)→**海外**歐絲之野, 在大踵東, **有**女子, 跪據樹歐絲.(『松南雜識』)

204) 言噉桑而吐絲, 盖蠶類也.(『山海經, 卷八, 海外北經』)

205) 『松南雜識』에는 '白氏六帖'으로 되어 있다.

206) 跪樹歐絲.(『白孔六帖, 卷八十二, 異蠶』)→跪樹歐絲, **生烝得繭**.(『松南雜識』)

견봉국

犬封國[207]

『산해경(山海經)』에서 "견봉국(犬封國)[208]에 무늬 있는 말이 있는데, 몸통이 희고 갈기가 붉으며 눈이 황금 같으니 이름은 '길량(吉量)'이다"[209]라고 하였다.

무뢰국

無雷國[210]

『한서(漢書), 서역전(西域傳)』에서 "무뢰국(無雷國)의 왕이 노성(盧城)을 다스린다"[211]라고 하였다.

부상국

扶桑國

『고문천부훤록(顧文薦負暄錄)』에서 "부상국(扶桑國)에서 백급지(白芨紙)가 생산된다[扶桑國出白芨紙]"라고 하였다. 사령운(謝靈運)의 부(賦)[212]에

207) 『松南雜識』 원문에는 대봉국(大封國)이라고 되어 있으나 『산해경(山海經)』 원문에는 견봉국(犬封國)으로 되어 있다.

208) 견봉국(犬封國) : 견융국(犬戎國)이라고도 한다. 실재한 이민족의 이름으로 주(周) 유왕(幽王)이 이들의 반란으로 죽임을 당했다. 그러나 이들은 서방의 이민족이므로, 반호의 자손인 남만(南蠻)과는 다른 종족이다. 『松南雜識』 원문에는 대봉국(大封國)으로 되어 있으나 『산해경』 원문에는 견봉국(犬封國)으로 되어 있다.

209) 有文馬, 縞身朱鬣, 目若黃金, 名曰吉量.(『山海經, 海內北經』)

210) 무뢰국(無雷國) : 한대(漢代) 서역(西域)의 나라 이름. 남쪽으로는 오탁(烏秅), 포리(蒲犁)와 통하고 부쪽은 손독(損毒) · 대월지(大月氏)와 접해있다. 장안(長安)에서 9,950리(里) 거리에 있다.

211) 無雷國王, 治盧城.(『前漢書, 卷九十六, 上, 西域傳, 第六十六, 上』)

212) 사령운(謝靈運)의 「산거부(山居賦)」.

'급암초(芨巖草)[213]의 껍질을 벗기네[剝芨巖草]'라고 하였는데, 그 주석에서 "급암초의 껍질은 종이를 만들 수 있다"라고 하였다.

『본초강목(本草綱目)』에서 "잎은 갓 돋아난 종려나무의 싹과 비슷하고 한 치 쯤 되는 꽃이 핀다. 그 색은 붉은 자주이며 꽃술은 혀 같고 칠 월에 열매가 익는다"라고 하였다.

도홍경(陶弘景)[214]이 "풀을 쓸 수 있다. 본명은 연급초(連及草). 혹은 백급(白及)·백급(白給)이다"라고 하였다.

동해에 있는 나라는 시주국(始州國)·소호국(少昊國)[215]·하주국(夏州國)·중용국(中容國)·치치국(蚩蚩國)·양국(暘國)·명저국(明徂國)·청구국(青丘國)·동악국(洞樂國)이다.

서해에 있는 나라는 장부국(丈夫國)[216]·운화국(雲和國)·헌원국(軒轅國)[217]·수마국(壽麻國)·무가국(無暇國)·가비국(伽毗國)·대악국(大樂國)·취굴국(聚屈國)이다.

남해에 있는 나라는 "희화국(羲和國)[218]·삼수국(三首國)[219]·식본국(食

---

213) 급암초(芨巖草) : 풀이름. 껍질로 종이를 만들 수 있다.

214) 도홍경(陶弘景) : 남북조(南北朝) 말릉(秣陵) 출신. 자는 통명(通明), 호는 화양진인(華陽眞人). 만 권이 넘는 책을 읽고 초서(草書)와 예서(隸書)를 잘 썼고 비파와 거문고를 잘 탔다. 도술(道術)·음양오행(陰陽五行)·지리(地理)·의약(醫藥)에 밝았다.

215) 소호국(少昊國) : 황제(黃帝)의 아들인 백제소호(白帝少昊)의 나라이다. 백(白)은 오행의 방위로 서쪽에 해당하지만 소호(少昊)에 대한 설은 여러 가지가 많다. 『산해경(山海經), 대황동경(大荒東經)』에는 동해 밖에 있는 나라로 서술되어 있다.

216) 장부국(丈夫國) : 『산해경(山海經), 해외서경(海外西經)』에 나오는 나라로 유조(維鳥) 북쪽에 있는데 그곳 주민의 모습은 의관(衣冠)을 갖추고 칼을 차고 있다. 전설에 은(殷)의 왕 태무(太戊)가 왕맹(王孟)에게 서왕모(西王母)가 있는 곳에서 약을 채취해 오도록 하였는데, 맹이 여기에 이르러 양식이 떨어져 갈 수 없었다. 나무의 열매를 먹고 나무 껍질로 옷을 해 입고 평생 아내를 갖지 않았는데 두 아이가 왕맹의 체내에서 나오고 왕맹이 죽었다. 이렇게 해서 태어난 아이의 자손이 장부국의 백성이 되었다.

217) 헌원국(軒轅國) : 궁산(窮山) 근처에 있는 옛 나라 이름. 여자국(女子國)의 북쪽에 있다. 이 나라에서는 단명하는 사람도 수명이 800세나 된다고 한다. 주민은 사람의 얼굴에 뱀의 몸뚱이며 꼬리가 머리 위에서 교차하고 있다.

218) 희화국(羲和國) : 『산해경(山海經), 대황남경(大荒南經)』에 동쪽 바다 밖 감수(甘水) 부근에 있는 나라로 제준(帝俊) 아내인 희화(羲和)가 태양을 감연(甘淵)에서 목욕시켜 사계절을 만드는 곳이라고 한다.

本國)・구시국(鳩始國)・교경국(交脛國)[220]・결흉국(結胸國)[221]・염화국(厭火國)[222]・일비국(一臂國)[223]・노과국(老撾國 : 옛날의 월상국(越裳國))이다.

서남해에 있는 나라는 종민국(種民國)・서성국(鼠姓國)・영민국(盈民國)[224]・전욱국(顓頊國)[225]이다.

북해에 있는 나라는 노민국(勞民國)[226]・무우국(犛隅國)・무비국(無臂國)・박부국(搏父國)・구수국(拘綏國)・대유국(大幽國)[227]이다.

곤륜산(崑崙山) 밖의 나라는 적경국(赤脛國)[228]이다.

불함산(不咸山)[229] 북쪽의 나라는 우리국(禺離國)・양운국(養雲國)・군자국(君子國)[230]・구막한국(寇莫汗國)이다.

---

219) 삼수국(三首國) : 『산해경(山海經), 해외남경(海外南經)』에 나오는 옛 나라 이름으로 주민이 몸뚱이 하나에 머리가 셋이 달려있다고 한다. 일설에는 착치(鑿齒)의 동쪽에 있다고도 한다.

220) 교경국(交脛國) : 『산해경(山海經), 해외남경(海外南經)』에 나오는 나라 이름. 이곳의 주민은 정강이가 교차되어 있다고 한다. 일설에는 천흉(穿匈)의 동쪽에 있다고도 한다.

221) 결흉국(結胸國) : 『산해경(山海經), 해외남경(海外南經)』에 나오는 나라로 이곳의 주민들은 가슴 앞이 툭 튀어나왔다고 한다.

222) 염화국(厭火國) : 『산해경(山海經), 해외남경(海外南經)』에 나오는 나라로 이곳 사람은 짐승[원숭이와 비슷함]의 몸뚱이에 피부색은 검으며, 입에서 불을 토해 낼 수가 있다고 한다.

223) 일비국(一臂國) : 『산해경(山海經), 해외서경(海外西經)』에 나오는 나라로 이곳 사람은 보통의 사람을 세로로 쪼갠 한쪽만의 모습이므로, 두 사람이 합하지 않으면 걸을 수 없다고 한다.

224) 영민국(盈民國) : 『산해경(山海經), 대황남경(大荒南經)』에 나오는 나라로 이곳 사람의 성(姓)은 어(於)이며 기장을 주식으로 한다.

225) 전욱국(顓頊國) : 『산해경(山海經), 대황남경(大荒南經)』에 나오는 나라로 이곳 사람들은 기장을 먹고 산다고 한다.

226) 노민국(勞民國) : 『산해경(山海經), 해외동경(海外東經)』에 나오는 나라로 이곳 주민의 피부색은 검다고 한다. 일설에는 '교민국(教民國)'이라 하기도 한다.

227) 대유국(大幽國) : 『산해경(山海經), 해내경(海內經)』에 나오는 나라로 이곳 주민들은 굴에서 생활하며 의복을 입지 않는다고 한다.

228) 적경국(赤脛國) : 『산해경(山海經), 해내경(海內經)』에 나오는 나라로 이곳 주민들은 무릎 아래가 새빨갛다고 한다.

229) 불함산(不咸山) : 『산해경(山海經), 대황북경(大荒北經)』에 나오는 산이름. 숙신국(肅愼國)이 있다.

230) 군자국(君子國) : 『산해경(山海經), 해외동경(海外東經)』에 나오는 나라로 이곳 주민

무릇 서역(西域)의 여러 나라와 서남쪽 번국(蕃國), 바다 밖 여러 작은 나라는 다 기록하지 않는다.

내오악
內五嶽

동악은 태산(泰山), 서악은 화산(華山), 남악은 형산(衡山), 북악은 항산(恒山), 중악은 숭산(嵩山)이다.

외오악
外五嶽

광상(廣桑)은 동해 가운데 있고 장리(長離)는 남해 가운데 있고 여농(麗農)은 서해 가운데 있고 광야(廣野)는 북해 가운데 있고 곤륜(崑崙)은 구해(九海) 가운데 있어서 천지의 중심이 된다. 『서응경(瑞應經)』에 "천축(天竺)의 가유라국(迦維羅國)[231]은 천지의 가운데 있다"라고 하였다.

부상
扶桑

『자휘(字彙)』에서 "叒의 음은 '약(若)'이다"라고 하였다. 해가 처음 양곡

들은 의관을 차려입고 검을 차며 짐승을 먹는다. 또한 겸양을 좋아하여 남과 다투지 않는다고 한다.

231) 가유라국(迦維羅國) : '가유라위국(迦維羅衛國)'의 줄임말. 석가모니의 출생지로 지금의 인도(印度) 북부 지방에 있던 나라다. 천축(天竺)이란 총칭이고 가유라위(迦維羅衛)는 그 영역을 구별하여 말할 때 사용된다.

(暘谷)[232]에서 솟아나서 박상(搏桑)으로 오르는 곳이다. 약목(叒木)은 운서(韻書)에서 "푸른 바다 가운데 나무가 있는데 길이가 수천 길이다. 두 그루 나무가 뿌리는 하나인데다가 서로 기댄다"라고 하였으니, 바로 『회남자(淮南子)』에서 이른바 "해가 증상(曾桑)에 이른다"가 이것이다.

또 궁상(窮桑)[233]은 서해에 있다. 잎은 붉은 색이고 오디는 자주색인데 만 년에 한번 열매를 맺으니, 「의슬가(倚瑟歌)」[234]에 이른바 "궁상(窮桑)에 이른다"가 이것이다.

『회남자(淮南子)』에서 "회야산(灰野山)에 나무가 있는데 잎은 푸르고 꽃은 붉으니 약목(若木)한다"[235]라고 하였는데 어느 것이 옳은지 상세하지 않다.

도도

桃都[236]

방당산(磅磄山)[237] 위의 복숭아나무는 둘레가 백 아름이고 만 년에 한 번 열매를 맺는다. 『회남자(淮南子)』에서 "그 나무(桃都)에는 천계(天鷄)가 있다. 해가 뜰 때 천계가 우니 천하의 모든 닭이 운다"[238]라고 하였다.

---

232) 양곡(暘谷): 옛날 해가 뜨는 곳이라고 생각했던 곳. 『書經, 堯傳』 "分命羲仲, 宅嵎夷, 曰暘谷, 寅賓出日."

233) 궁상(窮桑): 전설 속에 나오는 큰 뽕나무. 진(晉) 왕가(王嘉)의 『拾遺記, 少昊』 "窮桑者, 西海之濱, 有孤桑之樹, 直上千尋, 葉紅椹紫, 萬歲一實, 食之後天而老."

234) 의슬가(倚瑟歌): 신악부(新樂府)의 사곡(辭曲) 이름.

235) 『회남자』에는 없는 내용으로, 『水經注』에 '灰野山'에 대한 기록이 있고 『山海經, 大荒北經』에서 '若木'에 대한 기록이 있다.

236) 도도(桃都): 동방 요도산(桃都山)위의 큰 나무 이름. 『玄中記』 "東方有桃都山上有一大樹名曰桃都, 枝相巨三千里, 上有天鷄, 日初出時照此木, 天鷄卽鳴, 天下鷄隨之."

237) 방당산(磅磄山): 고대 신화 속의 나무 이름. 진(晉)나라 왕가(王嘉)의 『拾遺記, 周穆王』에서 "扶桑東五萬里, 有磅磄山, 上有桃樹百圍, 其華靑黑, 萬世一實"라고 했다.

238) 『회남자』에 없는 내용. 『운부군옥(韻府群玉)』에서 『회남자』를 출전으로 명기하고 인용하였음. "桃都山大樹曰桃都, 有天鷄, 日出卽鳴, 天下鷄皆鳴."

자해
紫海[239]

『운부군옥(韻府群玉)』에서 “남창국(南昌國)에 자해(紫海)가 있는데, 물들일 수 있다”라고 하였다. 문영(文穎)[240]이 “서하(西河) 곡나현(羅穀縣)[241]에 자택(紫澤)[242]이 있으니 그 물이 자줏빛이다”[243]라고 하였다. 또 오각계(烏脚溪)는 건너는 사람의 발이 먹빛이 된다.[244] 우리나라 내포(內浦) 금수산(金水山)의 물은 노랗게 물들일 수 있다.

비해
裨海

『사기(史記)』에서 “중국 밖에 적현신주(赤縣神州) 같은 것은 아홉이니 이른바 ‘구주(九州)’다. 이것을 비해(裨海)가 에워싸고 있다. 비해(裨海) 밖에는 또 대영해(大瀛海)가 에워싸고 있다”[245]라고 하였다. 사해(四海)가 통하는 것을 ‘비해(裨海)’라고 하니 ‘소영해(小瀛海)’이다.

---

239) 자해(紫海) : 전설 속의 바다이름. 당(唐) 엽악(葉鶚)의 『杜陽雜編』 卷中 “敬宗皇帝寶歷元年, 南昌國獻玳瑁盆 · 浮光裘, 夜明犀. 其國有酒山 · 紫海 …… 紫海水色如爛椹, 可以染衣, 其龍魚龜鼈砂石草木, 無不紫焉.”

240) 문영(文穎) : 동한(東漢)의 문인. 자는 숙량(叔良).

241) 『松南雜識』에는 ‘羅穀縣’으로 오기되어 있음.

242) 자택(紫澤) : 지명. 장안(長安) 북쪽에 있는 못. 『漢書, 司馬相如傳』 “丹水更其南, 紫淵徑其北. 〈文穎曰, 西河穀羅縣有紫澤, 在縣西北, 於長安爲在北也.〉”

243) 文穎曰, 西河穀羅縣, 有紫澤.(『前漢書, 卷五十七, 上, 司馬相如傳, 第二十七, 上』) → 文穎曰, 西河羅穀縣, 有紫澤, 其水紫色.(『康熙字典, 紫』)

244) 烏脚溪, 涉者足皆如墨.(『夢溪筆談, 卷二十四, 雜誌一』)

245) 中國外, 如赤縣神州者九, **乃**所謂九州**也**. 於是有裨海環之, …… **乃**有大瀛海, 環**其外**.(『史記, 卷七十四, 孟子荀卿列傳, 第十四』) → 中國**之**外, 如赤縣神州者九, 所謂九州. 於是有裨海環之, **裨海外**, **復**有大瀛海環**之**.(『松南雜識』)

미려

尾閭[246]

『열자(列子)』[247]에서 "발해(渤海) 동쪽에 큰 골짜기가 있는데 실은 바닥이 없는 골짜기일 뿐이기에 귀허(歸虛)라고 한다. 팔굉(八紘)[248]·구야(九野)[249]의 물과 은하수의 물 등이 그곳으로 흐르지 않는 것이 없고 더해지거나 줄어들지 않는다"[250]라고 하였다.

『장자(莊子)』에서 "천하의 물 중에 바다보다 큰 것이 없다. 모든 하천이 바다로 흘러 들어가니 어느 때에 그쳐서 차지 않을지 모르겠다. 미려(尾閭)가 그곳에 물을 댄다"[251]라고 하는데, 그 주석에서 "미려(尾閭)는 동해의 물이 새는 곳인데 일명 옥초(沃焦)[252]라고 한다. 바위 하나가 있는데 사방 직경이 사만 리이다. 바닷물이 그곳으로 흘러들면 졸아붙지 않는 것이 없다"라고 하였다. 지금 물건이 녹아 없어지는 것을 '미려혈(尾閭穴)'이라고 말한다. 또 『유마경(維摩經)』[253]에 "부처가 네 개의 큰 바다의

---

246) 미려(尾閭) : 큰 바다의 밑에 있으며 그칠 사이 없이 물이 솟아나고 모든 강의 출구가 된다는 곳. '미(尾)'는 백천(百川)의 끝, '려(閭)'는 모든 강물이 모인다는 뜻.

247) 열자(列子) : 책이름. 8권. 열어구(列御寇)가 편찬하고 진(晉)의 장담(張湛)이 주를 달았다. 유향(劉向)의 서문에 의하면 주로 황제(黃帝)·노자(老子) 및 양묵(楊墨)에 근본하여 내용이 거짓되고 해괴하여 군자가 볼 것이 아니라고 했다. 더욱이 이 책은 위서(僞書)라고도 여겨진다.

248) 팔굉(八紘) : 팔방의 너른 범위. 『회남자(淮南子)』에서 "八殯之外 而有八紘"라고 하였음.

249) 구야(九野) : 구주(九州)의 들. 천하를 의미한다.

250) 渤海之東, **不知幾億萬里**有大壑焉, 實惟無底之谷, **其下無底**, 名曰歸墟, 八紘九野之水, 天漢之流, 莫不注之而無增**無**減焉.(『列子, 卷五, 湯問第, 五』) → 渤海之東, 有大壑焉, 實惟無底之谷, 名曰歸虛, 八紘九野之水, 天漢之流, 莫不注之而無增**無**減焉.(『古今事文類聚, 前集, 卷十五, 地理部, 海』) → 渤海之東, 有大壑焉, 實惟無底之谷, 名曰歸墟, 八紘九野之水, 天漢之流, 莫不注之而無增減焉.(『松南雜識』)

251) 天下之水, 莫大於海, 萬川歸之, 不知何時止而不盈, 尾閭泄之.(『莊子, 卷六, 秋水』)

252) 옥초(沃焦) : 불경에서 말하기를 큰 바다 밑에 있는 넓고 큰 돌로 물을 흡수하는 것인데 일명 '옥초산(沃焦山)'이라고도 한다. 그 아래를 아비지옥(阿比地獄)의 불기운이 달구기 때문에 이 돌은 항상 뜨겁고 천하의 물이 이곳에 다다르면 모두 마른다고 한다.

253) 유마경(維摩經) : 유마힐경(維摩詰經). 불경의 일종. 석가모니와 동 시대 사람인 유마

물을 하나의 털구멍에 흘러들게 하였다"[254]라고 한 말이 이것이다.

택루
澤漏

운서(韻書)에서 "사수현(泗水縣)[255] 택루(澤漏)는 깊이가 두 길인데, 가을·겨울에 사흘동안 다 샌다"[256]라고 하였다.

『태평환우기(太平寰宇記)』에 의하면 수주(嶲州)에 누천(漏天)이 있으며,[257] 남광수(南廣水) 남쪽 200리 또한 누천(漏天)이니 일년 내내 구름이 짙게 덮여 있어서 해와 달이 보이지 않는다.[258] 또 "의빈현(宜賓縣)은 사계절 내내 가랑비가 내리는데 그것을 소루천(小漏天)·대루천(大漏天)이다"[259]라고 하니, 아마도 하늘의 미려(尾閭)인 듯하다.

사극
四極

『이아(爾雅)』에서 말하였다.

힐(維摩詰)이 석가모니의 제자가 문병 왔을 때 불가(佛家)의 이치를 논란한 것을 기록했다.

254) 以四大海水, 入一毛孔中.(『佩文韻府, 四大海』)

255) 『松南雜識』에는 '四水縣'으로 되어 있음.

256) 泗水縣澤漏, 深二丈, 秋冬三日, 漏盡.(『韻府群玉, 澤漏』)

257) 嶲州 …… 秋夏常雨, 故曰漏天.(『太平寰宇記, 卷七十九, 劍南西道, 八』) → 嶲州亦有漏天. 寰宇記.(『韻府群玉, 天漏』) → 嶲州亦有漏天.(『松南雜識』)

258) 南廣水南三百里, 漏天, 窮年密雲, 不見日月. 洽聞記.(『韻府群玉, 天漏』) → 南廣水南三百里, 亦漏天, 窮年密雲, 不見日月.(『松南雜識』)

259) 宜賓縣 …… 四時霖霪不絶, 俗人呼爲大漏天小漏天.(『太平寰宇記, 卷七十九, 劍南西道, 八』) → 宜賓縣二山, 四時霑霖, 俗謂之小漏天大漏天.(『韻府群玉, 天漏』) → 宜賓縣, 四時霑霖, 謂小漏天大漏天.(『松南雜識』)

동쪽으로 태원(泰遠)에 이르고, 서쪽으로 빈국(邠國)에 이르고, 남쪽으로 복연(濮鉛)에 이르고, 북쪽으로 축율(祝栗)에 이르기까지를 사극(四極)이라고 한다.[260]

『열자(列子)』에서 이른바 "여와(女媧)[261]가 자라의 다리를 잘라서 사극(四極)을 세웠다"[262]라고 한 말이 이것인가 보다.

여지폭원
輿地幅員

『박물지(博物志)』에서 "땅은 돌로 뼈대를 삼고 냇물을 혈맥으로 삼고 초목을 털로 삼고 흙을 살로 삼는다"[263]라고 하였다. 또 『하도괄지상(河圖括地象)』에서 "땅에는 삼천 육백 개의 축(軸)이 있다.[264] 바로 지관(地官)의 네 기둥 삼천 육백 개의 축(軸)이 개이빨처럼 서로 어긋나기 맞아 있다"라고 하였다.

『진서(晉書), 천문지(天文志)』에서 "하늘은 병아리 같고 땅은 계란의 노른자와 같아서 하늘의 안팎에 물이 있다"[265]라고 하였으니, 대개 중국은 노란자 중의 노란자이다. 또 "사해(四海) 안은 동서가 이만 팔천 리이

---

260) 東至於泰遠, 西至於邠國, 南至於濮鉛, 北至於祝栗, 謂之四極.(『爾雅注疏, 卷六, 野疏』) → 東至泰遠, 西至邠國, 南至濮鉛, 北至祝栗, 是謂四極.(『松南雜識』)

261) 여와(女媧) : 상고 시대 여제(女帝)의 이름. 복희씨의 누이. 성(姓)은 풍(風). 뱀의 몸에 사람의 머리를 하고 있다.

262) 女媧氏 …… 斷鼇之足, 以立四極.(『列子, 卷五, 湯問, 第五』) → 女媧, 斷鼇足, 立四極.(『松南雜識』)

263) 地以名山爲輔佐, 石爲之骨, 川爲之脈, 草木爲之毛, 土爲之肉.(『博物志, 卷一』) → 地以石爲 骨, 川爲脈, 草木爲毛, 土爲肉.(『類說, 卷二十三, 博物志』) → 地以石爲 骨, 川爲脈, 草木爲毛, 土爲肉.(『松南雜識』)

264) 地有三千六百軸.(『博物志, 卷一, 地』) → 地有三百六十軸.(『松南雜識』)

265) 天如雞子, 地如雞中黃, 孤居於天內, 天大而地小, 天表裏有水.(『晉書, 卷十一, 志, 第一』) → 天如鷄子, 地如鷄中黃, 表裏有水.(『松南雜識』)

고 남북이 이만 육천 리다"라고 하였는데, 그 주석에 "자오(子午)[266]는 경(經)이 되고 묘유(卯酉)[267]는 위(緯)가 된다"[268]라고 하였다.

『국어(國語)』[269]에 "광운(廣運) 백 리"[270]라고 하였는데 그 주석에서 "동서를 광(廣)이라 하고 남북을 운(運)이라고 한다"[271]라고 하였다.

『회남자(淮南子)』에서 "우(禹) 임금이 태장(太章)으로 하여금 동쪽 끝에서부터 걸어서 서쪽 끝에 이르게 하니 이억 삼만 삼천 오백 리 칠십 오 걸음이었고, 수해(竪亥)[272]로 하여금 북쪽 끝에서부터 남쪽 끝에 이르게 하니 또한 이억 삼만 삼천 오백 리 칠십 오 걸음이었다"[273]라고 하였다.

마테오리치의 『만국전도(萬國全圖)』를 살펴보니, "천하에는 오대주(五大洲)가 있는데, 첫째가 아세아주(亞細亞州)로 그 쪽에 모두 백여 나라가 있는데 중국이 그 하나를 차지한다. 둘째가 구라파주(歐羅巴州)이니 그 속에 모두 칠십여 나라가 있는데 이탈리아(意大里亞)가 그 하나를 차지한다. 셋째는 이미아주(利未亞州)로 또한 백여 나라가 있다. 넷째는 아묵리가주(亞墨利加州)로 땅이 더욱 크고 경계가 서로 이어져 있는데 남북의 두 대륙으로 나뉜다. 마지막으로 묵와납니가주(墨瓦臘泥加州)가 다섯째가 되는데 대지가 끝이 난다"라고 하였는데, 말이 허황되서 상고할 수 없다. 그러나 그 나라 사람들이 땅 안을 꽉 채우고 있으니 그 땅이 진실로

---

266) 자오(子午) : 방위(方位)로 자(子)는 북쪽, 오(午)는 남쪽.

267) 묘유(卯酉) : 방위(方位)로 묘(卯)는 동쪽, 유(酉)는 서쪽.

268) 又云四海之內, 東西二萬八千里, 南北二萬六千里, 〈子午爲經, 卯酉爲緯.〉(『古今事文類聚, 前集, 卷十三, 地理部, 章亥步極』)

269) 국어(國語) : 주(周) 좌구명(左丘明)이 편찬했고 삼국 시대(三國時代) 오위소(吳韋昭)가 주석을 달았다. 『춘추외전(春秋外傳)』 또는 『외전(外傳)』이라고도 한다. 21권.

270) 廣運**百**里.(『國語, 卷二十, 越語, 上』) → 廣運**五**里.(『松南雜識』)

271) 東西**爲**廣, 南北**爲**運.(『國語, 卷二十, 越語, 上』) → 東西**曰**廣, 南北**曰**運.(『松南雜識』)

272) 태장(太章) · 수해(竪亥) : 우 임금의 신하로 걸음을 잘 걸었다.

273) 禹**乃**使太章, 步自東極, 至**于**西極, 二億三萬三千五百**里**七十五步, 使竪亥, 步自北極至**于**南極, 二億**三**萬三千五百**里**七十五步.(『淮南鴻烈解, 卷四, 墜形訓』) → 禹使太章, 步自東極, 至西極, 二億三萬三千五百七十五步, 使竪亥, 步自北極至南極, **亦**二億**二**萬三千五百七十五步.(『松南雜識』)

있다는 것은 속일 수 없다. 뿐만 아니라 이상은(李商隱)의 시[274]에도 "바다 밖에는 다만 구주(九洲)가 있다고 들었네[海外徒聞更九州]"[275]라고 하였다.

274) 『松南雜識』에는 '두보의 시[杜詩]'로 오기되어 있음.

275) 「마외이수(馬嵬二首)」.

7. 인사류(人事類)

족보
族譜

노천(老泉) 소순(蘇洵)[1)]이 『소씨족보(蘇氏族譜)』를 만들었는데, 세상에서는 '족보의 시초'라고 전해진다.

『당서(唐書)』를 살펴보건대, 두정륜(杜正倫)[2)]이 성남보(城南譜)에 기재되기를 요구하였고,[3)] 장구령(張九齡)[4)]과 장열(張說)[5)]이 같은 족보를 사용

---

1) 소순(蘇洵) : 북송의 문인(1009~1060). 자는 명윤(明允), 호는 노천(老泉). 노소(老蘇)라고도 불리었다. 당송 팔대가의 한 사람으로, 소식·소철의 아버지이다. 요벽(姚闢)과 함께 『태상인혁례(太常因革禮)』를 편집했다.

2) 두정륜(杜正倫) : 당나라 원수(洹水) 출신. 수(隋)나라 말기에 수재로 천거되었고, 정관(貞觀) 연간에 중서시랑(中書侍郎) 등을 역임하고 황주자사(黃州刺史)로 죽었다.

3) 두정륜이 성남(城南)을 근거지로 하는 두씨(杜氏)들의 족보에 실어줄 것을 요구했다가 거절당했다. 그곳은 인물이 나는 명당으로 소문이 났는데, 두정륜이 집권을 한 후에 수로(水路)를 팠다. 그로부터 성남의 두씨들이 쇠락했다고 한다.

4) 장구령(張九齡) : 당나라의 문신·문학가. 곡강(曲江) 출신. 자는 자수(子壽). 세상에

하였으니 '보(譜)'라는 이름은 대개 오래전에 사용된 듯하다.

구경하
具慶下

당나라 사람은 어버이와 오래 헤어졌다 돌아오는 것을 '배가경(拜家慶)'이라고 하였다.

맹호연(孟浩然)[6]의 시에,

내일 아침 돌아가 부모님께 인사드리고	明朝拜家慶
노래자(老萊子)[7]의 옷을 입으리라	須著老萊衣[8]

라고 하였다.

당시화(唐詩話)에서 "양사복(楊嗣復)[9]은 두 부모님이 살아 계실 때 급제하였다"[10]라고 하였다. 지금 부모가 모두 생존해 계신 것을 '구경하(具慶下)'라고 하는 말은 여기에서 유래하였다.

서 곡상공(曲江公)이라고 한다. 문학(文學)으로 당대에 이름이 났다. 현종(玄宗)때 진사(進士)가 되어 좌습유(左拾遺) 등을 역임했다. 졸시(卒諡)는 문헌(文獻)이다. 저서에 『곡강집(曲江集)』이 있다.

5) 장열(張說) : 당나라의 문신·문학가. 낙양(洛陽) 출신. 자는 도제(道濟)·열지(悅之). 중서령(中書令)을 지냈고, 연국공(燕國公)에 봉해졌다. 저서에 『장연공집(張燕公集)』이 있다.

6) 맹호연(孟浩然) : 당나라의 시인(689~740). 벼슬에 나아가지 않고 녹문산(鹿門山)에 은거하여 시를 즐겼으며, 특히 오언시에 뛰어났다. 작품에 시집 『맹호연집』이 있다.

7) 노래자(老萊子) : 춘추 시대 초나라의 학자. 70세에 어린아이 옷을 입고 어린애 장난을 하여 늙은 부모를 위안했다고 한다.

8) 「다차채양관(夕次蔡陽館)」.

9) 양사복(楊嗣復) : 당나라 사람. 자는 계지(繼之). 정원(貞元) 연간에 진사(進士)를 시작으로 중서사인(中書士人) 등을 거쳐 대중(大中) 연간에 이부상서(吏部尙書)를 역임했다. 호는 효목(孝穆). 시를 잘 지었다.

10) 『詩話總龜, 卷十七, 紀實門, 上』.

안항
雁行

『예기(禮記)』에 "형과 나이가 같은 사람의 곁을 기러기처럼 줄지어 간다[雁行]"[11]라고 하였다. 지금 다른 사람들에게 형제의 차례를 묻는 것을 안항(雁行)이라 하니 바로 그 말이다.[12]

당시(唐詩) 「송형(送兄)」에서,

안타깝게 사람이 기러기와 달라	所嗟人異雁
한 줄로 돌아가지 못한다네	不作一行歸[13]

라고 하였다.

종자
從子

『주자어록(朱子語錄)』에서 "『예기(禮記), 단궁(檀弓)』의 '형제의 자식은 내 자식과 같다'는 상복(喪服)을 가지고 말한 것이다"[14]라고 하였으니, 공자께서 "안회(顔回)는 나를 아버지처럼 보았다"[15]라고 말씀하신 것과 같다. 조카를 '유자(猶子)'라고 한다면 마땅히 선생도 '유부(猶父)'라고 해야 한다.

한(漢)나라 사람들이 조카를 '종자(從子)'라고 하였으니 맞는 말이다.

---

11) 兄之齒雁行.(『禮記注疏, 卷十三, 王制』) → 兄**弟**之齒雁行.(『松南雜識』)
12) 규장각본 『松南雜識』에만 있는 내용.
13) 당나라 여의(如意) 연간에 시에 능한 7세 여자 아이가 측천(則天)의 명에 응하여 지었다고 함.
14) **禮記**云, **喪服**兄弟之子, 猶子**也**, **言人爲兄弟之子**喪服, **猶己之子**.(『與劉共父,晦庵集, 卷三十七, 書』) → **檀弓**云, 兄弟之子猶子, **以**喪服**言**.(『松南雜識』)
15) 回也, 視予, 猶父也.(『論語, 先進』)

대개 아버지의 형과 아우는 모두 종부(從父)이다.

본생
本生

『명사(明史)』에 세종[16]이 효종[17]을 일컬어 '황백고(皇伯考)'[18]라 하고, 흥헌제(興獻帝)와 황후(皇后)를 '본생황고(本生皇考)'와 '본생성모(本生聖母)'로 높였다는 기록이 있다.[19] 지금 생정(生庭)[20]을 본생(本生)[21]이라고 하는 말이 여기에서 유래하였다.

『거가필용(居家必用)』에서는 '본지부모(本枝父母)'라고 하였다.

고모와 이모
姑姨

『이아(爾雅)』에서 말하였다.

아버지의 누나와 누이동생은 고모[姑]이다. 할아버지의 누나와 누이동생은 왕고모(王姑母)이고, 증조할아버지의 누나와 누이동생은 증

---

16) 세종(世宗) : 명나라의 제11대 황제(1505~1566). 헌종(憲宗)의 손자. 흥헌왕(興獻王) 우원(祐杬)의 맏아들. 즉위 후 강빈(江彬)을 죽이고 흥헌왕을 높여 공목헌황제(恭穆獻皇帝)라 했다. 만년에 방술(方術)에 심취하여 방사(方士) 왕금(王金) 등이 바친 단약을 먹고 죽었다.
17) 효종(孝宗) : 명나라의 9대 황제(1487~1504). 헌종(憲宗)의 셋째 아들. 정사에 충실하고 백성을 사랑했다. 재위는 18년이다. 연호는 홍치(弘治)이다. 시호는 경제(敬帝). 효종(孝宗)은 묘호(廟號).
18) 『松南雜識』에는 '황고(皇考)'로 오기되어 있음.
19) 『明史, 卷十七, 本紀, 第十七, 世宗, 一』.
20) 생정(生庭) : 생가(生家)를 높여 이르는 말.
21) 본생(本生) : 출사(出嗣)한 자식이 낳아준 부모를 일컫는 말.

조왕고모(曾祖王姑母)이고, 고조할아버지의 누나와 누이동생은 고조왕고모(高祖王姑母)이다. 아버지의 종부의 누나와 누이동생은 종조고모(從祖姑母)이고, 아버지의 종조부의 누나와 누이동생은 족조고모(族祖姑母)이다.[22] 어머니의 자매를 '종모(從母)'라 하고,[23] 아내의 시집간 자매를 '이(姨)'라고 한다.[24]

내·외형제
內外兄弟

『이아(爾雅)』에서 '고모의 아들[姑之子]'에 대한 주석으로 '외형제(外兄弟)'라고 하였고 '삼촌의 아들[舅之子]'에 대한 주석으로 '내형제(內兄弟)'라고 하였다.[25] 또 자매의 아들도 '생(甥)'이라고 하니, 다른 남자에게 시집가서 낳았다는 뜻이다.

『춘추좌전(春秋左傳)』에서 "자매의 손자를 '종손생(從孫甥)'이라고 한다"[26]라고 하였다. 대개 나를 외삼촌[舅]이라고 호칭하는 사람을 나는 조카라고 호칭한다.[27] 지금의 내종(內從)·외종(外從)·이종(姨從)이라는 말이 여기에서 유래하였다. 그러나 지금 간혹 고모의 아들을 고종(姑從)이라고 하는 말은 근거가 없다. 『주자어록(朱子語錄)』에서 "요즘 사람들

22) 父之姊妹爲姑王父之姊妹爲王姑, 曾祖王父之姊妹爲曾祖王姑, **高祖王父之姊妹**, **爲高祖王姑**, 父之從父姊妹, 爲從祖姑父之從祖姊妹, 爲族祖姑.(『爾雅, 卷三, 釋親, 第四』) → 父之姊妹爲姑王父之姊妹爲王姑, 曾祖王父之姊妹爲曾祖王姑, **父之從**姊**妹**, **爲從姑**, 父之從父姊妹, 爲從祖姑, 父之從祖姊妹, 爲族祖姑.(『松南雜識』)

23) 母之姊妹**爲從**母.(『爾雅, 卷三, 釋親, 第四, 宗族』) → 母之姊妹**曰姨**母.(『松南雜識』)

24) 妻之姊妹**同出爲**姨.(『爾雅, 卷三, 釋親, 第四, 母黨』) → 妻之姊妹**曰**姨.(『松南雜識』)

25) 『이아』에서 고모의 아들과 삼촌의 아들을 모두 '甥'이라고 한 것[姑之子爲甥, 舅之子爲甥]에 대한 구분.

26) 姊妹之孫**爲**從孫甥.(『春秋左傳注疏, 卷六十, 哀公二十, 二十五年, 夏五月』) → 姊妹之孫**謂**從孫甥.(『松南雜識』)

27) 謂我舅者, 吾謂之甥.(『爾雅, 卷三, 釋親, 第四, 母黨』의 주석)

은 '구(舅)'를 처의 형제를 칭하는 말로 사용한다"[28]라는 것과 같다.

현조 · 고손
玄祖高孫

지봉(芝峰) 이수광(李睟光)이 말하였다.

무릇 고조(高祖)라고 칭하는 것은 높고 크다는 뜻을 취하였다. 현손(玄孫)이라는 것은 아득히 멀다는 뜻을 취하였다. 그래서 고조(高祖)라는 말은 있어도 고손(高孫)이라는 말이 없고, 현손(玄孫)이라는 말은 있어도 현조(玄祖)라는 말이 없건만, 지금 현조(玄祖) · 고손(高孫)이라고 일컫는 것은 잘못이다.

『읍취헌집(揖翠軒集)』[29]에서 현손(玄孫)을 모두 고손(高孫)으로 칭하였으니 또한 이상하다.

비조 · 이손
鼻祖耳孫

양웅(揚雄)[30]이 '비조(鼻祖)'를 『방언(方言)』에서 '시조(始祖)'라고 하였다.

---

28) 정방곤(鄭方坤)의 『경패(經稗)』에 나오는 내용. 바로 뒤에 『주자어록』이 이어지기에 생긴 착오.

29) 읍취헌집(揖翠軒集) : 조선 연산군 때의 학자인 박은(朴誾)의 문집.

30) 양웅(揚雄) : 전한의 학자 · 문인(B.C. 53~A.D. 18). 자는 자운(子雲). 성제(成帝) 때 궁정 문인이 되어 성제의 사치를 풍자한 문장을 남겼다. 후에 왕망(王莽) 정권을 찬미하는 글을 써 비난을 받기도 했다. 작품에 「감천부(甘泉賦)」 · 「하동부(河東賦)」, 저서에 『방언(方言)』 · 『법언(法言)』 · 『태현(太玄)』 등이 있다.

황정견(黃庭堅)[31]의 "시조 이후로 부형(父兄)에게까지 전해졌네"[32]라고 한 시가 이것이다. 대개 사람이 잉태되면 제일 먼저 코가 생기고 짐승이 배태되면 제일 먼저 눈이 생긴다.

『전한서(前漢書), 혜제기(惠帝紀)』에 "이손(耳孫)은 현손(玄孫)의 아들이니, 그 시간적 거리가 높을 수록 멀어서 귀로만 들을 수 있다는 의미이다"[33]라고 하였다.

외구 · 내구
外祖內舅

『이아(爾雅)』에 "아내의 아버지는 외구(外舅)이고, 아내의 어머니는 외고(外姑)라 한다"[34]라고 하였다.

『동경몽화록(東京夢華錄)』[35]에 "사일(社日)[36]에 민가의 부녀들이 모두 외가(外家)로 돌아가면 외구(外舅)와 이구(姨舅)가 호리병을 주니 '의량외생(宜良外甥)'이라고 한다"[37]라고 하였으니, "요 임금이 사위인 순 임금을 별

---

31) 황정견(黃庭堅) : 북송의 시인 · 서예가(1045~1105). 자는 노직(魯直), 호는 산곡(山谷). 기이하고 파격적인 시를 써 송시(宋詩)에 새로운 바람을 일으켰다. 강서시파의 원조이며, 서예가로서 뛰어나 송대 사대가의 한 사람으로 꼽힌다. 시집으로 『산곡시내외집(山谷詩內外集)』이 있다.

32) 鼻祖已來傳父兄.(『山谷外集, 卷十四, 律詩, 靈壽臺』)

33) 耳孫者, 玄孫之子**也**, 言**去其曾高益遠**, 但耳聞之也.(『前漢書, 卷二, 惠帝紀, 第二』) → 耳孫者, 玄孫之子, 言**高曾益遠**, 但耳聞之也.(『松南雜識』)

34) 妻之父, 爲外舅, 妻之母, **爲**外姑.(『爾雅, 卷三, 釋親, 第四, 母黨』) → 妻之父, 爲外舅, 妻之母, 謂外姑.(『松南雜識』)

35) 동경몽화록(東京夢華錄) : 송나라의 맹원로(孟元老)이 지은 책으로 남송(南宋)으로 도읍을 옮긴 후에 변경(汴京)의 번성했던 시절을 기록했다. 도성(都城)의 풍속과 당시의 전례(典禮) · 의위(儀衛)가 상세히 기록되어있다. 『사고제요(四庫提要) · 사(史) · 지리류(地理類)』에 실려있다. 10권.

36) 사일(社日) : 사신(社神)에게 제사를 지내는 날이다. 입춘 뒤의 다섯 번째 무일(戊日)을 춘사(春社)라 하고, 입추 뒤의 다섯 번째 무일(戊日)을 추사(秋社)라고 한다.

37) 人家婦女, 皆歸外家, **晩歸**, 卽外公姨舅, 皆以新葫蘆兒**棗**兒爲遺俗云宜良外甥.(『東

궁으로 맞아 머물게 하였다[館甥于貳室]"라고 한 것과[38] 귀생(貴甥)을 택상(宅相[39])이라고 한 것에서 '생(甥)'은 사위와 여동생의 아들의 통칭이다.

지금은 여자가 시집가서 시부모를 구(舅)・고(姑)라고 하고, 남자가 아내를 맞이하고 아내의 부모를 구(舅)・고(姑)라고 하는데 특별히 내(內)자와 외(外)자를 붙여서 외삼촌의 처부모와 구별을 하니, 주자가 백수(白水) 선생[40]의 사위가 되었기 때문은 아니다. 지금 보통 사람들은 처의 부모를 가시부(嫁媤父)・가시모(嫁媤母)라고 일컫고 장인과 사위에 대해서는 구(舅)・생(甥)이라 하지 않고 반드시 옹(翁)・서(胥)라고 한다.

외가
外家

『후한서(後漢書)』에 '왕부(王符)[41]는 외가(外家)가 없다'[42]라는 기록이 있고, 『북사(北史)』에 '힐분황제(詰汾皇帝)는 처가가 없이서 힘이 미약하고 황제는 외가도 없다'[43]라는 기록이 있으니, '외가(外家)'라는 말은 오래전부터 있었다.

지금 아버지의 외가를 '진외가(眞外家)'라 할 때의 '진(眞)'은 신라 진골

京夢華錄, 卷八, 秋社』) → **社日**, 人家婦女, 皆歸外家, 卽外公姨舅, 皆以新葫蘆兒爲遺俗云宜良外甥.(『松南雜識』)

38) 『孟子, 萬章, 下』.

39) 택상(宅相) : '생질'을 달리 이르는 말.

40) 백수(白水) 선생 : 주자의 장인인 유면지(劉勉之)를 이름.

41) 왕부(王符) : 후한 말기의 학자. 자는 절신(節信). 입신출세주의를 반대하여 숨어 살며 30여 권의 책을 썼다. 저서에 『잠부론(潛夫論)』이 있다.

42) 『後漢書, 卷七十九, 王符傳』.

43) 詰汾皇帝無婦家力微, 皇帝無舅家.(『北史, 卷一, 魏本紀, 第一』)
* 후위(後魏)의 성무황제(聖武皇帝) 힐분(詰汾)이 사냥을 하던 어느 날 하늘에서 내려온 아름다운 천녀가 정을 나누고 일년 뒤 만나기로 했다. 그리고 일년 뒤 과연 약속대로 천녀와 재회하였는데 천녀는 그의 아들이라며 아기를 전해 주었다. 이때문에 당시 사람들이 힐분황제에게는 처가도 없고 외가도 없다는 말을 했다.

(眞骨)[44]의 '진(眞)'자이다.

저손 · 사손
杵孫獅孫

지금 외손(外孫)을 '저손(杵孫)'이라고 하는 것은 채옹(蔡邕)[45]의 외손 '저구(杵臼)'에게서 유래되었다. 사손(獅孫)이라는 말은 주자(朱子)가 사자를 그려서 맥(貉)이라는 외손자에게 준 것에서 유래한다.

연인
連姻

「위타전(尉佗傳)」에 "창오(蒼梧)[46]의 진왕(秦王)이 친척과 혼인하였다"[47]라고 하였는데, 그 주석에서 "유연(有連)은 친척과 혼인하는 것"이라고 하였다.

사돈
査頓

『국어(國語)』에 "진공(秦公)과 진공(晉公)이 사냥을 나갔다가 나무 등걸

44) 진골(眞骨) : 신라 시대 골품제도의 둘째 등급. 부계와 모계 가운데 어느 한쪽이 왕족인 사람이다.
45) 채옹(蔡邕) : 후한 때의 문인 · 서예가(133~192). 자는 백개(伯喈). 시문에 능하며, 수학 · 천문 · 서도 · 음악 등에도 뛰어났다. 영자팔법을 고안했다. 저서에 『채중랑집(蔡中郎集)』 · 『독단(獨斷)』 등이 있다.
46) 창오(蒼梧) : 한(漢)나라 때의 군(郡) 이름. 광서성(廣西城) 창오현(蒼梧縣)에 있다.
47) 蒼梧秦王有連. 〈有連者, 連姻也.〉(『史記, 卷一百十三, 南越尉尉, 列傳, 卷五十三』)

에 앉아 약속을 맺어 진(秦)나라와 진(晉)나라의 우호를 이루었다"라고 하였다. 그래서 지금 친가(親家)를 '사돈(査頓)'이라고 하는데, 돈(頓)은 머리를 조아리며 인사하는 것인가?

소식(蘇軾)이 가수(賈收[48])가 재취(再娶)하려고 하는 것[49])을 조롱한 시에 "아침에 묵은 나무 등걸에서 움터 나오는 새싹을 보겠네"[50])라고 하였다.

고침 · 조강지처
藁砧糟糠

고악부(古樂府)에,

다듬잇돌은 지금 어디에 있나 남편은 어디에 있나	藁砧今何在[51])
산 위에 또 산이 있구나 집을 나갔다네	山上復有山[52])
언제나 큰 칼머리가 될꼬 언제나 돌아올까?	何當大刀頭[53])

---

48) 가수(賈收) : 송나라의 시인. 오정(烏廷) 출신. 자는 운로(耘老). 시로 이름이 났다. 소식과 교유하며 창수(唱酬)한 작품이 매우 많다. 저서로 『시호회소집(詩號懷蘇集)』이 있다.

49) 『松南雜識』에는 가수가 재취한 것을 조롱한 시로 되어 있으나, 『東坡詩集註, 卷二十一, 和邵同年戲贈賈牧秀才三首』의 주석에는 가수가 재취하려고 할 때[時賈欲再娶] 지어준 시로 되어 있다.

50) 朝見新荑出舊**槎**.(『東坡詩集註, 卷二十一, 和邵同年戲贈賈牧秀才三首』) → 朝見新荑出舊**査**.(『松南雜識』)

51) 藁砧은 '鈇' 혹은 '砆'이고 '鈇 · 砆'와 '夫'는 해음(諧音)이므로 '남편'을 의미한다.

52) '山' 위에 또 '山'이 있다는 것은 '出'을 의미한다. 즉 "남편이 집을 나갔다"는 의미이다.

53) '大刀頭'는 '鐶'과 같고 '鐶'과 '還'은 해음(諧音)이다. 즉 "남편은 언제나 돌아올런가?"라는 의미이다.

깨진 거울 하늘로 날아 올라간다 破鏡飛上天[54]
반달 뜨는 저녁일까

라고 하였다. 주석에서 "고침(藁砧)은 다듬잇돌이 흔들리기에 거적을 그 밑에 깐 것이니, 당시에는 '무부(珷玞)'라고 말하였다"라고 하였다.

조강(糟糠)은 대개 한(漢)나라 송홍(宋弘)[55]의 "술지게미와 쌀겨를 먹으며 고생한 아내는 내쫓지 않는다"는 말에서 유래한다. 지금 '조강지처(糟糠之妻)'라고 하니 '형차포군(荊杈布裙)'[56]이라는 말과 같다.

아이를 낳으면 돌로 누르다
兒生石壓

『삼국지(三國志), 위지(魏志)』[57]에서 "진한(辰韓)에서는 아이가 태어나면 그 머리를 길죽하게 만들려고 돌로 누른다"[58]라고 하였는데, 지금 내포(內浦)에도 이런 풍속이 있다고 한다. 살펴보건대 옛 말에 "천령이 닫혀야 말을 하고, 뼈가 완성되어야 걷는다"라고 하였다. 골격은 시간이 오래 지난 이후에 완성되는데 먼저 돌로 누르는 것은 어째서인가?

---

54) '破鏡'은 반달을 의미한다. 즉 "반달이 뜨는 날 남편과 만날 것"이라는 의미이다.
55) 송홍(宋弘) : 후한 광무제 때의 학자. 정중하고 후덕하며 정직한 인물로 명망이 있었다. 광무제가 미망인이 된 누나 호양공주(湖梁公主)를 위해 송홍을 남편감으로 생각하고 그의 의사를 묻자 그는 "가난하고 천할 때의 사귐을 잊지 말아야 하고, 조강지처는 집에서 내쫓지 않는다[貧賤之交不可忘, 糟糠之妻不下堂]"고 들었다고 말하고 광무제의 제의를 거절했다.(『後漢書, 宋弘傳』)
56) 형차포군(荊杈布裙) : 형채포군(荊釵布裙). 원래는 '가시나무 비녀와 무명치마'라는 뜻으로 부인의 보잘 것 없는 복장을 말하였는데 전하여 자기 아내를 겸손히 지칭할 때 쓰이게 되었다. 후한(後漢) 양홍(梁鴻)의 처 맹광(孟光)의 고사에서 나왔다[常荊杈布裙, 每進食, 擧案齊眉].(『列女傳』)
57) 『松南雜識』에는 『漢書, 東夷傳』으로 되어 있음.
58) 辰韓 …… 兒生, 便以石, 壓其頭, 欲其褊.(『三國志, 魏志, 卷三十』) → 三韓生兒, 欲其頭匾, 壓之以石.(『松南雜識』)

숫구멍

囟門

위교(魏校)59)가 "신문(囟門)은 정문(頂門)이다. 아기가 어머니의 뱃속에 있을 때 여러 구멍은 여전히 닫혀 있고 오직 배꼽으로만 기(氣)를 들이고 숫구멍은 기를 통하게 한다. 뼈만은 유독 붙지 않아서 태어나면 구멍이 열려 입과 코로 기를 들이고 꽁무늬뼈로 기가 배출된다. 숫구멍은 점차 닫히니 음양(陰陽)이 오르내리는 도(道)이다"라고 하였다. 정수리 중앙이 백회(百會)이니 백회 앞 세 치쯤이 바로 뇌문(腦門)이다"라고 하였다.

또 『대대례(大戴禮)』에 "사람은 태어난 지 석 달이 되어야 눈을 뜨고 눈알을 굴린 연후에야 볼 수 있다"60)라고 하였는데, 그 주석에 "眴의 음은 전이다. '정(精)'이니 눈을 굴려 보는 모양이다"라고 하였다.

남자의 인, 여자의 신

男寅女申

『설문해자(說文解字)』에 "포(包)는 사람이 임신한 것을 형상한다. '巳(사)'가 뱃속에 있는 것으로 아이가 아직 형체를 이루지 못한 것을 형상하였다. 원기(元氣)는 자(子 : 북쪽)에서 일어나는데, 북쪽은 사람이 태어나는 곳이다. 남자는 왼쪽으로 삼십 도를 움직이고 여자는 오른쪽으로 이십 도를 움직여서 모두 사(巳 : 남동쪽)에 자리를 잡고 부부가 된다. 巳에서 임신을 하는데 巳는 아이가 되어 열 달만에 태어난다. 남자는 巳에

---

59) 위교(魏校) : 명나라의 문신 · 학자. 곤산(昆山) 출신. 자는 자재(子材), 자호는 장거(莊渠). 홍치(弘治, 1488~1505) 연간에 진사(進士)가 되어 관직이 태상시경(太常侍卿)에 이르렀고 좨주(祭酒)의 일을 관장했다. 시호는 공간(恭簡). 호거인(胡居仁)의 주경학(主敬學)을 사숙하고 여러 유자의 설에 정통했다. 저서로 『주례연혁전(周禮沿革傳)』 · 『대학지귀(大學指歸)』 · 『육서정온(六書精蘊)』 등이 있다.

60) 人生三月而撤眴然後, 能有見.(『大戴禮, 本命』)

서 일어나 인(寅 : 북동쪽)에 이르고, 여자는 巳에서 일어나 신(申 : 남서쪽)에 이르는 까닭에 남자의 나이는 인(寅)에서 시작하고 여자의 나이는 신(申)에서 시작한다"[61]라고 하였다.

정기가 온축된 것을 잉태라고 한다. 남자는 등지고 여자는 앞을 향한다. 출산에 임박해서는 복통이 있으니 아기가 몸을 돌려 머리를 아래로 향해야 비로소 분만된다.

남자는 엎드리고 여자는 눕는다
男伏女偃

지봉(芝峰) 이수광(李睟光)이 말하였다.

잡기(雜記)에서 "남자는 태어날 때 반드시 엎드리고 여자는 반드시 눕는다. 등은 양(陽)이고 배는 음(陰)이다. 익사자의 경우, 남자는 엎어져 있고 여자는 누워있다"라고 하였다. 고서(古書)를 살펴보면 "서언왕(徐偃王)이 태어날 때 또 누워 있었다"라고 하니 그 기이함을 기록한 것이다.

태교
胎敎

『동제기사(東齊記事)』에서 "범진(范鎭)이 송골매 두 마리가 알을 던지면서 서로 오르락 내리락하며 접하는 모습을 보았다. 대개 날기 연습을

61) 包. 象人裹妊, 巳在中, 象子未成形也, 元氣起于子, 子人所生也. 男左行三十, 女右行二十, 俱立于巳, 爲夫婦, 裹妊于巳, 巳爲子十月而生, 男起巳至寅, 女起巳至申故, 男年始寅, 女年始申也.(『說文解字』)

시키는 것이니 아마도 태교의 의미인 듯하다"[62]라고 하였다.

전(傳)에 "어진 어머니는 아기를 성나게 하려고 가는 나무가지를 꺾어 때린다"[63]라고 하니 아마도 은혜가 담겨있는 것이리라.

『설문해자(說文解字)』에서 "가느다란 나무가지를 종(蔆)이라 한다"라고 하였다.

사흘 만에 아기를 목욕시키다
三日洗兒

향산(香山) 백거이(白居易)[64]의 시에,

신혼방 문 위에 뽕나무 활을 걸어놓고	洞房門上掛桑弧[65]
향수 담긴 대야에 봉추(鳳雛)를 씻네	香水盆中浴鳳雛[66]
삼일백(三日魄)이 갓 생긴 듯 하더니	還似初生三日魄[67]
항아(嫦娥)의 보름달이 구슬 되었네	嫦娥滿月卽成珠[68]

---

62) 東齊記事, 范蜀公, 見二鶻擲卵, 相上下接之, 蓋習飛也, 其胎教之意乎.(『山堂肆考, 卷二百十二, 擲卵』)
*『山堂肆考』·『淵鑑類函』·『格致鏡原』 등에서 『東齊記事』를 출전으로 밝히고 있는 반면, 『松南雜識』에는 『東閣記』로 되어 있다. 『東齊記事』는 송나라 범진(范鎭)이 찬술한 책으로 총 6권.

63) 傳曰, 慈母怒子, 折蔆而笞之.(『韻府群玉, 蔆』)

64) 백거이(白居易): 당나라의 시인(772~846). 자는 낙천(樂天), 호는 향산거사(香山居士)·취음선생(醉吟先生). 일상적인 언어 구사와 풍자에 뛰어나며, 평이하고 유려한 시풍은 원진(元稹)과 함께 원백체(元白體)로 통칭된다.

65) 桑弧(상호): 뽕나무 활. 옛날에 남자아이가 태어날 때 그 아이가 자라서 다북쑥 화살처럼 천하 사방을 웅비하는 인물이 되라는 뜻에서 뽕나무로 활을 만들고 다북쑥으로 화살을 만들어 천지의 사방에 대고 쏜다. 뽕나무는 여러 나무 중의 근본이 되는 나무이고 다북쑥은 난을 막는 풀로 모두 질박한 물건들이다[國君世子生, 射人以桑弧蓬矢六, 射天地四方].(『예기(禮記), 내칙(內則)』)

66) 봉추(鳳雛): 봉황의 병아리라는 뜻으로 뛰어난 인물을 비유하는 말. 여기서는 장래 훌륭한 인물로 자라날 아기를 비유.

67) 삼일백(三日魄): 달이 완전히 사라진 뒤 3일 만에 희미한 빛이 생기는 것.

라고 하였다. 또 당 현종(玄宗)이 세아전(洗兒錢[69])을 하사하니 옛날에 삼일(三日)의 의식을 거행하는 의미이다.

쌍둥이 형제
雙生兄弟

『춘추공양전(春秋公羊傳)』에서 "옛사람들은 쌍둥이는 늦게 태어난 아이를 형으로 삼았다"라고 하였다.

『서경잡기(西京雜記)』[70]에서 말하였다.

> 곽광(霍光)[71]의 아내가 쌍둥이 아들을 낳자 "은(殷)나라 조갑(祖甲)은 묘시(卯時)생인 효(囂)와 사시(巳時)생인 량(良) 중에 효(囂)를 형으로 삼았으니 나도 먼저 태어난 아이를 형으로 삼아야겠다"[72]라고 하였다.

『전국책(戰國策)』[73]에 "쌍둥이는 비슷하게 생겨서 그 어머니만이 알

68) 『白香山詩集, 卷二十六, 崔侍御, 以孩子三日示其所生詩見示, 因以二絶和之』.

69) 양귀비(楊貴妃)가 안록산(安祿山)을 양자로 삼은 뒤 그의 생일에 현종(玄宗)과 양귀비가 의복·보물·술·반찬 등을 많이 하사했다. 삼일 뒤, 양귀비가 안록산을 궁으로 불러들여 비단으로 만든 큰 강보에 안록산을 싸고 채색한 수레에 그를 태웠다. 현종이 후궁의 웃음소리를 듣고 그 연유를 물어 보니 양귀비가 안록산에게 삼일세아의 의식을 치뤄주었다고 했다. 이에 현종이 양귀비에게 세아(洗兒)를 위한 금은을 하사였다.(『資治通鑑綱目』)

70) 서경잡기(西京雜記): 한나라 유흠이 지은 책.

71) 곽광(霍光): 전한(前漢)의 장군(?~B.C.68) 무제를 섬기다가 무제가 죽자 실권을 장악했다. 어린 소제를 보좌하여 대사마 대장군(大司馬大將軍)이 되었으며, 소제가 죽은 뒤 선제를 즉위시켜 20여 년 동안 권력을 누렸다.

72) 『西京雜記, 卷三』의 내용을 축약 인용.

73) 전국책(戰國策): 『국책(國策)』·『단장서(短長書)』라고도 한다. 한(漢)의 유향(劉向)이 선진(先秦)의 여러 나라가 기록한 전국 시대(戰國時代)의 일을 모으고 동주(東周)·서주(西周)·진(秦)·초(楚)·연(燕)·제(齊)·삼진(三晉)·송(宋)·위(衛)·중산십이국(中山十二國)으로 분류하여 저술했다. 사마천(司馬遷)이 『사기(史記)』를 저술할

아본다"[74]라고 하였다.

『풍속통(風俗通)』[75]에서 말하였다.

장백해(張伯偕)와 장중해(張仲偕)는 모습이 서로 비슷하였다. 장중해의 아내가 새로 화장을 마친 뒤 장백해를 보고 물었다.

"화장이 잘 되었나요?"

장백해가 대답하였다.

"저는 백해인걸요."

장중해의 아내가 달아나 피하였다. 잠시 후에 또 그를 보고 장중해로 생각하고 말하였다.

"아까는 크게 착각해서 아주버님을 당신인줄 알았어요."

장백해가 대답하였다.

"저는 정말 백해라니까요."

쌍둥이는 아내도 구별할 수 없다고 할 만하다.

우리나라의 재상을 지낸 민암(閔黯)·민점(閔點)은 쌍둥이로 생김새가 비슷하였다고 한다. 지금 한 태(胎) 안에 세 명의 아기 혹은 남자 아기 한 명과 여자 아기 한 명이 들어있기도 하니 기이하다.

때 많이 채용했다.

74) 夫孿子之相似**者**, 惟其母知之**而已**.(『戰國策, 卷八, 宣惠王』)→夫孿子之相似, 惟其母知之.(『松南雜識』)

75) 풍속통(風俗通):『풍속통의(風俗通義)』라고도 한다. 10권·부록 1권. 동한(東漢)의 응소(應劭)가 지었다. 응소의 자서(自序)에서 "풍속통의(風俗通義)라고 하는 것은 풍속의 잘못을 소통시켜서 일이 의리를 갖추게 한다는 말이다"라고 했다. 황패(皇霸)·정실(正失)·건례(愆禮)·과예(過譽)·십반(十反)·성음(聲音)·궁통(窮通)·사전(祀典)·괴신(怪神)·산택(山澤)으로 편이 구분되어있다. 성씨편(姓氏篇)은 유실되었다가 후에 부록으로 추가되었다.

양자

養子

『시경(詩經)』에서 "명령(螟蛉)의 새끼를 나나니벌이 업고 가서 기르지"[76]라고 하였다. 그런 까닭에 양자를 '명양(螟養)'이라고 하니 지금의 '계자(系子)'는 바로 옛날의 '입종(立宗)'이다.

『통전(通典)』[77]에서 말하였다.

촉한(蜀漢)의 제갈량(諸葛亮)은 아들이 없자 형 제갈근(諸葛瑾)의 아들 제갈교(諸葛喬)를 데려와서 양자로 삼았다. 제갈량이 아들 제갈첨(諸葛瞻)이 태어나서 제갈교를 적자(嫡子)로 삼았다. 제갈교가 죽고 난 뒤, 제갈각(諸葛恪)[78]이 죽임을 당하여 후사가 끊어지자 제갈량은 이미 후사가 있기에 제갈교의 아들인 제갈거(諸葛擧)를 보내어 도리어 대를 잇게 하고 제갈근을 제사지내게 하였다.[79]

또 진(晉)나라 하순(賀循)[80]은 사촌의 아들인 하굉(賀宏)을 데려와 양

76) 螟蛉有子, 蜾蠃負之.(『詩經, 小雅, 小宛』)
* 과라(蜾蠃)는 항상 명령(螟蛉)을 잡아다가 그 새끼를 먹이는 까닭으로 옛사람들은 과라가 명령을 양자로 들인다고 생각했다. 그래서 후세에 양자 들이는 것을 명령(螟蛉)이라고 했다.

77) 통전(通典) : 당나라 두우(杜佑)가 지었다. 식화(食貨)·선거(選擧)·직관(職官)·예(禮)·악(樂)·병형(兵刑)·주군(州郡)·변방팔문(邊防八門)으로 나누어져서 황(黃)·우(虞) 시대로부터 천보(天寶 : 742~756) 연간까지의 시대를 다루었다. 역대의 연혁이 모두 기재되어 상세하더라도 번다하지 않고, 간략하더라도 요점이 있다. 청 건륭(乾隆 : 1736~1795) 연간에 『속통전(續通典)』 140권을 관찬했다. 총 120권.

78) 제갈각(諸葛恪) : 제갈근의 아들. 오(吳)나라의 종실 손준(孫峻)에게 피살되었다.

79) 諸葛亮無子, 取兄瑾子喬爲子, **喬本字仲愼**, 及亮有子瞻, 以喬爲嫡, **故改字伯松, 不以有瞻而遺喬也, 蓋以兄弟之子猶己子也. 陳壽云, 喬卒之後**, 諸葛恪**被**誅絶嗣, 亮既**自**有後, 遣喬子**攀**, 還嗣瑾祀**明**.(『通典, 卷六十九, 禮, 二十九, 嘉, 十四, 養兄弟子爲後後自生子議』)→**漢**諸葛亮無子, 取兄瑾子喬爲子, 及亮有子瞻, 以喬爲嫡**矣**, 諸葛恪誅絶嗣, 亮既有後, 遣喬子**擧**, 還嗣瑾祀.(『松南雜識』)

80) 하순(賀循) : 진(晉)나라의 학자. 하소(賀邵)의 아들. 자는 언선(彦先). 글을 잘 짓고 여러 서적을 두루 읽었으며 특히 예학에 정통(精通)했다. 시호는 목(穆)이다.

자를 삼았는데 뒤늦게 아들을 낳게 되자 굉(宏)을 보내어 원래대로 돌아가게 하였다.[81]

호인(胡寅)[82]의 전(傳)에서 "문정공(文定公)[83]이 그 형의 아들 호인(胡寅)을 데려와 양자로 삼았는데 뒤에 두 아들 영(寧)·굉(宏)을 낳았지만 인(寅)을 후사로 삼았다"라고 하였다.

우리나라의 지천(遲川) 최명길(崔鳴吉)[84]이 양자로 대를 이은 후에 아들을 낳게 되자 문정공의 고사를 따라 양자를 장자로 삼기를 청하였다.

수양
收養

『장자(莊子)』에 "작은 벌은 곽촉(藿蠋)[85]을 부화할 수 없고, 월계(越鷄)[86]는 고니[鵠]의 알을 품을 수 없다"[87]라고 하였다. 그러나 옛날에 다

81) 賀循取從子紘爲子, **鞠養之恩, 皆如率循**, 後**有**晩生子, 遣紘歸本.(『通典, 卷六十九, 禮, 二十九, 嘉, 十四, 養兄弟子爲後後自生子議』) → **晉**賀循取從子紘爲子, 後晩生子, 遣紘歸本.(『松南雜識』)

82) 호인(胡寅) : 송나라의 문신·학자. 자 명중(明仲). 호 치당선생(致堂先生). 안국(安國)의 조카로 그의 양자가 되었다. 선화(宣和 : 1119~1125) 연간에 진사(進士)가 되었고 관직이 휘유각직학사(徽猷閣直學士)에 이르렀다. 시호는 문충(文忠)이다. 저서에 『논어상설(論語詳說)』·『독사관견(讀史管見)』·『비연집(斐然集)』이 있다.

83) 문정공(文定公) : 호안국(胡安國)의 시호. 송(宋)의 숭안(崇安) 출신. 자 강후(康侯). 소성(紹聖 : 1094~1098) 연간에 진사가 되어 태학박사(太學博士)에 발탁되었고, 고종(高宗) 때 중서사인(中書舍人)·시강(侍講)에 제수되었다. 평생 경학과 『춘추(春秋)』에 독실하게 뜻을 두어 『춘추전(春秋傳)』·『자치통감거요보유(資治通鑑擧要補遺)』·『상채어록(上蔡語錄)』 등의 저서를 남겼다.

84) 최명길(崔鳴吉) : 조선 중기의 문신(1586~1647). 자는 자겸(子謙), 호는 지천(遲川)·창랑(滄浪). 병자호란 때에 화평(和平)을 주장하고 항서(降書)를 써서 청나라에 항복했다. 성리학과 문장에 뛰어나고 글씨에도 일가를 이루었다. 저서에 『지천집』·『경서기의(經書記疑)』 등이 있다.

85) 곽촉(藿蠋) : 콩꼬투리 속에 사는 털이 있고 큰 곤충.

86) 월계(越鷄) : 닭의 일종으로 체구가 매우 작다.

른 성을 가진 아이를 거두어 길러 자신의 아들로 삼은 경우가 있다. 예를 들면 이극용(李克用)[88]이 막길렬(邈佶烈)[89]에 대한 경우나 후주(後周)의 곽위(郭威)[90]가 세종(世宗) 시영(柴榮)[91]에 대한 경우가 그러하다.

지금의 양자(養子)는 예조(禮曹)에 사(斜)를 제출한다. '사(斜)'라는 종이에 누구의 아들을 누구의 아들로 삼겠다는 내용을 비스듬히 써서 허위를 막는 것이니 대개 옛날의 맹서(盟書) 고축(告祝)의 법이다.

적자와 서자의 귀천
嫡庶貴賤

『외기(外紀)』에서 말하였다.

> 은(殷)나라 제을(帝乙)[92]의 첩이 미자(微子)[93]를 낳고 또 중연(仲衍)[94]

---

87) 奔蜂不能化藿蠋, 越鷄不能伏鵠卵.(『莊子, 庚桑楚』)

88) 이극용(李克用) : 오대(五代) 후당(後唐)의 시조. 그의 선조의 본래 성은 주야(朱邪). 세상에서 사타부(沙陀部)의 추장이라고 여겼다. 그의 조부인 집의(執宜)가 당(唐)에 항복하였고 아버지 적심(赤心)이 공을 세워 대동절도사(大同節度使)에 제수되어 비로소 이(李)라는 성을 하사 받았다.

89) 막길렬(邈佶烈) : 후당(後唐) 명종(明宗) 이사원(李嗣源)의 이름. 이극용(李克用)의 양자로 사원(嗣源)이라는 이름을 하사받아 장종(莊宗)을 이어 즉위했다.

90) 곽위(郭威) : 오대(五代) 후주(後周)의 개국 임금. 요산(堯山) 출신. 본성은 상(常). 어려서 어머니가 곽씨(郭氏)에게 시집을 가자 곽씨(郭氏)를 성으로 삼았다. 은제(隱帝)가 죽고 거란(契丹)의 침입이 있자 봉태후(奉太后)의 명을 받들어 거란을 막고 전주(澶州)에 이르러 스스로 즉위하여 황제가 되고 국호를 주(周)라 했다. 얼마 뒤 변읍(汴邑)으로 돌아와 재위 3년 만에 죽었다.

91) 시세종(柴世宗) : 후주(後周)의 세종(世宗)인 시영(柴榮). 용강(龍岡) 출신. 태조의 황후 시씨(柴氏)의 조카. 서사(書史)에 능통하고 치세에 재주가 있어서 태조 곽위(郭威)를 이어 즉위했다.

92) 제을(帝乙) : 은(殷)나라의 제27대 왕으로 태정(太丁)의 아들이다. 『죽서기년(竹書紀年)』에 재위 기간이 9년이며 주(紂)와 미자(微子)의 아버지라고 했다.

93) 미자(微子) : 은나라 주(紂)의 형. 미(微)는 국명이고 자(子)는 작호이며, 이름은 계(啓)이다. 주의 폭정에 대하여 여러 번 간언하였지만 들어주지 않자 나라를 떠났다.

을 낳았다. 얼마 뒤 첩이 왕후가 되어 신(辛)[95]을 낳았다. 제을과 왕후가 미자(微子)를 태자로 삼고자 하니 태사(太史)가 법에 근거하여 "처의 아들이 있는데 첩의 자식을 세울 수는 없습니다"라고 간쟁한 까닭에 주(紂)를 세웠다.

안정(安定) 지방에서는 외가가 없는 것을 가장 천시하였다. 그래서 왕부(王符)[96]가 『잠부론(潛夫論)』을 지었다.[97] 우리나라의 영남지역은 더욱 심하다고 한다. 대개 사람이 진실로 현명하다면 자식은 어머니 때문에 귀해지고 어머니는 자식 덕에 귀해진다. 지금 첩의 아들이 있는데도 친족에게서 후사를 찾는 것은 잘못이다.

지혜로운 사람은 성인을 낳고 어리석은 사람은 미치광이를 낳는다
彗聖癡狂

『월절서(越絶書)』[98]에서 "지혜로운 사람은 성인(聖人)을 낳고 어리석은 사람은 미치광이를 낳는다[慧種生聖, 癡種生狂]"라고 한 것은 일반적인 경우를 말한 것이다. 그러나 '고(瞽)·곤(鯤)'이 '순(舜)·우(禹)'에 대해서와 '요(堯)·순(舜)'이 '주(朱)·균(均)'에 대해서는 일반적인 경우와 다르다.

---

94) 중연(仲衍) : 고요(皐陶)의 아들인 백예(伯翳)의 후손. 새의 몸에 사람을 머리를 하고 있었다고 한다.

95) 신(辛) : 은(殷)나라 최후의 왕인 주(紂)왕. 제을(帝乙)의 아들. 이름은 신(辛) 또는 수(受)라고도 함. 제을(帝乙)이 죽자 즉위하였으나 포악하고 무도하여 비간(比干)의 간언을 듣지않다가 마침내 주(周) 무왕(武王)에게 멸망당했다.(『史記, 卷三』)

96) 왕부(王符) : 후한(後漢) 임경(臨涇) 출신. 자는 절신(節信). 어린 시절부터 학문을 좋아하고 지조가 있었다. 은거하며 『잠부론(潛夫論)』을 지었다.

97) 「인사류(人事類), 외가(外家)」 참조.

98) 월절서(越絶書) : 한(漢)나라 원강(袁康)이 편찬하고 오평(吳平)이 산정했다. 『수지(隋志)』에 자공(子貢)이 지은 것이라고 하는데 잘못된 것이다. 원본은 25편인데 지금 5편이 일실되었다. 그 사적은 오월춘추(吳越春秋)와 출입이 있지만 문장의 박오(博奧)함과 위려(偉麗)함은 그보다 낫다.

살펴보건대, 우리나라는 정순붕(鄭順朋)[99]이 북창(北窓) 정렴(鄭磏)에 대해서와, 심정(沈貞)[100]이 청천(聽天) 심수경(沈守慶)[101]에 대한 경우도 그러하다.

산기운과 못기운
山氣澤氣

지봉(芝峰) 이수광(李睟光)이 말하였다.

『담선(談選)』에 "산기운은 남자를 많이 낳게 하고, 못 기운은 여자를 많이 낳게 한다. 더운 기운에는 요절하는 사람이, 많고 찬 기운에는 장수하는 사람이 많다"[102]라고 하였다.

나는 "간(艮)은 산이니 소년이고, 태(兌)는 못이니 소녀이다. 더우면 기(氣)가 허하면서 흩어지는 까닭에 요절하고, 추우면 기가 강하면서 응결되는 까닭에 장수한다"라고 생각한다.

살펴보건대 옛말에 "산골짜기에는 장수하는 사람이 많다"라고 하였으니, 물욕에 접하지 않아서 정기(精氣)가 그때문에 온전한 듯하다.

---

99) 정순붕(鄭順朋) : 조선 중기의 문신(1484~1548). 자는 이령(耳齡), 호는 성재(省齋). 소윤(小尹)으로서 윤원형 등과 함께 을사사화를 일으켜 윤임을 비롯한 대윤(大尹)을 제거하는 데 앞장섰다. 임백령·정언각과 함께 을사삼간(乙巳三奸)이라 부른다.

100) 심정(沈貞) : 조선의 문신(1471~1531). 자는 정지(貞之), 호는 소요정(逍遙亭), 본관은 풍산(豊山), 시호는 문정(文貞). 중종반정에 참여하여 공을 세웠으며, 조광조 일파의 탄핵으로 파직되자 남곤·홍경주 등과 기묘사화를 일으켰다.

101) 심수경(沈守慶) : 조선의 문신(1516~1599). 자는 희안(希安), 호는 청천당(聽天堂). 저서에 『청천당시집(聽天堂詩集)』이 있다.

102) 山氣多男, 澤氣多女, 暑氣多夭, 寒氣多壽.(『淮南子, 卷四, 墬形訓』)

강한 사람 부드러운 사람
人剛人柔

『예기(禮記), 왕제(王制)』에서 "넓은 골짜기와 큰 시내는 제도를 달리하니 그 사이에 사는 백성들은 풍속이 다르며, 강유(剛柔)·경중(輕重)·지속(遲速)이 다르고 다섯 가지 맛에 대한 기호도 다르다"[103]라고 하였다.

『공자가어(孔子家語)』에서 "굳은 땅에 사는 사람은 강하고 약한 땅에 사는 사람은 부드럽다"[104]라고 하였다.

『회남자(淮南子)』에서 "토지는 각기 유형별로 사람을 낳는다. 맑은 물은 소리가 작고 흐린 물은 소리가 크다. 급한 물살의 시냇가 사람은 경박하고, 느린 물이 흐르는 곳의 사람은 진중하다"[105]라고 하였다.

『한서(漢書), 이역지(異域志)』에서 "서남이국(西南夷國)에 돌로 된 낙타(駱駝)가 있는데 그 배 아래에서 물이 나오니 그것을 마시면 사람의 몸이 희고 깨끗해진다"[106]라고 하였다.

『삼국지(三國志)』에, 남만(南蠻)에 오각계(烏脚溪)가 있는데 사람이 그곳을 건너면 다리가 검어진다는 기록이 있으니, 물도 또한 사람을 물들인다.

조착(晁錯)[107]이 "호맥(胡貊)[108] 지역의 사람은 추위를 잘 견디고 양월(揚粵)[109] 지역의 사람은 너위를 잘 견딘다"[110]라고 하였다.

---

103) 廣谷·大川, 異制. 民生其間者異俗, 剛柔·輕重·遲速, 異齊, 五味異和.(『禮記大全, 卷五, 王制』)

104) 堅土之人剛, 弱土之人柔.(『孔子家語, 卷六, 執轡, 第二十五』)

105) 土地各以類, 淸水音小, 濁水音大, 湍水人輕, 遲水人重.(『淮南子, 卷四, 墬形訓』)

106) 異域志, 西南夷國, **山上**有石駱駝, 腹下出水飮之, 令人身白**淨**.(『山堂肆考, 卷二百十八, 腹下出水』) → 異域志, 西南夷國, 有石駱駝, **其**腹下出水飮之, 令人身白.(『松南雜識』)

107) 조착(晁錯) : 조착(鼂錯). 한(漢)나라의 학자. 영천(潁川) 출신. 사람됨이 매우 정직했다. 문제 때, 태상장고(太常掌故)가 되어 칙명을 받들고 복생(伏生)에게서 상서를 전수받았다. 당시에 지낭(智囊)이라고 했다. 경제 때 어사대부가 되어 제후의 봉지를 깎아 오·초 등 일곱 나라가 반란을 일으킬 때 조착을 죽일 것을 명분으로 삼았다. 황제가 원앙(爰盎)의 말을 듣고 동쪽 저자에서 참수했다.

108) 호맥(胡貊) : 북적(北狄)을 말한다.

지금 산골짜기와 평야, 남쪽과 북쪽 사람들이 기질이 다르다는 말은 대개 여기에서 나왔으니 사람 또한 땅의 산물이다.

자식 많은 사람
多子

지봉(芝峰) 이수광(李睟光)이 말하였다.

주(周)나라의 문왕(文王)은 자식이 열 명이었고, 제(齊)나라의 전상(田常)[111]은 아들이 칠십여 명이었다. 한(漢)나라의 중산왕(中山王)은 일백이십 명, 명나라 고제(高帝)의 손자 경성왕(慶成王)은 일백 명, 토곡혼(吐谷渾)[112]은 육십 명, 두자미(杜子微)는 백 사십 명의 자식을 두었다.

동방에는 여자가 많다
東方多女

『주례(周禮)』에 "옹주(雍州)[113]에는 남자가 셋이면 여자가 둘, 양주(揚州)[114]에는 남자가 둘이면 여자가 다섯"[115]이라고 하였다.

---

109) 양오(揚奧) : 양주(揚州) 남월(南越)을 말한다.

110) 夫胡貊之**地** …… 其性**能**寒, 揚粵之**地** …… 性**能**暑.(『前漢書, 卷四十九, 爰盎晁錯傳, 第十九) → 夫胡貊之**人**, 其性**耐**寒, 揚粵之**人**, **其**性**耐**暑.(『資治通鑑, 卷十五, 漢紀, 七』) → 夫胡貊之**人**, 其性**耐**寒, 揚粵之**人**, **其**性**耐**暑.(『松南雜識』)

111) 전상(田常) : 춘추 시대 제인(齊人). 진환(陳桓). 한(漢) 효문제(孝文帝)를 기휘하여 환'桓'을 '常'으로 고쳤다.

112) 토곡혼(吐谷渾) : 원래는 사람이름이었는데 나중에 국호로 바뀌었다. 요동의 선비족(鮮卑族)이었는데 서진 때 추장이 무리를 이끌고 하수(河水)를 건너 귀의했다. 두 아들 가운데 맏이가 토곡혼(吐谷渾)이다.

113) 옹주(雍州) : 옛날 구주(九州)의 하나. 지금의 섬서성(陝西省) · 감숙성(甘肅省) 등지에 해당된다.

지봉(芝峰) 이수광(李睟光)이 "동방에는 여자가 많고 남자가 적다. 가장 동쪽에는 여인국(女人國)이 있다. 중국은 남자가 많고 여자가 적다. 북적(北狄) 또한 그렇다"라고 하였다.

『고려사(高麗史)』에서 말하였다.

원나라에서 빈번히 와서 여인을 취하고 국내혼을 금지시킨 일이 있다. 박유(朴褕)가 상소(上疏)하여 "사람마다 한 명의 처와 한 명의 첩을 두면 원나라에서 와서 여자들을 데려가지 못할 것입니다"라고 하였는데, 재상 중에 아내를 두려워하는 자가 있어서 의론이 실행되지 못하였다.

피를 적셔서 친부를 확인하다
滲血

양(梁)나라 역사에서 말하였다.

소종(蕭綜)[116]의 어머니는 동혼후(東昏侯)[117]의 궁인(宮人)이었는데 소종(蕭綜)을 잉태한 채로 무제(武帝)의 비가 되어 일곱 달만에 그를 출산하였다.[118] 소종(蕭綜)의 꿈에 어떤 사람이 머리를 들고 나타나

---

114) 양주(揚州) : 옛날 구주(九州)의 하나. 지금의 강소성(江蘇省) · 안휘성(安徽省) · 강서성(江西省) · 절강성(浙江省) · 복건성(福建省)에 해당된다.

115) 雍州三男二女, 揚州二男五女.(『周禮注疏, 卷三十三』)

116) 소종(蕭綜) : 양(梁)나라 사람. 『위서(魏書)』 · 『북사(北史)』에는 소찬(蕭贊)으로 되어 있다. 무제(武帝)의 둘째 아들이다. 자는 세겸(世謙). 재주와 학식이 있었고 문장을 잘 지었다. 보통(普通) 초에 다른 뜻을 품고 위(魏)나라로 달아나 시중태위(侍中太尉)가 되어 단양(丹陽)에 봉해졌다. 이름을 찬(纘)으로 고쳤다. 『梁書』 55권, 『南史』 53권, 『魏書』 59권 등에 보인다.

117) 「외국류(外國類), 사자국(獅子國)」 참조.

118) 『松南雜識』에는 '소종을 잉태한 지 일곱 달만에 무제의 비가 되었다[孕綜七月, 爲

말하였다.

"나는 너의 아버지다."

소종이 어머니에게 그 모습을 고하자 "그는 동혼후(東昏侯)이다"라고 하였다. 소종이 그말을 의심하여 동혼후의 무덤을 파고 자기의 둘째 아들을 죽여서 시험해 보니 피가 동혼후의 뼈에 스며들었다.119)

『신당서(新唐書)』에서 말하였다.

왕소현(王素玄)의 아버지가 반란군에게 죽었는데, 열 살 때 울면서 아버지의 시체를 찾아다녔다. 이때 백골들이 쌓여 있었는데 어떤 사람이 "자식의 피로 적셔서 스며드는 것이 아버지의 시신이다"라고 하였다. 이에 살을 찔러서 피를 내어 아버지의 시신을 찾았다.120)

지금의 합혈법(合血法)은 부자(父子)의 피를 그릇의 물에 떨어뜨리면 저절로 합쳐지니, 바로 그것이다.

칼을 맞추어 아버지를 찾다
合劒

『동사(東史)』에서 말하였다.

武帝妃]'고 되어 있으나 『남사(南史)』에 근거하여 바로 잡았다.

119)『南史, 卷五十三, 列傳, 第四十三, 梁武帝諸子』의 내용과 『松南雜識』의 내용은 차이가 있다. 『남사』에서는 소종이 머리를 들고 있는 사람의 꿈 이야기를 어머니에게 하자 그가 생부인 동혼후임을 일려 준 것으로 되어 있다. 또 『남사』에서는 먼저 자신의 피가 동혼후의 뼈에 스며드는지 실험해보고 그것으로도 모자라 갓난 둘째 아들을 죽여서 묻었다가 그 뼈를 파내서 자신의 피가 스며드는지 실험한 것으로 되어 있다.

120)『唐書, 卷一百九十五, 列傳, 第一百二十, 孝友』.

동명왕(東明王)이 부여(扶餘)에 있을 때 예씨(禮氏)에게 장가들어 임신을 시켰다. 왕이 떠난 뒤에 유리(類利)가 태어났다. 유리가 새총을 갖고 놀다가 잘못해서 물긷는 아낙의 물동이를 맞추자 아낙이 '아비 없는 자식'이라고 꾸짖었다. 돌아와서 어머니에게 아버지에 대하여 묻자 그의 어머니가 말하였다.

"너의 아버지가 남쪽으로 달아나실 때 '어떤 물건이 일곱 고개 일곱 골짜기의 돌 위, 소나무 아래에 있으니 그것을 찾으면 나의 아들이다'라고 하셨단다."

유리가 주춧돌을 보니 일곱 모서리가 있었다. '고개'니 '골짜기'니 하는 말은 모서리이고, '소나무 아래'라는 말은 기둥이었다. 부러진 검을 찾아내어 졸본(卒本)에 이르러 왕에게 나아갔더니 왕이 간직해 놓았던 칼과 맞았고 드디어 후사가 되었다. 모용초(慕容超)의 금칼 고사[121]와 유사하다.

머리에 물동이를 이고 열 말 쌀을 이다
頂盂戴斛

지봉(芝峰) 이수광(李睟光)이 말하였다.

중국은 부인들 또한 어깨에 짐을 지는데 우리나라는 머리에 인다. 그래서 동월(董越)[122]의 부(賦)에 "머리에 물동이를 이고도 손으로 붙

121) 진(晉)나라 의희(義熙) 원년 초에 남연(南燕)의 주비(主備)가 진(秦)나라 왕을 따라 정벌을 가면서 어머니 공손씨(公孫氏)에게 금칼을 주었다. 그 사이 그들이 살던 장액(張掖)의 태수 부창(符昌)이 그들 일가를 몰살하였는데 공손씨(公孫氏)와 형수 단씨(段氏)만 요행으로 살아 남았다. 단씨는 유복자인 모용초에게 금칼을 주고 숙부를 찾게 했다.

122) 동월(董越) : 명나라의 문신. 영도(寧都) 출신. 자는 상구(尙矩). 성화(成化 : 1465~1487) 연간에 진사(進士)가 되었고 남경(南京) 공부상서(工部尙書)를 지냈다. 시호는

잡지 않는 자가 있는가하면 쌀 열 말을 이고도 걷고 또 뛰는 사람이 있다"[123]라고 하니, 대개 그 기이함을 기록한 것이다.

지금 그릇장사들은 여자라도 등에 짊어지고 먼 길을 가고 상점의 일꾼들은 남자라도 머리에 이고 가서 물을 긷는 경우가 있는데 우리나라에서는 도리어 이상하게 생각하고 웃는다.

부자 · 군신

父子君臣

지봉(芝峰) 이수광(李睟光)이 말하였다.

왕세정(王世貞)[124]이 "부자(父子)의 관계는 욕정에서 생기는 것이고 군신(君臣)의 관계는 이익에서 생기는 것이다"[125]라고 하였다.

바로 옛 말에 "사람이 결혼과 벼슬을 하지 않으면 정욕(情慾)이 절반은 사라진다. 사람이 옷을 입고 음식을 먹지 않으면 군신(君臣)의 도(道)가 없어진다"[126]라고 한 것이다.

또 허균(許筠)[127]이 이른바 "마시고 먹는 것과 남녀의 관계는 본성이

문희(文僖). 저서로 『규봉문집(圭峯文集)』 · 『사동일록(使東日錄)』이 있다.

123) 有頂盂水而手不扶匡者, 有戴斛米而步亦趨蹌者.(『朝鮮賦』)

124) 왕세정(王世貞) : 명나라의 학자 · 문학가. 태창(太倉) 출신. 자는 원미(元美), 호는 봉주(鳳洲) · 엄주산인(弇州山人). 문학에 있어서 "산문은 반드시 서한을 따르고 시는 반드시 성당을 따라야 한다"고 주장하였으며 화려한 문장 수식에 힘쓰다가 만년에야 비로소 점차 평담(平淡)해졌다. 저서에 『엄산당별집(弇山堂別集)』 · 『고불고록(觚不觚錄)』 · 『엄주산인사부고(弇州山人四部稿)』 · 『왕씨서원(王氏書苑)』 등이 있다.

125) 父子生於欲者也, 君臣生於利者也.(『弇州四部稿, 卷一百三十九, 說部, 箚記, 內篇, 一百三十六條』)

126) 人不婚宦, 情欲失半, 人不**衣**食, 君臣道息.(『列子, 卷七, 楊朱, 第七』) → 人不婚宦, 情欲失半, 人不**飮**食, 君臣道息.(『松南雜識』)

127) 허균(許筠) : 조선 시대의 문신 · 소설가(1569~1618). 자는 단보(端甫), 호는 교산(蛟

고, 인의예지(仁義禮智)는 허위이다"라는 것이다. 이런 까닭에 "한번 '문인(文人)'이라고 불리면 취할 만한 것이 못된다"라는 말이 그런 의미이다. 어떻게 부자(父子)의 관계는 인(仁)에서 생기고 군신의 관계는 의(義)에서 생긴다고 말하지 않는가?

아버지와 남편 중에 누가 더 중요한가?

父夫

『춘추좌씨전(春秋左氏傳)』에서 옹희(雍姬)가 아버지 제중(祭仲)[128]을 위하자[129] '아버지와 남편 중에 누가 더 친한가' 하는 논란이 일었는데, 노포별(盧蒲嫳)의 경우[130]와는 다르다.

남명(南冥) 조식(曺植)[131]은 양쪽 모두 일을 고하고 스스로 잘 처신하여야 사족(士族)의 부녀라고 말할 수 있다고 하였으니 참으로 정론(正論)이다. 사조(謝朓)[132]의 처가 칼을 품은 일[133]은 취할 만한 가치가 없다.

山)·성소(惺所)·학산(鶴山)·백월거사(白月居士). 서자의 차별에 반대하였으며, 광해군의 폭정에 항거하기 위하여 서인을 규합하여 반란을 계획하다 발각되어 참형을 당했다. 우리나라 최초의 국문 소설인 『홍길동전』을 지었으며, 시문집으로 『성소부부고(惺所覆瓿藁)』 등이 있다.

128) 『松南雜識』에는 蔡仲으로 오기되어 있음.

129) 춘추 시대에 제중(祭仲)이 권력을 독점하자 정백(鄭伯)이 걱정거리로 여겨 그 사위인 옹규(雍糾)를 시켜 그를 살해하려고 했다. 이에 옹규의 처인 옹희(雍姬)가 그 사실을 알고 제중에게 알려 옹규를 죽였다.

130) 춘추 시대에 최저(崔杼)가 최성(崔成)을 폐위하고 최명(崔明)을 태자로 세우자 왕자 최성과 최강(崔疆)이 동곽언(東郭偃)과 당무구(棠無咎)를 최씨의 조정에서 살해했다. 그러자 경봉(慶封)이 노포별(盧蒲嫳)을 시켜 최씨를 공격하여 최성과 최강을 죽이고 그 식솔들을 포로로 잡았다. 이에 최씨의 아내이자 최성의 어머니인 동곽강(東郭姜)이 그를 목졸라 죽였다.

131) 조식(曺植): 조선 시대의 학자(1501~1572). 자는 건중(楗仲/健中), 호는 남명(南冥). 여러 차례 벼슬이 내려졌으나 성리학 연구와 후진 양성에만 전념했다. 저서에 『남명집』·『남명학기』·『파한잡기(破閑雜記)』가 있다.

132) 사조(謝朓): 남제(南齊) 양하(梁夏) 출신. 오언시에 뛰어났다. 글이 청려(淸麗)하다. 고종(高宗) 때 중서랑(中書郞)으로 나가서 선성태수(宣城太守)가 되었다. 저서에 『사

남편은 하늘
父天

반소(班昭)[134]가 말하였다.

남편은 하늘이다. 그런 까닭에 『여계(女誡)』[135]에서 "한 사람에게서 득의(得意)하면 이것은 길이 좋은 팔자라고 하고, 한 사람에게서 실의(失意)하면 이것은 영원히 끝장이다"라고 한 것이다.

『문선(文選)』의 "하늘로 여기는 대상[所天]"[136]의 주석에 "여자가 집에 있을 때는 아버지가 하늘이고 출가하면 남편이 하늘이다"[137]라고 하였다.

잔을 품어 증거로 삼다
懷盃作證

송(宋)나라 선화(宣和)[138] 연간에 사족(士族)의 여인들 중에 관등(觀燈)에 참가한 사람에게는 술 한 잔을 하사하였다. 어떤 부부가 함께 놀러 나왔다가 선전(宣傳)[139] 소리가 급하게 나자 남편은 앞으로 나가지 못하고

선성집(謝宣城集)』이 있다.

133) 사조가 장인인 남제의 왕 경칙(敬則)의 모반을 고변하였기에 그 딸이 남편을 찔러 죽이려고 늘 칼을 품고 다녔다고 한다.

134) 반소(班昭) : 동한 안릉(安陵) 출신. 자는 혜희(惠姬). 반고(班固)의 여동생. 조세숙(曹世叔)에게 시집갔으나 일찍 과부가 되었다. 박학하고 재주가 많았다. 화제(和帝)가 그녀를 궁으로 불러 황후 및 귀인의 스승으로 삼았다. 저서에 『여계칠편(女誡七篇)』이 있다.

135) 여계(女誡) : 반소(班昭)가 편찬. 비약(卑弱)·부부(夫婦)·경순(敬順)·부행(婦行)·전심(專心)·곡종(曲從)·화숙말(和叔妹)의 7편으로 구성되었으며, 주로 여자의 행실에 관해 서술했다. 1권.

136) 반안인(潘安仁)의 「과부부(寡婦賦)」 "少喪父母適人而所天又隕."

137) **婦人**在室則父天, 出則夫.(『文選』) → **女**在**家則**室則父天, 出**嫁**則夫**天**.(『松南雜識』)

138) 선화(宣和) : 1119~1125년.

그의 아내만이 하사한 술을 마셨는데 문득 그 잔을 품에 안고 사(詞) 한 곡조로 사례하였다.

> 돌아가면 어린애 같은 남편이 괴이하게 여길까 두려우니 歸來恐被兒夫怪
> 바라건대 금 술잔을 하사하여 증명하도록 해 주십시오 願賜金盃作證明

라고 하였으니, 또한 갑작스런 상황에서도 기민하게 대처한 것이다.

근래 횡성(橫城)의 어떤 부인이 나이는 많았지만 자색(姿色)이 있었다. 그녀는 소가 끄는 교자를 타고 어리고 어리석은 남편과 단둘이서 친정을 찾아갔다. 수십 리를 가다 보니 산골짜기가 깊고 길이 굽었는데 남편도 길을 잃고 혼자 집으로 돌아 가버렸다. 그래서 오직 소가 가는 대로 맡겨두었는데 날이 저물고 산이 어두워지자 소도 겁을 내며 산골짜기로 들어가니 그 옆에 작은 집이 있었다. 그 집의 주인과 여편네는 이웃의 부유한 한량에게 돈을 받고 그녀를 꾀어내 주고자 하였다. 한밤중에 한량은 문 밖에서 기다리고 주인집 여편네가 그녀에게 독한 술 마시기를 권하자 거짓으로 받아먹는 척 하면서 옷깃에 술을 부어버렸다. 그리고는 주인 늙은이의 여편네에게 술을 권하니 주인 늙은이의 여편네가 진짜로 마시고 취하여 쓰러져버리자 곧바로 불을 끄고 나왔다. 한량은 주인 늙은이의 여편네가 나갔다고 여기고 바로 방으로 들어가 음란한 짓을 하니 바로 주인 늙은이의 여편네였다. 갑작스런 지경에 일을 잘 처리하니 또한 '장계취계(將計就計)'[140]이다.

---

139) 선전(宣傳) : 백성에게 명령을 전하는 것.
140) 장계취계(將計就計) : 상대편의 계교를 미리 알아채고 그것을 역이용함. 또는 그 계교

스승과 제자
師生

『예기(禮記)』에 "물은 오색(五色)과는 무관하지만 오색(五色)은 물이 아니면 이루어질 수 없고, 스승은 오복(五服)[141]과는 무관하지만 오복(五服)은 스승이 아니면 어떤 경우에 입어야 할지를 알지 못한다"라고 하였다. 마치 독군모(督君謨)가 화살촉을 깨물어버린 마음이 있는 것과 같으니,[142] 어찌 윤공타(尹公佗)가 스승의 스승을 쏠 수 없어서 화살촉을 수레바퀴에 두드려 빼버리고 쏘아버린 의리[143]를 바라겠는가?

충신 포은 정몽주
圃隱忠臣

선조(宣祖)가 오리(梧里) 이원익(李元翼)[144]에게 "포은(圃隱) 정몽주(鄭夢周)[145]는 충신인가?"라고 묻자 이원익이 시로 아뢰었다.

---

141) 오복(五服) : 다섯 가지 등급의 상복. 참최(斬衰) 3년 · 제최(齊衰) 1년 · 대공(大功) 9월 · 소공(小功) 5월 · 시마(緦麻) 3월.

142) 수(隋)나라 말의 독군모(督君謨)는 활을 잘 쏘았는데 왕령지(王靈之)가 그에게 활쏘기를 배웠다. 왕령지는 스승의 기술을 다 배웠다고 여기고 화살을 쏘아 독군모를 죽이고 홀로 재주를 자랑하고자 했다. 그러나 독군모가 짧은 칼을 들고 날아오는 화살을 끊어버렸는데 오직 화살 한 대만은 입을 벌려서 받고는 그 살촉을 깨물고 "네가 활쏘기를 배운지 삼년이 되었지만, 너에게 설촉법(齧鏃法 : 고대 무술의 종류로 화살을 무는 방법)을 가르치지 않았다"라고 했다.

143) 『孟子, 離婁下』.

144) 이원익(李元翼) : 조선의 문신(1547~1634). 자는 공려(公勵), 본관은 전주(全州), 시호는 문충(文忠). 저서로 『오리집(梧里集)』·『속오리집(續梧里集)』·『오리일기(梧里日記)』가 있다.

145) 정몽주(鄭夢周) : 고려 말기의 충신 · 유학자(1337~1392). 초명은 몽란(夢蘭) · 몽룡(夢龍), 자는 달가(達可), 호는 포은(圃隱). 오부 학당과 향교를 세워 후진을 가르치고, 유학을 진흥하여 성리학의 기초를 닦았다. 명나라를 배척하고 원나라와 가깝게 지내자는 정책에 반대하고, 끝까지 고려를 받들었다. 문집에 『포은집』이 있다.

성스러운 주(周)나라가 백이(伯夷)의 청렴을 수용하니　　聖周容得伯夷清
서산(西山)에서 굶어죽을 지언정 칼날엔 죽지 않았네　　餓死西山不死兵
그 날 밤 선죽교(善竹橋) 머리에는　　善竹橋頭當日夕
정선생을 부축해 전송할 사람 없었네　　無人扶送鄭先生

세상에서 논하는 사람들이 정몽주를 원찬(袁粲)146)과 같다고 하고, 목은(牧隱) 이색(李穡)147)을 양표(楊彪)148)와 같다라고 하였다.

나는 생각건대, 원(元)나라 사람은 시에서,

위대한 원나라가 문천상149)을 죽이지 않았으니　　大元不殺文丞相
임금의 의리와 신하의 충성 둘 다 얻었다네　　君義臣忠兩得之150)

---

146) 원찬(袁粲) : 남조(南朝) 송(宋)나라의 충신. 양하(梁夏) 출신. 처음 이름은 민손(愍孫). 학문을 좋아하고 재주가 있었다. 일찍이 행실로 이름이 났다. 명제(明帝) 때 상서령(尚書令)을 역임했다. 저연(褚淵) 등과 고명(顧命)을 받았다. 순제(順帝)가 즉위하자 중서감(中書監)이 되었다. 제(齊) 고제(高帝)가 혁명을 도모하자 원찬(袁粲)이 묘당에서 그들을 공격할 것을 모의하였지만 비밀이 새나가서 원찬(袁粲) 부자가 석두(石頭)에서 살해당했다. 당시 사람들이 그들을 불쌍히 여겨 노래를 지어 불렀다.(『송서(宋書), 卷八十九』)

147) 이색(李穡) : 고려 말기의 문신·학자(1328~1396). 자는 영숙(穎叔), 호는 목은(牧隱). 원나라에 가서 과거에 급제하고, 귀국하여 우대언(右代言)과 내사성 등을 지냈다. 삼은(三隱)의 한 사람으로, 문하에 권근과 변계량 등을 배출하여 학문에 큰 발자취를 남겼다. 조선 개국 후 태조가 여러 번 불렀으나 절개를 지키고 나가지 않았다. 저서에 『목은시고(牧隱詩藁)』·『목은문고(牧隱文藁)』 등이 있다.

148) 양표(楊彪) : 후한의 충신. 자는 문선(文先). 헌제(獻帝) 때 태위(太尉)가 되었다. 당시 동탁(董卓)이 전권을 휘두르자 도읍을 옮겨 제후의 병력을 피하고자 했다. 그러나 양표(楊彪)가 간언했음에도 불구하고 동탁이 막아서 양표의 직위를 삭탈했다. 동탁이 죽자 태위(太尉)가 되었다. 곽범(郭氾)과 이각(李傕)의 난리에 힘을 다해 임금을 보호했다. 조조(曹操)가 그를 꺼려서 대역죄에 연루시키자 공융(孔融)이 힘써 구하여 마침내 사면을 받았다. 위(魏) 문제(文帝)가 즉위하여 태위(太尉)에 임명하고자 하였으나 굳게 거절하자 그에게 궤장을 하사하고 빈례(賓禮)로 대우했다. 황초(黃初) 연간에 죽었다.(『후한서(後漢書), 卷八十四』)

149) 문천상(文天祥) : 남송의 충신(1236~1282). 자는 송서(宋瑞)·이선(履善), 호는 문산(文山). 옥중에서 절개를 읊은 노래인 「정기가(正氣歌)」가 유명하다. 저서에 『문산집』이 있다.

150) 서세륭(徐世隆)의 「만문승상(挽文丞相)」.

라고 한 것과 같다.

농암(農巖) 김창협(金昌協)[151]은 「제강화남문(題江華南門)」 시에서,

남문의 자줏빛 기운 두우성(斗牛星)[152]에 뻗치고	紫氣南門亘斗牛
우리 가문의 승상(丞相) 큰 이름 남겼다네	吾家丞相大名留

라고 하였다. 충성하면 목숨을 다할 뿐이라고 할 수 있겠다.

충효
忠孝

『명사(明史)』에 이자성(李自成)[153]이 오삼계(吳三桂)[154]의 아버지 오양(吳襄)을 협박해서 편지를 써서 오삼계를 불러들이도록 하였다. 그가 답장하기를 "아버지가 이미 충신이 될 수 없으니 저 또한 어찌 효자가 될 수 있겠습니까?"라고 한 기록이 있다.

노가재(老稼齋) 김창업(金昌業)[155]이 "어떤 사람은 오삼계가 잘못하였

151) 김창협(金昌協) : 조선 중기의 학자·문신(1651~1708). 자는 중화(仲和), 호는 농암(農巖)·삼주(三洲). 숙종 8년(1682)에 문과에 급제하고 집의(執義)·대사성을 지냈으나, 아버지 김수항이 기사환국 때 사사되자 벼슬을 버리고 은거하며 성리학 연구에 몰두했다. 당대의 문장가이며 서예에도 능했다. 저서에 『농암집』·『사단칠정변(四端七情辨)』 등이 있다.

152) 두우성(斗牛星) : 이십팔수 가운데 두성과 우성을 아울러 이르는 말.

153) 이자성(李自成) : 명나라 말기 농민 반란의 지도자(1606~1645). 1631년 연수(延綏)의 기근을 기화로 봉기하여 반란군의 수령이 되었으며 서안(西安)을 점령하여 신순왕(新順王)이라 칭하고 대순국(大順國)을 세웠다. 1644년 명나라를 멸망시켰으나 오삼계 등이 이끄는 청나라 군사에 패했다.

154) 오삼계(吳三桂) : 명나라 말기에서 청나라 초기의 무장(1612~1678). 자는 장백(長白). 북경(北京)을 점령한 이자성을 청군의 원조로 토벌하였으며, 뒤에 운남(雲南) 지방을 근거지로 하여 삼번(三藩)의 난을 일으켰으나 실패했다.

155) 김창업(金昌業) : 조선 중기의 문인(1658~1721). 자는 대유(大有), 호는 노가재(老稼齋)·가재(稼齋). 형 김창집(金昌集)이 사은사로 청나라에 갈 때에, 그를 따라 연경에

다고 생각한다. 그렇지만 아버지를 버리고 기필코 관문을 깨뜨려 임금과 아버지의 원수를 갚았다. 갑작스런 상황에서 의롭게 처신하였으니 제대로 해냈다고 할 만하다"라고 하였다.

다녀와 기행문 「노가재연행일기」를 썼다. 저서에 『노가재집』이 있다.

8. 가취류(嫁娶類)

배우자 고르기
相攸

『시경(詩經), 한변(韓變)』에서,

한후(韓侯)의 부인 길씨(姞氏) 시집갈 곳을 고르니	韓姞相攸
즐거운 곳으로 한(韓)나라만 한 데 없구나	莫如韓樂

라고 하였는데 그 주석에서 "시집갈 만한 곳을 고르는 것이다"라고 하였는데 이런 까닭에 지금 배필을 고르는 일을 '상유(相攸)'라고 한다.

『세설신어(世說新語)』[1]에서 말하였다.

---

1) 세설신어(世說新語) : 삼 권. 남조(南朝) 송(宋)의 유의경(劉義慶)이 편찬하고, 양(梁)의 유효표(劉孝標)가 주(注)를 했다. 덕행(德行) · 언어(言語) · 정사(政事) · 문학(文學) · 방정(方正) · 아량(雅量) · 식감(識鑑) 등 삼십 팔 부분으로 나누어져서 동한(東漢)에서 동진(東晋)까지의 자질구레한 이야기들을 기록하고 있다.

제갈회(諸葛恢)[2]가 "양등(羊鄧)이 세혼(世婚)을 하니 강가(江家)인 내가 너를 돌아보고 유가(庾家)인 네가 나를 돌아본다"[3]라고 하였다.

이는 바로 지금 세상에서 현명한지 아닌지를 선택의 기준으로 하지 않고 오직 부(富)와 권세를 돌아보는 것에 대한 말이다.

호안정(胡安定)[4]이 "딸을 시집 보낼 때는 모름지기 자신의 집보다 나은 상대를 골라야 하고 며느리를 맞이할 때는 모름지기 자기 집만 못한 상대를 골라야 한다"[5]라고 하니, 여자가 부도(婦道)를 지키는 것이 견고하리라.

지금 사대부의 집에서는 이 방법을 쓰지 않고[6] 며느리를 맞아들일 때 부유하고 권세 있는 집을 찾는 까닭에 사람들의 기국(器局)과 예법이 이로 말미암아 쇠퇴해졌다. 며느리 중에는 상아래 엎드리는 반시(班始) 같은 사람은 있어도[7] 거안제미(擧案齊眉)[8]하는 맹광(孟光)[9] 같은 사람은

---

2) 제갈회(諸葛恢) : 진(晉)나라 양도(陽道) 출신. 자는 도명(道明), 시호는 경(敬). 순려(荀閭)·채모(蔡謨)와 동년이어서 사람들이 중흥 삼명(中興三明)이라 일컫는다. 왕도(王導)·유량(庾亮)과 이름을 나란히 했다. 성제(成帝) 때, 벼슬이 시중(侍中)에 이르렀다.

3) 諸葛恢**大女, 適太尉庾亮兒, 次女適徐州刺史羊忱兒. 亮子被蘇峻害, 改適江虨. 恢兒娶鄧攸女. 于時謝尙書求其小女婚, 恢乃云**, 羊鄧是世婚, 江家我顧伊, 庾家伊顧我, **不能復與謝裒兒婚. 及恢亡, 遂婚. 於是王右軍往謝家看新婦, 猶有恢之遺法**.(『世說新語, 方正』)→諸葛恢曰, 羊鄧是世婚, 江家我顧伊, 庾家伊顧我.(『松南雜識』)

4) 호안정(胡安定) : 송나라 해릉(海陵) 출신. 본명은 호원(胡瑗)으로 안정선생(安定先生)이라고 불려졌다. 자는 익지(翼之). 경술에 널리 통했다. 저서로 『주역구의(周易口義)』·『홍범구의(洪範口義)』 등이 있다.

5) 嫁女必須勝吾家**者**, 娶婦必須不若吾家**者**.(『宋名臣言行錄, 前集, 卷十』)→嫁女必須勝吾家, 娶婦必須不若吾家.(『松南雜識』)

6) 『松南雜識』에는 '用'자 앞에 '不'자가 결락되어 있음.

7) 후한의 반시(班始)가 청하(淸河) 효왕(孝王)의 딸이며 순제(順帝)의 고모인 음성공주(陰城公主)와 혼인을 하였는데 공주는 교만하고 음란하였기에 폐인(嬖人)과 장막 속에 있으면서 반시를 불러 상 아래에 엎드려 있게 했다. 격분한 반시는 마침내 음성공주를 살해했다. 이 사실을 안 황제는 크게 노하여 반시와 일가를 요참형(腰斬刑)에 처했다.

8) 거안제미(擧案齊眉) : 밥상을 눈썹과 가지런하도록 공손히 들어 남편 앞에 가지고 간다는 뜻으로, 남편을 깍듯이 공경함을 이르는 말.

9) 맹광(孟光) : 후한인(後漢人). 양홍(梁鴻)의 부인. 자는 덕요(德耀). 생김새는 살찌고 못생겼지만 양홍을 공경하고 사모하여 식사를 올릴 때마다 거안제미(擧案齊眉)했다.

없다. 아이를 낳게 되면 매양 시아버지처럼 혹독한 무기(無忌)는 적고 고깃근을 다는 진휼(晉遹)은 많다.

『정자유서(程子遺書)』에 "세상 사람들이 사위 고르기는 신중히 하면서 며느리 고르기는 소홀히 하는데 사실 사위는 알기 쉽지만 며느리는 알기가 어렵다. 며느리는 관계되는 일이 매우 중요하니 어찌 며느리 고르기를 소홀히 할 수 있겠는가?"[10]라고 하였다.

궁합
宮合

『천기대요(天機大要)』에 "한(漢)나라 때부터 흉노(匈奴)가 구혼하는 것을 싫어했지만 사양하여 물리칠 수 없었는데 당나라 때 이르기까지 이러한 폐단이 여전히 존재하였다. 여재공(呂才公)[11]이 궁합법(宮合法)을 만들어 썼고 또 폐개년법(閉開年法)을 만들었다. 그것을 천자에게 바쳐서 천하에 반포하여 외국의 구혼을 거절하는데 사용하였으니 그것이 허구적임은 이것으로 증명할 수 있다"라고 하였다.

세상에 전하는 말에 "청나라 사람이 우리나라와 혼인을 하고자 하니 마치 몽고와 고려의 고사와 같다. 우리나라에서는 궁합이 불길하다고 하여 거절한다고 하니 대개 중국이 궁합(宮合)을 보기 때문이다"라고 한다. 또 원진살(怨嗔殺)은 "쥐[鼠]는 양(羊)의 머리에 난 뿔을 미워하고, 소[牛]는 말[馬]이 밭 갈지 않는 것을 미워하고, 호랑이[虎]는 닭[鷄] 부리가 짧은 것을 미워하고, 토끼[兎]는 원숭이[猴]가 얌전하지 못한 것을 미워

---

10) 世人, **多愼**於擇壻, 而忽於擇婦, 其實, 壻易見, 婦難知, 所繫甚重, 豈可忽哉.(『二程遺書, 卷一, 端伯傳師說』)→世人, **謹**於擇壻, 而忽於擇婦, 其實, 壻易見, 婦難知, 所繫甚重, 豈可忽哉.(『松南雜識』)

11) 여재(呂才) : 당나라 청평(淸平) 출신. 음률(音律)에 뛰어나서 황명을 받들어 음양가(陰陽家)의 서적을 산정했다. 또한 방역도(方域圖) 및 교비기전진도(教飛騎戰陣圖)를 만들었다. 벼슬은 태상승(太常丞)에 이르렀다.

하고, 용(龍)은 돼지[猪]의 낯짝이 검은 것을 미워하며, 뱀[蛇]은 개[犬] 짖는 소리에 놀란다"[12]라는 것이다.

나라의 혼인은 임금이 직접 보고 결정하다
國婚親閱

반계(磻溪) 유형원(柳馨遠)이 말하였다.

이것은 본래 우리나라의 풍속이 아니다. 조선의 태종(太宗)이 이속(李續)의 아들을 부마(駙馬)로 삼으려고 장님중매쟁이[瞽媒] 지화(池和)를 시켜 가서 물어보게 하였는데 이속이 달갑게 여기지 않았다. 태종이 노하여 이속의 가산을 적몰하고 사대부의 자녀들을 대궐 뜰에 모아 들여서 직접 보고 결정하였으니 간택(簡擇)의 시초이다.

삼가
三加

『예기(禮記)·관의(冠義)』의 "관을 세 번 갈아 씌우니 더욱 존귀하구나[三加彌尊]"의 주석에 "사(士)가 처음에 치포관(緇布冠)을 쓰는 것은 근본을 잊지 않음이다. 두 번째로 피변(皮弁)을 쓰고 조복(朝服)을 입으며 세 번째는 작변(爵弁)을 쓰고 제복(祭服)을 입는다. 제후(諸侯)는 네 번 관을 갈아 씌운다[四加]"라고 하였다. 지금 관례(冠禮)를 '삼가(三加)'[13]라고 하

---

12) 鼠는 쥐띠[子], 羊은 양띠[未], 牛는 소띠[丑], 馬는 말띠[午], 虎는 범띠[寅], 鷄는 닭띠[酉], 兎는 토끼띠[卯], 猴는 원숭이띠[申], 龍은 용띠[辰], 猪는 돼지띠[亥], 蛇는 뱀띠[巳], 犬는 개띠[戌]를 나타낸다.

13) 삼가(三加) : 관례(冠禮) 때 세 번 관(冠)을 갈아 씌우던 의식.

는 말이 이것이다.

『공자가어(孔子家語)』에서 말하였다.

주공(周公)이 축옹(祝雍)에게 명하여 지은 송(頌)에 "좋은 달 길한 날 왕이 처음으로 갓을 쓰니 왕의 어린 시절 마음을 버리고 왕의 직책을 마음에 두소서. 하늘을 공경하고 따르며 온 세상이 법이 됩니다. 그대의 조상들을 따라 길이길이 끝이 없을 것입니다."[14]

또 『의례문해(疑禮問解)』에 "복건(幅巾)이 없으면 정관(程冠)을 초가(初加)로 삼고, 삿갓을 재가(再加)로 삼고, 유건(儒巾)을 삼가(三加)로 삼으니, 지금 사가(士家)의 관례(冠禮) 의식이다"라고 하였다.

요란한 장식
鬧裝[15]

설전(薛田)[16]의 시에,

아홉 가지 머리 꾸미개로 미인의 트래머리 만들고	九苞綰就佳人髻
세 가지 요란한 장식으로 자제의 말안장깔개 만든다	三鬧裝成子弟韉

라고 하였다.

---

14) 令月吉日, **王**始加元服, 去王幼志, **心**袞職, 欽若昊**天**, 六合是式, 率爾祖考, 永永無極.(『家語, 卷八, 冠頌, 第三十三』) → 令月吉日, 始加元服, 去王幼志, **始服**袞職, 欽若昊**命**, 六合是式, 率爾祖考, 永永無極.(『松南雜識』)

15) 요장(鬧裝) : 곱게 장식한 안장·고삐 혹은 곱게 단장한 옷과 허리띠.

16) 설전(薛田) : 송나라 하동(河東) 출신. 자는 희직(希稷). 어려서 중방(仲放)을 스승 삼았다. 진사(進士)가 되어 집안을 일으키고 여러 관직을 거쳐 우간의대부(右諫議大夫)가 되었다. 성품이 온화하고 중후하여 여러 대신의 칭송을 받았다.

지금 서울에 요란하게 장식한 허리띠[鬧裝帶]가 있는데 여러 보물을 섞어서 엮어 만드는 까닭에 '요란한 장식[鬧裝]'이라고 한다. 지금의 칠보(七寶)·단장(丹粧)이 이것이다.

당시(唐詩)에서,

도리어 검은 머리채를 빗질하고 궁중 화장술을 배우네　還梳鬧掃學宮粧

라고 하였는데, 그 주석에서 "요소(鬧掃)는 반아(盤鴉)[17]·타마(墮馬)[18] 등과 같다"라고 하였다.

고시(古詩)에,

동쪽 집의 부인은 머리가 땅까지 닿건만　東家婦人髮委地
가채머리 미인이 도리어 총애를 받네　假髻美人還承寵

라고 하였다. 또 머리꾸미개를 하지 않은 가채머리를 '특계(特髻)'[19]라고 한다.

옷깃

幗子

『의례문해(疑禮問解)』에 "이마에 두르는 수건을 첩자(幗子)라고 한다"

---

17) 반아(盤鴉): 부인의 머리채를 말한다. 『삼몽기(三夢記)』에 "唐末宮髻, 號鬧掃裝, 形如焱風散髮, 蓋盤鴉墮馬之類"라는 기록이 있다.

18) 타마(墮馬): 타마계(墮馬髻)라고도 한다. 부인의 머리채를 말하는데 그것이 측면의 한쪽 방향으로 쏠려 있는 것을 말한다. 『후한서(後漢書), 양익전(梁翼傳)』에 "愁眉·啼妝·墮馬髻·折腰步·齲齒笑·以爲媚惑"이라는 기록이 있다.

19) 특계(特髻): 머리를 묶는 방법의 하나. 『사물기원(事物起源), 관면수식부(冠冕首飾部), 특계(特髻)』에 "燧人始爲髻, 至周王后首服爲副篇, 鄭云, 三輔謂之假髻, 今特髻其遺事也"라는 기록이 있다.

라고 하였다.

작·반
的姅

양신(楊愼)[20]이 "的의 음은 '작(灼)'이니 부인이 점으로 이마를 장식하는 것이다"라고 하였다.

『사기(史記), 오종세가(五宗世家)』의 '정희(程姬)'에 관한 주석에 "단사(丹沙)로 얼굴을 물들이는 것이다. 부인이 월경(月經)을 하면 임금을 모시기가 어렵고 스스로 말하기 어려운 까닭에 붉은 색으로 점을 찍어서 나타냈다"라고 하였다.

『설문해자(說文解字)』에 "반(姅)은 부인의 월경이다"라고 하였다.

『한율(漢律)』에 "반(姅)은 여자 몸 상태가 변하여 사군(祠君)[21]을 모시지 못하는 것이다"라고 하였다.

『금릉시어(金陵市語)』에서 "월경(月經)하는 여자를 '홍관인(紅官人)'이라 부른다"라고 한 말이 이것이다.

왕건(王建)의 궁사(宮詞)에,

은밀히 임금께 월경한다고 아뢰고	密奏君王知入月
사람들 불러 짝지어 치마 세탁하네	喚人相伴洗裙裾[22]

라고 하였다.

---

20) 양신(楊愼) : 명나라의 학자. 신도(新都) 출신. 자는 용수(用脩), 호는 승암(升菴). 저서에 『단궁총훈(檀弓叢訓)』·『기자운(奇字韻)』·『고음병자(古音駢字)』·『전주고음략(轉注古音略)』·『육서색은(六書索隱)』·『고금언(古今諺)』·『고금풍요(古今風謠)』·『승암집(升菴集)』 외 다수가 있다.

21) 사군(祠君) : 왕위를 이은 임금. 사왕(嗣王).

22) 『松南雜識』에는 "暗呼宮伴洗裙裾"로 되어 있다.

살펴보건대 월(月)은 곧 한(漢)・당(唐)때 부인들의 '월사(月事)'라는 말로 사용되었다. 아마도 『춘추좌씨전(春秋左氏傳)』에 이른바 "하희(夏姬)와 정을 통하고 그녀의 속옷[衵服]을 품고 조정에서 희롱하였다"[23]인 듯하다.

홍정

紅定

고시(古詩)에,

붉은 실 묶인 술항아리를 사네　　買紅纒酒缸[24]

라고 하였으니, 대개 정혼점(定婚店[25])의 월하노인(月下老人)[26]이 붉은 실로 남녀를 매어준 까닭에 지금 합근(合巹)[27]할 때 푸른 색과 붉은 색의 실로 묶은 잔을 '합환주(合歡酒)'라고 한다.

또 회혼례(回婚禮[28])를 '회근연(回巹宴)'이라고도 하니, 합근(合巹)을 해서 술잔을 올리는 예(禮)이다.

또 『삼국지(三國志)』에 "손권(孫權[29])이 아들을 장가들이려고 관우(關

23) 『춘추좌씨전(春秋左氏傳), 선공(宣公) 9년』 "陳靈公與孔寧・儀行父通于夏姬, 皆衷其衵服, 以戲于朝."

24) 黃庭堅의 「子瞻詩句妙一世, 乃云效庭堅體, 蓋退之戲效孟郊, 樊宗師之比以文滑稽耳. 恐後生不解故以韻, 道之」.

25) 정혼점(定婚店) : 당나라의 위고(韋固)가 월로(月老)를 만나 정혼처를 지시 받았다는 곳으로 송성(宋城)에 있다.

26) 월하노인(月下老人) : 혼인을 맺어주는 신으로 월하노(月下老)라고도 한다.

27) 합근(合巹) : 잔을 합한다는 뜻. 이것은 부부가 몸을 합친다는 뜻으로 혼례로 부부가 됨을 뜻한다. 『儀禮, 士昏禮』 "四爵合巹", 『家禮集解』 "合巹有合體之義."

28) 회혼례(回婚禮) : 부부가 혼인하여 함께 맞이하는 예순 돌을 기념하는 잔치.

29) 손권(孫權) : 삼국 시대 오나라의 초대 황제(182～252). 자는 중모(仲謀). 손견(孫堅)의 아들로 유비와 더불어 조조를 적벽에서 무찌르고 위와 제휴하여 제위에 올랐다. 연호를 황룡(黃龍)이라 하고, 도읍을 건업(建業)으로 옮겨서 중국 남방 장쑤(江蘇) 일대를 다스렸다. 재위 기간은 222～252년.

羽)[30]의 딸을 찾았고 원술(袁術)이 아들을 장가들이려고 여포(呂布)[31]의 딸을 찾았다"라고 하니 지금 며느리를 맞는 것을 '색부(索婦)'라고 한다.

두 장을 붙여 만든 사슴가죽을 예물로 하다
儷皮爲禮

역사에서 "옛날에는 베와 비단이 없어서 새털과 짐승가죽으로 옷을 해 입었기 때문에 복희씨(伏羲氏)가 두 장의 사슴가죽(儷皮)을 예물로 삼았다"[32]라고 하였다. 지금 국가와 사대부(士大夫) 가운데 예를 좋아하는 자들이 이것을 행한다.

『춘추좌씨전(春秋左氏傳)』에 "여자는 개암나무 · 밤 · 대추 · 씨 있는 과일을 예물로 한다"[33]의 주석에 "개암나무는 정성을 의미하고, 밤은 두려워함을 의미한다. 대추는 '일찍'을 의미하니 일찍 일어나서 일을 본다는 뜻이다. 또한 과일 중에 씨가 있는 것이 수(修)이니 스스로를 닦는다는 의미이다"[34]라고 하였다. 지금 말린 꿩고기[35]는 굳은 절개의 의미를 취한 것이라고 한다.

---

30) 관우(關羽) : 중국 삼국 시대 촉한의 무장(?~219). 자는 운장(雲長). 장비 · 유비와 의형제를 맺고 적벽전에서 조조의 군대를 격파하는 등 많은 공을 세웠다. 뒤에 위나라와 오나라의 동맹군에게 패한 뒤 살해되었다.

31) 여포(呂布) : 후한 말기의 무장(?~198). 자는 봉선(奉先). 처음에는 병주자사(幷州刺史) 정원(丁原)의 수하에 있다가 그를 죽이고 동탁(董卓)에게 귀순하였으나 나중에는 동탁마저 죽였다. 후에 원술(袁術)과 결탁하여 유비를 공격하려 하였으나, 오히려 조조에게 붙잡혀 살해당했다.

32) **始制嫁娶以**儷皮爲禮.(『史記, 三皇記』) → **伏羲氏制**儷皮爲禮.(『松南雜識』)

33) 女贄**不過**榛栗棗修, **以告虔也**.(『春秋左氏傳, 莊公, 二十四年』) → 女贄榛栗棗修.(『松南雜識』)

34) 曲禮曰, 婦人之贄, 椇榛脯修棗栗, 先儒以爲栗取其戰慄, 棗取其早起, 修取其自修, 惟榛無說, 蓋以榛聲近虔, 取其虔於事也.(『春秋左氏傳, 莊公, 二十四年』) → 榛虔也, 栗戰栗也, 棗早也, 言早起視事. 又果之有核者修, 自修也.(『松南雜識』)

35) 신부가 시부모를 처음 뵐 때 올리는 폐백의 하나. 건치(乾雉).

당나라 역사에 "남만(南蠻) 가라국(歌羅國)은 그 풍속이 시집이나 장가 가는 사람이 빈랑(檳榔)[36]를 예물로 바치는데 많을 경우는 삼백 쟁반이나 된다"[37]라고 하였다.

납치
納徵

『의례(儀禮), 사혼례(士昏禮)』의 주석에 "徵은 '이룸'이다. 사신을 온 자가 폐백을 바쳐 혼례를 이룬다"[38]라고 하였다. '徵'의 음은 '증'이다.

『예기(禮記)』의 문명(問名)·청기(請期)·납치(納徵)·납폐(納幣)·납채(納采)·친영(親迎)이 육례(六禮)인데[39] 徵의 음은 '치'이다. 현훈(玄纁)[40]을 쓰고 기러기 고기를 쓰지 않는다.

나는 '치(徵)'가 하늘에서 말을 맡는 별의 이름이라고 들었다. 지금 세상에서는 납폐(納幣)를 '납치(納徵)'라고 말하기도 한다. 그래서 국혼(國婚)을 할 때 먼저 흰말 한 필을 부원군(府院君)의 집에 내려보내니 '납치(納徵)'라고 한다. 지금 사람들이 얼굴이 희고 용모가 수려한 남자를 '부원군 댁 가례마(嘉禮馬)'라고 하는 말이 이것이다. 반드시 흰말을 쓰는 이유는 고려 충렬왕(忠烈王)이 백마 여든 필(匹)로 원나라에 장가를 든 것에서 시작하였다. 지금 신랑이 타는 말로 흰 색을 귀하게 여기니 이러한 까닭에서이다. 또 예(禮)에 "또 석 달이 되면 타고 왔던 말을 돌려보내고

---

36) 빈랑(檳榔) : 야자과에 속하며 아시아 열대 지방에서 산출되는 상록교목(常綠喬木)이다. 과일은 알 모양으로 생겼는데 식용 혹은 한약재로 쓰인다.

37) 唐南蠻歌羅**國**, 其俗, 嫁娶**者**, 納檳榔, 多至三百盤.(『山堂肆考, 卷一百五十三, 典禮』) → 唐**史**南蠻歌羅, 其俗, 嫁娶納檳榔, 多至二百盤.(『松南雜識』)

38) 徵, 成也. 使使者, 納幣以成昏禮.(『儀禮, 士昏禮』)

39) 『예기(禮記), 혼의(昏義)』에 "昏禮者, 將合二姓之好, 上以事宗廟, 而下以繼後世也, 故君子重之. 是以昏禮納采·問名·納吉·納徵·納徵·請期, 皆主人筵几于廟, 而拜迎于文外, 入揖讓而升, 聽命于廟, 所以敬愼重正昏禮也"라는 내용이 있다.

40) 현훈(玄纁) : 흑색과 옅은 홍색의 베와 비단.

사당에 알현한다"라는 글이 있다.

『거가필용(居家必用)』에 "납채(納采)는 그 채택한 것을 받아들이는 예로 지금의 이른바 '언정(言定)'[41]이다"라고 하였다.[42]

납폐선행

納幣先行

『예기(禮記), 잡기(雜記)』의 "혼례의 납폐(納幣)는 한 묶음을 사용한다[納幣一束]"의 주석에 "속(束)은 양단(兩端)이다"라고 하니, 지금의 '납채(納采)의 양단(兩端)'[43]은 여기에서 유래하였다.

『예기(禮記), 빙례(聘禮)』에 "기일(期日) 저녁에 예물을 늘어놓는다[及期夕幣]"의 주석에 "빙문(聘問)하러 떠나기 전날 저녁에 예물을 늘어놓고 살펴본다[先行之日夕, 陳幣而視之]"[44]라고 하였다.

지금은 연길(涓吉)[45]에 이것을 쓴다.

동심결

同心結[46]

대개 월하노인(月下老人)이 실을 묶어주는 일에서 채용하였다. 『수사(隋

41) 『松南雜識』에는 '言'이 결락되어 있음.

42) 『주자가례(朱子家禮), 혼례(婚禮)』에 "納其采擇之禮, 卽今世俗所謂言定也"라는 내용이 있다.

43) 양단(兩端) : 혼인 때 쓰는 붉은빛 채단과 푸른빛 채단의 두 끝.

44) 聘禮, 君與卿圖事, 遂命使者, 使者再拜稽首, 辭. 君不許, 乃退. 旣圖事, 戒上介, 亦如之. 宰命司馬戒衆介, 衆介皆逆命, 不辭. 宰書幣, 命宰夫官具. 及期夕幣.(『儀禮, 聘禮, 第八』)

45) 연길(涓吉) : 길일(吉日)을 택하는 것.

46) 동심결(同心結) : 옛날에 비단띠를 묶어 두른 뒤 돌아가면서 글을 쓴 장식품으로 대개 서로 사랑하는 글을 많이 썼기에 그것을 아름답게 여겨 '동심결(同心結)'이라고 했다.

史)』에 '금상자 속의 동심결'[47]이라 하니 그 일이 또한 월하노인 이전에도 있었던 듯하다.

전안
奠雁

『시경(詩經)』의 "해 떠올라 아침이 될 때"[48]라고 하였는데 그 주석에서 "운서(韻書)에 '기러기가 신의 있고 조화로이 지내며 다시 짝짓지 아니하고 음양에 따라 왕래하는 신표로서의 의미를 취하였다"라고 하였으니, 『춘추좌씨전(春秋左氏傳)』에 이른바 "남자의 폐백으로는 신분이 높은 자[49]는 옥과 비단을 쓰고 신분이 낮은 자[50]는 새나 짐승을 쓴다"[51]이다. 그런 까닭에 기러기를 바치니 또한 대부(大夫)가 기러기를 예물로 사용하는 의미를 취한 것과 같다.

소뢰
少牢[52]

우리나라에서는 의례적으로 암탉과 수탉에 대추와 밤을 물려 상의 좌우에 세워두니 이것을 '독좌상(獨坐床)'이라 한다. 오직 노성(魯城) 윤황(尹

---

47) **合中有**同心結.(『隋史, 宣華夫人陳氏傳』) → **金盒**同心結.(『松南雜識』)
48) 旭日始旦.(『詩經, 邶風, 匏有苦葉』)
*『松南雜識』에서는 조선 태조의 휘인 '旦'을 피하여 '旭日始朝'로 썼다.
49) 공후백자남(公侯伯子男)은 옥을 제후 세자와 부용국 고경(孤卿)은 비단을 예물로 사용한다.
50) 경(卿)은 염소를, 대부는 기러기를, 사(士)는 꿩을 사용한다.
51) **御孫曰**, 男贄, **大者**玉帛, **小者**禽**獸**, **以章物也**.(『春秋左氏傳, 莊公, 二十四年』) → 男贄玉帛禽**鳥**.(『松南雜識』)
52) 소뢰(少牢) : 양과 돼지의 두 종류의 희생을 말한다. "政目錄云, 諸侯之卿大夫, 祭其祖禰於廟之禮, 羊豕曰小牢."(『儀禮, 少牢饋食禮, 疏』)

煌)[53]의 아들이 결혼할 때 먼저 그의 집에서 돼지를 가지고 신부의 집에 들어가 상에 놓고 '교배례(交拜禮)'를 행하였는데 아마도 윤황은 『주자가례(朱子家禮)』를 취하여[54] 가법(家法)으로 삼은 듯하다.

고족상
高足床

지봉(芝峰) 이수광(李睟光)이 말하였다.

올자(兀子)로 『근사록(近思錄)』에 나오니, 바로 지금의 고족상(高足床)이다. 또 의학(醫學)에서 "상 가운데 다리가 높은 것이 '올등(兀凳)'이다"라고 하였다. 지금 혼례에 사용하는 높은 상은 '상고좌(上高坐)'의 고례(古禮)인 듯하다.

말안장에 앉히는 것은 바른 예가 아니다
坐鞍不經

『소씨연의(蘇氏演義)』[55]에서 "송나라 초에는 혼인을 할 때 말안장 옆에 여자를 앉히는데 이것은 북쪽 오랑캐들이 안장 놓인 말 타는 것을 숭상한다는 뜻이다"[56]라고 하였다.

---

53) 윤황(尹煌) : 조선의 문신(1572~1639). 자는 덕요(德耀), 호는 팔송(八松)·노곡(魯谷), 본관은 파평(坡平), 시호는 문정(文正). 저서로 『팔송봉사(八松封事)』가 있다.

54) 『주자가례(朱子家禮), 혼례(昏禮)』의 사마광(司馬光)의 주석에 "『의례(儀禮), 사혼례(士昏禮)』에서 신부가 손을 씻고 돼지 한 마리를 드리되 합쳐서 하나로 담아드린다"는 말을 인용하고, 보주(補注)에서 '며느리의 도리가 이미 이루어져 효도로 봉양함을 나타내기 위해 음식을 대접하는 것'이라고 해석했다.

55) 소씨연의(蘇氏演義) : 당나라의 문인인 소악(蘇鶚)의 저서. 2권.

56) 婚姻**之禮**, 坐女於馬鞍之側, **或謂**此**北**人尙乘鞍馬之義.(『蘇氏演義, 卷上』) → **宋初**

『귀전록(歸田錄)』[57]에서 말하였다.

혼인을 하는 날 저녁에 의자 두 개를 서로 등지게 하고 말안장 하나를 놓는다. 그 위에 신랑이 앉게하고 술 석 잔을 마시게 한다. 신부집에서 세 번을 간청해야 내려와 혼례 이루니 이를 '상고좌(上高坐)'라고 한다.[58]

옛날에는 의자 아래에 말의 등자를 미리 설치하였는데 지금은 놋그릇을 사용한다. 대개 신랑집에서 사람을 시켜 도둑질하게 하는 것을 아직도 '등씨(鐙氏)'[59]라고 하니 아마 이 예(禮)에서 유래한 듯하다. 여자집에서 세 번을 간청해야 신랑이 비로소 말에 올라타니 또한 여기에서 유래한 듯하다.

목단 병풍
牧丹屛

『주자어록(朱子語錄)』에 "당나라 사람들은 혼례 때 백자장(百子帳)[60]을 많이 사용하였는데, 아마도 그 이름이 아름다운 것을 취한 듯하다. 본래는 오랑캐 때의 궁로(穹廬)[61]와 불려(拂廬)[62] 따위의 도구일 뿐이다. 이것

婚姻, 坐女於馬鞍之側, 此**胡**人尙乘鞍馬之義.(『松南雜識』)

57) 귀전록(歸田錄) : 송나라의 구양수(歐陽修)가 편찬했다. 벼슬을 그만둔 후 전원으로 돌아간 까닭에 이렇게 이름했다. 조정의 옛 일이나 사대부들의 해학을 주로 수록했다. 2권.

58) 當婚之夕, 以兩椅相背, 置一馬鞍, **反**令壻坐其上, 飮以三爵, 女家**遣人**, 三請而後, 下乃成禮**禮**, 謂**之**上高坐.(『歸田錄, 卷下』)→當婚之夕, 以兩椅相背, 置一馬鞍, 令婿坐其上, 飮以三爵, 女家三請而後乃下成禮, 謂上高坐.(『松南雜識』)

59) 등씨(鐙氏) : 등(鐙)은 말안장 양 쪽에 늘어져 말을 탈 때 딛고 올라서는 것인데 신랑을 놀리지 못하도록 이것을 훔쳐오는 역할을 맡은 사람을 일컫는 듯하다. "鐙, 今馬鐙. 馬鞍兩方, 足所踏者."(『正字通』)

60) 백자장(百子帳) : 고대 혼례에 사용되던 장막.

은 버드나무 가지를 말아서 고리로 만들어 서로 이어 붙여 펼치거나 닫을 수 있는데, 고리로 만든 것이 많기 때문이다"[63]라고 하였다.

가헌(稼軒) 신석형(申碩亨)[64]의 시에,

와서 보니 붉은 비단 백자도(百子圖)네	來看紅衫百子圖

라고 하였으니, 대개 목단(牧丹)을 그린 병풍을 백자도(百子圖)로 만들었다. 그러므로 결혼 병풍[婚屛]이다.

옥동자
玉童子

『상산야록(湘山野錄)』[65]에서 말하였다.

왕상국(王相國)의 꿈에 어떤 사람이 녹색 옷을 입은 동자 한 명을 데리고 와서 말하였다.

"네가 백성을 근심하는 마음이 있기에 이 옥동자(玉童子)를 내려 재상의 아들로 만들어 주리라."

---

61) 궁로(穹廬) : 고대의 유목민족이 거주하던 모직물로 만든 장막이다. "匈奴父子同穹廬臥."[顔師古注] "穹廬, 旃帳也. 其形穹隆, 故曰穹廬."(『漢書, 匈奴傳, 下』)

62) 불려(拂廬) : 상류층의 토번인(吐藩人)들이 거주하던 모직물로 된 천막. "其屋都城號爲邏些城. 屋皆平頭, 高者至數十尺. 貴人處於大氈帳, 名爲拂廬."(『舊唐書, 吐藩傳, 上』)

63) 唐人婚禮多用百子帳, **特貴**其名**與昏宜**, **而其制度則非有子孫衆多之義**. **蓋其制**本**出**戎虜, **特**穹廬拂廬之具**體而微者耳**. 棬柳爲圈, 以相連鎖, 可張可闔. 爲其圈之多也.(『演繁錄, 百子帳』)→唐人婚禮多用百子帳, **盖取**其名**美**, 本戎虜**時**穹廬拂廬之具**也**. 棬柳爲圈, 以相連鎖, 可張可闔. 爲其圈之多也.(『松南雜識』)

64) 신석형(申碩亨) : 조선 인조(仁祖) 때의 문신. 호는 가정(稼亭), 본관은 평산(平山).

65) 상산야록(湘山野錄) : 송나라의 중 문영(文瑩)이 편찬했다. 북송(北宋)의 잡다한 일들을 기록했다. 3권. 속록(續錄) 1권.

그날 저녁에 부인이 잉태 하여 왕경지(王慶之)를 낳았다.

지금의 홍촉옥동자(紅燭玉童子)[66]가 이것이다. 청훈향(青薰香)은 사기(邪氣)를 물리치는데 사용한다.

푸른 장막
青廬[67]

지봉(芝峰) 이수광(李睟光)이 말하였다.

옛 시에,

신부가 푸른 장막에 들어온다 新婦入青廬[68]

라고 하였는데, 북쪽의 풍속에는 혼례 때 푸른 비단[青縵]으로 집을 만들어 교배례(交拜禮)를 행하였다고 한다.

생각하건대, 말 끌기 싸움[牽馬戰] 또한 이러한 풍속이다. 지금 함경도에서는 말 끌기 시합의 승부로 길흉을 점친다고 한다.

---

66) 홍촉옥동자(紅燭玉童子) : 홍촉(紅燭)은 혼례에 사용하는 초이기에 홍촉옥동자(紅燭玉童子)는 혼례날에 생긴 아이를 말하는 듯하다.
67) 청려(青廬) : 푸른 베로 만든 장막으로 고대 중국의 북방 민족이 혼례를 거행할 때 사용했다. "北朝婚禮, 青布幔爲屋, 在門內外, 謂之青廬, 於此交拜."(『酉陽雜俎, 禮異』)
68) 「고시위초중경처작(古詩爲焦仲卿妻作)」.

구름 장막과 햇볕 가리개
雲幕遮日

귀장(歸藏)의 역(易)[69]에 "여와(女媧)[70]가 구름 장막을 펼쳐서 신명(神明)을 접쳤다"라고 하니, 바로 장막(帳幕)의 시초이다.

세상에 전해오는 말에 "옛날의 혼례에는 반드시 뜰에서 초례(醮禮)를 치루고 하늘에 제사하였다. 합근(合巹)을 할 때는 혹시라도 짐새[鴆鳥]의 그림자가 술에 비치면 죽게 되는 까닭으로 차일(遮日)을 친다"라고 한다.

위요
圍繞

『화엄경(華嚴經)』에 "부처가 현현하여 큰 신통력을 보이면 육만의 신선들이 전후로 에워싼다[圍繞]"라고 하였다.

우리나라에 보자기로 싸는 옛 풍습이 있었으니 신랑을 잃어버린 사람이 있었다. 전안(奠雁)할 때 반드시 그 뒤를 따라가니 '위요(圍繞)'[71]라고 하는데 '요객(繞客)'이라고도 한다.

---

69) 귀장(歸藏)의 역(易) : 삼역(三易)의 하나로 황제(黃帝)의 역(易)을 귀장(歸藏)이라고 한다. "掌三易之法, 一曰連山, 二曰歸藏, 三曰周易." "歸藏者, 萬物莫不歸而藏於其中, 杜子春曰, 連山宓戲, 歸藏黃帝."(『周禮, 春官, 大卜』)

70) 여와(女媧) : 고대 제왕의 이름. 복희씨의 동모매(同母妹). 처음으로 가취(嫁娶)의 예(禮)를 제정하여 동족(同族)의 결혼을 금했다고 한다.

71) 위요(圍繞) : 혼인 때 가족 중에서 신랑이나 신부를 데리고 가는 사람으로 상객(上客) · 요객(繞客) · 후행(後行)이라고도 한다.

초립동

草笠童

『예기(禮記)』에는 “초립을 쓰고 가서 야인의 옷을 입게 한다”[72]라고 하였다. 지금은 관례를 한 어른과 관례를 하지 않은 아이 사이의 사람이 쓰는 갓이다. 대개 고려 즈음에 화랑이[73]들이 쓰고 다니던 초립이다. 지금 새로 문과에 급제한 사람이 타는 말 머리에서 이 갓을 쓰고 피리를 분다. 화랑이는 본래는 신라 화랑(花郞)[74]의 뜻에서 유래한다. 지금은 신랑을 ‘초립동(草笠童)’이라고 한다.

승두선

僧頭扇[75]

지금 신랑의 부채는 반드시 승두선(僧頭扇)을 귀하게 생각하는데 대개 고려(高麗) 말에 중이 신부를 겁탈하였던 일에서 유래하였다. 왜국(倭國)은 아직도 이 풍속이 있다. 전안(奠雁)을 행한 후에 신부집에서 먼저 고승(高僧)을 초청하여 신부와 사흘을 함께 자게 하니 그것을 ‘불혼(佛婚)’이라고 한다. 신랑집에서는 또 승의 고명(高明)한 수준을 물어 신부의 현

---

72) 大羅氏, 天子之掌鳥獸者也, 諸侯貢屬焉. 草笠而至, 尊野服也. [疏] 草笠, 以草爲笠也. 此諸侯所使貢獻鳥獸之使者, 著草笠而至王庭也.(『禮記, 郊特牲』)→草笠而尊.(『松南雜識』)

* 원래 의미는 천자가 제사할 때 제후의 사자(使者)로 천자의 제사에 초립(草笠)을 쓰고 가서 공물을 바치는 사람이란 뜻이었다.

73) 화랑이 : 광대와 비슷한 놀이꾼의 패. 옷을 잘 꾸며 입고 가무와 행락을 주로 하던 무리로 대개 무당의 남편이었다.

74) 화랑(花郞) : 신라 때에 둔, 청소년의 민간 수양 단체. 문벌과 학식이 있고 외모가 단정한 사람으로 조직하였으며, 심신의 단련과 사회의 선도를 이념으로 했다.

75) 승두선(僧頭扇) : 머리가 동그랗게 된 쥘부채. 또는 신랑이 가지는 부채. 승두별선(僧頭別扇)이라고도 한다. “湖南嶺南兩道伯及統閫, 進上節扇, 例送於朝紳暨親知間, 造扇邑守令, 亦有進上贈遺, 全州南平之制爲佳, 僧頭・魚頭・蛇頭・合竹・斑竹.”(『東國歲時記, 五月, 端午』)

숙한 정도로 삼으니 대개 남만(南蠻)의 풍속이다. 한(漢)나라 왕장(王章)[76]의 소(疏)에서 "오랑캐들은 맏아들을 죽여 창자를 씻는다"라고 한 것과는 다르다.

동상례
東床禮

신랑을 고르는 예를 '동상례(東床禮)'라고 하니 대개 왕희지(王羲之)[77]가 사위가 된 일[坦腹]이다.[78] 첩을 맞아들이는 것을 '서상례(西廂禮)'라고 하니 바로 "최앵앵(崔鶯鶯)[79]이 서상(西廂) 아래에서 달을 기다린다"라고 한 말이 이것이다. 비첩(婢妾)은 운서(韻書)에서 '여수(餘須)'[80]라고 하였다.

---

76) 왕장(王章) : 서한 태산(泰山) 거평(鉅平) 출신. 자는 중경(仲卿). 장안(長安)에서 공부하다가 가난과 질병으로 아내와 이별하고자 했다. 그러나 그의 아내가 바른 말로 그의 뜻을 격려하여 문학(文學)을 담당하는 관리가 되었다. 원제(元帝) 초에 좌조중랑장(左曹中郎將)에 발탁되어 중서령(中書令) 석현(石顯)을 탄핵하다 모함을 받아 면직되었다. 성제(成帝) 즉위 후에 간대부(諫大夫)·사강교위(司康校尉)·경조윤(京兆尹)이 되었다. 황제의 장인인 왕풍(王風)이 권력을 독점함을 비판하였는데 나중에 왕풍(王風)의 모함을 받아 옥사했다.

77) 왕희지(王羲之) : 진(晉)나라의 서예가(307~365). 자는 일소(逸少). 우군 장군(右軍將軍)을 지냈으며 해서·행서·초서의 3체를 예술적 완성의 영역까지 끌어올려 서성(書聖)이라고 불린다. 작품에 「난정서(蘭亭序)」·「상란첩(喪亂帖)」·「황정경(黃庭經)」·「악의론(樂毅論)」 등이 있다.

78) 진(晉)의 태부(太傅) 극감(郄鑒)이 왕희지의 아버지 도(導)에게 제자를 보내어 그의 아들 중에서 사위를 고르고 싶다는 뜻을 전하자 도(導)가 동상(東床)에 가서 아들 중에서 고르라고 했다. 제자들이 보니 다들 자신을 자랑하는데 왕희지만은 못들은 척 동상(東床)에 누워 음식을 먹었다. 제자의 이야기를 들은 극감은 왕희지를 사윗감으로 정했다. 이때문에 사위를 '탄복(坦腹)'·'동상(東床)'·'영탄(令坦)'이라고 한다. "郄鑒使門生求女婿于導, 導令就東廂徧觀子弟門生, 歸謂鑒曰, 王氏諸少並佳, 然聞信至, 或自矜持, 惟一人, 在東廂坦腹食, 獨若不聞, 鑒曰, 此王佳婿, 郄訪之, 乃羲之也. 遂以女妻之."(『晉書, 王羲之傳』)

79) 최앵앵(崔鶯鶯) : 당나라 여자로 얼굴이 아름다웠고 글을 잘 지었다. 원진(元稹)이 그녀와 장생(張生)의 이야기를 소재로 「회진기(會眞記)」를 지었고 원(元)나라 왕실보(王實甫)가 『서상기(西廂記)』를 지었다.

경대
鏡臺

진(晉)의 온교(溫嶠)[81]가 옥경대(玉鏡臺)[82]를 보내니 경대(鏡臺)는 지금 먼저 채단(采緞)을 보내는 예(禮)와 같다. '경대(鏡帒)'라고도 한다.

연분
鉛粉

운서(韻書)에서 "粉은 옛날에는 얼굴에 바르는 것으로 쌀가루를 사용하였다. 또 그것을 물들여 홍분(紅粉)으로 만들었다. 후대에는 납을 태워 만들었다"라고 하였다.

지봉(芝峰) 이수광(李睟光)이 "은(殷)・주(周) 이래로 분을 바르니 바로 주왕(紂王)이 만든 것이라고 한다.[83] 그것을 '호분(胡粉)'이라고 하니 아

---

80) 여수(餘須) : 비복(婢僕)의 의미로 여서(女婿)와 같다. "餘須, 女婿同, 婢僕也."(『古雋考略』)

81) 온교(溫嶠) : 진(晉)나라 기(祁) 출신. 자는 태진(太眞). 총명・박학하고 글을 잘 지었다. 수재(秀才)로 천거되어 유곤(劉琨)의 참군(參軍)이 되었다. 이도(二都)가 함락되어 원제(元帝)가 강좌(江左)로 도피했을 때 유곤의 권유로 왕을 모시러 나가게 되었는데 그의 어머니가 강하게 말렸지만 옷깃을 자르고 떠났다. 강좌에서 강개한 내용의 글을 지어 원제의 환심을 얻었으며 명제(明帝) 즉위 후, 단양 태수(丹梁太守)가 되었다. 왕돈(王敦)의 반란을 평정하고, 함화(咸和) 초에 강주 자사(江州刺史)가 되었고 소준(蘇峻)의 반란을 평정하여 표기장군(驃騎將軍)에 제수되고 시안군공(始安郡公)에 봉해졌다.

82) 옥경대(玉鏡臺) : 온교(溫嶠)가 일찍이 아내를 잃었는데, 북쪽으로 유총(劉聰)으로 정벌하러 갔다가 얻은 옥경대(玉鏡臺)를 종고모(從姑母)의 딸에게 주고 그녀를 아내로 맞아들였다는 고사가 있다. "溫公喪婦, 從姑劉氏家值亂離散, 唯有一女, 屬嶠覓婿, 嶠曰, 佳婿難得, 但得如嶠何如. 少日報云, 已覓得婚處, 因下玉鏡臺一枚, 姑大喜, 旣婚交禮, 女以手披紗扇, 撫掌大笑曰, 我固疑是老奴, 果如所卜, 玉鏡臺是公爲劉越石長史, 北征劉聰所得."(『世說新語, 假譎』)

83) 『사물기원(事物起源)』에 우(禹)임금이 가루[粉]를 만들고 주왕(紂王)이 연분(鉛粉)을 만들었는데 그것을 또한 호분(胡粉)이라고 한다는 기록이 있다. "墨子曰, 禹作粉, 張華博物志曰, 紂燒鉛作粉, 謂之胡粉, 續事始曰, 鉛粉卽紂所造也."(『事物起源, 冠冕飾部, 鉛粉』)

마도 오랑캐에게서 나온 듯하다"[84]라고 하였다.

살펴보건대 지금 납을 술항아리에 넣어 꽃을 이루고 태워서 가루로 만드는데 부은 얼굴을 치료하는 약이다. 부녀자들이 얼굴을 예쁘게 하기 위해서만 분을 바르는 것은 아니다.

머리 올리기
結髮

『정씨유서(程氏遺書)』에 "혼인하고 머리를 묶는다"라고 하였다. 머리를 묶고 임금을 섬기거나 머리를 묶고 흉노를 섬기는 것과 같은데 다만 머리를 처음 올리는 때를 말하니 어찌 합계(合髻)[85]이겠는가? 지금 여자가 혼인하는 날에 머리 쪽지는 것을 '상양계(相讓髻)'라고 하니 바로 이것이다.

쇄초
洒削[86]

『사기(史記), 화식전(貨殖傳)』의 "물을 뿌려 칼을 가는 보잘 것 없는 재주[洒削薄技]"의 주석에 "削의 음은 '초(肖)'이다"라고 하였다. '여파(籹婆)'는 지금의 '수모(手母)'와 같다.[87] 또 '분박(粉撲)'은 바로 '분첩(粉帖)'이다.

---

84) 續事始曰, 殷周以降, 即塗鉛粉, 謂之胡粉, 乃紂所造云. 其稱胡粉何耶, 豈本出於胡耶.(『芝峯類說, 卷十九, 服用部, 器用』)

85) 합계(合髻) : 당・송 시대에 행해진 혼례의 규범. 신랑과 신부의 머리털을 잘라 하나로 합치는 일.

86) 쇄초(洒削) : 칼을 갈 때 물을 뿌리기에 칼 가는 사람을 이렇게 부른다.

87) 『史記, 卷一百二十九, 貨殖列傳』.

가락지

指環

『시경(詩經), 동관(彤管)』의 주석에서 "후비(后妃)가 임금을 모시는데, 여사(女史)가 날짜를 쓰고 가락지를 주어서 나아가고 물러나게 하였다. 아들을 낳으면 금가락지를 끼고 물러나게 하고, 임금을 모시는 사람은 은가락지를 끼는데 나아갈 때는 왼손에 끼고 모시고난 뒤에는 오른손에 끼게 하였다"[88]라고 하였다.

팔에 끼는 고리를 '팔찌[釧]'라고 한다.

『진고(眞誥)』[89]에 "악록화(萼綠華[90])가 승평(升平) 원년(357)에 양권(羊權)의 집에 내려와서 화한포(火澣布) 수건과 금팔찌 옥팔찌를 각각 한 개씩 주었다"[91]라고 하였다.

『노씨잡설(盧氏雜說)』[92]에서 "문종(文宗)이 재상에게 "금팔찌[金條脫]는 팔에 하는 장신구이이니 바로 지금의 팔찌이다"[93]라고 하였다.

가락지를 '환(環)'이라고 하는데, 지금 가락지가 양귀비에게서 시작되

---

88) 后妃**群妾**, **以禮**御**于**君**所**, 女史書**其**日月, 授**之以**環, 以進退之. 生子**月辰**, 則以金環退之. 當御者, 以銀**環**進之, 著**于**左手. 旣御, 著于右手. **事無大小**, **記以成法**.(『詩經, 邶風, 靜女』) → 后妃御**於**君, 女史書日月授鐶, 以進退之. 生子則以金鐶退之. 當御者, 以銀**鐶**進之, 著**於**左手. 旣御, 著于右手**也**.(『松南雜識』)

89) 진고(眞誥) : 양나라 도굉경(陶宏景)이 편찬했다. 신선(神仙)이 진결(眞訣)을 주고받는 일을 기록했다. 20권.

90) 악록화(萼綠華) : 전설 속의 여신선 이름. 진(晉) 목공(穆公) 3년(359)에 양권(羊權)의 집에 나타나 자신은 도(道) 닦은 지 이미 900년이 되었다고 하며 양권에게 도술(道術)과 시해약(尸解藥)과 시(詩) 한 수를 주고 그림자를 숨기고 형체를 변화시켜 떠나갔다.

91) 萼綠華**自云**, **南山人**, **女子年可二十上下青衣**, 升平元年, 降羊權家, **一月中**, **輒六過**, **末贈權詩云**, **所期豈朝華**, **歲暮於吾子**, **竝**致火浣布手巾金玉**條**脫各一.(『眞誥, 金玉條脫』) → 萼綠華, 升平元年, 降羊權家, 致火浣布手巾金玉**跳**脫各一.(『松南雜識』)

92) 노씨잡설(盧氏雜說) : 당나라 노언(盧言)이 편찬한 책. 총 1권.
*『松南雜識』에는 '상운이설(商芸爾說)'로 되어 있음.

93) 文宗, **問**宰臣, 條脫, **是何物**. **宰臣未對**, **上曰**, **眞誥言**, **安尼有金條脫**, 爲臂飾, 卽今釧也.(『說郛, 卷十七, 上, 盧氏雜說, 金條脫』) → 文宗, **謂**宰臣, **金**條脫, 爲臂飾, 卽今釧也.(『松南雜識』)

었다고 하는 말은 틀리다.

『순자(荀子)』에서 말하였다.

제후가 다른 나라로 사신을 보낼 때는 규(珪[94])를 쓰고, 사(士)에게 국사(國史)를 물을 때는 벽(璧[95])을 쓴다. 어떤 사람을 부를 때는 원(瑗)을 쓰고, 절교 할 때는 결(玦)을 쓰고, 절교한 관계를 되돌릴 때는 환(環)을 쓴다.[96]

황정견(黃庭堅)의 시에,

황주의 귀양객에게 가락지를 내리지 않으시네　　　黃州逐客未賜環[97]

라고 하였으니, 부인들에게만 사용된 것은 아니다. 또 '계지(戒指)'라고도 한다.

비녀
笄

『설문해자(說文解字)』에 "여자가 시집가면 비녀를 꽂는다. 그 끝에 닭 모양을 새긴다"라고 하였다.

『예기(禮記), 단궁(檀弓)』의 소(疏)에 "길계(吉笄)는 길이가 한 자 두 치이고, 자최복(齊衰服)을 입을 때 사용하는 비녀는 한 자, 악계(惡笄)로는 빗

---

94) 규(珪) : 서옥(瑞玉)의 일종으로 평평하고 길며 위는 둥글고 아래는 모가 졌다.

95) 벽(璧) : 뒤의 원(瑗)·결(玦)·환(環)과 함께 둥글고 평평하며 가운데 구멍이 뚫린 옥을 말한다. 각각은 구멍의 크기가 다르며, 결(玦)은 한 부분이 터져 있다.

96) 聘人以珪, 問士以璧, 召人以瑗, 絶人以玦, 反絶以環.(『荀子, 卷十九, 大略篇, 第二十七』)

97) 「차운자첨제곽희화추산(次韻子瞻題郭熙畫秋山)」.

을 사용하거나 가시나무를 사용하기도 한다"[98]라고 하였다. 또 차(釵)는 부인의 갈래비녀이다.

『두양잡편(杜陽雜編)』[99]에서 "일림국(日林國)에서 용뿔비녀(龍角釵)를 바치자 황제가 독고비(獨孤妃)에게 하사하였다"라고 하였다.

난차(鸞釵). 당나라 동창공주(同昌公主)에게 구난차(九鸞釵)가 있었다. 그러므로 지금은 용잠(龍簪)·봉잠(鳳簪)을 귀하게 여긴다.

우리나라에서는 '계(笄)'를 '비녀(篦女)'라고 한다.

또 소식(蘇軾)의 「작약을 이택 공에게 보냄」에서,

한 가닥의 봄을 갖고	還將一枝春
두 가닥 상투에 꽂네	挿向兩髻丫[100]

라고 하였으니, 여자가 아닌데도 두 가닥으로 상투를 했음을 알 수 있다. 지금은 모두 두 갈래 쪽을 하고 비녀를 꽂는다.

바늘을 참
佩針

『백호통(白虎通)』[101]에 "농부는 쟁기와 보습을 차고, 장인바치는 도끼

---

98) 吉笄, 長尺二寸, **榛笄, 長尺, 斬衰**齊衰笄, **同一**尺, **降於吉笄二寸也**. **但**惡笄, 或用櫛, 或用榛.(『禮記, 檀弓, 上』) → 吉笄, 長尺二寸, 齊衰笄尺, 惡笄, 或用櫛, 或用榛.(『松南雜識』)

99) 두양잡편(杜陽雜編) : 당나라의 소악(蘇鶚)이 편찬했다. 대종(代宗) 광덕(光德) 원년(763)에서부터 의종(懿宗) 함통(咸通) 13년(873)까지의 기이한 일들을 기록하였는데 주로 세 글자를 표제(標題)로 했다. 3권.

100) 「송작약여이공택(送芍藥與李公擇)」.

101) 백호통(白虎通) : 백호통의(白虎通義)라고도 한다. 한(漢)나라 반고(班固)가 편찬했다. 6경을 인용한 내용과 참위(緯讖)와 같은 내용도 전하고 있어서 고증가들이 자주 이 책에 의거했다. 4권.

를 차고 부인들은 바늘과 실을 차니, 선비가 옥(玉)을 차고 다니는 이치와 같다"[102]라고 하였다.

향낭의 끈
香纓

『시경(詩經)』에서 "직접 향주머니 끈을 묶어 주시네"[103]라고 하였는데, 그 주석에 "리(縭)는 수건이거나 또는 부인의 위(禕)"[104]라고 하였으니, 지금의 향낭끈[香纓]이다.

『향보(香譜)』[105]에 "향낭의 끈은 오색 비단으로 만든다. 며느리가 시부모를 뵐 때 가지고 가는 것이다"라고 하니, 지금 신부가 향을 차는 것은 오래되었다.

향낭
香囊

『두양잡편(杜陽雜編)』에 "한나라 당나라 공주가 시집갈 때 칠보(七寶)로 장식한 보련(步輦)[106]을 탔는데, 사방에 향낭을 달고 벽사서린향(辟邪瑞麟香)을 넣었다"[107]라고 하였다. 지금 혼인할 때 상자에 부용향(芙蓉香)

---

102) **士佩瓀珉石**, **佩卽象其事**, **若**農夫佩**其**耒耜, 工匠佩**其**斧**斤**, 婦人佩**其鍼鏤**.(『白虎通義, 卷下, 德論, 下, 衣裳』)→農夫佩耒耜, 工匠佩斧, 婦人佩**針縷猶佩玉也**.(『松南雜識』)

103) 親結其縭.(『詩經, 豳風, 東山』)

104) 위(禕) : 수건. 일설에는 향낭이라고도 함.

105) 향보(香譜) : ①4권. 송나라의 진경(陳敬)이 편찬함. 심립(沈立)과 홍추(洪芻)이하 11명의 『향보(香譜)』를 모아서 만들었다. ②2권. 「향품(香品)」·「향의(香意)」·「향사(香事)」·「향법(香法)」의 네 부분으로 나누어졌다.

106) 보련(步輦) : 사람이 끄는 수레.

107) **自兩**漢**至皇**唐, 公主**出**降**之盛**, **未之有也**. **公主**乘七寶步輦, 四面綴**五色**香囊, **囊中**

을 넣고 신행(新行) 때 가마 앞에서 향을 사르는 일은 대개 여기서 유래한다.

귀를 뚫음
穿耳

귀를 뚫는 것은 귀고리를 걸기 위해서이니, 고시(古詩)에,

귀에는 귀고리가 밝은 달 같다　　耳中明月璫[108]

라고 한 말이 이것이다.

『장자(莊子)』에 "천자의 후궁(後宮)이 된 자는 귀를 뚫지 않는다"[109]라고 하였다. 지금 개성 여자들이 귀를 뚫는데 우리나라에는 이런 풍속이 없다. 다만 혼인할 때만은 실을 귓바퀴에 건다. 대개 귀고리와 가락지는 모두 옛날 제도인데, 부인의 쪽진 머리와 동자의 땋은 머리는 탁발(拓跋)[110]의 삭두(索頭)와 비슷하다.

연지
頰脂

『습유기(拾遺記)』[111]에서 말하였다.

貯**辟寒香辟**邪**香**瑞麟香.(『杜陽雜編, 卷下』)→漢唐, 公主**下**降, 乘七寶步輦, 四面綴香囊, 貯辟邪瑞麟香.(『松南雜識』)

108) 고악부(古樂府) 「맥상상(陌上桑)」의 "耳中明月珠"의 오기로 보인다.

109) 爲天子之諸御, **不爪翦**, 不穿耳.(『莊子, 德充符』)→爲天子之諸御, 不穿耳.(『松南雜識』)

110) 탁발(拓跋) : 북위(北魏) 황족의 성씨.

111) 습유기(拾遺記) : 중국의 전설을 모은 지괴서(志怪書). 10권. 작자는 후진(後晉) 시대

오(吳)나라 손화(孫和)[112]가 등부인(鄧夫人)을 사랑하였는데, 일찍이 술에 취하여 춤을 추다가 여의(如意)[113]로 등부인의 빰에 상처를 냈다. 그래서 손화가 흰 수달의 골수를 구해다가 옥과 호박(琥珀) 가루를 섞어서 상처에 발랐는데, 호박이 너무 많이 들어가서 왼쪽 볼의 상처는 사마귀 같은 붉은 점이 되었다. 그러나 아름다움을 더해 주니, 후궁들도 단사(丹砂)를 볼에 찍어 사랑을 구하였다.[114]

지금 양 볼에 찍는 연지는 여기서 유래한다. 그러나 한(漢)나라 때 흉노의 노래에,

우리 연지산(燕支山)을 잃어버려	失我燕支山[115]
우리 아녀자들 고운 안색을 잃게 했네	使我婦女無顔色[116]

라고 하였으니, 오(吳)나라 이전에도 있었던 것이다.

의 왕가(王嘉). 삼황오제(三皇五帝)부터 서진(西晉) 말, 석호(石虎)의 이야기까지가 수록되어 있는데 원본은 없어졌다. 현재 『한위총서(漢魏叢書)』등에 수록되어 있는 것은 양(梁)나라 소기(蕭綺)가 재편한 것이다. 문장은 깨끗하지만, 내용은 기괴·음란한 것이 많으며, 모두 사실이 아니라 한다. 제10권은 곤륜산(崑崙山)·봉래산(蓬萊山)을 비롯한 명산기(名山記)이다.

112) 손화(孫和) : 삼국 시대 오나라 사람. 자는 자효(子孝). 형 손등(孫登)이 죽고 태자가 되었지만 참소를 당하고 유폐되었다가 죽임을 당했다. 추시(追謚)는 문황제(文皇帝)이다.

113) 여의(如意) : 등 긁개.

114) **近代粧尚靨如射月曰黃星靨靨鈿之名, 蓋自**吳孫和鄧**夫人也**. **和**寵夫人, 嘗醉舞, 如意**誤**傷鄧頰, **血流嬌婉彌苦, 命太醫合藥, 醫言**得白獺髓, 雜玉與琥珀屑, **當滅痕**, 和**以**百金, **購得白獺, 乃合膏**, 琥珀太多, **及愈痕不滅**, 左頰**有**赤點如**誌**, **視之**更益**甚**姸**也**. 諸**婢欲**要寵**者**, **皆**以丹**青**點頰**而進幸焉**.(『酉陽雜俎, 卷八』) → 吳孫和寵鄧夫人, 嘗醉舞, 如意傷鄧頰, 得白獺髓, 雜玉與琥珀屑, 和百金, 琥珀太多, 左頰赤點如痣, 更益**其**姸. 諸**孌人**, **更**以丹**脂**點頰要寵.(『松南雜識』)
*『습유기』에 없는 내용으로 『유양잡조』의 오기로 보인다.

115) 연지산(燕支山) : 흉노(匈奴) 지역에 있는 산으로, 연지가 생산되기 때문에 흔히 미인이 사는 땅에 비유된다. 일명 언지산(焉支山)이다.

116) 『演繁露, 卷七, 煙脂』.

당시(唐詩)에,

변방의 연지 밤에 자주빛 엉기네. 塞山[117]臙脂凝夜紫[118]

라고 하였다.

요새 궁궐 문 밖에서 장사꾼이 "홍화수(紅花水)를 사기에 발라서 만든 물건입니다. 다 팔리면 살 수 없어요!"라고 말한다.

꽃비녀
花鈿

『진서(晉書), 여복지(輿服志)』에서 "귀인(貴人)들의 태평계(太平髻) 칠전(七鈿)"[119]이라고 하였으니, '전(鈿)'은 본래 쪽진머리꾸미개인데 위고(韋固)의 아내가 그것을 미간에 붙여 흉터를 감추었다. 지금 신부가 미간에 찍은 붉은 점을 '고지(固脂)'라고 하는데, 고(固)의 음이 곤(坤)으로 와전되었으니 너무 말이 안 된다. 생각건대 매화장(梅花粧)을 본뜬 것인가?

산곡(山谷) 황정견(黃庭堅)의 「도미(酴醿)」[120]시에서,

한나라 궁실의 아리따운 이마, 반은 노란색을 발랐네 漢宮嬌額半塗黃

라고 한 말이 이것이다.

---

117) 『松南雜識』에는 '上'으로 되어 있음.

118) 이하(李賀)의 「안문태수행(鴈門太守行)」.

119) 貴人 …… 太平髻七鏌.(『晉書, 卷二十五, 志, 第十五, 輿服』) → 貴人太平髻七鈿.(『松南雜識』)

120) 『松南雜識』에는 '荼蘼'로 되어 있음.

가계
假髻

지봉 이수광이 말하였다.

『완위여편(宛委餘編)』에서 "계(髻)는 수인씨(燧人氏)[121]부터 시작되었는데, 머리카락을 서로 감았으나 묶지는 않았다. 여와씨(女媧氏)는 대나무로 비녀를 만들었다. 주(周)나라 문왕(文王)이 구슬·물총새 깃털·꽃으로 장식하고 '봉계(鳳髻)' 또는 '보요계(步搖髻)'라고 이름을 붙였다. 진(晉)나라 영가(永嘉 : 307~313) 연간에는 부인들이 매우 느슨하게 머리를 묶어서 귀 아래로 내려올 정도였다. 태원(太元 : 376~396) 연간에는 귀밑머리를 느슨하게 묶고 쪽진머리를 기울게 하는 것을 훌륭한 단장으로 여겼다. 그런데 머리에 사용하는 장식이 너무 많아서 항상 쓰고 다닐 수 없었으므로 먼저 나무와 채롱 위에 정식하니 '가계(假髻)'라고 한다"라고 하였다.[122]

운서(韻書)에서 "계(髻)는 쪽진 머리이다"라고 하였으니, 지금의 가수(假首)는 대개 여기서 유래한 듯 하다. 어떤 사람이 평안 감사의 부인이 되어 처음으로 관례(冠禮)를 한 일이 있다. 궁궐에서는 혼인할 때에 연약한 부인이 무거운 가채 머리를 하여 쓰러지는 것을 엄하게 금하였다고 한다.

---

121) 수인씨(燧人氏) : 복희씨(伏羲氏)·신농씨(神農氏)와 함께 3황(三皇)의 한 사람으로 화식(火食)을 발명했다고 전해진다. 수(燧)는 불을 얻는 도구로, 수인씨가 나무를 마찰하여 불을 얻어 음식물을 요리하는 방법을 가르쳐 주었다고 한다.

122) 宛委餘編**曰**, 髻自燧人氏, 以髮相纏而無擊縛., 女媧氏以竹爲笄. **堯以銅爲**笄, 周文王**加**珠翠翹花, 名曰鳳髻, 又名步搖髻. 晉永嘉間, 婦人束髮甚緩, **被於額角**, 過於耳. 太元中, **婦人**緩**鬢**傾髻, **以**爲盛飾. 用髮旣多, 不可恒戴, 乃先於木及籠上裝之, 名曰假髻. **今我國婦人之有假首**, **蓋出於此**.(『芝峯類說, 卷十五, 身形部, 毛髮』)→宛委餘編**云**, 髻自燧人氏, 以髮相纏而無擊縛, 女媧氏以竹爲笄. 周文王**始**珠翠翹花, 名曰鳳髻, 又名步搖髻. 晉永嘉間, 婦人束髮甚緩, 過於耳. 太元中, 緩**鬢**傾髻, 爲盛飾. 用髮旣多, 不可恒戴, 乃先於木及籠上裝之, 名曰假髻.(『松南雜識』)

『수서(隋書)』에서 "고구려의 아녀자는 머리카락으로 머리를 두르고 여러 색 비단과 구슬로 장식한다"라고 하니, 동월(董越)의 부(賦)에,

아녀자의 귀밑머리 귀를 가려	女鬢掩耳
귀고리가 보이지 않네	不見佩璫[123]

라고 한 말이 이것이다. 지금 '등자계(鐙子髻)'는 손수(孫壽)[124]의 타마계(墮馬髻)이니, 또한 '완계(綏髻)'이다.

성호(星湖) 이익(李瀷)이 "북도(北道)의 남자는 매일 머리 감고 기르는데 그 머리가 자라면 깎아서 다리를 만든다. 지금 낭자[125]는 모두 북쪽에서 만들어진다"[126]라고 하였으니 오만계(烏蠻髻)[127]와 같다.

『주례(周禮), 춘관(春官)』에서 "왕후의 부편례(副編禮)를 관장한다"라고 하였다.

『시경(詩經)』에서 "부계(副笄)[128]에 여섯 군데를 옥으로 장식한다"[129]라고 하였다.

---

123) 「조선부(朝鮮賦)」.

124) 손수(孫壽) : 후한 순제(順帝) 때 양황후(梁皇后)의 오빠인 양기(梁冀)의 아내.

125) 낭자 : 여자의 예장(禮裝)에 쓰는 땋은 머리의 하나. 쪽 찐 머리 위에 덧대어 얹고 긴 비녀를 꽂는다.

126) 男子, 日沐養髮, **髮長剪**爲髢, **婦女首髻**, 皆北産云.(『星湖僿說, 卷八, 人事門, 生財』) →**北道**男子, 日沐養髮爲髢, **今爲娘子**皆北産云.(『松南雜識』)

127) 오만계(烏蠻髻) : 오만(烏蠻) 남자의 상투. 오만은 종족 이름으로 사천(四川)·운남(雲南)·귀주성(貴州城) 등지에 거주한다.

128) 부계(副笄) : 부(副)는 제복(祭服)의 머리 꾸밈이니, 머리털을 엮어서 만든다. 계(笄)는 형계(衡笄 : 가로로 된 비녀)이니, 부(副)의 양 곁에 드리워 귀에 닿게 하고, 그 아래에는 면류관 끈으로써 귀걸이옥을 매단다.

129) 副笄六珈.(『詩經, 鄘風, 君子偕老』)

석웅황
石雄黃

운서(韻書)에서 '전(鈿)'의 주석에 "금꽃으로 장식한다"라고 하였다. 지금은 석웅황(石雄黃)[130]을 말하는데, 가계(假髻)에 붙인다.

『박물지(博物志)』[131]에서 "귀신이 감히 접근하지 못한다"라고 하였다.

난녀
餪女

『문견록(聞見錄)』[132]에서 말하였다.

송기(宋祁)[133]가 며느리를 맞이하였는데, 며느리 집에서 음식을 보내면서 "딸에게 음식을 보냅니다[煖女]"라고 하였다.[134]

---

130) 석웅황(石雄黃) : 천연으로 나는 비소 화합물. 쪼개져 갈라진 면은 진주광택이 나며, 계관석과 더불어 산출된다. 등황색 또는 누런색을 띠며 염료 또는 화약에 쓰인다. ≒ 석황(石黃)·웅황(雄黃).

131) 박물지(博物志) : 구본(舊本)에 진(晉)나라의 장화(張華)가 편찬했다고 되어있지만, 실제로는 원본은 산일되고 후대인이 유문(遺文)을 모으고 다른 글도 덧붙여서 만든 것이다. 송나라의 이석(李石)이 『속박물지(續博物志)』 십 권을 편찬했다.

132) 문견록(聞見錄) : 『문견전록(聞見前錄)』과 『문견후록(聞見後錄)』이 있다. 『문견전록』은 삼십 권으로 송의 소백온(邵伯溫)이 편찬하였으며, 『문견후록』 역시 삼십 권으로 소박(邵博)이 그의 부친인 소백온의 저작을 이어서 찬술하였으므로 '문견후록'이라고 했다. 太祖 이래의 고사를 자세히 서술하고 있다.

133) 송기(宋祁) : 송나라 안륙(安陸) 출신. 자는 자경(子京). 용도각학사(龍圖閣學士)·사관수찬(史館修撰) 등을 지냈고 구양수와 함께 『당서(唐書)』를 찬수했다. 시호는 경문(景文). 저서로 『송경문집(宋景文集)』 등이 있다.

134) **大儒宋景文公, 學該九流, 于音訓尤邃, 故所著書用奇字, 人多不識嘗.** 納子婦**三日, 子以**婦家饋食物**書白, 一過目卽曰, 書錯一字, 姑報之. 至白報書卽怒曰, 吾薄他人錯字, 汝亦爾邪? 子皇駭郤立緩扣其錯以筆塗煖字, 盖婦家書以食物**煖女**云, 報亦如之, 子益駭, 又緩扣當用何煖字, 久之恕聲曰, 從食從而從大. 子退檢字書, 博雅中出餪字注云, 女嫁三日餉食爲餪女, 始知俗間餪女云者自有本字.**(『聞見後錄, 卷二十七』) → **宋祁**納子婦, 婦家饋食物**曰**煖女.(『松南雜識』)

『광아(廣雅)』[135]에서 '난(餪)'이라고 하였으니 지금 신부가 예로 베푸는 잔치가 이것이다.

역사서에 "당나라 영주(永州) 풍속에 빈객을 모으니 파주(破酒)라고 한다"[136]라고 하였으니, 또한 지금의 속빈(速賓)이다.

생신에 버선을 선물하다
生辰上襪

최호(崔浩)[137]가 『여의(女儀)』에서 "근고(近古)에 며느리가 동짓날에 시부모에게 신과 버선을 드리니 오랫동안 땅을 밟으라는 의미이다"[138]라고 하였다.

요즘 생신에 버선을 드리는 것은 대개 오래된 풍습인 듯하다.

속현
續絃

『십주기(十洲記)』[139]에서 "봉기주(鳳麒洲)에는 봉황의 무리와 기린의

135) 광아(廣雅) : 10권. 위(魏)나라 장읍(張揖)이 편찬했다. 『이아(爾雅)』의 구목(舊目)에 근본하고 『삼창(三倉)』·『설문(說文)』·『방언(方言)』 등 여러 책을 널리 채집하여 보충한 책이다. 석고(釋古)·석언(釋言)·석훈(釋訓)·석친(釋親) 등 십구 편으로 나누어져 있다.

136) **俚民**婚**出財**會賓客號破酒.(『新唐書, 卷一百九十七, 列傳, 第一百二十二, 循吏』) → **唐永州俗**, 婚禮會客號破酒.(『松南雜識』)

137) 최호(崔浩) : 북위(北魏)의 청하(清河) 출신. 자는 백연(伯淵), 소명(小名)은 도간(桃簡). 경사백가(經史百家)에 모두 정통하였고 지모(智謀)에 밝았다. 『국서(國書)』 30권을 지었다.

138) **後魏**崔浩**女**儀曰, 近古**婦人**, **常以冬**至日, 上履襪於舅姑, 踐長至之義也.(『古今事文類聚, 前集, 卷十二, 獻履襪』) → 崔浩**禮**儀曰, 近古至日, 上履襪於舅姑, 踐長至之義也.(『松南雜識』)

139) 십주기(十洲記) : 무제와 그 시대를 내용을 한 소설.

뿔로 아교를 만들어 끊어진 현(絃)을 잇는다. 또 '연금니(連金泥)'라고도 하니 부러진 쇠칼날을 이어 붙인다"[140]라고 하였다. 그런 까닭에 지금 재취(再娶)를 '속현'이라 한다.

두목(杜牧)[141]의 시에,

> 하늘 밖에서 봉황의 골수를 얻기 어려워　　天外鳳凰難得髓
> 끊어진 끈 붙일 아교를 아는 사람 없다네　　無人解合續弦膠[142]

라고 하였다. 『잡지(雜志)』에 이른바 "자비(子騑)가 수염을 깎고 아내를 맞았다"라고 한 말이 그것이다.

또 상처(喪妻)를 '고분(叩盆)·상우(喪耦)'라고 하니, 대개 『장자(莊子)』의 "동이를 두드리며[叩盆] 노래하였다"[143]와 "짝을 잃은 듯하다[喪耦]"[144]라는 말을 사용한 듯하다.

내취
內娶

『춘추공양전(春秋公羊傳)』의 "송나라 삼 세대의 대부를 미워하였다"[145]

---

140) 十洲記曰, 鳳麟洲, **在西海之中, 四面有弱水, 繞之鴻毛, 不可越也. 其上多鳳麟數萬各爲群 上仙之家**, 以鳳喙麟角, **共煎**作膠, 名**爲集鉉膠, 亦**名連金泥, **能屬連刀劍弓弩絃**.(『藝文類聚, 卷九十』) → 十洲記曰, 鳳麟洲, 以鳳喙麟角作膠, **以續斷絃, 又**名連金泥, **連金劒斷折之金也**.(『松南雜識』)

141) 두목(杜牧) : 당나라의 시인. 자는 목지(牧之), 호는 번천(樊川). 시가 정치(情致)하고 호매(豪邁)하여 '소두(小杜)'라고 불려서 두보에 비견되었다. 저서에 『번천집(樊川集)』이 있다.

142) 「독두시(讀杜詩)」.

143) 莊子妻死, 惠子弔之, 莊子則方箕踞, 鼓盆而歌.(『莊子, 至樂』)

144) 南郭子綦隱几而坐, 仰天而噓嗒焉, 似喪其耦.(『莊子, 齊物論』)

145) **宋殺其大夫經何以不名**, 宋三世無大夫, **三世內娶也**.(『春秋公羊傳, 僖公, 二十有四年, 冬』) → **惡**宋三世大夫.(『松南雜識』)

의 주석에 "임금은 내취(內娶)를 하지 않는다"라고 하였으니, 『예기(禮記)』의 "임금은 처의 부모를 신하로 삼지 않는다"146)라는 뜻이다. 내취를 하면 대대로 국권을 장악한다.

『예기(禮記), 증자문(曾子問)』의 '부인(夫人)'·'내자(內子)'의 주석에 '아내'라고 하였다. 지금의 내상(內相)이라는 말은 내조(內助)를 하기 때문이다.

동성간에는 혼인하지 않는다
不娶同姓

지봉 이수광이 말하였다.

고려조에는 나라에서 동성(同姓)에게 장가드는 것을 숭상하였으니, 하물며 일반 서민은 어떠했겠는가? 조선의 사대부(士大夫)는 한결같이 예제(禮制)를 따랐고 혼례는 더욱 엄격했건만 성(姓)이 같아도 본관이 다르면 거리낌이 없었으니 중국 사람들이 이를 비웃었다.

역대로 당나라 소종(昭宗)의 딸만이 이무정(李茂貞)147)의 아들에게 시집갔을 뿐인데, 이무정은 본래 송문통(宋文通)으로 이씨 성을 하사받은 사람이다. 이 밖에는 그런 일이 없었다.148)

146) 『예기』에 없는 내용임.

147) 이무정(李茂貞) : 후당(後唐) 박야(博野) 출신. 원래 성명이 송문통(宋文通)이었는데, 당나라 광계(光啓) 연간(885~888)에 희종(僖宗)으로부터 이무정이란 성명을 하사 받았다. 시호는 충경(忠敬).

148) **不娶同姓禮也, 古者不知其姓則卜之**. **高麗時**國王尙娶同姓, 況士庶乎. 本朝士**大**夫**家**一從禮法, 尤謹於昏**禮**, 而但姓字同而本貫異者, **謂非同姓**, 不**以**爲嫌, 華人笑之**云**. **先王朝**, **余在玉堂**, **因上敎**歷代**駙馬有同姓與否**, **博考書籍**, **則**惟唐昭宗**時李茂貞之子尙公主**, **而茂貞本姓宋**, 賜姓李者**也**, 此外無之矣.(『芝峯類說, 卷十七, 人事部, 昏娶』)→**麗朝**國尙娶同姓, 況士庶乎. 本朝士夫一從禮法, 尤謹於昏, 而但姓字同本貫異者, 不爲嫌, 華人笑之. 歷代惟唐昭宗**女**, **嫁李茂貞子**, **而茂貞本宋文通**, 賜姓李者, 此外無之矣.(『松南雜識』)

살펴보건대 『진서(晉書)』에 "유송(劉頌)[149]이 진교(陳矯)[150]에게 딸을 시집 보냈는데, 진교는 본래 유씨(劉氏) 성을 가진 사람의 아들이다. 그는 유송과 가까운 친척으로 고모에게 양육되다가 진씨(陳氏)로 성을 바꾼 사람인 까닭에 유송의 벗들이 비웃었다"[151]라고 하였다. 지금 안동 김씨와 안동 권씨는 본래 동성인데도 서로 혼인을 하니 이상하다.

『예기(禮記)』의 "같은 성(姓)에 매여 있어 구별 할 수 없고 모여서 음식을 먹을 때 자리를 달리할 수 없다. 통혼할 수 없으니 주나라의 도가 그러하다"[152]의 주석에서 "순(舜) 임금이 요(堯) 임금의 딸을 아내로 맞이했으나 군자가 비난하지 않은 이유는 순 임금의 시대가 질(質)을 숭상했기 때문이고, 노(魯)나라 소공(昭公)이 오(吳)나라 여자를 아내로 맞이했을 때 군자가 비방한 것은 주(周)나라가 문(文)을 숭상했기 때문이다"라고 하였다.

『춘추좌씨전(春秋左氏傳)』에서 말하였다.

자산(子産)[153]이 "임금의 후궁으로 같은 성을 취하지 않으니 그 자손이 번성하지 않기 때문이다. 그래서 군자는 동성의 여자에게 장가

---

149) 유송(劉頌) : 진(晉)나라 광릉(廣陵) 출신. 자는 자아(子雅). 무제(武帝) 때 상서삼공랑(尙書三公郎)에 제수되었고 관직이 이부상서(吏部尙書)에까지 이르렀다. 시호는 정(貞).

150) 진교(陳矯) : 삼국 시대 위(魏)나라 동양(東陽) 출신. 자는 계필(季弼). 조조(曹操)의 사공(司空)이 되었고, 명제(明帝) 때 사도(司徒)가 되었으며 동향후(東鄕侯)에 봉해졌다. 시호는 정(貞).

151) **初**頌嫁女**臨淮**陳矯, 矯本劉氏子, 與頌近親, **出**養於姑, 改姓陳**氏**, **中正**劉友譏之.(『晉書, 卷四十六, 列傳, 劉頌』) → **劉**頌嫁女**於**陳矯, 矯本劉氏子, 與頌近親, 養於姑, 改姓陳**者**, 劉友譏之.(『松南雜識』)

152) **繫**之**以**姓而**弗別**, 綴**之**以食而**弗**殊, **雖百世而昏姻不通者**, 周道然也.(『禮記, 大傳』) → **係**之**於**姓而**不分**, 綴**之**於**飮**食而**不**殊, **不通婚嫁**, 周道然也.(『松南雜識』)

153) 자산(子産) : 정나라 대부 공손교(公孫僑). 간공(簡公)·정공(定公)·헌공(獻公)·성공(聲公) 때에 국정을 맡아 정사에 있어서 관용(寬容)과 맹위(猛威)를 아울러 시행하였음. 당시에 정나라는 진초(晉楚)의 양 대국 사이에 끼어 있었는데, 자산이 안밖으로 정사를 훌륭히 하여 19년간 병화를 입지 않았다.

드는 것을 미워한다. 그런 까닭에 옛 기록에 '첩을 사들여서 그 성(姓)을 알지 못하면 점을 친다'고 하였습니다"[154]라고 말하였다.

그 주석에 "미색(美色)은 그 한 사람에게서 먼저 다 사라진다"[155]라고 하였다.

결혼도감
結婚都監

『고려사』에서 "원종(元宗) 때[156] 원나라에서 매빙사(媒聘使)를 파견하여 만자(蠻子)[157]에게 시집보낼 아내를 찾게 하니 이때에 결혼도감(結婚都監)을 설치하였다"라고 하였다.[158]

또 충열왕(忠烈王)이 국내의 혼인을 금지하고 원나라에 여자를 바치려 하자 당시에 딸을 둔 사람들은 날을 잡지 않고 곧바로 혼인을 시켰다고 한다. 그런 까닭에 어떤 사람의 시(詩)에,

한 통의 붉은 조서 진짜도 아니건만	一封丹詔未爲眞
두 잔의 멀건 술로 결혼식 치루었네	三[159]盃淡酒便成親
한 밤중 명월루 끝에서 바라보니	夜來明月樓頭望
달의 항아만이 결혼하지 않았구나	惟有姮娥不嫁人[160]

---

154) 子産曰, …… 內官不及同姓, 其生不殖. **美先盡矣**, **則相生疾**. 君子**是以**惡之, 故志曰, 買妾不知其姓則卜之.(『春秋左傳, 卷四十一, 昭公, 元年』) → 子産曰, 內官不及同姓, 其生不殖. 君子惡之, 故志曰, 買妾不知其姓則卜之.(『松南雜識』)
155) 주석이 아니라 본문임.
156) 원종 15년인 1274년.
157) 만자(蠻子) : 남송(南宋) 사람으로 원나라에 항복한 사람.
158) 『高麗史, 卷二十七, 世家二十七, 元宗』.
159) 『松南雜識』에는 '二'로 되어 있음.
160) 원나라 지원(至元) 연간에 동남동녀를 뽑아서 달단(韃靼)에게 주어 노비로 삼게 한

라고 하였다.

『거가필용(居家必用)』에서 "과부가 개가한 다른 성의 남자를 접각부(接脚夫 : 무릎을 맞대고 사는 지아비)라 한다"161)라고 하였다.

표문으로 개가를 청하다
表請改嫁

『고려사』에서 말하였다.

충렬왕(忠烈王)이 원나라 공주를 둘러 싼 이간질 때문에 민훤(閔萱)162)을 파견하여 표문(表文)을 올려 공주의 개가를 청하였다.

"만약 오히려 부부가 함께 살지 않는다면 반드시 자손을 얻기가 어려울 것입니다. 차마 청춘으로 하여금 헛되이 늙게 하고 공연히 밝은 달로 하여금 도리어 부끄럽게 하겠습니까?"163)

개가를 금지하다
禁改嫁

『선원보(璿源譜)』에서 말하였다.

다는 헛소문이 돌아 민간에서는 나이 12, 3세 이상의 자녀를 서둘러 혼인시키는 큰 소동이 일었다. 그래서 승려 조백(祖伯 : 호는 子庭)이 그러한 세태를 조롱하는 시를 지은 것이다.(『輟耕錄』)

161) 接脚夫, 謂以異姓繼寡婦者.(『居家必用, 辛集, 親姻』) → 以異姓繼寡婦者, 謂接脚夫.(『松南雜識』)

162) 민훤(閔萱) : 고려 후기의 문신. 본관은 여흥(驪興). 1301년 원나라에 들어가 충선왕의 비(妃) 보탑실련공주(寶塔實憐公主)의 개가(改嫁)를 요청하라는 명령을 받았으나 그 표(表)를 올리지 않고 귀국했다. 충선왕이 즉위하자 공주의 개가를 요청하는 표를 가지고 원나라에 들어간 죄로 유배되었다. 시호는 양경(良敬).

163) 『高麗史, 卷三十二, 世家三十二, 忠烈王五』.

조선 태종 을미년(1415)에 우대언(右代言)[164] 서선(徐選)[165]의 진언으로 서얼(庶孼)의 청환현직(淸宦顯職) 진출이 막혔다. 성종 을사년(1485)에 강희맹(姜希孟)[166]이 개가(改嫁)한 자손은 문반(文班)·무반(武班)에 서용(敍用)하지 말자고 요청하였다. 선조 계미년(1583)에 국경의 적경(賊警) 때문에 율곡(栗谷) 이이(李珥)가 납속(納粟)[167]으로 북쪽 변경의 사람들도 문무과에 응시할 수 있도록 허락하자고 요청하니 이것을 '통청(通淸)'이라 한다. 인조 을축년(1625)에 양첩(良妾)의 손자와 천첩(賤妾)의 증손자를 문무과에 응시할 수 있도록 허락했으니, 이것을 '허통(許通)'이라 한다. 영조 임진년(1772)에 비로소 소통되니, 이것을 '일명(一名)'이라 한다. 순조 무자년(1828)에 서얼들의 상소로, 문관은 참판까지 무관은 병사(兵使)까지 제수하도록 허락하라는 명이 있었다.

아! 집에 적서(嫡庶)가 있는 것은 진실로 장강의 지류인 타수(沱水)가 나뉘어져 흐르지만 반드시 본류를 따르는 것과 같다. 나라에서 훌륭한 인재를 등용할 때는 해바라기가 태양을 향하면 붙어있는 가지를 가리지 않듯이 해야 한다. 그러나 유자광(柳子光)[168]과 허견(許堅)[169]의 출세

---

164) 우대언(右代言) : 소선 시대에, 승정원에 속한 정삼품 벼슬. 태종 원년(1401)에 우승지를 고친 것으로, 뒤에 다시 우승지로 고쳤다.

165) 서선(徐選) : 조선 전기의 문신. 본관은 이천(利川), 자는 대숙(大叔)·언부(彦夫), 호는 해화당(海華堂)·신당(莘堂). 원천석(元天錫)의 문인이다. 1415년 우부대언(右副代言)이 되어 동료들과 서얼의 차별 대우를 진언했다. 이천의 설봉서원(雪峯書院)에 제향되었다. 시호는 공도(恭度)이다.

166) 강희맹(姜希孟) : 조선 세종 때의 문신(1424~1483). 자는 경순(景醇), 호는 사숙재(私淑齋)·운송거사(雲松居士)·국오(菊塢). 이조판서·좌찬성 등을 지냈으며, 경사(經史)에 밝고 문장에 뛰어나 『세조실록』·『동국여지승람』 등의 편찬에 참여했다. 저서에 『사숙재집』이 있다.

167) 납속(納粟) : 변란으로 인한 재정적 위기의 타개와 흉년 시 굶주린 백성의 구제에 필요한 재정 확보를 목적으로 국가에서 일시적으로 일정한 특전을 내걸고 소정량의 곡식이나 돈을 받는 것.

168) 유자광(柳子光) : 조선 중기의 문신(1439~1512). 본관은 영광(靈光), 자는 우후(于後), 유규(柳規)의 서자. 「조의제문(弔義帝文)」에 직접 주석을 달았던 일과 김종직(金宗直)

(出世)는 불행이다.

심씨와 박씨는 혼인하지 않는다
沈朴不婚

박현석(朴玄石)의 『숭효록(崇孝錄)』에서 말하였다.

심온(沈溫)[170]이 죽을 때 "내 자손은, 내 비록 박은(朴訔)[171]과 절교

의 문집을 걷어다가 빈청 앞뜰에서 불사르게 했던 일, 무오사화를 일으켰던 일 등으로 인하여 대간과 홍문관·예문관의 잇따른 탄핵으로 중법에 처해져 마침내는 훈작을 삭탈당하고 광양으로 유배되었다. 이어 평해로 옮겨졌고, 정국공신의 작훈도 삭제당했으며, 그 자손도 먼 지방으로 유배되었다.

169) 허견(許堅) : 조선 후기의 역신. 본관은 양천(陽川). 숙종대의 대신 허적(許積)의 서자. 숙종 초년에 허적을 비롯한 남인세력이 도체부(都體府)를 복설시켜 병권을 장악하려고 하자 서인들은 이를 반대했다. 때마침 그는 부친의 세력을 믿고 황해도에서 수천 그루의 재목을 도벌하여 집을 짓는다든가, 남의 처를 약탈하는 행위를 하여 비난을 받았는데, 인조의 손자이며 인평대군(麟坪大君)의 아들인 복선군(福善君)과 내왕이 있음을 기화로 그가 역모를 꾀한다고 종척인 김석주(金錫胄) 등으로부터 고변 당했다. 이에 따라 그는 4월 12일 군기시(軍器寺) 앞길에서 능지처참당하고 복선군·복창군(福昌君)·복평군(福平君)과 허적을 비롯한 남인 실권자 등이 죽음을 당했다.

170) 심온(沈溫) : 조선 전기의 문신. 본관은 청송(靑松), 자는 중옥(仲玉). 태종 8년(1408) 그의 딸이 충녕군(忠寧君 : 뒤에 세종)의 비가 되면서 왕실과 인척 관계를 맺고, 벼슬도 높아졌다. 1418년 사은사(謝恩使)로서 명나라에 가게 되었는데, 이때에 그의 동생 심정(沈泟)이 병조판서 박습(朴習)과 함께 상왕인 태종의 병권 장악을 비난한 일이 화근이 되어, 이듬해 귀국 도중에 의주에서 체포되어 수원으로 압송, 사사되었다. 이 사건은 그가 국구로서 세력이 커짐을 염려한 태종과 좌의정 박은의 무고로 밝혀져, 뒤에 세종은 관직을 복위시키고, 안효(安孝)라는 시호를 내렸다. 죽기 전 유언으로 박씨와 혼인하지 말도록 당부하니, 오랫동안 지켜졌다.

171) 박은(朴訔) : 고려 말 조선 초의 문신(1370~1422). 본관은 반남(潘南), 자는 앙지(仰之), 호는 조은(釣隱). 제1, 2차 왕자의 난에서 방원을 도와 공을 세워 방원이 왕세자가 된 1400년에는 세자좌보덕(世子左輔德)으로 그를 보필하고, 태종 즉위 후 중용되어 형조·호조·병조·이조의 4조 전서(典書)를 두루 역임하고, 좌명공신(佐命功臣) 3등으로 반남군(潘南君)에 봉해졌다. 충녕대군(忠寧大君)이 세자로 책봉될 무렵부터 심온(沈溫)과 대립했다. 세종 즉위년(1418) 심온의 옥사 때에는 심온의 반대 입장에서 관여했다는 세평을 듣고 있다. 시호는 평도(平度).

까지는 하지 않더라도 혼인은 하지 마라"라고 유언하였다. 그가 죽게 된 데에는 평도공(平度公)이 결정적인 역할을 했기 때문이다. 평도공은 바로 박은(朴訔)이다. 그 뒤로 서로 혼인하면 좋지 않았다.

이혼
離異

진(晉)나라 두기(杜畿)[172]는 "여자가 시집가기 전에는 아버지가 참형에 당하면 따라서 죽고, 출가해서는 남편의 죄에 연좌된다"라고 말하였다.

고부(古賦)인 「사미인(思美人)」[173]에서,

드디어 시들어지니 헤어져 떠난다 遂萎絶而離異

라고 하였으니, 지금 '이혼(離婚)'을 '이이(離異)'라고 하는 말은 여기에서 유래하였다.

치마를 주고 꿈을 사다
擲裙賭夢

『삼국사기』[174]에서 말하였다.

---

172) 두기(杜畿) : 삼국 시대 위(魏)나라 두릉(杜陵) 출신. 자는 백후(伯侯), 시호는 대(戴). 건안(建安 : 196~220) 연간에 하동태수(河東太守)에 제수되어 농상(農桑)을 권장하고 무사(武事)를 강론하며 학궁(學宮)을 열었다. 문제(文帝) 때 관직이 상서복야(尙書僕射)에 이르렀다.

173) 왕일(王逸)의 작품.

174) 『松南雜識』에는 '三國遺事'로 오기되어 있음.

김유신의 누이 보희(寶姬)가 꿈에 서형산(西兄山)에 올라가 앉아 오줌을 누니 나라 안에 가득찼다. 깨어나 그 아우에게 말하니, 아우가 비단 치마를 주고는 "언니의 꿈을 사고 싶습니다"라고 말하였다. 하루는 왕이 김유신과 공을 찼는데 김유신이 고의로 왕의 옷고름을 떨어지게 하고는 보희를 불러 꿰매게 하였다. 그러나 보희는 사양하였고 아우가 갑작스레 들어가서 꿰매게 되었다. 문희는 아름다웠기에 왕이 마침내 혼인을 하니 문명왕후(文明王后)이다.[175)]

「광한부(廣韓賦)」에서,

비단 치마를 주고 꿈을 사서	擲錦裙而賭夢
문희(文姬)가 옷고름을 달고 왕비가 되었네	姬綴紐而于嬪[176)]

라고 한 말이 이것이다. 지금 꿈을 사는 일은 여기서 유래하였다.

문란이 벽에 글을 쓰다
文蘭書壁

식암(息庵) 김석주(金錫胄)[177)]의 문집에서 말하였다.

---

175) 文武王立, 諱法敏, 太宗王之元子, 母金氏文明王后, 蘇判舒玄之季女, 庾信之妹也, 其夢登西兄山頂坐 旋, 流國內, 覺與季言夢, 季戲曰, 予願買兄此夢. 因與錦裙爲直, 後數日, 庾信與春秋公蹴鞠, 因踐落春秋衣紐, 庾信曰, 吾家幸近, 請往綴紐. 因與俱往宅, 置酒 ,從容喚寶姬, 持針線來縫, 其有故不進, 其季進前縫綴, 淡粧輕服, 光艶炤人, 春秋見而悅之, 乃請婚成禮, 則有娠生男, 是謂法敏.(『三國史記, 卷第六, 新羅本紀, 第六, 文武王, 上』)→金庾信妹寶姬, 夢登西兄山坐旋, 流遍國內. 覺而與其弟言, 弟擲錦裙爲直曰, 願買兄夢. 一日, 王與庾信蹴鞠, 故穿落王衣紐, 喚寶姬綴之. 姬辭, 其弟遽進而綴, 美且艶. 王遂爲婚, 卽文明后.(『松南雜識』)

176) 유한준(兪漢雋)의 작품.

177) 김석주(金錫胄) : 조선 후기의 문신(1634~1684). 자는 사백(斯百), 호는 식암(息庵). 현종 3년(1662)에 증광 문과에 급제하고, 우의정을 지냈다. 서인(西人)으로서 남인(南

진자점(榛子店) 주모가 말하였다.

"오륙 년 전에 심양(瀋陽)의 왕장경(王章京)이 백금(白金) 칠십으로 문란(文蘭)을 사서 이곳을 지나는데 비통하고 참담한 중에도 자태(姿態)는 오히려 아름다워 사람의 마음을 움직였습니다. 벽을 쓸고 눈물을 흘리며 이 글을 썼는데, 오른손에 조금 힘이 빠지자 왼손으로 붓을 잡고 빠르게 적었습니다. '저는 강우(江右)의 수재(秀才) 우상경(虞尙卿) 의 아내입니다. 남편은 피살되고 저는 오랑캐에게 사로잡혔다가, 지금 왕장경에게 팔렸습니다. 무오년(1618) 정월 21일에 눈물을 뿌리며 벽을 쓸고 이 글을 적습니다. 부디 바라건대, 천하에 마음을 가진 사람은 이 글을 보고 구해주십시오. 제 나이는 스물 한 살입니다. 계문란(季文蘭)이 씁니다.'"

그의 시는 다음과 같다.

오랑캐머리에 공연히 옛 단장 안타깝고	椎髻空憐昔日粧
나들이 옷은 오랑캐 차림일세	征裙換盡越羅裳
부모님 생사를 어디서 알아볼꼬	爺娘生死知何處
애닯게도 봄바람에 심양으로 올라가네	痛殺春風上瀋陽

차운시(次韻詩)는 다음과 같다.

얌전한 구름 머리 옛 단장도 이젠 끝났고	綽約雲鬟罷舊粧
오랑캐 피리 몇 구절에 눈물이 치마에 흥건하다[178]	胡笳幾拍淚盈裳
누가 또 조공(曹公)의 힘을 얻어다	誰能更有曹公力
문희(文姬)를 맞아 낙양에 들어오게 할까[179]	迎取文姬入洛陽[180]

人)과의 당파 싸움에 앞장섰으나, 같은 서인의 소장파로부터 반감을 샀고, 이것이 노론(老論)·소론(少論) 분열의 원인이 되었다.

178) 호가(胡笳)는 문희(文姬)가 오랑캐 좌현왕(左賢王)에게 잡혀가서 지은 「호가십팔박(胡笳十八拍)」을 이른다. 계문란이 중국의 단장을 오랑캐의 수식으로 바꾸고서 문희의 호가를 듣고는 눈물을 흘렸으리라는 의미이다.

암나인 · 숫나인
內人雌雄

지금 나인(內人)은 한 방에 두 여인이 지내는데 암나인 · 숫나인 이라고 한다. 「조황후전(趙皇后傳)」[181]의 "조궁(曹宮)과 대식(對食)"[182]이 이것이다.

---

179) 문희(文姬)는 한말(漢末) 채염(蔡琰)의 자이다. 그의 아버지는 채옹(蔡邕)이며, 남편은 위중도(衛仲道)이다. 남편이 일찍 죽어 친정으로 돌아오다가 난리에 오랑캐에게 잡혀가 두 아들을 낳았다. 그는 음률(音律)에 능하여 「호가십팔박」을 지었는데 위(魏)의 조조(曹操)가 가엾게 여겨 금벽(金璧)을 오랑캐에게 상환해 주고 문희를 다시 데려왔다.

180) 榛子店主人壁上, 有江右女子季文蘭手書一絶, 覽之悽然, 爲步其韻. 綽約雲鬟罷舊粧, 胡笳幾拍淚盈裳, 誰能更有曹公力, 迎取文姬入洛陽. 〈原韻〉 椎髻空憐昔日粧, 征裙換盡越羅裳, 爺娘生死知何處, 痛殺春風上瀋陽. 其下又有小序云, 奴江右虞尙卿秀才妻也. 夫被戮, 奴被虜, 今爲王章京所買, 戊午正月廿一日.洒淚拂壁書此, 唯望天下有心人見此, 憐而見拯. 下又書奴年二十有一. 缺三字. 秀才女也. 母李氏, 兄名缺冊字, 國府學秀才下缺, 亦不可記. 末書云季文蘭書. 副使柳公招主媼問之, 媼俱言五六年前, 瀋陽王章京用白金七十, 買此女過此, 悲楚黯慘之中, 姿態尙嬌艶動人, 掃壁垂淚書此, 右手稍倦, 則以左手執筆疾書云.(『息庵先生遺稿, 卷之六, 擣椒錄 上』) →榛子店主娼言, 五六年前, 瀋陽王章京用白金七十, 買文蘭過此, 悲楚黯慘之中, 姿態尙嬌艶動人, 掃壁垂淚書此, 右手稍倦, 則以左手執筆疾書云. 奴江右虞尙卿秀才妻也. 夫被戮, 奴被虜, 今爲王章京所買, 戊午正月廿一日. 灑淚拂壁書此, 唯望天下有心人見此, 憐而見拯. 奴年二十有一. 季文蘭書. 其詩曰, 髻空憐昔日粧, 征裙換盡越羅裳, 爺娘生死知何處, 痛殺春風上瀋陽. 步韻云, 綽約雲鬟罷舊粧, 胡笳幾拍淚盈裳, 誰能更有曹公力, 迎取文姬入洛陽.(『松南雜識』)

181) 조황후 : 조비연(趙飛燕). '나는 제비'라는 뜻으로 본 이름은 조의주(趙宜主). 뛰어난 몸매에 가무(歌舞) 또한 타의 추종을 불허한 그녀는 한나라의 성황제(漢成帝) 총애를 받아 황후(趙皇后)의 지위까지 오르게 되었다. 한번은 황제가 호수에서 선상연(船上宴)을 베풀었는데 갑자기 강풍이 불자 춤을 추던 비연이 휘청 물로 떨어지려 했다. 황제가 급히 그녀의 한쪽 발목을 붙잡았는데 춤의 삼매경에 빠진 비연은 그 상태에서도 춤추기를 그치지 않아서 비연은 임금의 손바닥 위에서도 춤을 추었다. 그래서 비연작장중무(飛燕作掌中舞)라는 고사의 주인공이 되기까지 했다. 이렇게 임금의 총애를 받은 비연은 세상에 못하는 것이 없었다고 한다. 그러나 그 세월은 겨우 10년, 황제가 죽자 비연은 탄핵의 대상이 되었고 평인으로 걸식을 하다가 자살로 그 생을 끝맺고 말았다.

182) 조궁대식(曹宮對食) : 조궁(曹宮)은 황후궁의 여사(女史)로 조(曹)는 성이고 궁(宮)은 이름이다. 대식(對食)은 궁인(宮人)끼리 서로 부부가 되는 것을 이름.

홀치나인
忽赤內人

『명사(明史)』에 "대궐 안에서 궁녀를 도인(都人)이라 부른다"[183]라고 하니, 바로 『시경(詩經)』의 '도인(都人)·사녀(士女)'이다. 지금 나인으로 열 살 전에 들어온 사람을 상궁(尙宮)이라고 한다. 이미 시집간 뒤에 들어오는 사람도 있으니 홀치(忽赤)라고 부른다. '홀치'는 몽고말인 듯하다. 『고려사』에서 "원종(元宗) 때 왕이 벼슬아치의 자제로 원나라에 인질로 가는 왕을 따라간 사람들을 번을 나누어 숙위(宿衛)케 하였으니 홀치(忽赤)라 불렀다"[184]라고 하였다. 대개 숙위의 호칭이 나인의 호칭이 된 것인가? '赤'의 음은 '치'이다.

잠자리를 모시면 옷을 하사한다
侍寢賜衣

『송사(宋史)』에서 "도종(度宗)이 하룻밤에 옷을 하사한 사람이 삼십여 명이었다"라고 하였다. 우리나라에 "궁녀가 왕의 잠자리를 모시면 다음 날 아침에 치마를 뒤집어 입고 왕의 은혜에 감사한다"라고 하니, 또한 옛날에 이른바 "잠자리를 모시고 나서 은가락지를 오른손에 낀다"라는 뜻이다.

『운선잡기(雲仙雜記)』[185]에서 말하였다.

---

183) **蓋**內廷呼宮人曰都人.(『明史, 卷一百十四, 列傳, 后妃』)→內廷呼宮人**爲**都人.(『松南雜識』)

184) **十五年八月忠烈王卽位** 以衣冠子弟 **嘗從爲禿魯花者** 分番宿衛, 號曰忽赤.(『高麗史, 卷八十二, 志三十六, 兵二, 宿衛』)→**元宗時**, 以衣冠子弟, 從**王質元者**, 分番宿衛, 號曰忽赤.(『松南雜識』)

185) 운선잡기(雲仙雜記) : 10권. 고금의 일화를 뒤섞어서 기록하고 있는데 연호(年號)의 선후가 잘못된 것이 많다.

당나라 목종(穆宗)이 흰 비단에는 검은 글씨로 쓰고 검은 비단에는 흰 글씨로 써서 옷을 만들어 동침한 궁녀에게 하사하니, 모두 음란하고 비속한 말이었다. 당시에 '농담옷[諢衣]'이라고 하였다.[186]

도마뱀이 궁을 지키다
蜥蜴守宮

한(漢)나라 무제(武帝)가 단오에 도마뱀을 잡아 단사(丹砂)를 먹여 키우니 몸이 붉게 변한다. 다음 해 단오에 그 도마뱀을 찧어 궁인의 팔에 발라 보아 음란한 짓을 했으면 사라진다. 그러므로 '수궁(守宮)'이라고 하니[187] 또한 소설(小說)의 '앵무새 피'[188]와 같은 류이다.

『설문해자(說文解字)』에서 "풀에서 사는 도마뱀을 '석척(蜥蜴)'이라 하고, 벽(壁)에서 사는 도마뱀을 '언정(蝘蜓)'이라 한다"라고 하였다.

기생에게 옹주의 관작을 내리다
妓爵翁主

『고려사』에서 말하였다.

---

186) 穆宗以玄綃白書, 素紗墨書, 爲衣服, 賜承幸宮人, 皆淫鄙之詞, **時**號諢衣, 至廣明中猶有存者.(『雲仙雜記, 卷七, 諢衣』) → **唐**穆宗以玄綃白書, 素紗墨書, 爲衣服, 賜承幸宮人, 皆淫鄙之詞, 詩號諢衣.(『松南雜識』)

187) 漢武帝, **時以端**午日, 取蜥蜴, **置之器**, 飼以丹砂. **至明年端午**, **搗之以**塗宮人臂, 有所犯則消**沒**, **不爾則如赤痣**, 故**得**守宮**之名**.(『古今事文類聚, 前集, 卷九, 捕守宮』) → 漢武帝, 午日, 取蜥蜴, 飼以丹砂**體赤**. **次年此日**擣之, 塗宮人臂, 有所犯則消, 故**曰**守宮.(『松南雜識』)

188) 이규경(李圭景)의 『五洲衍文長箋散稿, 萬物篇, 萬物雜類, 草木鳥獸蟲魚雜說, 守宮砂辨證說』에 동녀(童女)의 순결을 시험해 보는 데 앵무새의 피가 사용되었다는 기록이 있다. 앵무새의 피를 동녀의 팔에 바르면 그 피가 피부에 그대로 스며들어 없어지지 않지만 그렇지 않을 경우는 흔적도 없이 사라진다고 한다.

신우(辛禑)가 여종 봉가이(鳳加伊)를 맞아 들여 숙녕옹주(肅寧翁主)로 삼고 기녀 칠점선(七點仙)을 영선옹주(寧善翁主)로 삼았다."[189] 또 "안숙노(安淑老)의 딸을 현비(賢妃)로 삼고 소매향(小梅香)을 화순옹주(和順翁主)로 삼고 연쌍비(燕雙飛)를 명순옹주(明順翁主)로 삼았다.[190]

유득공(柳得恭)[191]의 시에,

여기는 신왕(辛王)이 행락(行樂)하던 곳인데	爲是辛王行樂地
지금은 제비만 쌍쌍이 날아다니네	至今猶見燕雙飛[192]

라고 하였다.

살펴보건대 공민왕(恭愍王) 때 처음으로 이러한 사례가 있었으니, 황근(黃瑾)이 상소에서 "바느질하던 낭자도 옹주와 택주로 봉해 지니 참람되고 분수를 넘었습니다"[193]라고 하였다.

수척
水尺

『한무제외사(漢武帝外史)』에서 "예전에는 기생이 없었는데, 무제가 처

---

189) 鳳加伊爲肅寧翁主, 妓七點仙爲寧善翁主. **以私婢官妓封翁主者**, **古所未聞**, **國人驚駭**.(『高麗史, 卷百三十五, 列傳四十八, 辛禑三』) → **辛禑**, **納婢**鳳加伊爲肅寧翁主, 妓七點仙爲寧善翁主.(『松南雜識』)

190) 封安淑老女爲賢妃, **妓**小梅香和順翁主, 燕雙飛明順翁主.(『高麗史, 卷百三十七, 列傳五十, 辛禑五』) → **又**封安淑**婢**老女爲賢妃, 小梅香**爲**和順翁**公**, 燕雙飛**爲**明順翁主.(『松南雜識』)

191) 『松南雜識』에는 '李德懋'로 오기되어 있음.

192) 『泠齋集卷之二, 古今體詩, 一百九十八首, 二十一都懷古詩, 高麗, 開城府』.

193) 針線娘子**內療之女**, 亦**有**封翁主宅主者, 僭擬踰分.(『高麗史, 卷千百十一, 列傳二十四, 金續命』) → 針線娘子, 亦封翁主宅主者, 僭擬踰分.(『松南雜識』)

음 영기(營妓)를 두어 아내가 없는 군사(軍士)를 접대하게 하였다”라고 하였다.

우리나라에 예전에는 기생이 없었는데, 고려조에 이부춘(李富春)이 처음 여종 양수척(楊水尺)을 기생으로 만들었던 까닭에 지금까지 기생을 ‘수척(水尺)’이라 부른다. 민간에서는 훈차하여 ‘무자의(無者儀)’[194]라고 부른다. 조선에서는 변방의 읍에 기생을 두어 수자리 사는 사내를 접대하게 한다.

화견수
花見羞

『오대사(五代史)』에서 “유심(劉鄩)[195]의 시녀 왕씨(王氏)가 미색이 있어서 사람들이 화견수(花見羞)라 불렀다”[196]라고 하니, 지금 미녀를 화수모(花羞貌)라고 부른다. 또한 “육랑(六郎)이 연화(蓮花)를 닮은 것인가? 연화가 육랑을 닮은 것인가?”[197]라고 하였다.

「양기전(梁冀傳)」[198]에서 “손수(孫壽)[199]가 요염한 자태를 잘 하였으니,

---

194) 무자의(無者儀) : 무자리.

195) 유심(劉鄩) : 후량(後粱)의 안구(安丘) 출신. 관직이 진남군절도사(鎭南軍節度使)에 이르렀다. 당(唐)의 장종(莊宗)과 싸워서 대패하고 죽임을 당했다.

196) 淑妃王氏, 邠州餠家子也, 有美色, 號花見羞. 少賣梁, 故將劉鄩爲侍兒, 鄩卒, 王氏無所歸. 是時, 明宗夏夫人已卒, 方求別室, 有言王氏於安重誨者, 重誨以告明宗而納之王氏. 素得鄩金甚多, 悉以遺明宗左右及諸子婦人, 人皆爲王氏稱譽, 明宗益愛之. (『五代史, 卷十五, 唐家人傳』) → 劉鄩侍兒王氏有艷色, 人號花見羞.(『松南雜識』)

197) 육랑(六郎)은 당나라의 장창종(張昌宗)으로, 아름다운 외모로 왕의 총애를 받았다. 당시 사람들이 당창종의 “육랑은 연꽃 같다”고 칭찬을 하니, 양재사(楊再思)가 그렇지 않다고 하면서 “연꽃이 육랑을 닮은 것이다”라고 아첨을 했다.(『舊唐書, 卷九十後, 列傳, 第九十, 楊再思』)

198) 양기전(梁冀傳) : 본래 이름은 「양통열전(梁統列傳)」. 후한 순제(順帝) 때 양황후(梁皇后)의 오빠인 양기(梁冀)의 전기. 양기의 자는 백거(伯車)이고 흉폭하고 방자한 성격을 지녔다. 아버지 상(尙)을 이어서 대장군이 되어 질제(質帝)를 죽이고 환제(桓帝)를 세웠으며 지위에 있은 지 20여 년에 백관들이 모두 두려워하였다. 후에 천자가 중상시

수심 어린 미간과 운 것처럼 꾸미는 화장·타마계(墮馬髻)·허리를 꺾은 걸음·치통 앓는 듯한 웃음 등을 잘 지어냈다"라고 하였다[200] 이것들은 탁문군(卓文君)[201]의 먼 산처럼 그린 눈썹[遠山黛][202]과 함께 지금의 기생들이 모두 따라 한다.

『급총서(汲冢書)』[203]에서 "걸(桀)이 두 여자를 얻으니, 완(琬)과 염(琰)이라고 한다. 걸이 그들을 사랑하여 이름을 능소화 위에 새겼다. 능소화가 완(琬)이고 꽃이 염(琰)이다"[204]라고 하였다.

선연동
嬋娟洞

선연동은 평양에 있는 기생의 장지(葬地)로, 당나라 내인사(內人斜)[205]

(中常侍) 단초(單超) 등과 함께 모의하여 병사를 일으켜 양기를 잡으려 함에 양기가 드디어 자살했다.

199) 손수(孫壽) : 양기(梁冀)의 아내.

200) **壽色美而**善爲**妖**態, 作愁眉, **嚬妝**, 墮馬髻, 折腰步, 齲齒笑, 以爲媚惑.(『後漢書, 卷六十四, 梁統列傳』) → **梁冀傳**, 孫壽, 善爲**疾**態, 作愁眉, **啼粧**, 墮馬髻, 折腰步, 齲齒笑.(『松南雜識』)

201) 탁문군(卓文君) : 한(漢)나라의 부호. 탁왕손(卓王孫)의 딸 사마상여(司馬相如)가 유혹하는 거문고 소리에 반하여 밤중에 집을 빠져 나와 그의 아내가 되었다. 사마상여는 아내 탁문군(卓文君)과 함께 목로집을 차리고서, 아내에게는 손님에게 술을 팔게 하고 자신은 쇠코잠뱅이를 입고 잡역(雜役)을 했다.

202) 『松南雜識』의 기술과는 달리 '원산대(遠山黛)'는 조비연(趙飛燕)의 동생인 조합덕(趙合德)의 엷은 눈썹 화장을 이르는 말이다. 탁문군(卓文君)은 눈썹 화장을 하지 않았지만 멀리서 보면 원산(遠山)처럼 보였다고 한다.

203) 급총서(汲冢書) : 진(晉)나라 때 급군(汲郡)의 고분(古墳)에서 출토된 선진(先秦)의 고서를 말한다.

204) 紀年曰, 后桀伐蒙山, 山民進女於桀, 二人曰琬曰琰, 桀受二女, 無子. 刻其名於苕華之上, 苕是琬, 華是琰, 而棄其元妃於洛, 曰妹喜.(『太平御覽, 卷一百三十五, 皇親部』) → 汲冢書曰, 桀得二女 曰琬琰, 桀愛之, 斲其名于苕華之上, 苕是琬, 華是琰.(『松南雜識』)

205) 내인사(內人斜) : 궁녀들의 장지. 궁인사(宮人斜)라고도 한다.

와 같다. 심수경(沈守慶)[206]의 시에,

> 남자가 한 번 죽는 것은 끝내 면하기 어려우니 男兒一死終難免
> 선연동의 혼이 되었으면 좋겠네 願作嬋娟洞裏魂

라고 하였다. 뒤에 충청도 감사가 되어 사랑하는 기생에게 준 시에,

> 영웅의 득의는 남북이 따로 정해져 있지 않으니 英雄得意無南北
> 굳이 선연동의 혼이 될 필요는 없겠구나 不必嬋娟洞裡魂

라고 하였다. 『강남야사(江南野史)』[207]에서 진황(陳貺)이 이른바 "옷자락 아래 이런 진미(珍美)가 있는지 몰랐습니다"[208]라는 것이다.

세상에 전하기를 "평양 기생이 선생안(先生案)[209]으로 이름을 떨쳤는데 서씨나 김씨할 것 없이 부끄러워하였다"라고 한다. 대개 평안도 감사에 서씨, 김씨 두 성이 많았기 때문이다.

『전등록(傳燈錄)』에서 말하였다.

> 연주(延州)에 매우 아름다운 부인이 있었다. 청년들이 모두 지분거리니 몇 년 뒤에 죽어서 길 왼쪽에 장사지냈다. 대력(大曆 : 766~779) 연간에 호승(胡僧)이 그 무덤에 경건히 예를 갖추고 말하였다.
>
> "이 사람은 쇄골보살(鎖骨菩薩)[210]이다."

---

203) 심수경(沈守慶) : 조선 중기의 문신(1516~1599). 본관은 풍산(豊山). 자는 희안(希顔), 호는 청천당(聽天堂). 저서로는 『청천당시집』·『청천당유한록(聽天堂遺閑錄)』이 있다.

207) 강남야사(江南野史) : 10권. 송나라 용곤(龍袞) 편찬하였음. 남당(南唐)의 사적을 기년(紀年)의 형식으로 기록하였음.

208) 진황은 세욕이 없는 처사인데 나이 쉰에 장가를 들었다. 누가 그에게 신혼 생활을 물어 보자, "껄껄! 제가 산림에서 은거하며 사노라, 세상일에 관심에 없었는데, 옷자락 밑에 이런 진미가 있는 줄 몰랐습니다"라고 했다.(『江南野史, 卷六, 陳貺』)

209) 선생안(先生案) : 각 관아에서 전임 관원의 성명·직명·생년월일·본관 같은 것을 기록한 책. 여기에서는 기생이 모신 감사의 명단을 뜻함.

무덤을 파서 그 뼈를 보니 고리처럼 연결되어 모두 사슬 같은 모양이었다.[211]

이것은 마랑부(馬郎婦[212])의 일과 유사하니, 기생이 음란함을 좋아하는 것에 대한 경계라고 할 만하다.

여자가 병관이 되다
女爲兵官

왕세정(王世貞)의 『완위여편(宛委餘編)』에서 말하였다.

여자가 병관(兵官)이 되니, 군사마(軍司馬) 공씨(孔氏)는 고침(顧琛)의 모친이고 정열장군(貞烈將軍) 왕씨(王氏)는 왕흠(王廞)의 딸이다. 당나라 절도사 허숙기(許叔冀)의 부(部)에 소속되었던 왕씨(王氏)·당씨(唐氏)·후씨(侯氏)는 모두 그의 과의교위(果毅校尉)이고 진(陳)나라 여자 백경아(白頸鵞)는 거란의 회화장군(懷化將軍)이 되었다.

당나라 태종(太宗)이 신라 선덕여왕(善德女王)을 광록대부(光祿大夫)에, 진덕여왕(眞德女王)을 주국대부(柱國大夫)에 책봉한 것과 같다.

살펴보건대, 시소(柴紹[213])의 아내가 낭자군진(娘子軍陳)이 되고 고량선

210) 쇄골보살(鎖骨菩薩) : 온몸의 뼈가 쇠사슬처럼 연결된 보살.

211) 『금수만화곡(錦繡萬花谷)』·『산당사고(山堂肆考)』·『격치경원(格致鏡原)』에 모두 『속현어록(續玄語錄)』에서 인용했다고 명시했다.

212) 마랑부(馬郎婦) : 불경에서 전해 오는 이야기로, 옛날에 현숙한 여인인 마랑부(馬郎婦)가 금사탄(金沙灘) 가에서 모든 사람과 성교를 했다. 그녀와 성교를 한 사람은 음란한 생각이 영원히 없어지게 되었다. 그녀가 죽어 장사 지낸 뒤 한 범승(梵僧)이 무덤을 파보니 온몸의 뼈가 쇠사슬처럼 연결 되어 있었다. 범승이 지팡이로 뒤적이자 구름이 되어 올라갔다.

213) 시소(柴紹) : 당나라 임분(臨汾) 출신. 자는 사창(嗣昌). 어려서부터 무예로 이름이 알

씨(高涼洗氏)의 부인[214]은 전공(戰功)이 있었다. 대개 여자가 학사(學士) 시중(侍中)이 되는 것도 괴이한 일이다. 하물며 병관(兵官)이 되는 것은 말할 나위 있으랴? 반고(班固)가 편찬하던 『한서(漢書)』를 누이 반소(班昭)가 계승해서 완성하였고, 위령(韋逞)의 모친 문선군(文宣君) 송씨가 장막 뒤에서 주관학(周官學)을 가르쳤으며[215] 왕희지(王羲之)[216]가 위부인(衛夫人)[217]에게서 필법(筆法)을 배운 일은 모두 세상에 드문 일이다.

여자가 반적이 되다
女爲反賊

『한서(漢書)』에 '동해(東海)의 여모(呂母)[218]'와 '교지(交趾)의 징측(徵側)'[219]에 대한 반란 사건 기록이 있다.

『화사(花史)』에서 "당새아(唐賽兒)[220]가 명나라 성조(成祖)를 유목천(楡

려졌으며 우효위대장군(右驍衛大將軍)을 지냈다. 시호는 양(襄).

214) 고량선씨(高涼洗氏)의 부인 : 초국부인(譙國夫人)을 이름.

215) 진(晉)나라 위령(韋逞)의 모친 송씨는 대대로 유학을 한 친정에서 주관(周官)의 음의(音義)를 수학했다. 부견(苻堅)은 주관학(周官學)이 오래 동안 폐해진 것을 안타깝게 생각하여 강당을 세우고 송씨로 하여금 생도 120명을 비단 장막 뒤에서 가르치게 했다.

216) 왕희지(王羲之) : 진(晉)나라의 서예가. 자는 일소(逸少). 원제(元帝) 때 우군장군(右軍將軍)이 되었기에 세상에서 왕우군(王右軍)이라고 불렸다. 초서(草書)와 예서(隸書)가 고금의 으뜸이다.

217) 위부인(衛夫人) : 진(晉)나라의 여류 서예가. 이름은 삭(鑠), 자는 무의(茂猗), 여음태수(汝陰太守) 이구(李矩)의 아내. 왕희지가 젊었을 때 그에게 글씨를 배웠다.
*『松南雜識』에는 "李衛"로 오기되어 있음.

218) 왕망(王莽) 때 낭야(瑯琊)에 여모(呂母)라는 사람이 있었는데 그 자식이 현의 관리로서 작은 잘못을 저지르고 사형을 당했다. 여모는 자식이 억울하게 죽었다고 생각하고 가산을 기울여 청년들에게 환심을 산 뒤 반란을 일으켰다.(『前漢書, 卷九十九, 下, 王莽傳, 第六十九, 下』)

219) 한나라 무제 때 교지(交趾)에서 징칙(徵側)이 반란을 일으킨 일이 있다.(『後漢書, 卷五十四, 馬援列傳, 第十四, 馬援傳』)

220) 당새아(唐賽兒) : 명나라 어대(魚臺) 출신. 임삼(林三)의 처. 어릴 적 불경을 읽고 불모(佛母)라고 자호(自號)했다. 영락(永樂 : 1403~1424) 연간에 익도(益都)에서 난을 일

木川)[221]에서 죽게 하였다"라고 하였다. 또 당나라 사람들이 측천무후(則天武后)의 시대를 암컷조정[牝朝]이라 불렀다.

살펴보건대, 『명사(明史)』에서 "포대(蒲臺)의 요부(妖婦) 당새아가 환술(幻術)로 대중을 모았다"[222]라고 하였다.

남자가 여자라고 말하다
男子稱女

연암(燕岩) 박지원(朴趾源)이 말하였다.

명나라 헌종(憲宗) 때의 남자 상충(桑翀)은 나이가 스물 네 살이었는데 어려서부터 전족(纏足)을 하고 자칭 '과부선녀(寡婦善女)'라고 하였다. 재상(宰相)의 집에서 불러 그에게 자수(刺繡)를 가르쳤는데, 남자를 보면 문득 부끄러워서 피하고 밤에는 자수를 가르치던 사람과 함께 잤다.

우리나라의 '사방지(舍方知)'라는 사람도 상충(桑翀) 같은 행각이 있었다. 영순군(永順君) 이부(李溥)[223]와 하성위(河城尉) 정현조(鄭顯祖)[224]

으켰다가 유승(柳升)에게 진압 당했다.

221) 유목천(楡木川) : 지금의 찰합이성(察哈爾省) 다륜현(多倫縣)에 있으며, 옛날에는 개평성(開平城) 서북쪽이었다. 명의 성조(成祖)가 이곳에서 죽었다.

222) 『明史, 卷一百七十五, 列傳, 六十三, 衛青』.

223) 이부(李溥) : 조선 전기의 왕실(1444~1470). 자는 준지(俊之), 호는 명신당(明新堂). 할아버지는 세종이고, 아버지는 광평대군(廣平大君) 여(璵)이며, 어머니는 증좌의정 신자수(申自守)의 딸이다. 태어나자마자 아버지를 여의었다. 세종이 이를 불쌍히 여겨 5세까지 세자와 같이 공부하도록 궁중에서 길렀으며, 8세가 되자 특별히 가덕대부(嘉德大夫)에 승서하고 영순군(永順君)에 봉했다. 문무에 통달하니 세조도 세종의 유의(遺意)를 받들어 항상 좌우에 두고 모든 왕명의 출납을 일임했다.

224) 정현조(鄭顯祖) : 조선 전기의 문신. 본관은 하동(河東). 정인지(鄭麟趾)의 아들. 세조의 딸 의숙공주(懿淑公主)와 혼인하여 하성위(河城尉)에 봉하여졌다. 온양별시문과에 을과로 급제하였는데, 부마로서 과거에 응시한 것은 그가 처음이었다. 전명(傳命)에 능하여 세조의 『경국대전』 찬정(撰定)에 공헌한 바 있으나, 만년에는 작첩(作妾)과 불교를 너무 숭상한 것 때문에 대간으로부터 여러 번 탄핵을 받기도 했다.

가 이리저리 실험해 보고는 모두 혀를 내두르며 "굉장하구나!"라고 하였다.

점필재(佔畢齋) 김종직(金宗直)의 시에,

길 머리에서 왁자지껄 「하간전」[225] 낭송하고	街頭喧誦河間傳
규방 안에서는 비통하게 「양백화」[226]를 노래하네	閨裏悲歌楊白華[227]

라고 한 말이 이것이다.[228]

근년에 망월사(望月寺)[229] · 신흥사(新興寺) 등의 초막에서 나인이 기도하다가 아이를 밴 자가 있었는데 포도대장 김영(金瑛)이 초막을 허물자

225) 하간전(河間傳) : 하간 지역에 전해오는 정악(正樂).

226) 양백화(楊白華) : 악부(樂府) 잡곡가사(雜曲歌辭)의 하나. 본래는 위(魏)의 명장 양대안(楊大眼)의 아들 이름인데, 호 태후(胡太后)가 일찍이 그와 간통했다가 그가 후환이 두려워서 양(梁)나라로 달아나버리자, 호 태후가 그를 사모하여 이 노래를 지어서 불렀다 한다.

227) 「사방지(舍方知)」.

228) 街頭喧誦河間傳, 閨裡悲歌楊白花, 此佔畢齋刺舍方知也. 舍方知者, 私賤也, 自幼爲女服, 傅粉脂, 學剪製, 及長, 出入朝士家, 天順七年春 憲府風聞, 逮訊其素所私一尼, 尼曰 陽道壯也. 令女醫班德捫之, 永順君溥河城尉鄭顯祖雜驗之, 皆吐舌曰, 壯也. 當時中朝, 亦先有此. 吳郡楊循吉蓬軒別記, 成化庚子, 京師有寡婦, 善女紅, 少而艾, 履襪不盈四寸, 諸富貴家相薦, 引以教刺繡, 見男子輒羞避, 夜與從教者寢處, 謹鎖鑰, 人益信其嚴於自防, 庠生某慕之, 乃以厥妻, 始爲妹, 延寡至家, 潛戒其妻, 夜啓戶, 佯如廁, 生遽入滅燭, 寡大呼, 生扼其吭, 强犯之則男子也. 繫送于官, 鞫之, 姓桑名翀, 年二十四, 自幼纏足, 法司上其獄. 憲宗皇帝以爲人妖, 置諸極典.(『燕巖集, 卷之十四, 別集, 熱河日記, 避暑錄』)→明憲宗時, 男子桑翀, 年二十四, 自幼纏足, 自稱寡婦善女, 宰相家薦引, 以教刺繡, 見男子輒羞避, 夜與所教者寢. 我朝舍方知者, 亦有桑翀之行, 永順君溥河城尉鄭顯祖, 雜驗之, 皆吐舌曰, 壯也. 佔畢齋詩, 街頭喧誦河間傳, 閨裡悲歌楊白花, 是也.(『松南雜識』)

229) 망월사(望月寺) : 경기도 의정부시 호원동 도봉산(道峰山)에 있는 절. 선덕여왕 8년(639) 해호(海浩)가 창건했다. 선덕여왕은 해호를 존경하여 측근에 머물게 하고자 하였으나, 해호는 사양하고 홀로 이 산중에 암자를 지어 나라를 위해 기도하는 것을 일과로 삼았다고 한다. 당시 해호가 머물렀던 동대(東臺)의 옛 산성 이름이 망월성(望月城)이었기 때문에 사람들이 산성 이름을 따서 망월사라 했다고 한다.

고 아뢰었다.

속고치
東古赤

『고려사』에서 말하였다.

공민왕이 '자제위(子弟衛)'를 설치해서 잘 생기고 건장한 청년을 선발하여 항상 대궐에서 시중들게 하고 '속고치(東古赤)'라고 부르니, 금남(錦南) 최부(崔溥)[230]가 "궁궐을 더럽히고 금수(禽獸)의 행실을 한다"라고 하였다.

청운계 · 백운계
青白雲禊

세상에 다음과 같은 일이 전한다.

중종 시대에 서울의 부귀한 집 청상 과부는 '청운계(靑雲禊)'를 만들고 빈천한 집 과부는 '백운계(白雲禊)'를 만들어 재물을 내고 연회를 베풀었다. 비록 과부가 아니라도 그 계에 들어가 왕래하였다. 어떤 한 남자가 저녁에 노파에게 이끌려 계(禊)하는 집의 어두운 소굴로 들어가 음란한 짓을 하였는데, 뒤에 보니 바로 자기 아내였다. 이 때문에 계를 금지하고 혁파하였다.

---

230) 최부(崔溥) : 조선 전기의 문신(1425～1504). 자는 연연(淵淵).

한(漢)의 고악부(古樂府)인 「맥상상(陌上桑)」의 주석에 "아마도 그때 뽕잎 따는 여자를 보고 좋아하여 자기 아내인 줄도 모르고 잘못 부른 사람이 있었던 듯하니, 노(魯)나라 추호(秋胡)의 행위[231]와 같다"라고 하였다. 『주자어류(朱子語類)』에서 말하였다.

"그대(使君)에게도 아내가 있고, 저에게도 남편이 있습니다"라고 하였으니, 그 기상을 볼 수 있다. 사군(使君)은 바로 남편이다. 뒷날 사람들이 그 말뜻을 깨달으면 가소로운 곳을 볼 수 있다.[232]

다른 사람의 아내를 유혹하다가 도리어 다른 사람이 자기 아내를 유혹하는 정황으로 남의 입장에서는 나에게 보복하고자 하고 나의 입장에서는 남을 욕하려는 의미는 어떠한가? 또 가소롭다.

청란 · 목계
青鸞木鷄

시화(詩話)에서 말하였다.

장복(張復)은 늙었는데 그의 아내 손씨는 젊은 나이였다. 의원 주묵(周默)이 「절간송(折簡送)」에서,

---

231) 노(魯)나라 추호(秋胡)가 아내를 들인 지 닷새 만에 진(陳)에서 벼슬을 했다. 5년 뒤 귀향할 때 길가에서 뽕잎을 따는 아름다운 부인을 보고 유혹하였으나 부인은 들은 척도 하지 않았다. 노추호가 집으로 돌아와 보니 자신이 유혹하였던 아름다운 부인은 바로 자기 아내였다. 그녀는 노추호의 죄를 따져 묻고 강에 투신 자살했다.

232) **樂府中羅敷行, 羅敷卽使君之妻, 使君卽羅敷之夫. 其曰**, 使君自有婦, 羅敷自有夫, **正相戲之辭. 又曰夫婿從東來, 千騎居上頭**, 觀其氣象**卽使君也**. 後人**亦錯解了, 須**得其辭意, 方見好笑處.(『朱子語類, 卷八十』)→使君自有婦, 羅敷自有夫, **則**觀其氣象, **使君卽夫也**. 後人得其辭意, 方見好笑處也.(『松南雜識』)

쉰살 노쇠한 늙은이에 스무살 아내 五十衰翁二十妻
눈은 침침하고 머리털 세어 이미 머리 숙였네 目昏髮白已頭低
붉은 휘장 깊은 곳에 의논은 그만두고 絳帷深處休論議
하늘 밖에서 청란(青鸞)이 목계(木鷄)[233]와 짝했으면 天外青鸞伴木鷄

라고 하였다.[234]

또 두 대중(杜大中)이라는 무인에게 애첩이 있었는데 사(詞)에 능하였다. 그 첩이 지은 「임강선사(臨江仙詞)」에,

화려한 봉황이 늙은 갈까마귀를 따르네 彩鳳隨老鴉

라는 구절이 있었다. 두대중이 노하여 "갈까마귀가 또 봉황을 때린다"라고 하였다.[235]

노인이 젊은 첩과 살고 무인이 글 잘 하는 여자와 사는 것에 대한 경

---

233) 목계(木鷄): 나무로 만든 닭으로 덕이 완숙(完熟)되어 바보스럽게 보이는 모양을 말한다. 옛날에 왕을 위하여 투계(鬪鷄)를 기르는 자가 있었는데, 10일 만에 왕이 닭이 어찌되었느냐고 묻자, "아직 안 됩니다. 허세로 교만을 부리고 노기를 띱니다"라고 했다. 10일 뒤에 다시 묻자, "아직 안 됩니다. 다른 닭의 영향을 받습니다"라고 했다. 10일 뒤에 다시 묻자, "아직 안 됩니다. 다른 닭을 흘겨보고 노기를 띱니다"라고 했다. 10일 뒤에 다시 묻자, "거의 되었습니다. 다른 닭이 울어도 기색을 변치 않고, 바라보면 마치 목계 같으니 그 덕이 완전히 이루어진 것입니다"라고 한 말에서 유래했다.(『莊子, 達生』)

234) 周默授宜興簿, 幼好方藥, 隣有張復者妻孫氏, 暴病煩一切脉, 默見其妻秀艶, 念無計得之, 白其母, 召飮接隣好挑之, 孫不對, 默念吾且少年孫亦妙齡其夫極老, 乃折簡送詩曰, 五十衰翁二十妻, 目昏髮白已頭低, 絳幃深處休論議, 天外青鸞伴木鷄.(『古今事文類聚, 前集, 卷三十八, 詩話, 因病求昏』)→詩話曰, 張復年老, 妻孫氏妙年. 醫者默念, 折簡送詩云, 五十衰翁二十妻, 目昏髮白已頭低, 絳帷深處休論議, 天外青鸞伴木鷄.(『松南雜識』)

235) 杜大中自行伍爲將, 與物無情, 雖妻有過, 亦公杖杖之, 有妾才色俱美, 大中牋表, 皆此妾所爲. 一日大中方寢, 妾至見几間有紙, 頗佳書一関, 臨江仙, 有彩鳳隨鴉之語, 大中覺而視之云, 鴉且打鳳, 於是, 掌其面至項折而死.(『古今事文類聚, 後集, 卷十六, 人倫部, 武人置妾』)→杜大中武人, 有愛妾能詞. 臨江仙詞, 有彩鳳隨老鴉之句, 大中怒云, 鴉且打鳳.(『松南雜識』)

계라 할 만하다.

사자후
獅子吼

『전등록(傳燈錄)』에서 "석가모니가 도솔천(兜率天)[236]에서 태어났을 때, 한쪽 손은 하늘을 한쪽 손은 땅을 가리키며 사자후(獅子吼)[237]의 소리를 내었다"라고 하였다.

소식(蘇軾)은 진조(陳慥)[238]의 아내 유씨(柳氏)를 풍자하여,

갑자기 하동(河東)의 사자후 소리 들으니	忽聞河東獅子吼
지팡이 손에서 떨어지며 정신이 아찔하네	拄杖落手心茫然[239]

라고 하였다. 지금 질투하는 여자에게 사용하는 것은 여기서 시작되었으니, '구반다(鳩盤茶)'[240]를 못생긴 여자에 비유한 것과 같다. 하동(河東)은 유씨(柳氏)의 관향이다.

---

236) 도솔천(兜率天) : 육욕천의 넷째 하늘. 수미산의 꼭대기에서 12만 유순(由旬) 되는 곳에 있는, 미륵보살이 사는 곳으로, 내외(內外) 두 원(院)이 있는데, 내원은 미륵보살의 정토이며, 외원은 천계 대중이 환락하는 장소라고 한다.

237) 사자후(獅子吼) : ① 부처의 위엄 있는 설법을, 사자의 울부짖음에 모든 짐승이 두려워하여 굴복하는 것에 비유하여 이르는 말. ② 사자의 우렁찬 울부짖음이란 뜻으로, 크게 부르짖어 열변을 토하는 연설을 이르는 말. ③ 질투심이 강한 아내가 남편에게 암팡스럽게 떠드는 일을 비유적으로 이르는 말.

238) 진조(陳慥) : 송나라 영가(永嘉) 출신. 자는 계상(季常). 어린 시절 검술을 좋아하고 호협(豪俠)함으로 자임하여 '일세호사(一世豪士)'라고 스스로를 일컬었다. 세상에 등용되지 못하고 만년에 가난하게 살면서 사각형의 높은 관을 썼기에 '방산자(方山子)'라고 불렸다. 아내 유씨(柳氏)는 성격이 사납고 질투심이 많아서 진조가 손님을 접대를 할 때 기생이 있으면 막대기로 벽을 치면서 소리를 질러서 손님들이 도망갔다고 한다.

239) 「기오덕인겸간진계상(寄吳德仁兼簡陳季常)」.

240) 구반다(鳩盤茶) : 불교어로 옹기처럼 생긴 귀신을 말한다. 못생긴 여자를 비유하는 말.

꾀꼬리 고기는 질투를 그치게 한다
鶬鶊止妬

양무제의 황후 치씨(郗氏)의 질투 때문에 병이 났다. 측근들이 "『산해경(山海經)』에 '꾀꼬리 고기를 먹으면 치료할 수 있고 질투하지 않는다'고 하였습니다"라고 하였다. 치씨가 먹고 질투가 반으로 줄었다.

장천석(張天錫)은 "유락(乳酪)[241]으로 성품을 기르면 사람에게 질투하는 마음이 없어지게 한다"라고 하였다.[242]

대쪽을 팔게 하고 안장 없는 소를 태운다
賣筴乘騳

양신(楊愼)의 시에,

붉은 붓대 오랫동안 먼지에 덮혔고	彤管久塵翳
질투의 나루가 낙수와 하수에 생겼네	妬津生洛河
역사의 인체(人彘) 보니 상심되고	靑史傷人彘[243]
황운에 여인의 거짓말 나라를 놀라게 하네	黃雲驚女訛
안장 없는 소 참으로 탈 만하니	騳牛信可乘
좋은 법은 금과옥조에 있다	良法在金科[244]

---

241) 유락(乳酪) : 우유 중의 지방분을 굳힌 것.

242) 장천석(張天錫)이 진(晉) 효무제(孝武帝)에게 중용되자 그를 시기하는 사람에 "북방에서 무슨 물건이 귀합니까?"라고 물었다. 이에 장천석은 "달콤한 오디·올빼미의 변성음·성(性)을 기르는 순락(醇酪)이 있으니, 질투하는 마음이 없어지게 한다"라고 하였다.(『太平御覽, 卷九百七十三, 果部, 十, 椹』)

243) 인체(人彘) : 돼지같은 사람이란 뜻. 여태후가 한(漢) 고조(高祖)가 총애하던 척부인의 수족을 자르고 눈을 빼내고 귀를 지지고, 벙어리로 만들어 뒷간에서 살게 하고 '인체'라고 불렀다.

244) 『升菴集, 卷十六, 五言古詩, 續百一詩, 其十五』.

라고 하였다. 『위서(緯書)』를 살펴보니 "황운에 배회하는 여인의 거짓말 나라를 놀라게 한다"라고 하였다.[245] 북위(北魏)의 법에 "질투하는 아낙네는 안장 없는 소를 태워 마을에 조리를 돌리고 쥐영나무 빗자루를 팔게 하여 욕을 보인다"고 하니 오랑캐 풍속이다.

임제(臨濟)에 '투부진(妬婦津)'이 있으니 그 주석은 다음과 같다.

진(晉)나라 유백옥(劉伯玉)의 아내는 단명광(段明光)이다. 유백옥이 「낙신부(洛神賦)」[246]를 읊으니 단명광이 "당신은 어찌하여 물의 신 때문에 저를 경시하나요?"라고 하고 물에 빠져 죽었다. 그녀가 죽고 나서 꿈에 나타나 유백옥에게 말하였다.

"내가 물의 신이 되었습니다."

이 나루를 건너는 부인은 옷과 화장을 흩뜨린 뒤에야 감히 건너간다. 그렇게 하지 않으면 풍파가 인다. 못생긴 아낙은 신도 질투하지 않는다. 그래서 "좋은 부인을 구하고자 한다면 투부진 어귀에 세워 보아라. 부인이 물가에 서있으면 예쁜지 못난지 저절로 밝혀진다"라는 말이 있다.[247]

---

245) "黃雲驚女訛"의 주석.

246) 낙신부(洛神賦) : 조조(曹操)의 아들 조비(曹丕)와 조식(曹植)이 다같이 견씨(甄氏) 집 처녀를 사모하다가, 결국은 조비가 그녀를 차지했다. 조비는 황제가 된 후에 견씨를 사랑하던 마음이 식고 다른 여자를 사랑했다. 그런데 견씨가 원망하는 말을 했다고 사약을 내려 죽였다. 조식은 꿈에서 견씨를 만나 사모했다고 호소했다가 깨었다. 그 후 섭섭함을 이기지 못하고 「낙신부(洛神賦)」를 지었는데, 견씨를 낙수(洛水)의 신녀에 비유했다.

247) 臨濟有妬婦津. **相傳**晉**太始中**, 劉伯玉妻段明光**性妬忌**, **伯玉嘗讀**洛神賦曰, **取婦如此**, **吾無憾焉**. **明光其夜**, 自沈**而**死. **託**夢**伯玉**曰, 吾**今得**爲神**也**. **伯玉終身不復渡水**. **有**婦人渡者, **皆壞**衣**粧**, **然後**敢濟, 不爾, 風**波暴發**, 醜婦**雖粧飾**, **神亦不妬**, **醜婦諱之**, **皆自毁形容**, **以塞嗤笑**. **齊人**語**曰**, 欲求好婦, 立在津口, 婦立**津**旁, **好**醜自彰.(『類說, 卷四十二, 酉陽雜俎』)→臨濟有妬婦津. **註**, 晉劉伯妻段明光, **劉誦**洛神賦. **明光**曰, **君何以水神輕我**, 自沈死. **托**夢**語**, **劉曰**, 吾爲水神. 婦人**有**渡**此**者, **攘**衣敢濟, 不爾, 風**作**, 醜婦神亦不妬. **故**語**云**, 欲求好婦, 立在津口, 婦立**水**旁, 姸醜自彰.(『松南雜識』)

벽양

辟陽[248]

한(漢)나라 심이기(審食其)가 여후(呂后)에게 총애를 받아 벽양후(辟陽侯)에 봉해졌으니, 곧 산음공주(山陰公主)가 남자 정부[面首]를 둔 것과 같다. 지금 여자가 소유한 샛서방을 '벽양'이라 부르는 말은 여기서 나왔다.

용양

龍陽[249]

『전한서(前漢書), 영행전(佞倖傳)』[250]에서 "시중이 모두 연지와 분을 바른다"[251]라고 하였으니, 반고의 『한서(漢書)』에서 이른바 '남색(男色)'[252]이 이것이다. 위(魏)[253]나라의 용양군(龍陽君)이 그런 사람이다.

황정견(黃庭堅)의 시에,

어찌 알겠는가? 화장한 남자가	安知冶容子
붉은 소매 옷 입고 고기를 앞에 두고 우는 것을[254]	紅袖泣前魚[255]

248) 벽양(辟陽) : 심이기(審食其)의 봉호. 그는 미남자로서 한고조(漢高祖)의 추잡한 총애를 받고 여후(呂后)와도 불미스런 관계가 있었다고 한다.

249) 용양(龍陽) : 전국(戰國) 시대에 위(魏) 안리왕(安釐王)과 잠자리를 같이 하여 총애를 받은 용양군(龍陽君). 성명은 전해지지 않는다. 후에 남색을 파는 자의 별칭이 되었다.

250) 영행전(佞倖傳) : 간신들의 전기. 『사기(史記)』·『한서(漢書)』·『송사(宋史)』·『금사(金史)』·『명사(明史)』에 모두 있다.

251) **故孝惠時, 郎**侍中, 皆**冠鵔鸃貝帶**, 傅脂粉.(『前漢書, 卷九十三, 佞幸傳, 第六十三』)
→侍中皆傅脂粉.(『松南雜識』)

252) 『前漢書, 卷九十三, 佞幸傳, 第六十三』.

253) 『松南雜識』에는 '楚'로 되어 있음.

254) 용양군(龍陽君)이 안리왕(安釐王)과 같이 낚기를 할 때의 일이다. 용양군이 갑자기 전에 잡은 물고기를 놓아 주고 울었다. 왕이 우는 이유를 묻자, 왕이 새로운 여인을 사랑하게 되면 자신의 신세는 자신이 놓아버린 물고기와 같이 버림을 받게 될까봐 슬퍼서 운다고 했다.

이라고 하였다. 지금 여염(閭閻) 시정(市井)에 이러한 풍습이 있으니, 광주(光主)가 있고 아름다운 사람이 있으면 스스로 암수가 된다. 자기 아내를 버리고 아름다운 사람을 쫓다가 가산을 탕진하고 병들어 죽는 지경에 이르는 자가 있는데, 재상 중에도 그런 사람이 있다. '인물당상(人物堂上)'이라는 말이 바로 이것이다. 소설에 이른바 "남풍(男風)이 계간(鷄姦)[256]이 된다"라는 것이다.

미망
未忘

세상에 다음과 같은 말이 전한다.

신립(申砬)[257]에게 여인의 묵은 원한이 있었다. 임진왜란 당시 장군이 조령(鳥嶺)에 진을 치고 왜적을 방어할 때 밤에는 꿈에 여인으로 나타나고 낮에는 호랑이가 마귀로 변하였다. 그런 까닭에 이집두(李集斗)[258]는 시에서,

임진년 계사년의 난리에 국운 달렸건만	歲在龍蛇關國運
낮에 이리와 호랑이 설쳐대 사람의 지모를 잃게 하네	晝橫豺虎失人謀

라고 하였다. 김일경(金一鏡)[259]이 일찍이 길옆의 빈집에서 비를 피한 적

---

255) 「靜居寺上方南入一徑, 有釣臺, 氣象甚古, 而俗傳謬妄, 意嘗有隱君子漁釣其上, 感之作詩」.

256) 계간(鷄姦) : 비역. 사내끼리 성교하듯이 하는 짓.

257) 신립(申砬) : 조선 중기의 무신(1546~1592). 본관은 평산(平山), 자는 입지(立之), 한성부 판윤을 지냈으며, 임진왜란 때 왜군을 막다가 전사했다. 시호는 충장(忠壯).

258) 이집두(李集斗) : 조선 후기의 문신(1744~1820). 자는 중휘(仲輝), 호는 파서(琶西) 또는 구학(臞鶴), 본관은 경주(慶州).

259) 김일경(金一鏡) : 조선 후기의 문신(1662~1724). 본관은 광산(光山), 자는 인감(人鑑), 호는 아계(丫溪). 소론(少論)의 과격파로서 노론(老論)을 탄압하는 데 앞장서서 신임사

이 있었는데, 집에 어떤 청상과부가 여종에게 쟁반을 들려 보냈다. 쟁반 바닥에 다음과 같은 시가 씌여 있었다.

어디에서 나귀 탄 나그네가	何處騎驢客
쓸쓸히 비 맞고 오셨나	蕭蕭帶雨來
창문 너머 끝없는 뜻에	隔窓無限意
홍로주(紅露酒) 서너잔을 들이키네	紅露數三盃

김일경이 화답하지 않으니, 청상과부가 목을 매어 죽어버렸다. 김일경은 역모 사건으로 주살되었다.

유사백(柳師伯)[260]의 기생인 홍도(紅桃)가 허벅지에 '영원히 유사백을 잊지 못하리[平生未忘柳師伯]'라는 일곱 자를 새겼다. 그래서 유사백을 원망하는 남자들이 있었기에 공이 있었지만 녹훈(錄勳)되지 못하였다고 한다.

절개를 잃고 서로 꾸짖다
失節相詬

『청야만집(青野謾輯)』[261]에서 말하였다.

화를 일으켜 노론 사대신(四大臣)을 극형에 처하고 이조 판서에 올랐으나, 영조가 즉위한 뒤 참형을 당했다. 저서로 『아계집(丫溪集)』이 있다.

260) 유사백(柳師伯) : 본관 진주(晉州). 자는 사백(斯伯), 시호는 무숙(武肅). 홍경래(洪景來)의 난이 일어났을 때 군기를 쇄신하여 정주성(定州城) 싸움에서 화약으로 성을 폭파하여 난을 평정하였으나, 항복한 반군 2,983명을 함부로 즉결처분한 사실이 문제가 되어 대간에서 삭직을 청하려 하자 자진 사퇴하고 낙향했다. 순조 30년(1830) 병조판서에 추증되었다.

261) 청야만집(青野謾輯) : 조선 후기에 편찬된 야사집. 고려 말부터 조선 숙종 때에 이르기까지의 야사를 뽑아 연대순으로 엮은 책이다. 편찬자에 대하여는 이희수(李喜壽)설 · 이성령(李星齡)설 · 이희조(李喜祚)설 등도 있으나, 『매산문집(梅山文集)』 잡록이나 장서각 소장 『청야만집』 서문 끝에 밝히고 있는 이희겸(李喜謙)설이 지배적이다. 편찬 동기는 간흉(奸凶)의 접적(接跡)을 예방하고, 국민으로 하여금 제나라 역사를 알게 하는 데 있다.

병자호란 때 안주(安州) 목사(牧使)가 오랑캐에 항복하였는데, 오랑캐가 그를 자기의 종으로 삼고 그의 처를 빼앗아 자기의 첩으로 삼았다. 그들을 거느리고 중국으로 돌아갈 때 안주 목사에게 첩의 말고삐를 잡게 하였다. 안주 목사가 아내에게 절개를 잃었다고 나무라자, 아내는 목사에게 충성스럽지 못하다고 나무랐다.

세상에 다음과 같은 말이 전한다.

야은(冶隱) 길재(吉再)가 총각 때 이웃집 처녀를 유혹하였다. 그러자 처녀가 말하였다.

"저는 상민의 딸이니, 당신은 다른 사람에게 장가가면 저를 버릴 것입니다."

야은이 배신하지 않겠다는 글을 쓰고서야 그의 말을 따랐다. 이때부터 부모가 혼인을 의논하면 다른 사람에게 시집가지 않고 처녀로 늙으리라 맹세하였다. 야은이 결혼한 지 삼 년이 지나서 오자 첩이 되어 살기를 원하였다.

조선 개국 초에 사간(司諫)의 직책으로 야은을 부르자, 야은이 패(牌)를 받으려 하니, 여인이 눈물을 흘리면서 인사하고 떠나며 말하였다.

"제가 어릴 적에 남동생이 『소학(小學)』 읽는 소리를 들으니, '충신은 두 임금을 섬기지 않고 열녀는 두 지아비를 섬기지 않는다'고 하더이다. 다만 마음으로 신하에게는 두 임금이 없고 여자에게는 한 명의 지아비만 있다는 사실을 알기에 수고로움을 피하지 않고 당신의 첩이 되었는데, 당신이 이미 두 임금을 섬기니 전들 두 남편을 섬기는 것을 무에 못하겠습니까?"

야은은 부끄러워하면서 그만두었기에 고려의 충신이 되었다고 한다. 이 여인은 광해군 때 우후(虞侯)[262] 오정방(吳定邦)[263]이 이른바 "신은 무인(武人)으로 불학무식(不學無識)하여 겨우 『십팔사략(十八史略)』

초권을 읽었을 뿐이지만, '차츰차츰 다스려 간악한 데 이르지 않게 한다'[264]는 한 구절은 이치에 닿는 말입니다"라고 한 경우와 같다.

축목(祝牧)[265]의 「해은가(偕隱歌)」에서,

천하에 도가 있으면 天下有道
나는 관복을 입고 그대는 패옥을 찰 것이고 我黻子佩
세상에 도가 없으면 天下無道
나는 등에 지고 그대는 머리에 일 것이오 我負子戴

라고 하였다. 어찌 송나라 말기의 주궁패궐(珠宮貝闕)의 노래인가?

왜적을 베고 물에 빠뜨리다
斬倭沉倭

일지매(一枝梅)가 솜방울로 진을 치고 왜장의 머리를 베어 날려 버린 일과 논개가 왜장을 마주 대한 채 칼춤을 추다가 왜장의 허리를 안고 물에 뛰어든 일은 『임진록(壬辰錄)』[266]에 자세히 기록되어 있다.

---

262) 우후(虞侯) : 조선 시대에, 각 도에 둔 병마절도사와 수군절도사를 보좌하는 일을 맡아보던 무관 벼슬. 병마우후가 종삼품, 수군우후가 정사품이었다.

263) 오정방(吳定邦) : 조선 중기의 무신(1552~1625). 본관은 해주(海州), 자는 영언(英彦), 호는 퇴전당(退全堂). 안성 출신. 선조 16년(1583) 무과에 장원급제하자 이이(李珥)가 인견(引見)하고 참으로 영재를 얻었다고 칭찬했다. 임진왜란이 일어나자 도총부도사로 영홍지방에서 의병 수천인과 힘을 합쳐 많은 전공을 세웠다. 뒤에 병조판서에 추증되었다. 시호는 정무(貞武).

264) 烝烝乂不格.(『書經, 虞書, 堯典』)

265) 축목(祝牧) : 춘추 시대의 은자로 아내와 은거하면서 아내에게 「해은가(偕隱歌)」를 지어주었다고 한다.

266) 임진록(壬辰錄) : 조선 시대의 역사 소설. 임진왜란을 배경으로 하면서도 실재의 사실과는 다소 다르게 영웅적 과장을 덧붙여 허구화한 것으로, 이순신 · 곽재우 · 사명당을 비롯한 많은 영웅들이 등장하여 곳곳에서 도술 등을 이용한 눈부신 활약으로 왜적

아! 온 나라의 지모(智謀) 있는 신하와 용맹한 장수들이 두려워하고 겁먹으며 움츠리기에 바빴는데, 왜적을 베고 물에 빠뜨리는 의로운 일을 기생이 실천하였다.

해월의 절개가 더욱 뛰어나다
海月又高

홍림(洪霖)[267]은 비장의 신분으로 원수(元帥)를 대신하여 죽었으니 절개가 이미 높다. 해월(海月)은 비장의 사랑하는 기생으로서 죽었으니 절개가 더욱 높다. 대개 무신년(1728) 청주의 사건[268]이다. 어떤 사람의 시에서,

일개 비장으로 대신의 막부 부절을 보전하니	偏裨能全蓮幕節
대장군은 죽림의 혼 되기를 즐겨하네	元戎好作竹林魂

라고 한 말이 이것이다.

을 굴복시킨다는 내용이다. 작자와 연대는 알 수 없다.

267) 홍림(洪霖) : 조선 후기의 의사(義士 : 1685~1728). 본관은 남양(南陽), 초명은 진(震), 자는 춘경(春卿). 이인좌(李麟佐)의 난으로 청주성이 함락되고 이봉상이 잡힌 다음 죽음을 당하자 그는 자신이 절도사라 하며 반란군을 꾸짖었다. 반란군이 그를 충신이라 칭찬하고 후일 자손들을 녹용(錄用)하겠다고 하자, "나는 아들도 없거니와 있다 하여도 너희 같은 역적놈의 부하로 쓰이게 할 수는 없다"라고 죽었다. 뒤에 호조참판에 증직되고 정문(旌門)이 내려졌다. 1729년 6월 조현명(趙顯命)의 주청으로 청주기(淸州妓)가 낳은 그의 아들이 면천(免賤)되고, 7월에 예조의 계(啓)에 따라 증직·정려되었다.

268) 조선 후기 이인좌(李麟佐)가 주도한 반란. 이인좌는 영조 4년(1728) 3월 15일 청주성을 함락하고 경종의 원수를 갚는다는 점을 널리 선전하면서 서울로 북상하였으나 24일에 안성과 죽산에서 관군에 격파되었고, 청주성에 남은 세력도 상당성에서 박민웅(朴敏雄) 등의 창의군에 의해 무너졌다. 영남에서는 정희량(鄭希亮)이 거병하여 안음·거창·합천·함양을 점령하였으나 경상도관찰사가 지휘하는 관군에 토벌당했다.

옥노는 배반하지 않는다
玉奴不負

「주진행기(周秦行記)」[269]에서 말하였다.

우승유(牛僧孺)가 박후(薄后)·반비(潘妃)·왕비(王妃)·척비(戚妃)[270]를 만나고

향기로운 바람에 이끌려 대라천[271]에 이르니	香風引到大羅天
달을 땅삼고 구름을 계단 삼아 동선에 절하네	月地雲階拜洞仙
인간세상 서글픈 일 함께 이야기하니	共道人間惆悵事
오늘 밤이 어느 해인지 모르겠네	不知今夕是何年

라는 시를 지었다.

박후가 "오늘 저녁 누가 우수재(牛秀才)의 짝이 되겠느냐?"라고 묻자 척비가 사양하였다. 반비 역시 사양하며 "동혼후(東昏侯)가 옥노(玉奴) 때문에 자신은 죽고 나라는 망했으니 그 사람을 배신할 수 없을 것입니다"라고 말하였다. 이에 왕소군(王昭君)으로 하여금 우수재(牛秀才 : 우승유)와 동침케 하였다.

소식(蘇軾)의 시에,

달을 땅 삼고 구름을 계단 삼아　　月地雲階謾一樽

---

269) 주진행기(周秦行記) : 1권. 행역(行役)에 대한 내용이다. 당나라의 우승유(牛僧孺), 또는 이위공(李衛公)의 문인인 위관(韋瓘)이 지었다고 한다.

270) 박후(薄后)·반비(潘妃)·왕비(王妃)·척비(戚妃) : 박태후(薄太后)는 한나라 문제(文帝)의 모후(母后). 반비(潘妃)는 남북조 시대 남제(南齊)의 제 5대 임금 동혼후(東昏侯) 소보권(蕭寶卷)의 비(妃). 자는 옥노(玉奴). 동혼후가 그녀에게 혹하여 나라가 망하였고 그녀는 순절했다. 왕비(王妃)는 한나라 원제(元帝)의 비 왕소군(王昭君). 이름은 장(嬙), 자는 소군. 기원전 33년 흉노와의 화친 정책으로 흉노의 호한야선우(呼韓邪單于)와 정략결혼을 하였으나 자살했다. 척비(戚妃)는 한나라 고조(高祖)의 비(妃).

271) 대라천(大羅天) : 삼계(三界)의 밖은 사인천(四人天)이라 하고 사인천 밖은 삼청(三淸)이라 하고 삼청의 위는 대라천이라 한다. 대라천의 위에 또 구천(九天)이 있다고 한다.

한동이 술을 제멋대로 마시니
옥노는 끝내 동혼을 배신하지 않으리　　　　玉奴終不負東昏[272]

라고 하였다. 옥노(玉奴)는 죽어서도 동혼을 저버리지 않는다고 할 만하다. 동혼후의 신하들은 살아남긴 했지만 무슨 면목이 있겠는가?

사람과 닭이 질투하다

人鷄相妬[273]

『산중일석화(山中一夕話)』에서 말하였다.

하간(河間) 호태(胡泰)[274]의 어머니가 죽은 지 십 년 만에 그 아버지가 재취를 하였다. 홍치(弘治) 기유년 꿈에 어머니가 "나는 암탉이 될 것이니 색은 흑황색으로 군영의 폐백이 되어 올 것이다"라고 말하더니 과연 꿈처럼 되었다. 집에서 삶으려 하니, 닭이 사람의 말을 하였다.

"나를 삶지 말고 아들 호태가 오기를 기다려라"라고 하였다.

호태가 돌아오자 재잘재잘 집안 일을 늘어놓고 후처를 쪼아댔다. 아마 사람과 닭이 서로 질투하나 보다.[275]

---

272) 「차운양공제봉의매화십수(次韻楊公濟奉議梅花十首)」.

273) 규장각본 『송남잡지』에는 본 단락이 누락되어 있다.

274) 호태(胡泰) : 명나라의 서예가. 자는 지동(志同), 호는 운송(雲松). 진초서(眞草書)에 능하였고 글을 잘 지었다. 홍무(洪武) 초년에 만재현(萬載縣)의 도천(涂泉)에서 은거했다.

275) 河間**衛千戶**, 死十年, 父再娶, 弘治**己**酉, **忽**夢母曰, 我**已託生**爲雌鷄, **毛**色黳黃, **明日**爲屯軍之贄來**汝家也**. **及旦**, **泰外**出, 果**有屯軍携鷄來者**. 家欲烹**以享軍**, 鷄作人語曰, 毋烹我, 待泰兒**還**. **家人以爲怪**, **俄而**泰還, **鷄逸泰**, 喃喃敘其家事**甚悉**, **泰涕泣告父**, **畜之旣久**, **飛**啄後妻, **詬訾不已**, **泰**出**後妻**, **逐入炕下**, **撲殺之**. 豈人鷄尙**相**妬乎.(『山中一夕話, 卷九, 胡泰母』)→河間**胡泰**, **母** 死十年, 父再娶, 弘治**乙**酉夢母曰, 我**托**爲雌鷄, 色黳黃, 爲屯軍贄來, 果**如夢焉**. 家欲烹**之**, 鷄作人語曰, 毋烹我, 待泰兒. **及**泰還, 喃喃敘家事, 啄後妻, 豈人鷄尙妬乎.(『松南雜識』)

9. 상제류(喪祭類)

『예기(禮記), 곡례(曲禮)』에서 말하였다.

살아계실 때는 '부모'라 하고 돌아가셨을 때는 '고비(考妣)'라 한다. '고(考)'는 이름이니, 그 덕행이 이루어짐을 말한다. '비(妣)'라는 말은 평고대[媲][1]이니 돌아가신 아버지에게 평고대가 된다는 말이다.[2]

옛 편지에서 부친의 상을 '대효(大孝)'라 하니 『주역(周易)』의 "위대하다 건원이여![大哉乾元]"에서 취하였고, 모친의 상을 '지효(至孝)'라 하니

1) 평고대[媲] : 서까래 끝에 가로댄 나무.

2) 祭王父曰皇祖考, 王母曰皇祖妣, 父曰皇考, 母曰皇妣, 夫曰皇辟. ……〈更設稱號尊神異於人也, 皇君也, 考成也, 言其德行之成也, 妣之言媲也, 媲於考也, 辟法也, 妻所取法也.〉 生曰父, 曰母, 曰妻. 死曰考, 曰妣, 曰嬪. 壽考曰卒, 短折曰不祿.(『禮記注疏, 卷五, 曲禮下』)→曲禮曰, 生曰父母, 死曰考妣, 考者成也, 言其德行之成也, 妣之言媲也, 媲於考也.(『松南雜識』)

『주역』의 "지극하다 곤원이여![至哉坤元]"에서 취하였다. 대개 남이 상(喪) 당한 것을 위로할 때 부모를 천지(天地)에 비유한 것이다.

지봉(芝峰) 이수광(李睟光)이 말하였다.

> 부친의 상(喪)을 당한 것을 '내우(內憂)'라고 하거나 '외간(外艱)'이라고 하며, 모친의 상을 당한 것을 '외우(外憂)'라고 하거나 '내간(內艱)'이라고 하는데 요즘 세상에서는 잘못하여 부친의 상을 당한 것을 '외간(外艱)'이라 하고 모친의 상을 당한 것을 '내우(內憂)'라고 한다.[3]

창거
創鉅

『예기(禮記), 삼년문(三年問)』[4]에서 "창거(創鉅)는 그 날이 오래이다"[5]라고 하였다. "머리에 부스럼이 있으면 머리를 감는다[頭有創則沐]"[6]라고 하였으니 부스럼이 없으면 머리 감지 않다. 그러므로 남의 상사를 위로할 때 "창거(創鉅)가 어떻습니까?"라고 말한다.

『한시외전(韓詩外傳)』에서 말하였다.

> 고어(皐魚)[7]가 눈물을 흘리며 말하였다.
> "나무는 고요하고자 하지만 바람이 그치지 않고, 자식은 봉양하고자 하지만 부모님이 계시지 않네."[8]

---

3) **凡遇**父喪曰內憂, **曰**外艱, 母喪曰外憂, **曰**內艱, **而**今俗**或**誤以父**喪**爲外憂, 母**喪**爲內憂.(『芝峯類說, 卷十六, 語言部, 謬誤』) → 父喪曰內憂**而**外艱, 母喪曰外憂**而**內艱, 今俗誤以父爲外憂, 母爲內憂**矣**.(『松南雜識』)

4) 『松南雜識』에는 「곡례(曲禮)」로 오기되어 있음.

5) 創鉅**者**其日久.(『禮記注疏, 卷五十八, 三年問』) → 創鉅其日久.(『松南雜識』)

6) 『禮記注疏, 卷三, 曲禮上』.

7) 고어(皐魚) : 주(周)나라 사람. 효성이 지극했다고 한다. 『한시외전(韓詩外傳)』 권9 참조.

요즈음의 '풍수지감(風樹之感)'이라는 말이 여기서 유래하였다.

탈모

脫髦

『예기(禮記), 상대기(喪大記)』의 "상주가 모(髦)를 벗는다"의 주석에서 "모(髦)는 머리털을 사용하여 만든다. 아이때의 앞머리를 본뜬 것인데, 그 늘어진 앞머리가 미간까지 내려오니, 자식이 부모를 섬길 때 사용하는 장식이다. 부친이 돌아가시면 왼쪽 앞머리를 벗어놓고 모친이 돌아가시면 오른쪽 앞머리를 벗어놓는다. 그런 까닭에 부모가 모두 돌아가시면 앞머리를 쓰지 않는다"라고 하였다.[9]

지금 청나라 사람들이 머리를 깎고 앞머리만 남겨두니, '호승치(胡僧赤)'라고 하는데 부모가 돌아가시면 모두 깎아버린다. 주석에서 '赤의 음은 치'라고 하였다.

피발

被髮

『의례문해(疑禮問解)』[10]에서 말하였다.

---

8) 皐魚曰, 樹欲靜而風不止, 子欲養而親不**待也**.(『韓詩外傳, 卷九』)→皐魚**泣**曰, 樹欲靜而風不止, 子欲養而親不**在**.(『松南雜識』)

9) 小斂, 主人卽位于戶內, 主婦東面, 乃斂. 卒斂, 主人馮之踊, 主婦亦如之. 主人袒, 說髦, 括髮以麻, 婦人髽, 帶麻于房中. 〈士旣殯說髦, 此云小斂, 盖諸侯禮也, 士之旣殯, 諸侯之小斂於死者俱三日也. 婦人之髽, 帶麻於房中, 則西房也, 天子諸侯有左右房. …… 說髦者, 髦幼時鬋髮爲之, 至年長則垂著兩邊, 明人子事親恒有孺子之義也. 若父死說左髦, 母死說右髦, 二親並死則並說之, 親沒不髦, 是也. 今小斂, 竟喪事已成, 故說之也.〉(『禮記注疏, 卷四十四, 喪大記』)→主人脫髦, 註, 髦用髮爲之, 象幼時鬌, 其髵至眉, 子事父母之飾, 父死脫左髦, 母死脫右髦, 故親沒不髦.(『松南雜識』)

10) 의례문해(疑禮問解) : 조선 후기의 학자 김장생(金長生)이 예(禮)에 관한 문답을 적은

피발(被髮)은 서쪽 평원 오랑캐 풍속에서 나왔다. 당나라 초기에는 호월일가(胡越一家)[11]였기에 남방 오랑캐의 풍속이 점점 중국을 물들여서 이런 예(禮)가 생겼다. 개원(開元)[12] 연간에 이르러 전례(典禮)에 채택해 들였는데 사마광(司馬光)[13]이 취하였고 『주자가례(朱子家禮)』[14]에서도 삭제하지 않았다. 대개 남방 오랑캐들은 어버이가 갓 사망하면 머리를 풀어헤치고 병이나 항아리를 들고서 물가에서 통곡하고 동전(銅錢)과 지전(紙錢)을 물에 던지고 그 물을 길어다 시신을 목욕시키니, 이것을 '매수(買水)'라고 한다. 그렇게 하지 않으면 이웃에서 '불효'라고 한다. 어떤 사람은 "머리를 풀어헤치는 것은 본래 물귀신을 놀래주기 위한 것이지 부모를 위한 것이 아니다"라고 말한다.

또 '진(晉)나라 대부가 산발하고 여막에서 생활한다[反首拔舍]'의 주석에서 "반수(反首)는 산발하여 늘어지게 하는 것이고, 발사(拔舍)는 초막짓고 사는 것이니, 대개 형체를 훼손시켜 근심과 슬픔을 보이는 것이다"라고 하였다.[15]

책. 4권 4책. 목판본. 인조 24년(1646)에 간행되었으며, 밀양부에서 중간되었다. 김상헌(金尙憲)의 서문(1646)과 이식(李植)·신익성(申翊聖)의 발문(1643)이 있다. 편자가 송시열(宋時烈)·송준길(宋浚吉) 등 학자와 친구들의 질문에 대답하는 형식으로 구상되어 있다. 김장생의 문인인 강석기(姜碩期)도 스승의 뒤를 이어 『의례문해』를 펴냈는데, 신익성(申翊聖)의 서문과 정홍명(鄭弘溟)의 발문이 있다.

11) 호월일가(胡越一家) : 중국 북쪽의 호나라와 남쪽의 월나라가 한집안이라는 뜻으로, 온 천하가 한집안 같음을 이르는 말.

12) 개원(開元) : 당나라 현종(玄宗)의 연호.

13) 사마광(司馬光) : 중국 북송 때의 학자·정치가(1019~1086). 자는 군실(君實), 호는 우부(迂夫)·우수(迂叟), 사마온공(司馬溫公)이라고도 한다. 신종 초에 왕안석의 신법(新法)에 반대하여 은퇴하고 철종 때에 재상이 되자, 신법을 폐하고 구법(舊法)으로 통치했다. 저서에 『자치통감』·『사마문정공집(司馬文正公集)』 등이 있다.

14) 주자가례(朱子家禮) : 중국 명나라 때 구준(丘濬)이 가례에 관한 주자의 학설을 수집하여 만든 책. 주로 관혼상제에 관한 사항을 담았다. 가례(家禮)·문공가례.

15) 晉大夫反首拔舍**從之**. 〈反首, **亂**頭髮下垂**也**, 拔草舍止, 壞形**毁服**.〉(『春秋左傳注疏, 卷十三, 僖公』) → 晉大夫反首拔舍, 註, 反首, **散**頭髮**使**下垂, **拔舍**, 拔草舍止. **蓋**壞形**以示憂戚**.(『松南雜識』)

그러나 이천(伊川)에서 피발(被髮)한 것을 보고 신유(辛有)[16]가 전쟁이 일어날 것이라고 개탄했으니, 주(周)나라 때에는 머리를 풀어헤치지 않았음을 알 수 있다. 사방의 오랑캐가 머리를 풀어헤치고 칼로 얼굴에 상처를 내니, 당 태종이 천가한(天可汗)[17]이었음을 알 수 있다.

대개 『예기』에 '머리를 묶는다[括髮]'[18]는 글이 있고, 노(魯)나라에는 맞아들여 복머리[髽][19]로 만드는 예(禮)가 있었다. 남자는 머리를 묶고 여자는 복머리를 하였으니, 대개 머리를 풀어헤치지는 않았으나 머리털로 상(喪) 당했음을 표시한 듯하다.

반함의 신하의 예와 임금의 예

飯含易于

『예기(禮記), 단궁(檀弓)』에서 말하였다.

"주루(邾婁)의 담당관이 말하기를 신하가 오면 우리도 신하의 예로 대접할 것이고, 임금이 직접 오면 우리도 임금의 예로 대접할 것입니다"라고 하였는데, 그 주석에서 "반함(飯含)[20]은 천한 자에게 시키지 않는다. 임금이 행차하면 친히 반함한다"라고 하였다. 주루(邾婁)[21] 고공(考公)의 상(喪)에 서군(徐君)이 용거(容居)[22]를 보내어 조문하고 반

16) 신유(辛有) : 중국 주(周)나라의 대부. 평왕(平王)이 동천(東遷)했을 때 이천(伊川)에 갔다가 머리를 풀어헤치고 들에서 제사를 지내는 사람을 보고 "백 년이 되지 않아 이곳이 병화(兵禍)를 입을 것이다. 그 예(禮)가 먼저 망했구나!"라고 탄식하였더니 그 뒤에 과연 그의 말처럼 되었다는 고사가 있다.(『尙友錄』)

17) 천가한(天可汗) : 당대(唐代) 서북쪽의 각 종족들이 당태종을 부르던 호칭.

18) 『禮記, 檀弓, 上』.

19) 복머리[髽] : 부인들이 상을 당했을 때 하는 머리 모양.

20) 반함(飯含) : 염습할 때에 죽은 사람의 입에 구슬이나 쌀을 물림. 또는 그런 절차.

21) 주루(邾婁) : 춘추 시대의 국명(國名).

22) 용거(容居) : 서나라의 대부 이름.

함하게 하였는데 용거가 "우리 임금께서 용거로 하여금 앉아서 반함하고 오라고 하였소"라고 하였다. 주석에서 "'이(易)'는 신하의 예를 말하고 '우(于)'는 임금의 예를 말한다. 섞는 것은 신하의 처지로 임금의 예를 행하는 것이다"[23]라고 하였다.

그렇기에 지금 부모 상에서 반함을 할 때 자식은 마땅히 서서 행해야 한다.

오래 장사지내는 것을 영광으로 여기다
喪久爲榮

진수(陳壽)의 『삼국지』에서 말하였다.[24]

부여(夫餘) 풍속은 다섯 달 만에 상례를 마치니[停喪],[25] 오래 지내는 것을 영광으로 여긴다. 상주(喪主)는 상(喪)을 빨리 마치려 하지 않기에 다른 사람들이 억지로 마치게 하니 이로써 조절한다고 한다.[26]

비록 갈장(渴葬)[27]이라는 혐의는 없지만 『예기』에 달수를 규정한 글

---

23) 邾**婁考**公**之**喪, 徐君使容居來弔**含曰**, **寡君使容居**坐含, **進侯玉**, **其使容居以含**. 〈欲親含非也, 含不使賤者, 君行則親含.〉 **有司曰**, **諸侯之來辱敝邑者**, 易則易, 于則于. **易于雜者未之有也**. 〈易謂臣禮, 于謂君禮, 雜者, **容**居以臣, 欲行君禮.〉(『禮記注疏卷十, 檀弓下』)→易則易, 于則于. 註, 含不使賤者, 君行則親含, **以**邾公喪, 徐君使容居來弔, **欲**坐含**也**, 易謂臣禮, 于謂君禮, 雜者, 居以臣, 欲行君禮**也**.(『松南雜識』)

24) 진수의 『삼국지』에는 없는 내용임.

25) 상례를 마치다[停喪] : 복상(服喪)을 정지하고 공직(公職)에 복무하는 것.

26) 夫餘**國其**俗, 停喪五月, 以久爲榮, **其祭亡者有生有熟**, 喪主不欲速, **而**他人强之, **嘗諍引**以此爲節, **其居喪**, **男女皆純白**, **婦人著布面衣**, **去環佩大體與中國皆倣佛也**.(『冊府元龜, 卷九百五十九, 外臣部, 土風』)→夫餘俗, 停喪五月, 以久爲榮, 喪主不欲速, 他人强之, 以此爲節**云**.(『松南雜識』)

27) 갈장(渴葬) : 달이 차지도 않았는데, 상을 서둘러 마치는 것.

에 대해서는 어찌할 것인가? 살펴보건대 『춘추공양전(春秋公羊傳)』의 "때가 이르지 않았는데도,[28] 서둘러 장례를 치른다"[29]의 주석에서 "갈(渴)은 서두른다는 뜻이다"라고 하였다.

사람이 죽으면 여름에도 얼음을 사용한다
夏月用氷

진수(陳壽)의 『삼국지』에서 "부여 풍속에 사람이 죽으면 여름에도 모두 얼음을 사용한다"[30]라고 하였으니, 유독 공자의 "시체는 빨리 썩는 것이 좋다"[31]라는 글은 읽지 않은 것인가?

궤연
几筵

『주례(周禮), 춘관(春官)』에서 "궤연을 맡는다[司几筵]"라고 하였다.

『예기』에서 "자리를 펴고 같은 탁자를 설치하여 귀신이 의지하게 한다"[32]라고 하였다.

『춘추좌씨전』에서 "초나라 왕자 위(圍)가 궤연을 펴고 장공(莊公)의 사당에 고하였다"[33]라고 하였다. 지금의 여막(廬幕)이니 제청(祭廳)이다. 송

---

28) 5달이 채 되지 않음을 말한다.
29) 不及時而**日**, 渴葬**也**.(『春秋公羊傳注疏, 卷二, 隱公』) → 不及時而**曰**渴葬.(『松南雜識』)
30) **其**死夏月皆用冰.(『三國志 魏志, 卷三十』) → **夫餘俗**, **人**死, 夏月皆用氷**云**.(『松南雜識』)
31) 『禮記, 檀弓, 上』에 공자가 송나라에 있을 때 환사마(桓司馬)가 3년 동안 관을 만들고도 완성하지 못한 것을 보고 지나치게 사치스럽다고 비판한 뒤, "시체는 빨리 썩는 것보다 좋은 것이 없다[死不如速朽之愈也]"고 말한 일화가 있다.
32) 鋪筵, 設同几, 爲依神也.(『禮記, 祭統』) → **舖**筵, 設同几, 爲依神也.(『松南雜識』)
33) 圍布几筵, 告**於**莊共之廟**而來**.(『春秋左傳注疏, 卷四十一, 昭公』) → **楚王子**圍布几筵, 告**于**莊共之廟.(『松南雜識』)

강(松江) 정철(鄭澈)[34]이 경연(經筵)에서 이 의미를 설명하고 은 접시와 용벼루를 하사 받는 은총을 입었다.

초토
草土

『예기(禮記), 간전(間傳)』[35]과 『의례(儀禮)』의 "부모의 상을 당하면 여막에 거처하며 거적에서 잔다[居倚廬, 寢苫]"[36]의 주석에서 "거적에서 자는 것은 부모가 풀 속에 계심을 슬퍼하기 때문이다"[37]라고 하였다.

지금 어버이의 상 중에 있는 사람을 '초토(草土)'라고 이르기 때문에 상복을 입은 사람을 '부석(覆席)'이라고 한다.

또 『예기(禮記), 문상(問喪)』의 "여막에 거처하니 부모가 밖에 계신 것을 슬퍼하기 때문이다[居於倚廬, 哀親之在外也]"의 주석에서 "담에 기대고 땅에 바로 앉으며 문미(門楣)와 기둥이 없다"[38]라고 하였다.

지금은 '여막(旅幕)'이라 한다.

---

34) 정철(鄭澈) : 조선 명종·선조 때의 문신·시인(1536~1593). 자는 계함(季涵), 호는 송강(松江). 가사 문학의 대가로 국문학사상 중요한 「관동별곡(關東別曲)」·「사미인곡(思美人曲)」 등의 가사 작품과 시조 작품을 남겼다. 저서에 『송강집』과 『송강가사(松江歌辭)』가 있다.

35) 『松南雜識』에는 '檀弓'으로 오기되어 있음.

36) 『儀禮, 既夕禮』.

37) 『예기주소』와 『의례주소』에 없는 내용임.
寢苫者, 哀親之在草.(『儀禮要義, 卷四十一』) → 寢苫者, 哀親之在草**也**.(『松南雜識』)

38) 『예기』에는 없으며 『古今事文類聚前集, 卷五十二, 喪事部, 居喪』에 보인다.

악실

堊室

『예기(禮記)』에서 "부모의 상중에는 악실(堊室[39])에 거처한다[40]"라고 하였다. 지금 상을 치르는 사람이 거처에 흰 종이를 벽에 바르니, 바로 '악실(堊室)'의 의미이다.

두수

頭繻

운서(韻書)에서 '부인의 상건(喪巾)은 베로 만든 머리띠이다'라고 하였다. 『주자가례(朱子家禮)』에서 "부인은 상복을 입고 베두건을 쓴다. 가는 마포 한 쪽으로 만드는데 길이는 8촌으로, 머리털 아래를 묶고 나머지는 뒤로 늘어뜨린다"라고 하였으니, 또 지금 부녀(婦女)와 동자(童子)의 베로 된 갓깃 장식과 같다. 지금 청나라 사람은 남녀를 막론하고 네 자의 두건으로 머리를 덮고 뒤로 늘어뜨린다고 한다.

효건

孝巾

운서의 '繻'의 주석에 "부인(婦人)의 상건이니, 남자의 두건이 아니다.

---

39) 악실(堊室) : 대상(大祥) 때 선비가 거처하는 방으로, 벽을 칠하거나 장식하지 않는다.

40) 大夫居廬, 士**居堊室**.(『禮記, 雜記, 上』)
疏衰皆**居堊室**, 不廬, 廬嚴者也.(『禮記, 雜記, 下』)
旣練, **居堊室**, 不與人居.(『禮記, 喪大記』)
齊衰之喪, **居堊室**, 芐翦不納. 大功之喪寢有席. 小功緦麻牀可也. 此哀之發於居處者也. 父母之喪, 旣虞卒哭, 柱楣翦屛, 芐翦不納. 期而小祥居堊室, 寢有席. 又期而大祥居復寢. 中月而禫, 禫而牀.(『禮記, 間傳』) → 親喪**居堊室**.(『松南雜識』)

본래는 굴건(屈巾)에 붙여 쓴다"라고 하였으니, 지금 두건을 괘효(掛孝)[41] 라고 하는 것은 잘못이다. 그런 까닭에 율곡 이이는 상중에 이것을 쓰지 않고 굴건(屈巾)만을 썼다.

굴건

屈巾

『후한서(後漢書), 여복지(輿服志)』에서 말하였다.

> 옛날에 관(冠)은 있고 책건(幘巾)은 없었다. 진(秦)나라 때 진홍색 책건으로 머리 장식을 만들어 무장(武將)에게 씌워 귀천을 표시하다가 점차 안제(顏題)[42]로 만들었다. 한(漢)나라가 일어나자 안(顏)[43]에 이어 붙여 묶고 베를 펴서 이마에 연결하여 덮으니 지금의 상책(喪幘)이 그것이다.[44]

아마 지금의 굴건인 듯하다.

『시경』에서 "흰 관[素冠]을 쓴 상주의 수척함"[45]이라고 하였으니, 주(周)나라 때는 책건이 없었음을 알 수 있다. 또 『예기』의 '단면(袒免)'의 주석에서 '초상 때 쓰는 관'이라고 하였다. 『세설신어(世說新語)』에서

---

41) 괘효(掛孝) : 상가(喪家)에서 상복 위에 덧붙여 쓰는 것으로, 규효(珪孝), 대효(戴孝)라고도 한다.

42) 안제(顏題) : 고대 두건(頭巾)의 이마를 덮는 부분.

43) 안(顏) : 고대 모자의 일종. 피변(皮弁)과 모양이 유사하다.

44) 古者有冠無幘, **其戴也**, **加首有頍**, **所以安物**, **故詩曰有頍者弁**, **此之謂也**, **三代之世**, **法制滋彰**, **下至戰國**, **文武並用**, 秦**雄諸侯**, **乃**加其武將, 首飾爲絳**袙**, 以表貴賤, **其**後**稍**稍作顏題, 漢興續其顏却**摞**之, 施巾連題, 却覆之, 今喪幘是其**制**也.(『後漢書, 卷四十, 輿服志, 第三十』) → 古者有冠無幘, 秦加其武將, 首飾爲絳**幘**, 以表貴賤, 後稍作顏題, 漢興續其顏却**結**之, 施巾連題, 却覆之, 今喪幘是其也.(『松南雜識』)

45) **庶見**素冠**兮**, **棘人**欒欒**兮**, **勞心慱慱兮**.(『詩經, 檜風, 素冠』) → 素冠欒欒.(『松南雜識』)

"원언도(袁彦道)가 베 모자[布帽]와 저포(樗蒲)를 품에 간직했다"[46]라고 하였으니, 포모(布帽)는 지금의 두건인 듯하다.

방립
方笠

고례(古禮)에는 없다. 고려 우왕(禑王)[47] 때 서리(胥吏)들이 위로 관장(官長)을 본떠서 흰 색의 모난 삿갓을 만들어 쓰니 바로 기자(箕子)의 증립(甑笠)의 종류이다. 지금은 상을 당한 사람의 삿갓으로 쓰인다. 패랭이를 쓰는 사람도 있으니 참으로 정해진 삿갓이 없다.

머리띠와 수의
袹褏

운서(韻書)에서 "말(袹)은 처음 상을 당한 사람이 입는 옷이다"라고 하였다. 사건(邪巾)과 말두(袹頭)는 지금의 사각건(四脚巾)인 듯하다. '세(褏)'는 부음을 듣고 뒤늦게 입는 것을 말한다.[48]

부판
負板

『의례』의 '상복(喪服)'에 대한 정현(鄭玄)의 주석에서 "상주는 앞에 상

---

46) 『世說新語, 卷下之上, 任誕』.
47) 우왕(禑王) : 고려 제32대 왕(1365~1389). 공민왕의 아들로, 10세에 왕위에 올랐으나 이성계에 의하여 폐위되었다. 재위 기간은 1375~1388년.
48) **始**聞喪**者**, **大功以上**, **皆**追服之謂**之稅**(『儀禮, 喪服』)→**褏**聞喪追服之謂.(『松南雜識』)

복을 입고 뒤에는 널을 짊어진다"라고 하였고, 소(疏)에서 "등에 슬픔을 지는 것이다"[49]라고 하였다.

참최
斬縗

『거가필용(居家必用)』에서 "상복을 '마름질하여 자른다[裁割]'고 하지 않고 '베다[斬]'라고 말하는 이유는 매우 애통하다는 뜻을 취해서이다. 또 자최(齊縗)는 거칠게 바느질하고 칼로 마름질하여 만든다"[50]라고 하였으니, 부모의 상과 구별하니 조복(朝服)의 제도로 '최(衰)'와 '참자(斬齊)'를 더하여 상주의 제복으로 삼는다.

삼 지팡이
苴杖

운서(韻書)에서 "삼[苴]은 마(麻) 중에 씨가 있는 것인데, 상례는 저죽(苴竹) 지팡이를 사용한다"라고 하였다.

『오례신의(五禮新義)』[51]에서 "부친상에 쓰는 죽장(竹杖)은 길이를 상주의 가슴팍과 나란히 한다"[52]라고 하였으니, 상주가 힘 없는 것을 부축하기 위함이다. 마디가 있는 것은 상주에게 애도의 형식을 조절함이 있

49) 鄭注, **廣袤當心也**. 前有衰, 後有負版, **釋曰**, **言**負其悲哀.(『儀禮集釋, 喪服』) → 鄭註**云**, **孝子**, 前有衰, 後有負版, **疏**, 負其悲哀**於背也**.(『松南雜識』)

50) 喪服不言裁割而言斬者, **謂**取痛甚之義. 齊縗**裳**麤緝而剪裁成也.(『居家必用, 辛集, 五服』) → 喪服不言裁割而言斬者, 取痛甚之義也. 又齊縗卽麤緝而剪裁成也.(『松南雜識』)

51) 오례신의(五禮新儀) : 정화오례신의(政和五禮新儀). 220권. 송나라 의례국(議禮局) 정거중(鄭居中) 등이 칙명에 의해 만든 의례서.

52) 杖爲父杖竹而苴, 爲母杖桐而削, 其大皆如腰絰, 其長皆齊心.(『政和五禮新儀, 卷二十四, 序例, 五服制度』) → 父杖竹, 長與孝子心齊.(『松南雜識』)

다는 표시이다.

『예기(禮記)』에서 “저절로 죽은 대나무를 사용하여 지팡이를 만드니, 대나무의 성질은 바꿀 수 없고 잘라져도 붙일 수 없음을 의미한다. 대개 어머니는 사람의 몸을 붙여주는 존재이기에 그 지팡이의 재질은 나무를 사용하니, 이어 붙일 수 있다는 의미이다”[53]라고 하였다.

『백호통(白虎通)』에서 “모친상에 오동나무를 사용하는 것은 뿌리 없이도 살 수 있음을 의미한다. 또 오동나무 열매는 나서 가지나 잎에서 떨어지지 않기 때문이다”[54]라고 하였다.

『예기(禮記)』에서 “오동(桐)은 같음(同)이니, 같으면서도 다름이 있다는 뜻을 취하였다. 그런 까닭에 성인이 대나무와 나무로 구별했다. 오동 열매는 가지나 잎을 따라 열리니, 모자간에 떨어지지 않는 도리를 취하였다”라고 하였다.[55]

『상례(喪禮)』에서 “혹 버드나무를 사용하기도 한다”라고 하였다.

『예기(禮記), 상복기(喪服記)』의 주석에서 “삼은 검은 색이다. 상주의 마음은 마치 베이고 찍힌 듯하며, 모습은 푸른 삼대 같으니, 상복과 띠와 지팡이를 모두 삼의 색으로 만든다”[56]라고 하였다.

『의례(儀禮)』의 소(疏)에서 “하나의 삼[苴]을 이 세 가지 조목으로 나눌 수 있다. 저마(苴麻)로 머리띠와 허리띠를 만들고, 저죽(苴竹)으로 지팡이를 만들고, 저마로 허리띠를 만드는 것을 말한다”[57]라고 하였다. 또 “질

---

53) 用自死竹**下連根**爲之, **故名曰苴杖**, **長不過心**, **盖取齊其心存其節也**.(『內外服制通釋, 卷二, 五服喪制名義, 斬衰杖』) → 禮云, 用自死竹爲之.(『松南雜識』)

54) 『백호통』에 없는 내용임.

55) 凡子爲母, 用桐削杖, 何也, 謂桐之爲言同也, …… 又桐之子, 隨枝葉而生, 象母能生子無絶道.(『內外服制通釋, 卷二, 五服喪制名義, 齊衰杖』) → 桐, 同也., 取其同而有別, 故聖人以竹木別之. 梧桐之子, 隨枝葉而生, 取其母子無絶道也.(『松南雜識』)

56) **正義曰**, 苴者黯也, **夫至痛內結**, **必形色外章**, 心如斬斫**破**, 貌**必**蒼苴, 所**以衰**裳絰杖, 俱備苴色**也**.(『禮記注疏, 卷三十二, 喪服小記』) → 苴者黯也, 心如斬斫, 貌**若**蒼苴, 所**縗**裳絰杖, 俱備苴色.(『松南雜識』)

57) 以一苴, 目此三事, 謂苴麻爲首絰要絰, 又以苴竹爲杖, 苴麻爲絞帶.(『儀禮述註, 卷十一, 喪服』)

(經)은 '진실'이니, 진실 되고 충성스럽고 미더운 마음을 말한다"[58]라고 하였다.

『비요(備要)』에서 "죽장이 여섯 마디인 이유는 자세하지 않다"라고 하였다.

갈불
葛茀

『춘추좌전』에서 "경영(敬嬴)[59]을 장사 지낼 때 날이 가물어 마가 없어서 처음으로 갈불(葛茀)[60]을 사용하였다"[61]라고 하였으니, 지금의 경(潁)[62]도 마의 종류인 까닭에 상주의 신발을 만든다.

초혼
招魂

『예기(禮記)』에 '고복(皐復)'[63]이라는 글이 있는데, 송옥(宋玉)의 「초혼부(招魂賦)」는 굴원(屈原)의 혼백이 흩어지는 것을 슬퍼하여 부를 지어서 그의 정신이 돌아오게 하고자 하였다.

『설문해자』에서 "혼(魂)은 양기(陽氣)이다"라고 하였다.

『춘추좌전』에서 "사람이 태어나서 처음 변화하니 백(魄)이라고 하고 백(魄)이 생긴 뒤에는 양(陽)을 혼(魂)이라 한다"[64]라고 말하였다.

---

58) 經者, 實也. **以明**忠**實之**心也.(『儀禮義疏, 卷四十四』)→經者, 實也. **實**忠**信**心**之謂也**.(『松南雜識』)

59) 경영(敬嬴) : 춘추 시대 노나라 문공(文公)의 이비(二妃).

60) 갈불(葛茀) : 칡의 섬유를 꼬아 만든 상여줄.

61) 葬敬嬴, 旱無麻, **始**用葛茀.(『春秋左傳, 宣公, 八年, 冬』)→葬敬嬴, 旱無麻, 用葛茀.(『松南雜識』)

62) 경(潁) : 모시풀과 비슷한 식물로 갈포(葛布)의 대용품으로 쓰임.

63) 常人曰, 皐某復, 則名之也.(『禮記集說』)→有皐復.(『松南雜識』)

『태미령서(太微靈書)』에서 "사람에게는 세 개의 혼이 있으니, 영상(靈爽)·태광(台光)·유정(幽精)이다"[65]라고 하였다.

상관
祥冠

소재(蘇齋) 노수신(盧守愼)[66]이 말하였다.

주자(朱子)는 검은색으로 흰 명주를 대신하고 구규(丘揆)[67]는 흰색으로 검은색을 대신했으니, 모두 간소함을 따라 풍속에 부합한 것이고 후함을 따라 본질을 숭상한 것이다. 대개 백관(白冠)은 대상, 소상 때 입는 옷이 아니어서 상복을 빨리 벗었다는 기록이 없다.[68]

지금의 담복(禫服)[69]과 백립(白笠)[70]은 여기서 비롯되었다.

---

64) 人生始化**曰**魄, 旣**生**魄, 陽**曰**魂.(『春秋左傳, 昭公七年』) → 人生始化**爲**魄, 旣**往**魄, 陽**爲**魂.(『松南雜識』)

65) 太**微**靈書, 人有三魂, 靈爽·台光·幽精.(『韻府羣玉, 魂』) → 太靈書**曰**, 人有三魂, 靈爽·台光·幽精.(『松南雜識』)

66) 노수신(盧守愼): 조선 시대의 문신·학자(1515~1590). 자는 과회(寡悔), 호는 소재(蘇齋)·여봉노인(茹峯老人)·암실(暗室)·이재(伊齋). 을사사화로 유배되었다가 복귀하여 영의정에 올랐으나 기축옥사로 파직되었다. 저서에 『소재집』이 있다.

67) 구규(丘揆): 남송의 경학가. 자는 길보(吉甫). 복건성(福建省) 동안(同安) 사람. 주자의 학문을 숭상했다. 송이 망한 후 떠돌아다니며 자호를 조기옹(釣磯翁)이라 했다. 저서에 『역해의(易解義)』·『서해의(書解義)』 등이 있다.

68) **祥冠**, 朱子以黲代縞, 丘氏以白代黲, 皆從簡以合俗, 從厚以尙質, 蓋白冠**旣**非純凶之服, **則服之宜**無**古人變凶之速**之譏.(『穌齋集, 穌齋先生年譜』) → 朱子以黲代縞, 丘氏以白代黲, 皆從簡以合俗, 從厚以尙質, 蓋白冠非純凶之服, 無**速**變之譏.(『松南雜識』)

69) 담복(禫服): 상중에 있는 사람이 담제(禫祭) 뒤부터 길제(吉祭) 때까지 입는 흰 옷이나 옥색의 옷.

70) 백립(白笠): 흰 베로 싸개를 한 흰 갓. 대상(大祥) 뒤부터 담제(禫祭) 때까지 상주가 쓰거나, 국상(國喪) 때 일반 백성이 씀.

조전

祖奠

『한서(漢書), 임강왕전(臨江王傳)』에 "황제의 아들 누조(纍祖)가 멀리 놀러 다니길 좋아하다가 길에서 죽었다. 그래서 후세 사람들이 그를 여행의 신으로 제사 지낸다. 제사를 지내고 잔치를 벌여 마신다"[71]라고 하였으니, 바로 "소광(疏廣)을 위해 조도신(祖道神)에게 제물(祭物)을 진설하고 제사지냈다"[72]라고 하였다.

『주자어록(朱子語錄)』에서 말하였다.

> 조도제(祖道祭)를 지낼 때 흙 언덕을 만들고 개와 양을 그 위에 두고, 제사를 마치면 수레를 굴려 그 위를 지나가게 하여 길을 떠나는 사람이 험한 일을 당할 환란이 없음을 형상한다. 『주례(周禮)』의 '범발제(犯軷祭)'[73]이다.[74]

지금 사람들이 송별할 때는 다만 전별을 주고 음식을 대접하고 오직 발인(發靷)에만 제수를 보내는 풍습이 이것이다.

---

71) **師古曰, 祖者, 送行之**. 祭因饗飮**也**. **昔**黃帝之子纍祖, 好遠遊而死於道, 故後人以爲行神也.(『前漢書, 卷五十三, 景十三王傳第二十三』)→黃帝之子纍祖, 好遠遊而死於道, 故後人以爲行神也. 祭因饗飮.(『松南雜識』)

72) 疏廣, **公卿大夫故人邑子**, **設**祖道供張**東都門外**.(『前漢書, 卷七十一, 雋疏于薛平彭傳第四十一』)→疏廣, 祖道供張**也**.(『松南雜識』)

73) 大馭掌馭玉路, 以祀及犯軷, …… 受轡犯軷, 遂驅之. 〈行山曰軷. 犯之者, 封土爲山, 象以菩芻棘栢爲神主, 既祭之, 以車轢之而去, 喩無險難也.〉(『周禮注疏, 卷三十二』)

74) 祖**道之**祭, **是**作**一**土堆, 置犬羊**於**其上, 祭畢而以車碾從上過, 象行者**無**險阻之患也. 如周禮**犯**軷, **是**也.(『朱子語類卷第九十, 禮七, 祭』)→祖祭作土堆, 置犬羊其上, 祭畢而以車碾從上過, 象行者險阻之患也. 如周禮**祀**軷也.(『松南雜識』).

행자
行者

지봉 이수광이 말하였다.

'행자(行者)'라는 호칭은 선가(禪家)에서 나왔다. 대개 고기를 먹지 않고 수행하는 사람을 일컫는데 우리나라 풍속에 주인을 위해서 상복을 입는 종을 가리켜 '행자(行者)'라고 하고, 또 그 옷도 중의 옷을 모방해서 검은색을 쓰니 가소롭다. 지금 예문(禮文)에 따라 종들이 모두 상복을 지어 입으면서 여전히 '행자(行者)' 혹은 '행제노(行祭奴)'라고 하니 잘못이다.[75]

유대
遊岱

『효경원신계(孝經援神契)』[76]에서 "태산(太山)은 천제(天帝)의 손자이니, 사람의 혼을 부르는 일을 주관한다"라고 하였다. 위(魏)나라 유정(劉楨)의 시(詩)에서 "항상 태산에 유람하듯 두렵네[常恐游岱宗]"라고 하였다.[77] 기의 죽을 뻔했다는 말이다. 그런 까닭에 죽음을 '유대(遊岱)'라고 한다. 지

---

75) 行者之稱, 出**自**禪家. 盖謂素食修行者, 而國俗謂奴僕之爲**主**持喪者, 爲行者, 其服, 亦倣僧衣用緇色, 可笑. 今**士大夫家**, **一**從禮文, 奴僕並製喪服, 而**猶**稱行者, 或謂之行祭奴, **則**非**矣**.(『芝峰類說, 語言部, 卷十六, 謬誤』)→行者之稱, 出禪家. 盖謂素食修行者, 而國俗謂奴僕之爲持喪者, 爲行者, 其服, 亦倣僧衣用緇色, 可笑. 今**則**從禮文, 奴僕並製喪服, 而稱行者, 或謂之行祭奴**者**, 非**也**.(『松南雜識』)

76) 효경원신계(孝經援神契) : 책이름. 『효경』 위서(緯書)의 한 종류. 『고미서(古微書)』에 편집본이 있다.

77) 常恐游岱宗. 〈**善曰**, 援神契曰, 太山, 天帝孫也. 主召人魂.〉(『六臣注文選, 卷二十三, 贈五官中郎將四首』)→**孝經**援神契曰, 太山, 天帝孫也. 主召人魂. **魏劉楨詩云**, 常恐游岱宗.(『松南雜識』)

금 상여꾼을 '유대꾼(遊岱軍)'이라고 부르는 말은 대개 여기서 나왔다.

방상씨
方相氏

한유(韓愈)가 "눈이 4개인 가면이 방상씨(方相氏)이고, 눈이 두 개인 가면이 기(倛)이다"라고 하였다.

『해록쇄사(海錄碎事)』[78]에서 "황금으로 네 개의 눈을 만들고 곰 가죽으로 모자를 만들어 쓰고서 '나나'하는 소리를 내니, 세상에서 나나(儺儺[79])라고 부른다"[80]라고 하였다.

순자(荀子)의 '역귀를 쫓는 가면'의 주석에서 "얼굴에 기(倛)를 뒤집어 쓴 것 같으니, 방상이다"[81]라고 하였다.

지금 국장(國葬) 및 경상(卿相)의 장례에 이것을 사용하여 앞길의 사악한 귀신을 쫓는다.

명정
銘旌

『예기(禮記)』에서 "죽은 자를 이별할 수 없다"[82]라고 하였다.

---

78) 『松南雜識』에는 『운옥(韻玉)』으로 오기되어 있음.
79) 나나(儺儺) : 역귀를 쫓는 소리.
80) 黃金爲四目, 熊皮爲帽, **口**作儺儺之聲.(『海錄碎事, 卷二, 天部下, 三儺』) → 黃金爲四目, 熊皮爲帽, 作儺儺之聲, **俗呼儺儺**.(『松南雜識』)
81) 方相氏, 毆疫. 蒙熊皮, 黃金四目. 注云, 如今魌頭也. 荀子曰, 仲尼之狀, 面如蒙倛. …… 韓退之曰, 四目爲方相, 兩目爲倛, 猶今假面也. 倛與魌通.(『禮說, 卷十一, 夏官二』) → 韓愈曰, 四目方相氏, 兩目爲倛, 韻玉曰, 黃金爲四目, 熊皮爲帽, 作儺儺之聲, 俗呼儺儺, 荀子逐疫魌頭, 注面如蒙倛, 方相也.(『松南雜識』)
82) 銘, 明旌也. 以死者爲不可別已.(『禮記, 檀弓下』)

환현(桓玄)[83]의 『요어(了語)』에서 "흰 베를 관에 두르고 영정을 세웠다"[84]라고 하였다.

소식(蘇軾)의 시에서,

애석하다, 미관말직을 어디에 쓸까나?	愛惜微官將底用
장차 다만 명정쓰기만 좋아할 뿐	他年只好寫銘旌[85]

이라고 한 말이 이것이다.

양사
襄事

『춘추좌전』에서 "노나라 정공(定公)을 장사 지낼 때 비가 내려 장례를 마치지 못하니, 예법에 맞다"라고 하였는데, 그 주석에서 "양(襄)은 이룬다는 뜻이다"[86]라고 하였다.

지금 장사를 '양례(襄禮)'라 한다.

---

83) 환현(桓玄) : 진(晉)나라 사람. 자는 경도(敬道)·영보(靈寶). 왕세자 원현(元顯)이 그를 토벌하려 하자, 별사를 일으켜 반란하여 서울에 들어가 원현을 죽이고 황제의 지위를 찬탈했다. 그러나 사치하고 교만하여 천하의 비난을 받았고 유유(劉裕)에게 토벌되어 죽었다.

84) **桓南郡與殷荊州, 語次因共作**了語. …… 桓曰, 白布纏棺竪旒旐.(『古詩紀, 卷一百五十六, 別集第十二, 志遺, 逸詩』)→桓玄了語云, 白布纏棺竪旒旐.(『松南雜識』)

85) 「유시자심혜려(有侍者甚惠麗)」.

86) 葬定公, 雨不克襄事, 禮也. 〈襄成也.〉(『春秋左傳, 卷五十六, 定公, 十五年』)→葬**魯**定公, 雨不克襄事, 禮也. 註. 襄成也.(『松南雜識』)

제주도 사람들이 부모를 장사 지내다

濟人葬親

『예기(禮記)』에서 "순임금 때는 도자기관(瓦棺)을 사용하고 하후씨(夏后氏)는 즉주(堲周)[87]를 사용하고, 은나라 때는 관곽(棺槨)을 사용했다"[88]라고 하였다.

대개 아주 옛날에는 골짜기에 시신을 버렸고 뒤에 삼태기로 흙을 퍼다 덮었으며, 황제(黃帝)부터 비로소 관을 만들었다. 주나라는 장(牆)[89]을 두르고 삽(翣)[90]을 두었다.

우리나라에도 예부터 원곡(原穀)과 부여(傅舁)의 풍속이 있었으니, 지금 고려장 지내던 곳을 말한다. 제주도의 풍속은 부모를 장사 지내지 않고 골짜기에 버렸다. 조선 세종 때에 복재(服齋) 기건(奇虔)[91]이 제주목사가 되어 관곽(棺槨)의 사용법과 염(斂)하는 법을 가르치니, 제주도 사람들이 부모를 장사지낸 것은 복재로부터 시작되었다. 신지도(薪智島)[92]에서 부모를 장사 지내는 것도 원교(圓嶠) 이광사(李匡師[93])에서 시작되

87) 즉주(堲周) : 흙을 구워서 만든 벽돌로 묘 안에 관이 놓일 구덩이 주위에 돌려서 쌓았던 제도. 토주(土周)라고 하기도 한다.

88) 有虞氏瓦棺, 夏后氏堲周, 殷人棺槨.(『禮記, 檀弓上』)

89) 장(牆) : 고대 상례에 쓰던 장식물로 구거(柩車)를 덮는 장식용 덮개.

90) 삽(翣) : 고대 상례에 쓰던 장식물로 장선(掌扇)과 비슷하게 생겼다.

91) 기건(奇虔) : 조선 전기의 문신(1390~1460). 본관은 행주(幸州), 호는 복재(服齋)·청파(青坡). 세종 때 음사(蔭仕)로 지평(持平)이 된 후, 개성부 유수를 거쳐 대사헌이 되었다. 외직으로는 연안, 제주, 평안도 관찰사를 역임하며 청백리로 이름이 높았다. 세조가 즉위하여 다섯 번이나 그의 집을 찾아갔지만 끝내 벼슬길에 나가지 않았다. 시호는 정무(貞武).

92) 신지도(薪智島) : 전라남도 완도군 신지면에 있는 섬.

93) 이광사(李匡師) : 조선 후기의 서예가·양명학자(1705~1777). 본관은 전주(全州), 자는 도보(道甫), 호는 원교(圓嶠)·수북(壽北). 나주벽서사건(羅州壁書事件)으로 큰아버지 진유(眞儒)가 처벌될 때 연좌되어 회령(會寧)에 유배되었다가 진도(珍島)로 옮겨져 그곳에서 일생을 마쳤다. 정제두(鄭齊斗)에게 양명학을 배우고 윤순(尹淳)에게 글씨를 배웠으며 원교체(圓嶠體)를 이룩하여 조선의 서예 중흥에 공헌했다. 저서로 『동국악부(東國樂府)』·『원교집선(圓嶠集選)』·『원교서결(圓嶠書訣)』 등이 있으며, 1762년 이후 신지도(薪智島)에서 유배생활을 했다.

었다고 한다.

신라에서 왕을 화장하다
羅王火葬

신라 문무왕(文武王)이 유언하기를 "산과 골짜기도 변하고 인간의 세대는 옮겨간다. 오왕(吳王)의 북산(北山) 무덤에서 금부(金鳧)[94]의 화려함을 볼 수 있으며, 위주(魏主)의 서릉(西陵)[95]을 바라보아도 오직 동작대(銅雀臺)[96]의 이름만 들릴 뿐이다. 인도(印度)의 의식에 따라 불로 살라 장사지내라"[97]라고 하였다.

부모의 장례에 묘도를 쓰다
葬親用隧

『택리지(擇里志)』에서 "김우명(金佑明)[98]이 그 아비를 장사할 때 수도(隧道)하는 제도[99]를 사용하였다"[100]라고 하였으니, 최영경(崔永慶)[101]이

---

94) 금부(金鳧) : 황금으로 만든 오리모양의 향로로 제왕들의 부장물(附葬物)의 하나.

95) 서릉(西陵) : 중국 삼국 시대 위나라 무제(武帝 : 조조)의 능.

96) 동작대(銅雀臺) : 한나라 말기 건안(建安) 13년에 조조(曹操)가 세운 누대. 누대의 꼭대기에 커다란 공작을 만들어 놓아 이렇게 이름붙였다.

97) 遺詔曰, …… 山谷遷**貿**, 人代推移, 吳王北山之墳, 見金鳧之**彩**, 魏主西陵之望, **唯**聞銅雀之名. …… 依西國之式, 以火燒**葬**.(『三國史記, 卷第七, 新羅本紀, 第七, 文武王 二十一年』) → **文武王**遺詔曰, 山谷**變**遷, 人代推移, 吳王北山之墳, **詎**見金鳧之**綵**, 魏主西陵之望, **惟**聞銅雀之名, 依西國之式, 以火燒**柩**.(『松南雜識』)

98) 김우명(金佑明) : 조선 후기의 문신(1619~1675). 본관은 청풍(淸風), 자는 이정(以定), 시호는 충익(忠翼). 현종(顯宗)의 장인. 1659년 현종이 즉위하자 국구(國舅)로서 청풍부원군(淸風府院君)에 봉해지고, 돈령부영사(敦寧府領事)가 되었다. 송시열(宋時烈)과 같은 서인(西人)이었지만 민신(閔愼)의 대부복상(代父服喪) 문제를 계기로 남인 허적(許積)에 동조했다.

99) 수도(隧道)하는 제도 : 죽은 사람을 장사하면서 관을 두는 곳에 굴을 뚫고 문을 달아

석곽(石槨)을 사용한 것과 같다”

아버지를 대신하여 상을 행하다
代父居喪

민신(閔愼)[102]의 아버지가 미친병이 들어 그 아버지의 상을 행하려 하지 않았다. 민신이 송나라 영종(寧宗)의 고사에 따라 아버지를 대신해 상을 입었다.

최치안(崔致安)은 수원(水原) 사람이다. 할아버지 최소(崔沼)가 죽자 아버지 최흘(崔訖)은 평소 병을 앓고 있었지만 여막에서 지냈다. 이때 최치안이 열 네 살이었는데도 아버지를 대신해 삼 년 동안 시묘살이를 하였다.[103]

서 출입할 수 있게 만들고, 사시사철 새 옷과 음식을 관 앞에 갖다 놓을 수 있게 하는 제도.

100) **先是, 大妃父淸風府院君**金佑明, 葬其父, 用隧道.(『擇里志, 卜居總論』) → 金佑明, 葬其父, 用隧道.(『松南雜識』)

101) 최영경(崔永慶) : 조선 중기의 문신(1529~1590). 본관은 화순(和順), 자는 효원(孝元), 호는 수우당(守愚堂). 조식(曺植)의 문인. 1584년 교정청낭관(校正廳郎官)이 되어 『경서훈해(經書訓解)』의 교정에 참여하고 곧 낙향하였으나 정여립(鄭汝立)의 모반사건 때 무고로 투옥되어 정적(政敵)인 서인(西人) 정철(鄭澈)의 국문을 받다가 옥사했다.

102) 민신(閔愼) : 조선 숙종 때 사람. 본관은 여흥. 업(業)의 손자. 세익(世益)의 아들. 업이 죽자 세익이 미친병을 앓고 있어서 신이 대신 상을 입었다. 청풍부원군 김우명 등은 인륜의 큰 변이라 하였고, 허적 역시 예법을 어긴 패륜이라 했다. 서인들은 주자의 논을 무죄라고 변론했다. 숙종은 삼강오륜을 범했다고 하여 장 100대를 때린 후 변방으로 귀양보냈다.

103) 崔致安, 水原府人. 祖沼卒, **致安**父訖素有疾, 而居廬. 致安年十四, **告父曰, 帶疾而寢苦枕塊, 病必增, 請還家治療, 父許之, 致安**代守墳所三年.(『新增東國輿地勝覽, 卷三十一, 慶尙道, 宜寧縣』) → 崔致安, 水原府人. 祖沼卒, 父訖素有疾, 而居廬. 致安年十四, 代守墳所三年.(『松南雜識』)

상례를 잘 치르다
善居喪

『소학』에서 “소련(小連)과 대련(大連)은 거상(居喪)을 잘 하였는데, 동이족(東夷族)이다”[104]라고 하였다.

지금 평안도 개천(价川)[105] 사람이라고 한다.

부모의 초상을 그리다
畵父母像

『괴산읍지(槐山邑誌)』에서 “효자 손우(孫愚)가 부모의 상중에 초상을 그려놓고 아침저녁으로 배알하여 삼 년을 하루같이 하였다”라고 하니, 손성(孫盛)[106]의 『일사전(逸士傳)』에서 말한 “정란(丁蘭)[107]이 나무로 어머니의 형상을 깎아 만들었다”[108]는 일과 유사하다.

오랑캐와 왜의 거상법
胡倭居喪

『전한서(前漢書), 문제기(文帝紀)』에서 “이십 칠 일만에 공제(公除)[109]한

---

104) 少連大連, 善居喪, **三日不怠**, **三月不解**, **期悲哀**, **三年憂**, 東夷之子也.(『小學, 卷四, 內篇, 稽古第四, 明倫』) → 少連大連, 善居喪, 東夷之子也.(『松南雜識』)

105) 개천(价川) : 평안남도 개천군에 있는 읍.

106) 손성(孫盛) : 진(晉)나라 사람. 자는 안국(安國). 저서에 『위씨춘추(魏氏春秋)』·『진양춘추(晉陽春秋)』 등이 있다.

107) 정난(丁蘭) : 후한(後漢) 때의 효자. 어머니가 죽자 나무로 어머니 형상을 깎아 만들어 살아 계시는 것과 같이 모셨다.

108) 少喪母不及養, 乃刻木爲親形, 事之若生. 隣人張叔, 從蘭妻有所借, 蘭妻跪拜木人, 木人不悅, 不借之. 叔醉罵木人, 以杖叩其頭. 蘭歸殺張叔, 郡縣嘉其孝. 孫盛逸士傳.(『韻府羣玉, 丁蘭木母』) → 孫盛逸士傳所謂丁蘭木像事.(『松南雜識』)

다"라고 하였다. 이는 바로 한 달을 하루로 쳤으니, '단상(短喪)[110]'이라 하고 그대로 상례(常禮)가 되었다.

오랑캐들은 공제하기 전에 마래기(抹額)[111]의 이모(毦毛)[112]를 제거한다. 왜인들도 흰 종이로 칼자루 끝의 고리를 봉한다.

청나라 함풍제(咸豊帝)[113]가 도광제(道光帝)[114]를 위해 삼년상을 행한 것과 북위(北魏)의 효문제(孝文帝)[115]·북주(北周)의 무제(武帝)[116]의 일은 '예법 없는 중국보다 임금이 잘 다스리는 오랑캐가 낫다'라고 찬미한 공자의 말과 같으니, 왕망(王莽)이 어머니 공현군(功顯君)이 죽자 남에게 상례를 대신 치르게 한 일과 비교하면 어떠한가?

백제 의자왕(義慈王)[117]은 '해동의 증자(曾子)'라는 칭호가 있었지만 부

---

109) 공제(公除) : 제왕이 막중한 국사를 담당하기에 천하를 공적인 것으로 하여 권도에 따라 예제(禮制)를 행하여 상복을 벗는 것을 말한다.

110) 단상(短喪) : 상기(喪期)를 단축하기 위해 날[日]을 달[月]로 하여 3년(36개월)을 36일로 바꾸는 경우를 가리킴.

111) 마래기[抹額] : 청나라 때 관리들이 쓰던 모자의 일종. 둘레가 넓고 운두가 낮아 투구와 비슷하며, 증자(鐺子)에서부터 거듭한 상모로 빙 둘러 덮었다.

112) 이모(毦毛) : 새의 깃으로 만든 장식물.

113) 함풍제(咸豊帝) : 청나라 제9대 황제(재위 1850~1861). 시호는 현황제(顯皇帝), 묘호는 문종(文宗). 도광제(道光帝)의 제4자. 태평천국군의 난징 점령에도 불구하고 당파싸움에만 몰두하는 만주인 관료를 물리치고 젊은 한인관료를 기용하는 등 치정에 애썼다. 애로호 사건을 계기로 체결된 톈진조약의 비준문제로 분쟁이 일어 영국·프랑스군이 북경에 침입하자 열하(熱河)의 이궁으로 피난, 병사했다.

114) 도광제(道光帝) : 청나라의 제8대 황제(1782~1850). 묘호는 선종(宣宗). 긴축 정책을 시행하고 적극적으로 국부(國富)를 꾀하였으나, 아편 전쟁에 패하여 서양 여러 나라에 개국하게 되었다. 재위 기간은 1820~1850년이다.

115) 효문제(孝文帝) : 북위(北魏)의 제6대 황제(467~499). 성은 탁발(拓跋). 이름은 굉(宏). 묘호는 고조(高祖). 대대적으로 한화정책(漢化政策)을 취하여 이민족 정복자인 제실(帝室 : 鮮卑拓跋部) 및 북방 여러 민족을 중국에 동화시켰다. 문명태황태후(文明太皇太后)를 영고릉(永固陵)에 장사지내고 공제(公除)를 청하는 신하들의 건의를 무시하고 삼년상을 지냈다.

116) 무제(武帝) : 남북조 북주(北周)의 제3대 황제(543~578). 이름은 옹(邕). 묘호는 고조(高祖).

117) 의자왕(義慈王) : 백제의 제31대 왕(재위 641~660). 재위 초기에는 친히 신라를 공격하여 신라에 큰 타격을 주고 국위 만회에 힘썼으나, 만년에는 사치와 향락에 빠져 나·당 연합군의 침공을 맞았으며, 끝내 항복했다.

여씨(夫餘氏)를 제사지내지 못하고 갑자기 망했으니 효도라 하겠는가? 무릇 임금은 사직을 보전하는 것으로 효도로 삼고, 선비는 아름다운 이름을 보전하는 것을 효도로 삼나니, 효는 상복을 입고 통곡하는 것을 말하는 것이 아니다.

정려
旌閭

신라의 역사에서 "경덕왕(景德王)[118]은 향덕(向德)이 흉년에 넓적다리 살을 베어 부모에게 먹인 일이 있기 때문에 비석을 세워 그 일을 기록하고 그 마을에 정문(旌門)을 세워 '효가리(孝家里)'라 불렀다"[119]라고 하였으니, 이것이 우리나라 '효자정려'의 시초이다.

고려 말에 세신거족(世臣巨族)들이 새 왕조를 섬길 수 없다는 의리로 문을 닫아걸고 거처하며 '두문동(杜門洞)'이라 하니 또한 우리나라 '충신정려'의 시초이다.

임진왜란에 왜인들이 우리나라의 민가를 불질렀지만 정려(旌閭)만은 태우지 않았으니 왜놈들도 충신·효자·열녀의 소중함을 알았던가?

순조(純祖)가 거둥할 때, 격쟁(擊錚)[120]하고 글을 올린 사람이 있었는데, 사만 칠천여 장(章)이었다. 이 일을 예조에 내려 보내 조사하게 하니, 충신의 경우는 사람마다 왕촉(王蠋)[121]이 될 만하고, 효자의 경우는 하

---

118) 경덕왕(景德王) : 신라 제35대 왕(재위 742~765). 성은 김(金). 이름은 헌영(憲英). 당나라의 문물을 받아들여 제도와 관직을 당나라식으로 고치고 국내 지명도 한자식으로 고쳤다. 국학 진흥과 불교 중흥에 힘써, 통일 신라 문화의 황금 시대를 이루었다.

119) 向德, …… 年荒**民饑**, …… **乃肉以食之**. …… **王下敎**, …… **命有司**立石紀事, **以標之**, **至今人號其地云**孝家里.(『三國史記, 卷四十八, 列傳, 第八, 向德』)→向德, 年荒**封髀**, **食父母**, 立石紀事, **旌其閭**, **爲**孝家里.(『松南雜識』)

120) 격쟁(擊錚) : 억울한 일이 있는 사람이 임금에게 하소연하기 위해 거둥하는 길가에서 징이나 꽹과리를 쳐서 하문(下問)을 기다리는 일.

121) 왕촉(王蠋) : 전국 시대 제(齊)나라 주읍(晝邑) 출신. 연(燕)나라 악의(樂毅)가 제나라

나하나 왕상(王祥)[122]이 될 만하고, 절부의 경우는 영녀(令女)[123]가 아닌 사람이 없고, 효녀의 경우 모두 조아(曹娥)[124]가 될 만하였다. 판서 홍기섭(洪起燮)[125]이 어찌할 수 없어서 모두 다 아뢰니, 왕이 없던 일로 하고 되돌려 보냈다.

나는 생각건대, 국가에서는 마땅히 한(漢)나라의 청렴거(淸廉擧)[126]를 따라야 하고 백성들은, 의당 호인대(鄠人對)[127]에서 자신의 뜻을 잃지 말아야 한다.

통상
通喪

공자께서 "삼년상은 천자에서부터 서민에 이르기까지 모두 그렇게 하니, 자식이 태어나서 삼 년이 지나야 부모의 품을 벗어날 수 있기 때

를 공격할 때 왕촉이 현명하다는 소문을 듣고 예를 갖추어 불렀으나 가지 않았다. 연나라 사람들이 협박하자 왕촉이 제나라를 위해 자결했다.

122) 왕상(王祥) : 진(晉)나라 임기(臨沂) 출신. 계모가 병이 들어 한 겨울에 잉어가 먹고 싶다고 하여, 왕상이 강가에 가서 얼음을 깨려고 하니 절로 얼음이 풀리고 잉어가 뛰어나왔다. 또 구운 참새가 먹고 싶다고 하니 참새 수십 마리가 장막 안으로 날아 들어왔다고 한다.

123) 영녀(令女) : 삼국 시대 위나라 조문숙(曹文叔)의 아내. 문숙이 일찍 죽은 후 집에서 개가시키려고 하자, 처음에는 머리를 깎고 거절했다. 그 후에 다시 귀와 코를 잘라 마침내 자신의 정절을 온전히 지켰다고 한다.

124) 조아(曹娥) : 후한(後漢) 때의 효녀. 14살 때 어버지가 강물에 빠져 죽어 시체가 유실되자 강을 따라 17일 밤낮을 울며 다니다가 강물에 빠져 죽었다 함.

125) 홍기섭(洪起燮) : 조선 후기의 문신(1776~1831). 본관은 남양, 자는 희재(喜哉), 호는 치수(痴叟). 순조 2년(1802)에 급제하여 교리 · 승지 · 대사성 · 대사간 · 한성부판윤 · 형조판서 · 예조판서 등을 역임했다.

126) 청렴거(淸廉擧) : 한(漢)나라 때의 과거 조목의 이름. 한무제(漢武帝) 원광(元光) 원년에 처음으로 여러 군국(郡國)에 효성스럽고 청렴한 사람을 천거하도록 하여 선발했다.

127) 호인대(鄠人對) : 한유(韓愈)의 작품으로 호(鄠)에 사는 효자가 병든 어머니를 위해 자신의 넓적다리살을 베어 먹여 병을 치료했다는 일화를 기록했다.(『昌黎集, 外集, 卷四, 鄠人對』)

문이다"[128]고 하셨다.

또 경방(京房)[129]이 "천도(天道)는 일 년에 한 번 조금 변하고, 삼 년에 한번 크게 변한다"라고 하였다. 대개 상복 제도는 양수(陽數)를 취하기 때문에 시마복(緦麻服)은 석 달, 소공복(小功服)은 다섯 달, 대공복(大功服)은 아홉 달 입고, 일년상과 삼년상까지 행한다.

대공
大紅[130]

『전한서(前漢書), 문제기(文帝紀)』에 "대공복(大紅服)은 15일, 소공복(小紅服)은 14일을 입는다"[131]라고 하였는데, 그 주석에서 "복건(服虔)[132]이 '모두 당연히 대공포(大功布)와 소공포(小功布)를 말한다'라 하였다"라고 말하였다.

석탄(石灘) 이신의(李愼儀)[133]가 "심의 올로 상복의 경중을 삼으니, 공

128) 子曰, **予之不仁也**, 子生三年**然後**, 免於父母之懷, **夫**三年之喪, **天下之通喪也**. **予也**, **有三年之愛於其父母乎**.(『論語, 陽貨』)→孔子曰, 三年之喪, **自天子達于庶人也**, 子生三年, 免於父母之懷.(『松南雜識』)

129) 경방(京房) : 전한(前漢) 때의 사상가(B.C. 77~B.C. 37). 자는 군명(君明), 본래의 성은 이(李). 재이설(災異說)에 밝아서 원제(元帝)의 총애를 받았고, 위군(魏郡)의 태수가 되었지만 재이점후(災異占候)에 대하여 자주 상주(上奏)하였기 때문에 석현(石顯)·오록충종(五鹿充宗) 등의 미움을 사서, 하옥된 후에 살해당했다. 저서에 『경씨역전(京氏易傳)』 3권이 있다.

130) 대홍(大紅) : 대홍은 대공(大功)과 같은 의미로, 베 짜는 일 또는 상복(喪服)을 일컫는다.

131) 服大紅十五日, 小紅十四日. 〈服虔曰, **皆**當言大功小功**布也**. **纖細布衣也**.〉(『前漢書, 卷四, 文帝紀』)→服大紅十五日, 小紅十四日. 註, 服虔曰, 當言大功小功.(『松南雜識』)

132) 복건(服虔) : 한(漢)나라의 학자. 영양(滎陽) 출신. 자는 자신(子愼). 처음 이름은 중(重) 또는 지(祗). 영제(靈帝) 때 구강태수(九江太守)가 되었다. 문장을 잘 지었고 『춘추좌씨전해(春秋左氏傳解)』를 썼다. 정현(鄭玄)이 좌전에 주를 달려고 하다가 복건이 주를 달려한다는 말을 듣고 자기가 한 것을 그에게 주어 마침내 복씨주(服氏注)가 되었다.

133) 이신의(李愼儀) : 조선 후기의 문신(1551~1627). 본관은 전의(全義), 자는 경칙(景則), 호는 석탄(石灘), 시호는 문정(文貞). 광해군 때 영창대군(永昌大君)을 죽이고 인목대

(紅)은 여공(女紅)의 공이다"라고 하였다.

살펴보건대, 우리나라 상복제도는 신라 지증왕부터 시작되었다. 대개 상복에 삼을 사용한 이유는 옛날에는 면이 없고 명주로 상복을 만들 수도 없었으며, 오직 직물 중에 거칠고 흔한 것이 삼이었기 때문이다.

외가의 상에 상복을 입다
母黨服

『당서(唐書), 현종기(玄宗紀)』에서 "당나라 현종(玄宗)이 외가의 상에 상복을 입었다"[134]라고 하니 군자들이 기롱하였다.

지금은 외조부·외숙·이모에 대해서도 똑같이 소공복을 입으니 알 수 없는 일이다.

오복
五服

『거가필용(居家必用)』의 '오복(五服)'에 대한 주석에서 "복(服)은 하늘에 오성(五星)[135]이 있고, 땅에 오악(五嶽)[136]이 있고, 음양에 오행(五行)[137]이

비(仁穆大妃)를 유폐하는 일에 반대하는 소(疏)를 올렸다가 회령(會寧)에 유배되고 1623년 인조반정으로 풀려나와 형조참의·형조참판을 역임했다. 같은 해 정묘호란으로 왕을 호종하여 강화로 가던 도중 수원에서 병사했다.

134) **增宗廟籩豆數**, 加母黨服.(『資治通鑑綱目, 卷四十三, 下』) → **唐玄宗紀**, 加母黨服.(『松南雜識』)

135) 오성(五星) : 중국 고대부터 알려져 있는 5개의 행성. 즉, 세성(歲星 : 목성)·형혹(熒惑 : 화성)·태백(太白 : 금성)·진성(辰星 : 수성)·진성(鎭星 : 토성)을 말하며, 각각 동·남·서·북·중앙 방위에 위치한다.

136) 오악(五嶽) : 동쪽의 태산(泰山 : 山東省 소재), 서쪽의 화산산(華山 : 陝西省 소재), 남쪽의 형산(衡山 : 安徽省 소재), 북쪽의 항산(恒山 : 山西省 소재), 중부의 숭산(嵩山 : 河南省 소재)이다.

있고, 형법(刑法)에 오등(五等)[138]이 있는 것을 본떴기 때문에 상복에도 다섯 가지 이름이 있다. 대개 상복은 죽은 자를 장사지낸 뒤에 살아있는 자들이 만들어 입는 옷인데, 다만 모습으로 마음을 나타내고 옷으로 모습을 나타낸다. 대공과 소공은 베를 짤 때의 공력이니, 곱고 거친 차이가 있다"[139]라고 하였다.

정복(正服)은 직계 선조로 본족에 대해 입는 상복을 말한다.[140]

의복(義服)은 원래는 본족이 아니지만 의리상 함께 사는 사람, 예를 들면 사위가 처부모의 시마복을 입는 경우이다.[141]

가복(加服)은 본래는 경복(輕服)인데 중복(重服)을 입는 것으로, 예를 들면 적손(嫡孫)이 조부의 상례를 치르는 경우이다.[142]

강복(降服)은 중복(重服)이 합당한데 경복(輕服)을 입는 것으로, 예를 들면 남자가 양자로 나갔거나 딸이 시집갔거나 어머니가 쫓겨난 경우이다.[143] 보복(報服)은 존속(尊屬)과 비속(卑屬)이 서로 보답으로 입는 상복을 말한다.[144]

---

137) 오행(五行) : 우주 간에 운행하는 원기(元氣)로서 만물을 낳게 한다는 5원소(元素). 즉 금(金)·목(木)·수(水)·화(火)·토(土)를 말한다.

138) 오등(五等) : 범죄자에 대한 5가지 형벌. 사형(死刑)·유형(流刑)·도형(徒刑)·장형(杖刑)·태형(笞刑)으로 구분했다.

139) **夫**服者, 象天有五星, 地有五嶽, 陰陽有五行, 刑法有五等, 故喪服有五名也. 盖服者, 言**死**者旣喪, 生者制服, 但貌以表心, 服以表貌也.(『居家必用, 辛集, 服』) → 服者, 象天有五星, 地有五嶽, 陰陽有五行, 刑法有五等, 故喪服有五名也. 盖服者, 言**屍**者旣喪, 生者制服, 但貌以表心, 服以表貌也.(『松南雜識』)

140) 正服. 正先祖之體本族之**正**也, **故曰正服**.(『內外服制通釋, 卷二, 五服喪制名義, 正服』) → 正服**謂**正先祖之體本族之**服**也.(『松南雜識』)

141) 義服, 元非本族, **以**義相聚而爲之服. 如夫爲妻, 舅姑爲子婦之類, 名曰義服.(『內外服制通釋, 卷二, 五服喪制名義, 義服』) → 義服, **謂**元非本族, **因**義共處者, 如壻服妻之父母緦麻之類.(『松南雜識』)

142) 加服. 加者增也. 本體輕而增之於重. 如孫爲祖, 本服期, 或以嫡孫承祖, 則服斬衰三年, 若此之類, 名曰加服.(『內外服制通釋, 卷二, 五服喪制名義, 加服』) → 加服, 謂本服輕而加之於重也. 如嫡孫承祖之類.(『松南雜識』)

143) 降服. 降者, 下也, 減也. 本服重而減之從輕. 如子爲父母, 本服三年, 或爲人後, 則爲本生服期年耳. 若此之類, 名爲降服.(『內外服制通釋, 卷二, 五服喪制名義, 降服』) → 降服, 謂合服重而輕, 如男出繼, 女適人, 母被出之類.(『松南雜識』)

단문

袒免

상복을 입지 않는 친척이다.[145]

『예기(禮記)』의 주석에서 "베로 상복을 해 입지 않고 아랫도리는 입고 윗도리는 한쪽 어깨를 벗는 것을 이른다. 베로 모자 모양의 두건을 쓰는 것을 이르니 지금의 가마(加麻)[146]이다"라고 하였다.

사복

師服

『예기(禮記), 학기(學記)』에서 "스승은 오복(五服)을 입는데 해당되지 않지만 스승의 가르침이 아니면 오복을 입는 정으로 서로 친해질 수 없다"[147]라고 하였다. 또 "스승이 돌아가시면 삼 년간 심상을 한다[心喪三年]"[148]라고 하였다.

구준(丘濬)[149]이 말하였다.

> 송나라 유학자 황간(黃榦)[150]은 그의 스승 주자의 상례에 조복(弔服)

---

144) 報者, 互相報服也.(『讀禮通考, 卷三十七, 喪服八, 通論』) → 報服, **謂尊卑**互相報服也.(『松南雜識』)

145) 無服**謂**之**袒免**親.(『內外服制通釋, 卷二, 五服喪制名義, 袒免』) → 無服之親**也**.(『松南雜識』)

146) 가마(加麻) : 소렴(小殮) 때 상주가 수질(首絰)을 처음으로 머리에 쓰는 것.

147) 師無當於五服, **五服弗得不**親.(『禮記, 學記』) → 師無當於五服, **非師無**親.(『松南雜識』)

148) 『禮記, 檀弓上』.

149) 구준(丘濬) : 명나라의 학자 · 문신. 경산(瓊山) 출신. 자는 중심(仲深), 호는 심암(深菴) · 경산선생(瓊山先生) · 경대(瓊臺), 시호는 문장(文莊). 관직은 문연각(文淵閣) 대학사(大學士)를 역임했다. 주자학에 정통했으며 저서에 『대학연의보(大學衍義補)』 등이 있다.

150) 황간(黃榦) : 송나라의 학자. 민현(閩縣) 출신. 자는 직경(直卿), 호는 면재선생(勉齋先生). 젊어서 주희에게 수업을 받을 때, 뜻이 굳고 생각이 깊다는 이유로 주희가 사위로 삼았고 주희의 임종 때는 심의(深衣)와 저술한 책 등을 물려받아 도통의 전수했다.

을 입고 가마(加麻)를 쓰니 그 제도가 심의(深衣)[151]를 입고 관(冠)과 머리띠(絰)를 사용한 것과 같다. 왕백(王栢)[152]은 그의 스승 하기(何基)[153]의 상례에 심의를 입고 허리띠를 두르고 관에 명주끈을 묶었다. 하기(何基)가 죽자 그 제자 김이상(金履祥)[154]은 흰 두건에 머리끈을 묶었으니, 시마복을 입고 가는 모시로 만든 작은 띠를 묶는 것과 같다. 황간·왕백·김이상 세 사람은 모두 주자 문하의 적통을 이어받은 제자로, 그들이 만든 스승에 대한 상복은 상고할 만한 가치가 없지 않으니 후세에 스승을 위해 상복을 입는 자들은 마땅히 이것을 준거(準據)로 삼아야 한다.[155]

헌종(憲宗) 때 지안경부(知安慶府)로 있으면서 덕정을 펼쳐 백성들이 황보(黃父)라고 했다. 시호는 문숙(文肅). 저서로 『경해(經解)』과 『면재문집(勉齋文集)』이 있다.

151) 심의(深衣) : 유학자들이 입던 겉옷. 백세포(白細布)로 만들며 깃·소맷부리 등 옷의 가장자리에 검은 비단으로 선을 두른다. 대부분의 포(袍)와는 달리 의(衣)와 상(裳)이 따로 재단되어 연결되며, 12폭의 상이 몸을 휩싸게 되어 있어 심원한 느낌을 준다. 복건(幅巾)·대대(大帶)·흑리(黑履)와 함께 착용한다.

152) 왕백(王栢) : 송나라의 학자. 금화(金華) 출신. 자는 회지(會之), 호는 장소(長嘯)·노재(魯齋). 젊어서는 제갈량을 사모하였지만 나이 들어서는 이학(理學)에 심취하였고, 시문에도 뛰어났다. 저서에 『독역기(讀易記)』·『서의(書疑)』·『시변(詩辨)』 등이 있다. 시호는 문헌(文憲).

153) 하기(何基) : 송나라의 학자. 금화(金華) 출신. 자는 자공(子恭). 황간(黃榦)을 스승삼아 이락(伊洛)의 학문 연원을 궁구하여 독실하다고 칭송되었다. 금화산(金華山)에 살아서 사람들이 북산선생(北山先生)으로 불렀다. 저서에 『주역계몽(周易啓蒙)』·『근사록발휘(近思錄發揮)』 등이 있다.

154) 김이상(金履祥) : 원나라의 학자. 난계(蘭谿) 출신. 자는 길보(吉父). 어려서는 경세의 포부를 지녔고, 장성해서는 염락(濂洛)의 학문을 근본삼아 의리(義理)를 궁구했다. 본래는 송나라의 유생으로 사관편교(史館編校)로 부름을 받았지만 송나라가 망하자 원나라에 벼슬하지 않고 평생 저술에 몰두했다. 만년에는 이택서원(麗澤書院)에서 강학했다. 인산(仁山) 아래에 살았기 때문에 학자들이 인산선생(仁山先生)이라고 불렀다. 저서에 『통감전편(通鑑前編)』·『대학장구소의(大學章句疏義)』가 있다.

155) 宋儒黃榦, 喪其師朱**熹**, 服加麻, 制如深衣, 用冠絰. 王柏喪其師何基, 服深衣加帶絰, 冠加絲. 武柏卒, 其弟子金履祥**喪之**, **則**加絰**於**白巾, **絰**如緦**服**而小帶用細苧. 黃王金三子**者**, 皆朱門**之**嫡傳, 其所製**之**師服, 非無稽也. 後**世欲報其**師**之恩義**者, 宜準**之以爲法云**.(『大學衍義補, 卷五十一, 治國平天下之要, 明禮樂, 家鄕之禮』) → 宋儒黃榦, 喪其師朱**子**, **吊**服加麻, 制如深衣, 用冠絰. 王柏喪其師何基, 服深衣加帶絰, 冠加絲. 武柏卒, 其弟子金履祥, 加絰**于**白巾, 如緦**麻**而小帶用細苧, 黃王金三子, 皆朱

상복은 윤달을 인정하지 않는다
喪服不計閏

『춘추』에서 "병진일은 주(周)나라 영왕(靈王)이 세상을 떠난 날이다"[156]라고 했는데, 호안국(胡安國)[157]이 "갑인일에 천자가 죽고 을미일에 초나라 왕이 죽었다. 두 날의 간격은 42일이니, 윤달[158]이 끼어 있음을 알 수 있다. 그러나 '윤달'이라고 기록하지 않았으니 상복을 입는 날은 윤달을 포함하여 계산하지 않는다는 것을 나타낸다"[159]라고 하였으니, 대개 날짜를 계산해보면 윤달만큼이 남는다.

『춘추공양전』 애공(哀公) 오년 조의 기록에 "상사(喪事)에 어찌 윤달을 쓰겠는가?"라고 하였는데, 주석에서 "상을 지내는 날이 줄어든다"라고 하였고 "략(略)은 줄어든다는 뜻이다. 달의 수로 은혜가 줄어들기 때문에 윤달의 수를 포함하여 계산한다"[160]라고 하였다. 그러나 달의 수로

門嫡傳, 其所製師服, 非無稽也, 後**之服師**者, 宜準**此**.(『松南雜識』)

156) 丙辰**二十七年**, 靈王崩.(『胡氏春秋傳, 卷二十三, 襄公下』) → 丙辰, **周**靈王**之**崩**也**.(『松南雜識』)

157) 호안국(胡安國) : 송나라의 유학자(1074~1138). 자는 강후(康侯), 시호는 문정(文定). 복건성(福建省) 숭안(崇安) 출신. 정이천을 사숙(私淑)하여 거경궁리(居敬窮理)의 학문을 중시했다. 사상채(謝上蔡)·양구산(楊龜山) 등과 함께 정문(程門)의 학문 연구에 힘썼다. 춘추학(春秋學)의 쇠퇴를 염려하여 『호씨춘추전(胡氏春秋傳)』 30권을 저술했다.

158) 윤달 : 순 태음력에서는 날짜 계산이 계절과 너무 어긋나게 되어 이것을 막기 위한 방법으로 간간이 끼어 준 한 달. 1삭망월(朔望月)은 29.53059일이고, 1태양년은 365.2422일이므로 음력 12달은 1태양년보다 약 11일이 짧다. 그러므로 3년에 한 달, 또는 8년에 석 달의 윤달을 넣지 않으면 안 된다. 만일 음력에서 윤달을 전혀 넣지 않으면 17년 후에는 5, 6월에 눈이 내리고 동지·섣달에 더위가 온다. 예로부터 윤달을 두는 방법이 여러 가지로 고안되었다. 그중 19태양년에 7개월의 윤달을 두는 방법을 19년 7윤법이라 하여 가장 많이 쓰이는 방법이다.

159) 甲寅, 天王崩. 乙未, 楚子**昭**卒. 相距四十**二**日, 則閏月之驗也. 然不以**閏書**, 見喪服之不數閏也.(『胡氏春秋傳, 卷二十三, 襄公下』) → 甲寅**日**, 天王崩, 乙未, 楚子卒. 相距四十日, 則閏月之驗也. 然不以**書閏**, 見喪服之不數閏也.(『松南雜識』)

160) 五年**春城比**. …… 喪曷爲以閏數. 〈**据卒不書閏**. **疏**喪數畧也. **注**畧猶殺也. 以月數恩殺, 故幷閏數. **疏**, **喪數略也**.〉(『春秋公羊傳, 卷二十七, 哀公』) → **哀**五年. 喪曷爲以閏數. 喪數略也. 畧猶殺也. 以月數恩殺, 故幷閏數.(『松南雜識』)

계산하면 부족하기에 『예기』의 “한 달을 건너 뛰어 담제를 지낸다”에 대한 정현(鄭玄)의 주석에서 “한 달을 건너뛴다. ‘중월(中月)’은 그 달을 사이에 넣어서 스무 다섯 달을 만들고 대상(大祥)[161]을 마치며, 간월(間月)은 그 한 달을 건너뛰어 스무 일곱 달을 만들어 담제(禫祭)[162]를 지내고 상을 마치는 것이다”[163]라고 하니, 정현의 뜻이 후덕하다.

조상

弔

『급취편(急就篇)』[164]에서 “상사에 슬피 조문하여 얼굴과 눈이 부었다”라고 하였는데, 그 주석에서 “사람이 활을 가지고 있는 모습을 본뜬 글자가 ‘弔(조)’이다. 아주 옛날에는 장례에 관곽(棺槨)을 사용하지 않았다. 그래서 항상 금수의 피해에 시달렸기 때문에 조문할 때 활을 들고 모여 짐승을 쫓기 위해 활을 쏘는 일을 도왔다”[165]라고 하였다.

---

161) 대상(大祥) : 사람이 죽은 지 2년 만에 지내는 제사. 1년 만에 지내는 제사는 소상(小祥)이라 한다.

162) 담제(禫祭) : 대상 뒤 2달 만에 지내는 제사.

163) …… 中月而禫 ……〈中月而禫者. 中間也. 大祥之後, 更間一月而爲禫祭, 二十五月大祥, 二十七月而禫.〉(『禮記, 卷五十七, 間傳』) → 中月而禫, 鄭康成間註, 一月也. 中月者, 其月之中, 爲二十五月而終喪, 間月者, 間其一月, 爲二十七月而終喪.(『松南雜識』)

164) 급취편(急就篇) : 한나라 원제(元帝) 때 사유(史游)가 편집하여 아이들에게 가르치던 잡기류(雜記類)의 책.

165) 喪弔悲哀面目腫.〈**喪謂遭喪 · 持喪也**, **於字哭亡爲喪**. **弔謂問終者也**, 於**字**人持弓爲弔. 上古葬**者**, **衣之以薪**, 無**有**棺槨, 常苦禽**鳥**爲害, 故弔問**者**, 持弓會之, 以助彈射也.〉(『急就篇, 卷四』) → 喪弔悲哀面目腫. 註. 於人持弓爲弔, 上古葬無棺槨, 常苦禽**獸**爲害, 故弔問持弓會之, 以助彈射也.(『松南雜識』)

초하루와 보름에 젯밥을 올리다

朔望上食

서계(西溪) 박세당(朴世堂)[166]이 "사람이 살았을 때는 아침과 저녁이 그대로 아침과 저녁이지만, 죽었을 때는 초하루와 보름이 아침과 저녁이 된다. 진(秦)나라 역사에 음식 올리기를 살았을 때처럼 한 것은 진시황이 죽은 것을 숨기기 위해서였는데[167], 마침내 삼년상을 행하게 되어서는 다만 초하루와 보름에 상식하였다"라고 하였다.

박세당의 아들 박태한(朴泰翰)이 여론을 조성하여 선왕의 전례(典禮)를 어지럽혔기 때문에 귀양을 갔다.

또 성호(星湖) 이익(李瀷)이 "졸곡(卒哭)은 곡이 이미 끝난 것이다. 그렇게 제사 이름이 되어 있는데도 제사를 지낸 뒤에 여전히 곡하는 것은 잘못이니, 제사지내는 예(禮)가 아니다"라고 하였다.

참봉 이광려(李匡呂)[168]는 "소상에는 상복이 강쇄(降殺)되고 아침저녁으로 하는 곡도 그만둔다. 그런 까닭에 아침저녁으로 상식하고 곡은 하지 않으며 오직 초하루와 보름에만 곡할 뿐이다"라고 하였다.

---

166) 박세당(朴世堂) : 조선 후기의 학자(1629~1703). 자는 계긍(季肯), 호는 서계(西溪)·잠수(潛叟), 시호는 문정(文貞). 공조·이조·형조 판서 등을 지냈다. 『사변록(思辨錄)』을 저술하여 사문난적으로 몰려 옥과(玉果)에서 죽었다. 이중환(李重煥) 등 보다 앞선 실학파로 박물학(博物學)을 선도했다. 저서로 『색경(穡經)』·『서계집』 등이 있다.

167) 書已封. 未授使者, 始皇崩. 書及璽, 皆在趙高所. 獨子胡亥·丞相李斯·趙高及幸宦者五六人, 知始皇崩. 餘羣臣皆莫知也. 李斯以爲上在外崩, 無眞太子. 故祕之, 置始皇居轀輬車. 百官奏事, 上食如故, 宦者, 輒從轀輬車中可諸奏事.(『史記, 卷八十七, 李斯列傳』)

168) 이광려(李匡呂) : 조선 후기의 학자(1720~1783). 자는 성재(聖載), 호는 월암(月巖)·칠탄(七灘). 학행으로 천거되어 참봉에 임명되었을 뿐 관직에 나가지 않았다. 호조판서 경직(景稷)의 후손으로 소론에 속한다. 친척인 광사(匡師) 등과 함께, 조선의 대표적인 양명학자인 정제두(鄭齊斗)의 학문을 이어받았다. 저서로 『이참봉집』 등이 있다.

담제
禫祭

『설문해자』에서 "담제(禫祭)는 상복을 벗는 제사 이름이다"[169]라고 하였다.

『석명(釋名)』에서 "담(禫)은 제사의 이름이니, 상주의 심정이 담담하고 슬픈 마음이 더욱 줄어든다"[170]라고 하였다.

또 길제(吉祭)는 삼 년 만에 선조의 제사를 그만두는 것이다.

지금은 길한 예(禮)로 생각하고 선조를 제사한다.

생신제
生辰祭

사계(沙溪) 김장생(金長生)[171]이 "생신제(生辰祭)는 풍선(馮善)[172]이 처음 만들어 지냈는데, 퇴계 이황이 '살못된 예'라고 했으니, 옳다"라고 하였다.

기일에 슬픔을 드리다
忌日致哀

『공자가어(孔子家語)』에서 "기일에는 반드시 슬퍼해야 한다[忌日則必

169) **禫**, 除服**祭**也.(『說文解字, 卷一, 上』) → 除服祭**名**也.(『松南雜識』)

170) **間月而**禫, **亦祭名也**. 孝子之意澹然, 哀思益衰也.(『釋名, 卷八, 釋喪制』) → 禫, 孝子之意澹然, 哀思益衰也.(『松南雜識』)

171) 김장생(金長生) : 조선 중기의 정치가 · 예학(禮學) 사상가(1548~1631). 자는 희원(希元), 호는 사계(沙溪), 시호는 문원(文元). 저서로 『가례집람(家禮輯覽)』 · 『상례비요(喪禮備要)』 등이 있고, 죽은 뒤에 『사계유고(沙溪有故)』가 간행되었다.

172) 풍선(馮善) : 명나라 때의 학자 · 정치가(1387~1465). 상군(常郡) 석읍(錫邑) 출신. 자는 택현(擇賢), 호는 계헌(戒軒). 오경(五經)에 통달했다. 저서로는 주자의 『가례(家禮)』를 바탕으로 여러 학설을 모은 『가례집설(家禮集說)』이 있다.

哀]"[173]라고 하였다.

세상에 다음과 같은 말이 전한다.

우리나라의 학자가 제자와 예(禮)를 강론하고 있는데, 갑자기 어떤 사람이 와서 다급하게 물었다.

"오늘 저녁은 선친의 기일인데 집안의 개가 새끼를 낳아서 부정하니, 제사를 지낼 수 없습니까? 지낼 수 있습니까?"

학자가 말하였다.

"제사를 지낼 수 없느니라."

조금 뒤에 또 어떤 사람이 와서 물었다.

"오늘 저녁이 선친의 기일인데 맏며느리가 사내아이를 낳아 여태 산실에서 나오지 않았습니다. 축(祝)을 읽거나 곡을 하지 않고 제사를 지내려 합니다. 그렇지만 부정하니 제사를 지내지 말아야 하겠습니까?"

대답하였다.

"제사를 지낼 수 있느니라."

제자가 물었다.

"개가 새끼를 낳은 경우는 제사 지낼 수 없다고 하고, 며느리가 사내아이를 낳은 경우는 제사지낼 수 있다고 하시니, 의혹스럽습니다."

학자가 말하였다.

"제사라는 것은 정성이고 정(情)이다. 정성이 있고 정이 있어야 귀신도 있지, 정성이 없고 정이 없으면 예도 없는 법이다. 개 때문에 질문한 사람은 먼저 제사 지낼 수 없다는 말을 했으니 그 정성과 정이 없음을 알 수 있다. 며느리 때문에 질문한 사람은 축을 읽지 않고 곡하지 않고 제사지내려 한다고 말했으니, 또한 정성과 정이 있음을 알 수 있다. 귀신은 사람의 정성과 정에 따라 존재하기도 하고 존재하지

173) 『孔子家語, 卷四, 哀公問政』.

않기도 한다. 이것이 의(義)가 일어나는 예(禮)이다."

제사 비용은 수입의 십분의 일을 사용한다

祭仂利成

『예기』에 "제사에 사용하는 경비는 총지출액의 십분의 일이다"[174]라고 하였는데, 그 주석에 "륵(仂)은 '십분의 일'이라는 뜻이다"[175]라고 하였으니, 가난한 선비가 성대하게 제수를 진설하는 것은 예의 경계를 모른다고 할 만하다.

『서경(書經)』[176]에서 "제사 지낼 때 부친의 사당에만 풍성하게 하지 말라"[177]라고 하였으니, 또한 먼 조상에게 제수를 간략하게 하는 자는 정성을 알지 못하는 탓이라고 할 만하다.

『의례(儀禮), 소뢰궤식례(少牢饋食禮)』에서 "상주가 동쪽 계단 위에 서서 서쪽을 향하고, 축관은 서쪽 계단으로 나와서 동쪽을 향해 '이성(利成)'이라고 한다"라고 하니 "상주의 부모 봉양이 완료되다"라는 의미이다.[178]

지금은 이성이 정조의 이름[179]과 발음이 비슷하기 때문에 기휘(忌諱)하여 예성(禮成)으로 고쳤다고 한다.

---

174) 祭用數之仂. 〈筭**今年一歲經用之數**, **用其**什一.〉(『禮記, 卷五, 王制』)

175) **以**仂**爲十**一.(『禮記大全, 卷五, 王制』) → 仂**什一也**.(『松南雜識』)

176) 『松南雜識』에는 '左傳'으로 오기되어 있음.

177) **典祀**, 無豐于昵.(『書經, 高宗肜日』) → 無豐于昵.(『松南雜識』)

178) 主人出, 立于阼階上, 西面, 祝出, **立于**西階**上**, 東面, **祝**告**曰**利成. 〈利猶, 養也. 成, 畢也. 孝子之養禮畢.〉(『儀禮注疏, 卷十六, 少牢饋食禮』) → 主人出, 立于阼階上西面, 祝出西階, 東面告利成.(『松南雜識』)

179) 정조(正祖)의 이름은 이산(李祘)이다.

합설
合設

기제사(忌祭祀)[180]에 고(考)와 비(妣)를 합설(合設)하는 것은 정자(程子)의 가법이고, 단설(單設)은 주자의 가례(家禮)인데 정자의 예법이 정리(情理)에 후한 듯하니, 예는 정에서 나온다. 또 무덤도 합부(合祔)[181]한다. 또 독축(讀祝)[182]과 거애(擧哀)[183]는 오래되었다.

나의 형 교관공(敎官公)이 "정리(情理)에 맞는 일이 아니다"라고 말했지만, 합문(闔門)[184] 한 후에 곡하는 것이 하나의 가법(家法)이 되었다.

대개 근세에 시사(時祀)[185]를 지내지 않고 오로지 기제사만을 중요하게 여기니, 또한 예는 쇠퇴하였지만 슬퍼하는 심정을 아는 것에서 말미암은 것이다.

신주
神主

『아희원람(兒戲原覽)』에서 말하였다.

신주(神主)는 삼대(三代)에 이미 설치되었는데, 나라에서만 시행하였

180) 기제사(忌祭祀) : 해마다 사람이 죽은 날에 지내는 제사. ≒ 기신제(忌辰祭), 기일제, 기제(忌祭).

181) 합부(合祔) : 여러 사람의 시신을 한 무덤에 묻음. 흔히 남편과 아내를 한 무덤에 묻는 경우를 말함. 합장(合葬).

182) 독축(讀祝) : 축문(祝文)을 읽음.

183) 거애(擧哀) : 상사(喪事)가 났을 때, 초혼(招魂)을 하고 나서 상제가 머리를 풀고 슬피 울어 초상난 것을 알리는 의식. 발상(發喪).

184) 합문(闔門) : 제사를 지낼 때, 제사 음식을 물리기 전에 잠시 문을 닫거나 병풍으로 가리어 막음. 또는 그런 절차.

185) 시사(時祀) : 음력 10월에 5대 이상 조상의 산소에 자손들이 지내는 제사. 또는 음력 2월, 5월, 8월, 11월에 가묘에 지내는 제사. 묘사(墓祀)・시제(時祭)라고도 함.

다. 정자(程子)가 그 제도를 축소하여 선비와 일반 백성들도 모두 행할 수 있도록 하였다.[186)]

하나라는 소나무로 만들고 은나라는 잣나무로 만들고 주나라는 밤나무로 만드니, 그 토양에 적합한 나무를 취하였다.

조선에서는 또한 『춘추전(春秋傳)』에서 말한 "우주(虞主)[187)]에 뽕나무를 사용한다"[188)]라고 하였다.

『원사』에는 금으로 사당의 신주를 주조한 것이 보이니, 바로 북위(北魏)에서 처음 임금이 즉위하면 금으로 동상을 만드는 의의이다. 그러나 세조의 신주를 분실하는 지경까지 이르렀다.

근래에는 어떤 자가 부귀한 집에서 신주를 도둑질하여 많은 돈과 물건을 받아내고서야 되돌려 주니, 이보다 욕된 일이 없다. 당연히 새로 신주를 만들어 제사지내고, 도둑맞았던 신주는 묻어야 한다. 그렇게 하지 않으면 진(秦)나라가 요구하는 것처럼 끝이 없으리니 어찌할 것인가?

또 방제(傍題)[189)]도 정자로부터 시작되었으니, 대개 종손의 위치를 빼앗기는 것을 막는 의미이다. 그러나 정호(程顥)가 죽은 후 정이(程頤)가 정향(程珦)[190)]을 제사지내면서 정호의 이름을 방제하니, 장자가 아버지를 제사지내는 의리로 제사를 지낸 것인가?

---

186) 神主三代已設, 惟國家行之, 程子小其制, 士庶通行.(『兒戲原覽, 創始』)
187) 우주(虞主) : 고대에 장사를 지낸 후 우제(虞祭)를 지낼 때 쓰던 신주.
188) 虞主用桑.(『春秋集傳, 卷七, 文公二年』)
189) 방제(傍題) : 신주 아래의 왼쪽에 쓴, 제사를 받드는 사람의 이름.
190) 정향(程珦) : 중국 송나라의 정치가·학자(1006~1090). 낙양 출신. 자는 백온(伯溫). 정호(程顥)·정이(程頤)의 아버지. 태중대부(太中大夫) 벼슬을 역임하였기에 흔히 정태중(程太中)이라고 부른다.

신주를 묻다
埋主

병자호란 때 어떤 선비 집안에서 신주를 묻으려 하자 온 집안이 부끄러운 일로 여겼다. 밤에 몰래 눈물을 흘리며 혹시라도 이웃에서 볼까 두려워하면서 묻었다. 그 날 아침에 보니 신주가 파헤쳐져 낭자하게 부서져 있었다. 대개 도둑이 보물을 묻었다고 생각하여 힘을 다해 파내 보니 바로 신주였기 때문이다.

이웃집에서는 아침에 차례를 차려 곡을 하고 친척들을 모아놓고 정하게 신주를 묻었다. 전란이 평정된 후 집으로 돌아와 보니 그대로 탈이 없었다고 한다.

시동
尸童

정자(程子)가 말하였다.

옛날 사람들이 제사에 시동을 쓴 것은 매우 깊은 의미가 있다. 대개 사람의 혼기(魂氣)가 흩어진 후에는 반드시 그 동류(同類)를 찾아서 의탁한다. 사람은 사람과 동류가 되고, 골육은 또 일가붙이가 되니, 이것으로 신(神)을 구하여 의당 흠향토록 해야 한다. 후세에는 이것을 알지 못하고 다만 높고 낮은 지위를 따져 마침내 시행하려 하지 않는다.[191]

---

191) 程子曰, 古人祭用尸, 極有意, 人之魂氣旣散, 必求其類而依之, 人與人, **旣**爲類, 骨肉又爲一家之類, **已與尸**, **各旣心齊潔**, **至誠相通**, 以**此**求**神**, 宜其**饗**之, 後世直以尊卑之勢, 遂不肯行.(『周官義疏, 卷二十一, 春官宗伯, 第三之五』)→程子曰, 古人祭用尸, 極有**深**意, **盖**人之魂氣旣散, 必求其類而依之, 人與人爲類, 骨肉又爲一家之類, 以求, 宜其**享**之, 後世**不知此**, 直以尊卑之勢, 遂不肯行.(『松南雜識』)

신주를 모신 궤
慄匰

『춘추전』에서 "우주(虞主)는 뽕나무를 쓰고, 연주(練主)[192]는 밤나무를 쓴다"[193]라고 하였다.

『자휘(字彙)』에 "慄의 음은 율이니, 사당의 신주이다"[194]라고 하였다. 또 '단주(匰主)'의 주석에 "주는 신(神)이 의지하는 곳이다. 단(匰)은 신주를 담는 그릇이다"라고 하였다.[195] 지금의 주독(主櫝)[196]이다.

혼백
魂帛

『예기(禮記), 단궁(檀弓)』의 '중주(重主)'의 주석에서 "죽은 직후에는, 신주(神主)를 만들지 않는다. 임시 신주(重)에 귀신이 의지하게 하고, 우제(虞祭)가 끝나면 임시 신주를 땅에 묻는다"[197]라고 하였다.

사마광(司馬光)이 "선비와 서민의 집에서는 비단을 묶어서 혼령이 의지하도록 하니 '혼백(魂帛)'이라고 한다"[198]라고 말하였다.

---

192) 연주(練主) : 연제(練祭) 때에 모시는 밤나무로 만든 신주. 연제는 어머니가 아버지보다 먼저 돌아갔을 때 1년 만에 지내는 소상(小祥)을 1달 앞당겨 지내는 제사.

193) 虞主用桑, 練主用栗.(『春秋集傳, 卷七, 文公二年』)

194) 慄. 字彙**力質切**, 音栗. 廟主.(『康熙字典, 慄』) → 字彙曰, 慄音栗, 廟主**也**.(『松南雜識』)

195) 又匰主, **周禮春官司巫, 掌羣巫之政令, 祭祀則供匰主**. 註主**神**所依也. 匰盛主之**器**.(『康熙字典, 宔』) → 又匰主, 註主所依也. 匰盛主之**盛也**.(『松南雜識』)

196) 주독(主櫝) : 신주를 모셔 두는 궤.

197) 始死未作主, 以重主其神**也**, **重**既虞**而**埋之, **乃後作主**.(『禮記注疏, 卷九, 檀弓下』) → **檀弓**, **重主**. **註始**死未作主, 以重主其神. 既虞埋之.(『松南雜識』)

198) 司馬公曰, **古者**, **鑿木之**. **然**士民之家, **未嘗識也**. **故**用束帛依神, 謂之魂帛.(『家禮, 卷四, 喪禮, 初終』) → 溫公曰, 士民之家, 用束帛依神, 謂之魂帛.(『松南雜識』)

지방
紙榜

성호(星湖) 이익(李瀷)이 아들에게 유언하기를 "선비는 아버지 사당에 제사 지낼 뿐이니, 너희가 죽은 뒤에 나의 신주를 묻어버리고 너희 자식은 지방으로 제사지내라"라고 하였다.

명나라 해진(解搢)의 소(疏)에 '지정(紙幘)'이란 말이 있으니 바로 지방(紙榜)이다.

화상
畫像

사마광(司馬光)이 말하였다.

> 남자가 살아있을 때 화상을 그려두는 경우도 오히려 이를 바가 없거늘, 하물며 부인은 규문에서 깊숙이 거처하고 나올 때는 얼굴을 가리니, 죽은 뒤에 어떻게 붓을 쥐고 그 용모를 상상할 수 있겠는가?"
>
> 정자는 "수염 하나라도 같지 않다면 바로 다른 사람이다"라고 하였다.[199)]

주자가 말하기를 "「삼례도(三禮圖)」에 화상이 있으니 상고할 만하다. 그러나 옛 것에 얽매일 것은 아니다"[200)]라고 하였다.

---

199) 司馬氏書儀, 世俗皆畫影, 置於魂帛之後, 男子生時, 有畫象, 用之猶無所謂, 至於婦人, 生時深居閨闥, 出則乘輜軿, 擁蔽其面, 旣死, 豈可使畫士, 直入深室, 揭掩面之帛, 執筆望相, 畫其容貌, 此殊爲非禮, 勿可用也. 二程全書, 今人以影祭, 或畫工所傳一髭髮不當, 則所祭已是別人, 大不便.(『讀禮通考, 卷五十六, 喪儀節十九, 神象』)→ 溫公曰, 男子生時畫像, 猶無所謂, 況婦人深居閨門, 出蔽其面, 旣死, 豈可執筆訾相容貌乎, 程子曰, 一髭不相似, 則便是別人.(『松南雜識』)

세상에서 간혹 갓·모자·옷·신발과 장식품을 사용하여 사람 형상을 만들지만 더욱 비리(鄙俚)하다. 유상(遺裳)을 영좌(靈座)에 두고 혼백을 그 위에 올려놓는 것이 옳다.

사당

廟祧

『예기(禮記), 제법(祭法)』에 "먼 조상의 사당이 조(祧)이고, 조에서 옮겨진 조상을 모시는 곳이 단(壇)이다"[201]라고 하였으니, 지금 단에 제사지내는 예가 여기에서 나왔다.

『설문해자』에는 "사당을 옮기는 것(遷廟[202])을 '조(祧)'라 한다"[203]라고 하였다.

분향

焚香

『시경(詩經)』에서 "쑥과 기름을 태워 강신제(降神祭)를 지낸다(取蕭祭脂)"[204]라고 하였고, 『예기(禮記), 교특생(郊特牲)』에서 "쑥에 기름과 향초를 섞어 태운다(焫蕭合羶)"[205]라고 하였으니, 모두 강신례(降神禮)이다.

---

200) **先生**曰, 三禮圖有畫**象**, 可考. 然**且如溫公之說**, **亦自合時之宜**, 不必**過**泥**於**古**也**.(『家禮, 附錄』) → **文公**曰, 三禮圖有畫**像**, 可考, 然不必泥古.(『松南雜識』)

201) 遠廟爲祧, **有二祧**, **享嘗**. **乃止**, 去祧爲壇.(『禮記註疏, 卷四十六, 祭法』) → 遠廟爲祧, 去祧爲壇.(『松南雜識』)

202) 천묘(遷廟) : 임금이 새로 즉위하면, 새 임금은 자기로부터 세어서 5대 이상이 되는 먼 조상은 그 신주를 태묘에서 조로 옮긴다.

203) 祧. **它彫反**, 遷廟**也**.(『說文解字篆韻譜, 卷二, 下平聲』) → 遷廟**曰**祧.(『松南雜識』)

204) 『詩經, 大雅, 文王之什, 生民』.

205) 『禮記注疏, 卷二十六, 郊特牲』.

*『松南雜識』에는 '炳蕭合羶'으로 오기되어 있음.

지봉 이수광이 말하였다.

한나라 이전에는 단지 쑥・고발・난・구리때 따위에 그쳤다. 백월(百越)[206]이 중국에 들어오면서부터 비로소 향을 살라 강신(降神)케 하는 법이 있게 되었다. 또 살펴보건대 『능엄경(楞嚴經)』에서 "침수향(沈水香)[207]을 순일하게 태워 불꽃이 보이지 않게 한다"라고 하였으니, 지금 향을 피우고 불을 묻는 것이 대개 여기에서 나왔다.[208]

진경(陳敬)[209]의 『진씨향보(陳氏香譜)』에 다음과 같이 말하였다.

서조(徐肇)가 소덕가(蘇德哥)를 만났는데, 소덕가가 스스로 말하기를 "혼령을 돌아오게 하는 향(返魂香)이 있는데, 향이 위로 곧게 올라가면 선조의 혼령을 볼 수가 있습니다"라고 하였다. 또 소덕가가 말하기를 "죽은 지 80년 이상이 지나면 혼이 돌아올 수 없습니다"라고 하였다.[210]

---

206) 백월(百越) : 중국 고대에 남방의 월인(越人) 또는 그들이 거주하던 지역을 총칭하는 말.

207) 침수향(沈水香) : 주목의 목재에서 얻은 향목으로 향을 조제하는 주 재료이며 물에 가라앉는 특성이 있어 침수향이라 한다. 가라(加羅).

208) 漢前**止是**焚蘭芷蕭茇之類, 自百越入中國, 始有**之**. **又按**楞嚴經云, 純燒沈水, 毋令見火, 今**俗燒**香**埋火**, 盖出於此.(『芝峯類說, 卷十九, 器用』) → 漢**以**前焚蕭茇蘭芷之類, 自百越入中國, 始有**燒香降神之法**, 楞嚴經云, 純燒沈水, 毋令見火, 今**焚**香**降神**, 盖出於此.(『松南雜識』)

209) 진경(陳敬) : 송나라의 학자. 자는 자중(子中). 하남(河南) 출신. 『향보(香譜)』 4권을 편찬했다.

*『松南雜識』에는 '洪芻'로 되어 있음.

210) 洪**氏云**, **司天主簿**徐肇遇蘇**氏子**德哥**者**, 自言**善合**返魂香, **手持香爐**, **懷中取如白檀末**, **撮於爐中**, **烟氣裊裊**直上, **甚於龍腦**. **德哥微吟曰**, **東海徐肇欲**見先靈, **願此香煙用爲導引盡見其父母曾高**. 德哥**云**, **但**死八十年已**前**, 則不可返矣.(『陳氏香譜, 卷一, 返魂香』) → 洪芻香譜曰, 徐肇遇蘇德哥, 自言**有**返魂香. **香**直上, **可**見先靈**云**. **又**德哥**曰**, 死**經**八十年已**上**, 則不可返矣.(『松南雜識』)

술로 강신하다
降神以酒

『예기(禮記), 명당위(明堂位)』에서 “하(夏)나라는 맑은 물을 숭상했고, 은(殷)나라는 단술을 숭상했고, 주(周)나라는 술을 숭상했다”[211]라고 하였는데, 『역림(易林)』에서 “흰 띠풀과 단술로 신령한 무당이 절하고 기도하여, 신이 기쁘게 먹으면 사람들이 장수하게 된다”[212]라고 하였으니, 대개 술로 강신한 것은 오래되었다.

변두
籩豆

『아희원람(兒戲原覽)』에서 “우(禹)가 밖은 검게 옻칠하고 안은 붉게 채색하였다”[213]라고 하였다.

영남의 성동(聖童)이 “대나무는 거죽을 사용하기 때문에 ‘변(籩)’이라 하고, 나무는 속을 사용하기 때문에 ‘두(豆)’라고 한다”라고 하였다.

세상에 전하기를 “신도(神道)[214]에는 쇳소리를 꺼리는데 오직 은(銀)만이 소리가 나지 않기 때문에 귀인(貴人)의 집에서는 은제기를 사용한다”라고 한다.

---

211) 夏后氏尙明**水**, 殷尙醴, 周尙酒.(『禮記注疏, 卷三十一, 明堂位』) → 夏后氏尙明, 殷尙醴, 周尙酒.(『松南雜識』)

212) 白茅醴酒, 靈巫拜禱, **神**嗜飮食, 使**君**壽考.(『焦氏易林, 卷一, 乾之第一, 蒙』) → 白茅醴酒, 靈巫拜神, 嗜飮食, 使**人**壽老.(『松南雜識』)

213) 禹作黑漆外, 朱畵內.(『兒戲原覽』)

214) 신도(神道) : 무덤 앞의 혼령이 다닌다는 길.

갱헌

羹獻

『주례』에서 "제사에는 개장국[羹獻]을 쓴다"215)라고 하였는데, '獻(헌)' 자는 본래 개장국이다.

세상에서 "개는 귀신을 볼 수 있기 때문에 신도에서 꺼린다"라고 하니, 가소롭다.

215) **凡**祭**宗廟之禮**, **犬曰**羹獻.(『禮記, 曲禮下』) → **周禮**, **祭用**羹獻.(『松南雜識』)

嚴經云純燒沉水毋令見火今焚香降神蓋出於此洪芻香譜曰徐肇遇蘇德哥自言有返魂香、直上可見先靈云又德哥曰死經八十年已上則不可返矣

降神以酒

明堂位曰夏后氏尚明殷尚醴周尚酒而易林曰白茅醴酒靈巫拜神嘗飲食使人壽老則蓋降神以酒古矣

籩豆

原覽曰禹作黑漆外朱畫內嶺南聖童曰竹用皮籩故籩樹用心裹故豆傳傳神道忌金聲而惟銀無聲故貴家祭器用銀云

羲獻

周禮祭用羲獻、字本狗羲也俗謂狗見鬼故神道所忌可笑

溫公曰男子生時畫像猶無所謂況婦人深居閨門出藏其面
旣死豈可執筆訾相容貌乎程子曰一髭不相似則便是別人
文公曰三禮圖有畫像可考然不必泥古世俗或用冠帽衣履
裝飾如人狀亦鄙俚也以遺衣置於靈座如魂帛於其上可
也

廟祧

禮祭法曰遠廟為祧去祧為壇今祭壇之禮出此說文曰遷廟
曰祧

焚香

詩云取蕭祭脂禮郊特牲云焫蕭合羶薌皆降神也芝峯曰漢
以前焚蕭艾蘭芷之類自百越入中國始有燒香降神之法楞

知此直以尊卑之勢遂不肯行

傈匱

春秋傳曰虞主用桑練主以栗字彙曰傈音栗廟主也又匱主註主所依也匱盛主之盛也今主櫝

魂帛

檀弓重主註始死未作主以重主其神旣虞埋之溫公曰士民之家用束帛依神謂之魂帛

紙牓

星湖遺命其子曰士祭禰廟死後即埋我主而俑子以紙牓行祀云皇明解搢蹟有紙幢今紙牓是也

畵像

世祖神主近年或盜富貴家神主而厚索錢物乃還之辱莫甚焉當改造主而祭之取盜主而埋之不此之爲將奉求無已何哉且傍題亦自程子始蓋防奪宗之意也然伯程子歿後叔程子祀大中則以伯程子〻名傍題而以祭禰之義祭之耶

、埋室

丙亂有士家將埋室擧家羞愧暮夜潛泣暗淚或恐隣窺而瘞之其朝視之掘出狼藉破碎蓋盜疑埋寶盡力出之乃室故也其隣家平朝備茶禮號哭會諸宗精瘞及亂平還家尚無事云

、尸童

程子曰古人祭用尸極有深意蓋人之魂氣旣散必求其類而依之人與人爲類骨肉又爲一家之類以求宜其享之後世不

寧曰主人出立于阼階上西面祝出西階東面告利成言孝子之利養成畢也今避 正廟諱音相似改以禮成云

、合設

凡忌辰考妣合設程子家法也單設朱子家禮而程禮似於情理學則禮出於情又墓亦合祔也且讀祝舉哀古也我兄教官公以爲非情理所宜闔門後哭爲一家法蓋近世不行時祀惟忌辰爲重亦由禮之衰而知哀之情也

、神室

原覽曰三代已設惟國家行之程子小其制士庶通行夏人以松殷人以栢周人以栗取其宜土我國亦依春秋傳所謂虞主用桑元史以金鑄廟主即元魏初立君金鑄像之意然至有失

家語曰忌日則不哀諺傳我東學者方與弟子講禮忽有人來
急問曰今夕親忌而畜狗生雛不精不可祭乎夢覺乎學者曰
不可祭儀又有人來問曰今夕親忌而家婦生男尚不通産室
欲無祝不哭而祭乎然不精不可祭乎答曰可祭弟子問曰狗
生雛不可祭婦生男可祭竊惑焉曰祭也者誠也情也誠有之
情有之神亦有之誠不在情不在禮亦不在也問狗者先以不
祭言之其誠與情可知也問婦者以無祝不哭言之亦誠與情
可知也神者以人之誠與情或在或不在也是義起之禮也

祭仍利成

禮記曰祭用數之仍註仍什一也可謂貧士盛設者不知禮之
戒左傳曰無豊于昵則亦可謂遠祖略品者不知誠之過也少

禫祭

說文曰除服祭名也釋名曰禫孝子之意澹然哀思益衰也又

吉祭者以三年廢先祖祀矣今以吉禮祭先祖也

生辰祭

金沙溪曰生辰祭馮善創開而退溪非之是也

忌日致哀

若禽獸爲害故弔問持弓會之以助彈射也

[illegible]

[illegible]曰人生以朝夕爲朝夕死以朔望爲朝夕秦史上

食如故者以諱始皇死也遂居喪三年只上食朔望矣其子[illegible]

[illegible]以時議變亂先王典禮謫配且李星湖瀷曰李哭、既卒矣

爲祭名而祭後尚哭非也不祭之李參奉匡呂曰小朞則喪服

猶除朝夕哭亦停矣故朝夕上食乃不哭・惟朔望而已

緦麻而小帶用細苧黃玉金三子皆朱門嫡傳其所製師服非無稽也後之服師者宜準此

喪服不訃聞

春秋丙辰周靈王之崩也胡氏曰甲寅日天王崩乙未楚子卒相距四十日則閏月之驗也然不以書閏見喪服之不數閏也蓋曰訃有餘公羊傳哀五年喪曷為以閏數喪數略也註略猶殺也以月數恩殺故并閏數然月計不足而記曰中月而禫鄭康成註間一月也中月者其月之中為二十五月而終喪間月者間其一月為二十七月而終喪鄭意乃厚

弔

急就篇喪弔悲哀面目腫註於人持弓為弔上古葬無棺槨常

但貌以表心服以表貌也大小功者治布之功有精麁也
正服謂正先祖之體本族之服也義服謂元非本族因義共處
者如壻服妻之父母緦麻之類加服謂本服輕而加之於重也
如嫡孫承祖之類降服謂合服重而從輕也如男出繼女適人
毋被出之類報服謂尊卑互相報服也

袒免

無服之親也禮註云謂不服布而衰袒謂布幘帽之狀今加麻

師服

記曰師無當於五服非師無親又曰心喪三年丘氏曰宋儒黃
幹喪其師朱子吊服加麻制如深衣用冠絰王栢喪其師何基
服深衣加帶絰冠加絲武栢卒其弟子金履祥加絰于白巾如

○大紅

漢文帝紀服大紅十五日小紅十四日註服虔曰當言大功小功李石灘愼儀以爲麻之升爲服之輕重紅卽女紅之紅按我東喪服法自羅智證王始蓋喪以麻者古無木綿而不可以紬綾之屬服之惟布之麤而賤者麻故也

母黨服

唐玄宗紀加母黨服君子譏之然今外祖內舅姨母同爲小功未可知也

五服

居家必用曰五服註服者象天有五星地有五嶽陰陽有五行刑法有五等故喪服有五名也蓋服者言麤者旣喪生者制服

羅史景德王以向德年荒封髀食父母立石紀事旌其閭爲孝家里此東方孝旌之始也麗末世臣大族以同僕之義杜門而居號杜門洞亦東方忠旌之始也壬亂倭燒我國人家惟旌閭不燒倭亦知忠孝烈之重耶 祇廟世行幸時有擊錚上言者四萬七千餘章事下禮曹考覈忠則人、王蠋孝則箇、王祥節婦則無非令女孝女則盡是曹娥判書洪起燮無如之何一切奏罷遣之愚謂國家當依漢廉之擧人子亦宜鄭對得已

通喪

孔子曰三年之喪自天子達于庶人也子生三年免於父母之懷又京房云天道朞年一小變三年一大變蓋服制取陽數故緦麻三月小功五月大功九月至朞與三年

畫父母像

槐山邑誌曰孝子孫愚居父母喪畫像朝夕參謁三年如一日與孫盛逸士傳所謂丁蘭木像事相類

胡倭居喪

漢文帝紀曰二十七日公除即以日易月謂短喪仍爲例而胡則公除前去掛纓髭毛倭亦白紙封刀鐶而已咸豊帝爲道光行三年之喪與魏孝文同武帝同爲諸夏無之義矣其視莽毋切顧君恩有代喪何如哉然百濟王義慈有海東曾子之號而扶餘氏不祀忽諸其謂孝歟大抵君以保社稷爲孝士以保令名爲孝、、者非衰麻哭泣之謂也

旌閭

高麗葬處濟州俗不葬親委之壑我 世宗朝竒服齋處爲牧教
棺斂濟人之葬親自服齋始新智島之葬親亦自圓嶠始云

羅王火葬

文武王遺詔曰山谷變遷人代推移吳王北山之墳詎見金鳧
之綵魏主西陵之望惟聞銅雀之名依西國之式以火燒柩

葬親用隧

擇里志曰金佑明葬其父用隧道與崔永慶用石槨同也

代父居喪

崔致安水原府人祖沼卒父訖素有疾而居廬致安年十四代守墳所三年 世宗朝命除將仕郎

閔慎父病狂不欲爲其父執喪慎依宋寧宗故事代父居喪

善居喪

小學曰小連大連善居喪東夷之子也今平安道价川人云

方相氏 韓愈曰四目方相氏兩目爲倛

韻玉曰黃金爲四目熊皮爲帽作儺、聲俗呼儺、荀子逐疫魌頭註面如蒙倛方相也今國葬及卿宰葬用以辟前道邪鬼

銘旌

記云以死者爲不可別已。坡詩愛惜微官將底用它年只好寫銘旌是也 杠云 丁謂云白布纏棺竪旒旐

襄事

左傳葬鄭定公而不克襄事禮也註襄成也今葬事謂襄禮

濟人葬親

記曰有虞氏瓦棺夏后氏塈周殷人棺槨蓋上世委壑後掩虆梩自黃帝始造棺周牆置翣我東亦古有原穀傳舁之俗今謂

漢臨江王傳曰黃帝子纍祖好遠遊死於道故後人祭以行神也祭因饗飲即疏廣祖道供張也朱子語錄云祖祭作土堆置犬羊其上祭畢而以車碾從上過象行者險阻之患如周禮祀軷也今人送別只餞飲惟發軔遺奠是已

行者

芝峯曰行者之稱出禪家盖素食修行者而國俗謂奴僕之爲侍衰者爲行者其服亦倣僧衣用緇色可笑今則從禮文奴僕並製衰服而猶稱行者或謂行祭奴者非也

遊岱

孝經援神契曰太山天帝孫也主召人魂魄劉楨詩云常恐遊岱宗言幾死也故死謂遊岱今喪轝軍謂遊岱軍盖出於此

葛絰

左傳葬敬嬴旱無麻用葛絰今穎亦麻屬故爲喪者屨

招魂

禮記有臯復之文而宋玉招魂賦哀屈原魂魄散佚作賦欲復其精神也說文曰魂陽氣也左傳人生始化爲魄旣往魄陽爲魂太靈書曰人有三魂靈爽台光幽精

祥冠

盧蘇齋守愼曰朱子以黲代縞丘氏以白代黲皆從簡以合俗從尊以尚質蓋白冠非純凶之服無速變之議今禫服白笠於是乎始

祖奠

苴杖

韻書曰苴麻之有子者喪用苴竹杖五禮新儀曰父杖竹長與孝子心齊助孝子之無力有節孝子有節哀之文禮云用自死竹爲之謂竹性不可改斬斷而不能接續蓋母有接人之體其杖用木能接續之意也白虎通曰母用桐謂無根能生又桐子生而不離枝葉禮云桐同也取其同而有別故聖人以竹木別之梧桐之子隨枝葉而生取其母子無絶道也喪禮云或用柳禮喪服記註苴者黯也心如斬斫貌若蒼苴所纕衰經杖俱備苴色儀禮䟽以一苴目此三事謂苴麻爲首經要經又以苴竹爲杖苴麻爲絞帶也經者實也實忠信心之謂也備要云竹杖六節亦詳

方笠

古禮無之麗朝時以胥吏上視官長作白方笠戴之卽箕子酏笠之類今為喪者之笠或着平涼子齊無定笠

袹裞

韻書曰袹始喪服那巾袹頭疑今四脚巾裞聞喪追服之謂也

負板

儀禮喪服鄭註云孝子前有衰後有負板疏負其悲哀於背也

斬縗

居家必用曰喪服不言裁割而言斬者取痛甚之義也又齊縗卽麁緝而剪裁成也以別父母之喪也乃朝服制度而以衰與斬齊加之為喪者祭服也

韻書曰婦人喪巾布頭須也朱子家禮曰婦人成服布頭須用畧細麻布一條長八寸以束髮根而垂其餘於後。今淸人無論男女用四尺巾蓋頭垂後云

亦今[illegible]

孝巾

韻書須註婦人喪巾則非男子巾也本以按接屈巾而設也今以頭巾爲掛孝非也是以栗谷居憂不着之惟屈巾而已

屈巾

漢輿服志曰古者有冠無幘秦加武將首飾爲絳幘以表貴賤後稍作顏題漢興續其顏却結之施巾連題却覆之今喪幘是也疑今屈巾而詩云素冠欒欒則周時無幘可知又禮之袒絻註喪冠也世說袁彦道懷布帽擲蒱則似今頭巾

几筵

周禮春官司几筵禮記鋪筵設同几爲依神也左傳楚王子圍布几筵告于莊共之廟今廬幕祭廳也鄭松江澈於經筵觧此義被銀盃龍硯之寵矣

草土

檀弓儀禮居倚廬寢苫註寢苫者哀親之在草也今謂草土故以服者以爲覆席又問喪居於倚廬哀親之在外也註倚墻至地而爲之無楣柱今謂廬幕

堊室

記曰親喪居堊室今喪者所居白紙塗壁即堊之意也

頭須巾

有也髽之禮則男括婦髽盖雖不被髮、以表有喪矣

飯含易于

檀弓曰易則易于則于註含不使賤者君行則親含以邾公喪徐君使容居來吊欲坐含也易謂臣禮于謂君禮雜者居以臣欲行君禮也然則今親喪飯含爲子者當立含也

喪久爲榮

陳壽志云扶餘俗停喪五月以久爲榮喪主不欲速他人強之以此爲節云雖無渴葬之嫌其奈禮月之文按公羊傳不及時而曰渴葬註急也

夏月用氷

陳壽志曰扶餘俗人死夏月皆用氷云獨不讀速朽之文乎

喪大記曰主人脫髦註髦用髮爲之象幼時鬌其髮至屆子事
父母之飾父死脫左髦母死脫右髦故親沒不髦今淸人薙髮
而有髦謂胡傳亦父母死盡剃之註亦音治

被髮

疑禮問解曰被髮出於西戎蠻俗唐初胡越一家蠻俗漸染於
中國因有此禮及至開元乘入典禮而溫公取之家禮不刪蓋
蠻子親始死被髮持缾甕慟哭於水濱擲銅錢紙錢於水汲歸
浴尸謂之買水否則隣里以爲不孝或言被髮本薦水神非爲
親也又晋大夫反首拔舍註反首散頭髮使下垂拔舍拔草舍
止蓋壞形以示憂戚然伊川被髮辛有歎戎則周時不被髮可
知四夷被髮翦而則唐宗爲天可汗可知盖禮有括髮之文魯

喪祭類

曲禮曰生曰父母死曰考妣考者成也言其德行之成也妣之言媲也媲於考也古簡曰父喪曰大孝取易大哉乾元也母喪曰至孝取易至哉坤元也蓋慰人喪以父母配天地也芝峯曰父喪曰內憂而外艱母喪曰外憂而內艱今俗誤以父爲外艱母爲內憂矣

創鉅

曲禮曰創鉅其日久謂頭有創則沐非創則不沐也故慰人喪謂創鉅奈何韓詩外傳曰皐魚泣曰樹欲靜而風不止子欲養而親不在今風樹之感說出此

脫髦

林䰟是也

玉奴不負

周秦行記牛僧孺遇薄后潘妃王妃戚妃作詩云香風引到大羅天月地雲階拜洞仙共道人間惆悵事不知今夕是何年后曰今夕誰伴牛秀才戚辭潘亦辭曰東昏以玉兒故身死國除不擬負他乃令王昭君夕焉坡詩月地雲階謾一樽玉奴終不負東昏是也可謂玉奴死亦不負東昏〻〻之臣生亦何顔

人鷄相妬

山中一夕話曰河間胡泰母死十年父再娶弘治乙酉夢母曰我托為雌鷄色黧黃焉汝軍贄來畏如夢焉家欲烹之鷄作人語曰毋烹我待泰兒及泰還啼〻叙家事啄後妻曰人鷄尚妬乎

而止為前朝忠臣云女也與光海時虞候吳定邦所謂臣武人不學無識只讀史略初卷焉〻之不格茲一句近似祝牧有偕隱歌云天下有道我黻子佩天下無道我負子戴胡為乎宋末珠高貝闕之歌哉

斬倭沉倭

一枝梅之絮鈴陣斬飛頭論可之對劒舞沉會腰詳記於壬辰錄噫擧一國謀臣猛將恇㤼畏縮之不暇而斬倭沉倭之義妓實蹈焉

海月又高

洪霖以裨將代元帥死節既高矣海月以裨之瞞妓死之又高矣蓋戊申清州事也有人詩云偏裨能全蓮幕節元戎好作竹

孀縊竟以逆誅柳師伯妓紅桃脚腿間涅平生未忘柳師伯七字故有男怨師伯以有功不錄云

失節相詬

青野謾輯曰丙亂有安州牧使降胡、俘爲己奴取其妻爲己妾章而入去俾安牧執妾馬之韁安牧詬其妻失節妻詬安牧不忠謗傳吉野隱爲總角挑隣處女、曰我是常女也郎娶他而棄我野隱有約書不負乃從之自此父母議婚誓不適人以處女老矣及野隱冠三年郎來願爲妾以居當我朝初興以司諫招野隱將承牌女泣而辭去曰妾兒時竊聞男弟讀小學忠臣不事二君烈女不更二夫只心知臣無二君女有一夫故不避勤若爲郎之妾郎既事二君妾亦事二夫有何不可野隱慙

間夫謂辟陽者出此

龍陽 陳叅一笑曰鬢髻挽紅纈裙拖藍絹非夫使寄之門子安用以臀代毯豈出家人之徒耶何故將男作女而淅有古芳嘉之號三兵多捷豆腐之名

漢佞幸傳侍中皆傅脂粉班史所謂男色是也楚有龍陽君者

山谷詩安知冶容[illegible]紅袖泣前魚今閭市有此風有光主有美

人自爲牝牡至有棄其妻從美人破産病死者卿宰亦有之謂

人物堂上者即此也小說所謂男風爲雞姦者

未忘

諺傳串砙宿有女怨及壬亂將陣鳥嶺以禦倭夜有夢女見晝

有虎作魔故李集斗詩歲在龍蛇閱國運畫橫射虎失人謀是

也金一鏡嘗避雨路傍空舍、有青孀使女隷奉箏盤、背詩

云何處驕驢容肅〃帯雨来隔窓無限意紅露數三盃金不荅

梁武帝后郗氏妬成疾左右曰山海經云鶬鶊爲膳可療不忌
郗茹之妬減半張天錫言乳酪養性人無妬心

、賣笑乘騾

楊愼詩云彤管久塵翳妬津生洛河青史傷人亂黃雲鷲女訛
騎牛信可乘良法在金科按緯書黃雲翔女訛鷲邪元魏律妬
婦乘騾牛循部賣皂笑胡俗也臨濟有妬婦津註晉劉伯妻段
明光劉誦洛神賦明光曰君何以水神輕我自沉死托夢語劉曰
吾爲水神婦人有渡此者壞衣敗濟不爾風作醜婦神亦不妬
故語云欲求好婦立在津口婦立水傍好醜自彰

、辟陽

漢審食其得幸呂后封辟陽侯卽山陰公主面首之類今女有

之情謠在人欲其報我在我欲其罵人之意何哉亦一好笑處

青鸞木鷄

詩話曰張復年老妻孫氏妙年醫者周默折簡送詩云五十衰翁二十妻目昏髮白已頭低絲帷深處休論議天外青鸞伴木鷄又杜大中武人有愛妾能詞臨江仙詞有彩鳳隨老鴉之句大中怒云鴉且打鳳可謂老有少妾武有文娘之戒矣

獅子吼

傳燈錄牟尼佛生兜率天分手指天地作獅子吼聲坡諷陳季常妻柳氏云忽聞河東獅子吼拄杖落手心茫然今用妬婦自此始也若借鳩盤茶而譬也河東者以柳姓貫也

鶬鶊止妬

梁武帝后郗氏妬成疾左右曰山海經云鶬鶊爲膳可療不忌
郗茹之妬減半張天錫言乳酪養性人無妬心

、賣笑乘驢

楊愼詩云彤管久塵醫妬津生洛河青史傷人亂黃雲驚女訛
驢牛信可乘良法在金科按緯書黃雲翔女訛驚邪元魏律妬
婦乘驢牛循部賣皂笑胡俗也臨濟有妬婦津註晉劉伯妻段
明光劉誦洛神賦明光曰君何以水神輕我自沉死托夢語劉曰
吾爲水神婦人有渡此者壞衣敗濟不爾風作醜婦神亦不妬
故語云欲求好婦立在津口婦立水傍好醜自彰

、辟陽

漢審食其得幸呂后封辟陽侯即山陰公主面首之類今女有

京洗夫人有戰功蓋爲學士侍中怪矣況兵官乎又班固妹昭踵成漢書韋逞母文宣君宋氏傳授周官王羲之從李衛學筆法皆稀世之事也

女爲反賊

漢史東海呂母交趾徵側花史唐賽兒使明成祖崩於榆木川又唐人以武后世謂牝朝按明史蒲臺妖婦唐賽兒幻術聚衆

男子稱女

燕岩曰明憲宗時男子桑翀年二十四自幼纏足自稱寡婦善女宰相家薦引以教刺繡見男子輒番避夜與所教者寢我朝舍方知者亦有桑翀之行永順君溥河城尉鄭顯祖雜驗之皆吐舌曰壯也佔畢齋詩街頭喧誦河間傳閭裏悲歌楊白華是

婢娟洞裏魂後爲錦伯贈所暱妓云英雄得意無南北不必婢娟洞裡魂江南野史陳貺所謂不知衣裾之下有此珍美者俗傳壞妓以先生棨擅名若無徐無金爲潘蓋徐金兩姓多爲涓伯也傳燈錄云延州有婦人甚美少年悉狎數歲而歿葬之道左大曆中胡僧敬禮其墓曰此鎖骨菩薩開墓視其骨鉤結皆如鎖狀與馬郎婦事相類可謂妓女好淫之戒也

女爲兵官

王元美宛委餘編曰女子爲兵官若軍司馬孔氏顔琛母也貞烈將軍丑氏王廞女也唐節度許叔冀部下丑氏唐氏傎氏皆其果毅校尉也陳女白頸鴦爲契丹懷化將軍唐太宗冊新羅善德主爲光祿大夫眞德主爲柱國按柴紹妻爲娘子軍陳高

主李懋官詩爲是亭王行樂地至今猶見燕雙飛按恭愍王時
始有此例黃瑾上書曰針線娘子亦封翁主宅主者僭擬踰分
水尺（漢武帝外史曰古未有妓武帝始置營妓以待軍士之無妻室者）
東方古無妓麗朝李富春始以婢楊水尺爲妓故今尚謂妓爲
水尺俗釋音謂無者儀我朝邊邑置妓以待夫防之戍邊者
花見羞（汲冢書曰桀得二女曰琬琰桀愛之斲其名于苕華之玉苕是琬華是琰）
五代史劉鄩侍兒王氏有艷色人號花見羞今稱美女花羞貌
亦六郎似蓮花耶蓮花似六郎耶梁冀傳孫壽善爲妖態作愁
眉啼粧墮馬髻折腰步齲齒笑及文君遠山黛皆今娼妓效嚬
娼始洞
西京妓女也猶唐內人絧沈守慶詩云男兒一死終難免傾作

宋史度宗一夜賜衣者三十餘人我國宮女侍寢明朝反裙謝恩云亦古所謂既御銀鐶著左手之意也雲仙雜記曰唐穆宗以玄綃白書素紗墨書為衣服賜承幸宮人皆淫鄙之詞詩號諢衣

蜥蜴守宮

漢武帝午日取蜥蜴飼以丹砂體赤次年此日搗之塗宮人臂有犯則消故曰守宮亦小說鷄血之類也(說文在草曰蜥蜴在壁曰蝘蜓)

妓爵翁主

麗史辛禑納婢鳳加伊為肅寧翁主妓七點仙為寧善翁主又封安淑婢老女為賢妃小梅香為和順翁公燕雙飛為明順翁

蘭書其詩曰椎髻空憐昔日粧征裙換盡越羅裳爺孃生死知何處痛殺春風上瀋陽步韻云綽約雲鬟罷舊糚胡笳幾拍淚盈裳誰能更有曹公力迎取文姬入洛陽

內人雌雄

今內人一房二女謂雌內人雄內人趙皇后傳書宮對食是也

忽赤內人

明史內廷呼宮人為都人即詩之都人士女也今內人十歲前入者謂尚宮或已嫁後入者謂忽赤、、者疑蒙古語也麗史元宗時以衣冠子弟從王質元者分番宿衛號曰忽赤蓋宿衛之稱而為內人之號耶赤音治

侍寢賜衣

擲裙賭夢
羅史金度信妹寶姬夢登西兄山坐旋流遍國內覺而與其弟
言弟擲錦裙爲直曰願買兄夢一日王與度信蹴踘故穿落王
衣紐喚寶姬綴之姬辭其弟遷進而綴美且艷王遂爲婚即文
明后廣韓賦擲錦裙而贖夢姬綴紐而于嬪是也今買夢出此

文蘭書壁
金息庵錫胄集曰榛子店主娼言五六年前瀋陽王章京用白
金七十買文蘭過此悲楚顯慘之中姿態尚嬌艷動人掃壁垂
淚書此右手稍倦則以左手執筆疾書云奴江右虞尚卿秀才
妻也夫被戮奴被虜今爲王章京所買戊午正月廿一日灑淚
拂壁書此惟望天下有心人見此而見救奴年二十有一季文

栗谷請納粟北邊許赴文武科是謂通清 仁祖乙丑許良妾孫賤妾曾孫赴文武科是謂許通 英廟壬辰始疏通是謂一名 純祖戊子因孽疏有文止叅判武止兵使之命矣噫家有嫡庶固江沱分流而必從本源國用賢焉當葵藿傾陽而不擇附枝然柳子光許堅之出不幸矣

沈朴不婚

朴玄石崇孝錄曰沈溫之死遺命曰吾子孫雖不與朴訔相絶不相爲婚也爲其死平度公有力也平度公即訔其後婚不吉

離異

晉杜畿曰女子在家從父之戮出嫁當夫之坐古賦思美人曰遂萎絶而離異今離婚謂離異出此

結婚都監

麗史元宗時元遣媒聘使求蠻子婦於是置結婚都監又忠烈王禁國內婚姻將進女于元也時有女者不卜日即成婚故有人詩云一封丹詔未爲真二盃淡酒便成親夜來明月樓頭望惟有姮娥不嫁人居家必用曰以異姓繼寡婦者謂接脚夫

表請改嫁

麗史忠烈王以元公主離間遣閔萱表請公主改嫁曰若猶伉儷之未諧其凶兒孫之難見忍使青春而虛老空令皎月而却羞

禁改嫁

璿源譜曰我 太宗乙未因右代言徐選言錮庶孽淸顯 成宗乙巳姜希孟請改嫁子孫勿叙東西班 宣廟癸未因邊警

內娶則世執國命曾子問曰夫人內子註妻也今內相以有內助

不娶同姓

芝峯曰麗朝國尙娶同姓況士庶乎本朝士夫一從禮制尤謹於昏而但姓字同本貫異者不爲嫌華人笑之歷代惟唐昭宗女嫁李茂貞子而茂貞本宋文通賜姓李者此外無之按晉史劉頌嫁女於陳矯丶本劉氏子與頌近親養於姑改姓陳者劉友識之今安東金氏權氏本同姓相爲婚異矣禮云係之於姓而不分綴之於飮食而不殊不通婚嫁周道然也註舜娶堯女而君子不非虞尙質也魯娶吳女而君子非之周尙文也左傳子產曰內官不及同姓其生不殖君子惡之故志曰買妾不知其姓則卜之註美先盡也

甚于蚜厲見則天下大疫又獨山末塗之水多條鳙其狀如黄蛇魚翼出入有光見則其邑大旱郭璞詠條鳙蛇狀振翼灑光

蟦[illegible]

山海經曰太華之山有蛇焉名曰肥蟦六足四翼見則天下大旱註湯時此蛇見于陽山下字彙曰有人名[illegible]玉篇[illegible]似雞尾鼠見則大旱

強鐵

芝峯曰俗謂強鐵去處雖秋如春按山海經云蜚如牛行水則竭行草則枯見則兵疫韻會云蜚臭蟲又獸名

蝦荒蟹兵 又今老農占年事以草蜘蛛眼占之春初蜘蛛認心曲云六寃八荒之

蟹譜曰兵俗有蝦荒蟹兵之語蓋蟹為横行介士以被堅執銳

禮宴是也史曰唐永州俗昏禮會客號破酒亦今速賓

生辰上襪

崔浩禮儀曰近古至日上履襪於舅姑踐長至之義也今生辰獻襪蓋古矣

續絃

十洲記曰鳳麟洲以鳳喙麟角作膠以續斷絃又名連金泥連金鈿斷折之金也故今再娶謂續絃杜牧詩天外鳳凰誰得髓無人解合續弦膠雜志所謂子騑剃鬚迎婦是也又喪妻謂叩盆謂鼓耦蓋用莊子叩盆而歌似喪其耦也

內娶

春秋惡宋三世大夫詿國君不內娶禮君無臣妻父母之義也

間婦人束髮甚緩過於耳太元中緩髻傾髻爲盛餙用髮既多不可恒戴乃先於木及籠上裝之名假髻韻書曰髲也今之假首蓋出此有人爲洎伯婦始爲冠禮者宮家婚時弱婦爲髻垂外者厲禁云隋書云高麗婦人髮繞頭以雜絲及珠爲餙華越賦云女鬟掩耳不見佩璫是也今鐙子髻卽孫壽墮馬髻也亦緩髻星湖曰北道男子日沐養髮爲髢今謂娘子皆北產云若烏蠻髻也周禮春官掌王后副編禮詩云副笄六珈

、石雄黃

韻書鈿註金華餙今謂石雄黃帖於假髻愽物志云鬼不敢近

餕女

聞見錄曰宋祁納子婦、家饋食物曰餕女廣雅曰餕今新婦玉與琥珀屑和白金琥珀太多左頰赤點如痣更益其姸諸嬖人更以丹脂點頰耍寵令兩頰臙脂出此然漢時匈奴歌失我燕支山使我婦女無顏色則見前有之唐詩塞上臙脂凝夜紫今時御所門外有賣者言以紅花水塗沙器爲之若空闕則否

、花鈿

晉輿服志曰貴人太平髻七鈿則本爲髻飾而韋固妻帖眉間以掩其傷痕也今新婦眉紅點謂固脂而固音訛坤也太無謂也意其效梅花粧耶山谷荼蘼詩漢宮嬌額半塗黃

假髻

芝峯曰宛委餘編云髻自燧人氏以髮相纏而無繫縛女媧氏以竹爲笄周文王始珠翠翹花名曰鳳髻又名步搖髻晉永嘉

詩云親結其縭註帨巾婦人褘今香纓香譜曰香纓以五綵爲
之婦參舅姑所持者今新婦佩香古矣

、香囊

杜陽編曰漢唐公主下降乘七寶步輦四面綴香囊貯辟邪瑞
麟香今婚時函入芙蓉香及新行轎前焚香蓋出此

、穿耳

穿耳以掛珥璫也古詩耳中明月璫是也莊子曰爲天子之諸
御不穿耳今松京女子穿耳而我國無此俗但婚時以絲掛耳
郭矣蓋耳璫指環皆古制而婦人髻鬟童子辮髮近拓跋索頭

、頰脂

拾遺記云吳孫和寵鄧夫人嘗醉舞如意傷鄧頰得白獺髓雜

璧名人以瑗絶人以玦反絶以環山谷詩黃州逐客未賜環則非但用於婦人也又曰戒指

笄

說文曰女子嫁而笄也其端刻鷄形檀弓跣吉笄長尺二寸齊衰笄尺惡笄或用櫛或用榛又釵婦人歧笄杜陽編同日林國獻龍角釵帝賜獨孤妃鸞釵唐同昌公主有九鸞釵故今龍簪鳳簪爲貴也笄俗音篦女又坡送芍藥與李公擇詩還將一枝春插向兩髻丫則非女子而兩髻也今則皆丫髮而笄矣

佩針

白虎通曰農夫佩耒耜工匠佩斧婦人佩針縷猶佩玉也

香纓

結髮

程氏遺書曰婚姻結髮如結髮事君結髮事夷奴只言初上頭時也豈合髻子耶今女婚日作髻謂相讓髻是也

洒削

貨殖傳洒削薄技註削音肖粧婆似今手母也又粉撲即粉帖

指環

詩彤管註后妃御於君女史書日月授鐶以進退之生子則以金鐶退之當御者以銀鐶進之着於左手既御着于右手也臂環曰釧眞誥曰萼綠華升平元年降羊權家致火澣布手巾金玉跳脫各一商芸甬說曰文宗謂宰臣曰金條脫爲臂飾即今釧也指環曰環今言自楊妃始誤也荀子曰聘人以珪問士以

僧之高下爲婦之賢否云盖蠻俗也與漢王章疏言胡人殺首子以滌腸者異矣

東床禮

新郎禮謂東床禮盖王羲之坦腹事也納妾謂西廂禮即崔鶯待月西廂下是也婢妾韻書曰餘須

鏡臺

晉溫嶠下玉鏡臺則鏡臺似今先送采之禮也或謂鏡俗

鉛粉

韻書曰古傅面用米粉又染之爲紅粉後燒鉛爲之芝峯曰殷周以降塗之乃紂所造云其謂胡粉豈本出於胡耶按今鉛入酒缸成花燒爲粉故面瘡之藥也婦女之塗非但面好也

歸藏易云女媧張雲幕而占神明卽幕之始也諺傳古婚禮必醮于庭以祭天也合卺或鴆鳥影入酒盃有死故遮日云

圍繞

華嚴經曰佛現大神通六萬諸仙前後圍繞東俗古有祓邑之風有失新郎者委禽時必後行隨之謂圍繞亦曰繞客云

草笠童

記曰草笠而尊今冠童間冠也盖麗除花郎所着之笠故今新恩馬頭着此笠吹笛是也本新羅花郎之意今新郎謂草笠童

僧頭扇

今郎扇必僧頭爲貴盖麗末新婦僧劫之意也倭國尚有此俗奠鴈後婦家先請高僧與新婦三日同宿謂之佛婚郎家亦問

朱語錄曰唐人婚禮多用百子帳蓋取其名美本戎虜時穹廬佛廬之具也捲柳為圈以相連鎖可張可闔為其圈之多也卒稼軒詩云來着紅衫百子圖蓋以牧丹屛為百子圖故昏屛

玉童子

湘山野錄曰王相國爭人領一綠衣童子曰汝有憂民之心賜此玉童為宰相子是夕夫人孕生度之今紅燭玉童子是也青薰香以辟邪也

青廬

芝峯曰古詩云新婦入青廬者北俗昏禮用青縵為屋交拜行禮云按牽馬戰亦北俗今北關以牽馬勝負占吉凶云

雲幕遮日

男婚先宰家持而入婦家奠之床交拜蓋八松取家禮爲家法

高足床

芝峯曰兀子出近思錄卽今高足床又醫學曰床足高者爲兀凳今昏禮高足床似是上高坐之古禮

坐鞍不經

蘇氏曰宋初婚姻坐女於馬鞍之側此胡人尚乘鞍馬之義也歸田錄曰當婚之夕以兩椅相背置一馬鞍令婿坐其上飮以三爵女家三請乃下成禮謂上高坐古以馬鐙預置椅下令以鍮盖郎家遣人盜者尚謂鐙氏似出此澧也女家三請婿乃乘馬亦出此

牧丹屛

反馬廟見之文必用曰納采納其采擇之禮今所謂应

納幣先行

禮雜記云納幣一束註束兩端今納采兩端出此聘禮及期夕幣註先行之日夕陳幣而視之今涓吉用之是也

同心結

蓋用月姥繫線事而隋史金盒同心結則其事亦月姥前有之

奠鴈

詩旭日始朝註韻書云取其信和不再偶陰陽往来之信而左氏所謂男贄玉帛禽鳥故委禽也似亦取大夫執鴈之義也

少牢

我國例以鷄雌雄合棗栗立於床左右謂獨坐床獨會城尹氏

儷皮為禮

史曰古未有布帛衣鳥獸皮故伏羲氏制儷皮為禮今國家及士夫好禮者行之左傳女贄榛栗棗脩註榛虔也栗戰栗也棗早也言早起視事又果之有核者脩自脩也今乾雉取耿介云唐史南蠻歌羅其俗嫁娶納檳榔多至二百盤

納徵 儀禮士昏禮註曰徵成也使〻者納幣以成昏禮徵音蒸

禮記問名請期納徵納幣納采親迎是為六禮而徵音致用玄纁不用鴈余聞徵天上司馬星名今俗或謂納幣為納徵故國婚先以白馬一匹賜送府院君家謂納徵今人謂白面美秀者謂府院君宅嘉禮馬是也必以白馬者麗忠烈王以白馬八十匹聘于元始也今郎騎馬以白為貴者亦以此也禮又有三月

髮襆問解曰巾額爲帨子

的姅

楊愼曰的音灼婦人以點飾額也史記五宗世家程姬註的丹注面婦人有月事妨于進御難于自言故點的以見說文姅婦人汚也漢律姅變不得侍祠金陵市語云行月經號爲紅官人是也王建宮詞云密奏君王知入月暗呼宮伴洗裙裾按月即用漢唐夫人月事起左傳所謂戲夏姬衵服

紅定

古詩買紅纏酒缸蓋定婚店月姥繫紅線故今合卺以青紅絲繫盃謂合歡酒又面婚禮謂回卺宴即禮之合卺而酳又三國志孫權欲爲子索關羽女袁術爲子索呂布女今娶婦爲索婦

冠義云三加彌尊註士始加緇布冠不忘本也次加皮弁朝服也三加爵弁祭服也諸侯四加家語曰周公命祝雍作頌曰令月吉日始加元服去王幼志始服袞職欽若昊命六合是式率爾祖考永永無極又疑禮問解曰無幅巾以程冠爲初加笠子爲再加儒巾爲三加今士家冠禮之儀也

開粧

薛田詩云九苞綰就佳人髻三開粧成子第鸞兮京師有開粧帶合衆寶雜綴而成故曰開粧今此寶舟粧是也唐詩還梳開掃學宮粧註開掃猶盤雅隨墮馬之類也古詩曰東家婦人髮委地假髻美人還承寵又假髻無首飾曰特髻

帨子

天機大要曰自漢時匈奴求婚無辭以却至唐時此弊猶存呂才公作用此法又作閉開年法獻天子頒天下以辭外國之求婚其爲虛僞此可証也云俗傳清人欲與我國婚若蒙古與高麗故事我國以宮合不吉拒之云蓋中國觀宮合故也又怨嗔殺鼠忌羊頭角牛嗔馬不耕虎憎鷄觜短兎怨猴不平龍嫌猪面黑蛇驚犬吠聲是也

國婚親閱

磻溪曰本非東俗我 太宗欲以李續子爲駙馬使瞽媒池和往問續不肯 太宗怒籍續家乃令士大夫子女聚入闕庭親閱定之卽簡擇之始

三加

嫁娶類

相攸

詩韓奕章云爲韓姞相攸莫如韓樂註擇其可嫁之所故今擇配曰相攸世說云諸葛恢曰羊鄧是平婚江家我顧伊庾家伊顧我乃今俗不擇賢否而惟顧富勢之說也胡安定曰嫁女必須勝吾家娶婦必須不若吾家云女執婦道固矣今士夫家用此道娶婦求富勢故人器禮法由是而衰婦則或有伏床下之班始無擧案齊之孟光子生每少酷似舅之無忌多揣肉斤之晉過程氏遺書曰世人謹於擇壻忽於擇婦其實壻易見而婦難知所繫甚重豈可忽哉

宮合

圃隱忠臣

我宣廟問梧里曰圃隱忠臣乎梧里以詩奏曰聖周容得伯夷清餓死西山不死兵善竹橋頭當日夕無人扶送鄭先生世論者以圃隱似袁粲牧隱似楊彪愚謂元人有詩云大元不殺文丞相君義臣忠兩得之金農岩題江華南門云紫氣南門亘斗牛吾家丞相大名留可謂忠則盡命而已乎

忠孝

明史李自成貧吳三桂父驤書招三桂其答曰父既不能為忠臣桂亦安能為孝子老稼齋金昌業云或以桂為罪然棄必破之關復君父之讐倉卒處義可謂得矣

宋宣和中士女觀燈者賜酒一盃有夫婦並遊宣傳聲急夫不獲進其婦蒙賜飲輒懷其盃謝詞一闋云歸來恐被姑夫怪願賜金盃作證明亦倉卒處義之敏也近有横城婦女年長有姿色駕牛轎獨與年幼癡夫覲行、數十里峽深路轉夫亦迷而還家惟信牛蹄之行日暮山暗牛亦懼入峽傍小屋其主翁與其妻受其隣富俠之賂欲誘之與夜半俠待户外而翁妻勸之以毒酒佯受送衣領仍勸翁妻、、真飲醉倒即滅燈而出俠以為翁妻出直入房行淫乃翁妻也其倉卒處事亦將計就計

師生

禮云水無當於五色五色非水不成師無當於五服五服非師不親若有督君謨鑿鑰之心豈望尹公佗叩輪之義哉

六氣

原覽曰風寒暑濕燥火謂六氣五日為候三候為氣六氣為時四時為歲又十五分為一刻八刻為一時十二時為一日

五際

翼奉傳時有五際註卯酉午戌亥陰陽終始際會之歲則有變改之政一云五帝

五行

原覽曰玄氣凝空水始生也赤氣炫空火始生也蒼氣浮空木始生也素氣橫空金始生也黃氣際空土始生也俗釋音靑者草之靑也赤者火之赤也白者謂稀言其色淡而稀也黑者謂黔言望之遠其色黔而黑也黃者熅也如鑪底食飯謂黃之者

云人不婚宦情慾失半人不飲食君臣道息亦許筠所云飲食男女性也仁義禮智僞也是以一號文人無足取者是也何不曰父子生於仁君臣生於義也

父夫

左氏傳雍姬爲父蔡仲有父夫孰親之論與盧蒲嫳有異而書南冥以爲兩告其事而自處可謂士族婦女固正論矣至謝朓妻懷刃無足取者

夫天

班昭曰夫者天也故女誡曰得意一人是謂永畢失意一人是謂永訖文選所天註女在家則父天出嫁則夫天

懷盃作證

嶺谷者稜也松下者柱也搜得断劒至卒本進王、合所藏劒遂爲嗣與慕容超金刀事相類

頂盂戴斛

芝峯曰中朝婦人亦擔肩而我國則以首戴故董越賦云有頂盂水而手不扶匡者有戴斛米而步亦趍蹌者盖記其異也今器爵則女亦擔背而遠行店傭或男亦盂頂而行汲我國反以爲異而笑矣

父子君臣

芝峯曰王世貞云父子生於欲者也君臣生於利者也即古語

有畏妻者議不行

滴血

梁史蕭綜母東昏宮人孕綜七月爲武帝妃綜夢一人提頭見曰我是汝父也告之母以狀乃曰此東昏侯也綜疑之掘東昏墓殺已二子試之血滲於東昏之骨唐史王少玄父死亂兵十歲泣求父尸時白骨覆壓或曰以子血漬而滲者父骨也乃鍼膚而獲今合血法以父子血滴器水則自合是也

合劍

東史云東明王在扶餘時娶禮氏有娠王旣去乃生類利〻嘗戲彈丸誤中汲婦盆婦責以無父兒歸以問母〻曰汝父南奔時曰有物在七嶺七谷石上松下得此吾兒云利見礎有七稜

西南夷國有石駱駝其腹下出水飲之令人身白三國志曰南蠻有烏脚溪人涉之脚黑則水赤染人矣晁錯曰胡貊之人其性耐寒揚粵之人其性耐暑今峽野南北之人氣稟不同之說蓋出於此而人亦土産也

多子

芝峯曰周文王十子齊田常七十餘男漢中山王百二十子皇明高帝孫慶成王百子吐谷渾六十子杜子微百四十子

東方多女

周禮曰雍州三男二女揚州二男五女芝峯曰東方多女少男最東則有女國焉中國多男少女北狄亦然按麗史元多来取女有禁國内婚嫁朴褕上疏言人得一妻一妾元不来取宰相

慧聖癡狂

越絶書曰慧種生聖癡種生狂語其常也瞽鯀之舜禹堯舜之朱均乃或然者按我國 沈貞之聽天

山氣澤氣

芝峯曰談選云山氣多男澤氣多女暑氣多夭寒氣多壽余謂艮爲山少男兌爲澤少女暑則虛而散故夭寒則剛而凝故壽按古語山谷之人多壽以其物慾不接精氣以全歟

人剛人柔

王制曰廣谷大川異制民生其間者異俗剛柔輕重遲速異齊五和異和家語曰堅土之人剛弱土之人柔淮南子曰土地各以類生人清水音小濁水音大湍水人輕遲水人重異域志曰

生子請從文定故事以繼後子爲長子

収養

莊子曰奔蜂不能化藿蠋越鷄不能伏鵠卵然古者収養他姓子爲子如李克用之遡佶烈周郭威之柴世宗是也今養子者呈禮曹出斜、者斜書以某之子爲某之子於紙幅以防僞盖古之盟書告祝之法也

嫡庶貴賤

外紀曰殷帝乙妾生微子又生仲衍已而爲后生辛乙及后欲立微子太史據法爭之曰有妻之子不可立妾之子故立紂云安定最賤無外家故王符著潛夫論我國嶺南尤甚云盖人苟賢矣則子以母貴母以子貴今有妾之子而求嗣於族過矣

殷祖甲以卯生𦋑已生良以𦋑爲兄吾亦以前生爲兄戰國策曰學子之〻相似惟其母知之風俗通曰張伯偕仲偕貌相類仲妻新粧畢見伯問曰粧好否答曰我伯也妻赧避須臾又見以爲仲告之曰向大誤認伯爲卿答曰我固伯也可謂其妻不識之我國閔相顯黯雙生相類云今一胎三娩或一男一女異矣

養子

詩云螟蛉有子蜾蠃負之故謂螟養今之系子即古立宗也通典曰漢諸葛亮無子取兄瑾子喬爲子及亮有子瞻以喬爲嫡矣喬卒後諸葛恪誅絶嗣亮旣有後遣喬子攀還嗣瑾祀又晉賀循取從子紘爲子後晩生子遣紘歸本胡寅傳曰文定公養其兄子寅後生二子寧宏而以寅爲後我國崔遲川繼後後已

男伏女偃

芝峯曰雜記書男生必伏女生必偃背爲陽腹爲陰溺水者男伏女偃按古書徐偃王生時亦偃者記其異也

胎教

東閣記曰范蜀公見二鵲擲卵相上下接之蓋習飛也其胎教之意乎傳曰慈母怒子折葼笞之其惠存焉說文木細枝曰葼

三日洗兒

香山詩洞房門上掛桑弧香水盆中浴鳳雛還似初生三日魄嫦娥滿月即成珠又唐玄宗賜洗兒錢則古三日舉之意也

雙生兄弟

公羊傳曰古人雙生以後生爲兄西京雜記曰霍先產二子曰

語顱合而語髑就而行其骨骼待年久而成先以石壓何哉

囟門

魏校曰頂門也子在母胎諸竅尚閉惟臍内氣囟爲之通氣骨
獨未合旣生則竅開口鼻内氣尾閭爲之洩氣囟門漸合陰陽
升降之道也頂中央爲百會、、前三寸卽囟門又大戴禮曰
人生三月而徹眴然後能有見註眴音田精也轉視貌

男寅女申

說文曰包象人褱姙巳在中象子未成形也元氣起於子、人
所生也男左行三十女右行二十俱位於巳爲夫婦褱姙於巳
巳爲子十月而生男起巳至寅女起巳至申故男年始寅女年
始申也精蘊曰孕胎男背女向臨産腹痛子轉身首向下始分免

連姻

尉陀傳蒼梧秦王有連註有連者連姻也

查頓

國語秦公與晉公出獵坐查結約以成秦晉之好故今呼親家謂查頓〻是頓謝耶東坡嘲賈収再娶詩朝見新荑出舊查

藁砧糟糠

古樂府云藁砧今何在山上復有山何當大刀頭破鏡飛上天註夫謂藁砧者砧石動搖以藁藉之當時謂珷玞也糟糠盖出漢宋弘糟糠之妻不下堂也今謂妻糟糠若荊釵布裙之謂也

兒生石壓

漢東夷傳三韓生兒欲其頭扁壓之以石今內浦有此俗云按古

爾雅曰妻之父爲外舅妻之母謂外姑夢華錄曰社日人家婦女皆歸外家卽外舅姨舅以葫蘆兒爲遺俗云宜良外甥則館甥子貳室貴甥爲宅相者婿與妹子通稱也今女之適人謂媤父母爲舅姑男之聘妻謂妻父母爲舅姑特加內外字以別外三寸妻父母也非朱子爲白水婿故也今常人謂妻父母爲嫁媤父嫁媤母而於翁婿不曰舅甥又曰翁婿

外家

漢史云王符無外家北史云詰汾皇帝無婦家力微皇帝無外家其稱久矣今父之外家謂眞外家者眞是新羅眞骨之眞也

杵孫獅孫

今外孫謂杵孫自蔡邕外孫杵臼始獅孫以朱子畫獅與貉孫

出配他男而生也左傳姊妹之孫謂從孫甥蓋謂我舅者吾謂之甥今內從外從姨從之說出此而今或姑母之子謂姑從之說無據亦若朱語錄所云今人以舅稱妻之兄弟也

丨玄祖高孫

芝峯曰凡稱高祖者取高大之義玄孫者取玄遠之義故曰有高祖而無高孫有玄孫而無玄祖今稱玄祖高孫誤矣（佔畢軒集玄孫以稱高孫亦異矣）

丨曼祖耳孫

揚雄曰曼祖方言始祖也山谷詩曼祖以來傳父兄是也蓋人之胚胎始凝於曼也猶之胚胎始凝於耳也漢惠帝紀耳孫者玄孫之子言高曾遠但耳聞之也

丨外舅內舅

子猶父若侄謂猶子亦當以先生爲猶父矣漢人之謂從子却
得其正蓋父之伯叔皆從父

本生

明史世宗稱孝宗曰皇考尊興獻帝后皇號稱本生皇考聖母
今生庭謂本生始此居家必用謂本枝父母也

姑姨

爾雅曰父之姊妹爲姑王父之姊妹爲王姑曾祖王父之姊妹
爲曾祖王姑父之從姊妹爲從姑父之從父姊妹爲從祖姑父
之從祖姊妹爲族祖姑母之姊妹曰姨母妻之姊妹曰姨

內外兄弟

爾雅曰姑之子註外兄弟舅之子註內兄弟又姊妹之子曰甥

人事類

族譜

蘇老泉洵作蘇氏族譜世傳族譜始此云按唐史杜正倫求附城南譜與張九齡張說通譜附譜之名蓋久矣

、具慶下

唐人與親久別而歸云拜家慶孟浩然詩明朝拜家慶酒肴老萊衣唐詩話楊嗣復具慶下榜今父母俱存謂具慶下也比

、鴈行

記曰兄弟之齒鴈行唐詩送兄所嗟人異鴈不得一行歸

、從子

朱語錄曰檀弓云兄弟之子猶子以喪服言如夫子謂回也視

山海經曰天不足西北無陰陽消息有龍啣火照天門是謂燭龍即鍾山神名也

塵埃野馬

博物志曰徐州人謂塵爲蓬塊莊子曰野馬也塵埃也乃是西物韓偓詩窓裏日光飛野馬是以塵爲野馬也野馬乃田間氣如馬甬佛書所謂如熱時野馬陽燄謂此唐詩百丈遊絲爭繞樹是也

黃梅瘴

嶺南雜錄曰嶺外二三月爲青草瘴四五月爲黃梅瘴六七月爲新禾瘴八九月爲黃茅瘴、是今草蕈也

桃花水

半山詩鴨綠江正復晴按正月水曰解凍二月水曰白蘋三月水曰桃花庾信詩春水望桃花張志和詩桃花流水鱖魚肥是也四月水曰瓜蔓五月水曰麥黃六月水曰山礬七月水曰豆花八月水曰荻苗九月水曰霜降十月水曰復槽十一月水曰走凌十二月水曰蹙凌

黃梅雨

埤雅曰江南三月爲迎梅雨四月爲黃梅雨五月爲送梅雨六月爲濯枝雨八月爲豆花雨又春水爲榆莢雨蔡邕曰閩人以立夏後逢庚日爲入梅芒種後逢壬日爲出梅渴雨乃宜耕耨

四時風

古諺曰春風自下而升上夏風橫行於空中秋風自上而降下

天文志曰天如鷄子地如鷄中黄表裡有水盖中華黄中之黄也又四海之内東西二萬八千里南北二萬六千里設子午爲經卯酉爲緯國語廣運五里註東西曰廣南北曰運淮南子曰禹使太章步自東極至西極二億三萬三千五百七十五步使竪亥步自北極至南極亦二億二萬三千五百七十五步按利瑪竇萬國全圖言天下有五大洲第一曰亞細亞洲中凡百餘國而中國居其一第二曰歐羅巴洲中凡七十餘國而意大里亞居其一第三曰利未亞洲亦百餘國第四曰亞墨利加洲地更大以境土相連分爲南北二洲最後得墨瓦臘泥加洲爲第五而大地盡矣其說荒渺莫考然其國人充斥中土則其地固有之不可誣也不齊杜詩海外徒聞更九州之說矣

謂尾閭穴又維摩經曰佛以四大海水入一毛孔是也

澤漏

韻書曰四水縣澤漏深二丈秋冬三日漏盡寰宇記曰舊州亦有漏天南廣水南二百里亦漏天窮年密雲不見日月又耳竇縣四時霖霪謂小漏天大漏天則其天之尾閭耶

四極

爾雅曰東至泰遠西至邠國南至濮鉛北至祝栗是謂四極其列子所謂女媧斷鰲足立四極者是耶

輿地幅員

博物志曰地以石爲骨川爲脈草木爲毛土爲肉又河圖括地象曰地有三百六十軸即地宮四柱三千六百軸犬牙相制晉

紫海

韻玉曰南昌國有紫海可染文額曰西河羅穀縣有紫澤其水紫色又鳥脚溪涉者足染如墨我國內浦浦金水山水可染黃

裨海

史記曰中國之外如赤縣神州者九所謂九州於是有裨海環之裨海外復有大瀛海環之四海通曰裨海即小瀛海

尾閭

列子曰渤海之東有大壑焉實惟無底之谷名曰歸虛八紘九野之水天漢之流莫不注之而無增減焉莊子曰天下之水莫大於海萬川歸之不知何時止而不盈尾閭洩之註東海洩水處一名沃焦一石方圓四萬里海水注之無不燋今凡物消鑠

外五嶽

廣桑在東海中長離在南海中麗農在西海中廣野在北海中
崑崙在九海中爲天地心瑞應經云天竺迦維羅國天地之中

扶桑

字彙曰叒音若日初出暘谷所登榑桑叒木韻書曰碧海中有
樹長數千丈兩幹同根更相依倚即淮南子所謂日至曾桑是
也又窮桑在西海葉紅椹紫萬年一實倚琴所謂至于窮桑是
也淮南子曰灰野之山有樹青葉赤華名曰若木未詳孰是也

桃都

磅礴山上有桃樹百圍萬年一實淮南子曰其樹有天鷄日出
則鳴天下鷄皆鳴

西海之國曰丈夫國雲和國軒轅國壽麻國無暇國伽毗國大
乘國聚屈國
南海之國曰羲和國三首國食本國鳩始國交脛國結匈國厭
火國一臂國老撾國古越裳氏
西南海國曰種民國鼠姓國盈民國巔項國
北海之國曰勞民國聲嗯國無臂國傳父國拘纓國大幽國
崑崙山之外國曰赤脛國
不咸山之北國曰褔離國養雲國君子國冠莫汗國
凡西域諸國西南蕃及海外諸小國悉不錄焉

內五嶽

東曰泰山西曰華山南曰衡山北曰恒山中曰嵩山

葉而吐絲蓋蠶類也白氏六帖曰跪樹歐絲生桑得繭

大封國

山海經曰有文馬縞身朱鬣目若黃金名曰吉量

無雷國

漢西域傳無雷國王治盧城

扶桑國

顧氏賓瞳錄曰扶桑國出白芨紙謝靈運賦剝芨巖椒註芨支可爲紙本草葉似初生櫻筍開花寸許紅紫色中心如舌七月實熟陶弘景曰可作糊本名連及草又白及又白給

東海之國曰始州國少昊國夏州國中容國鱼丶國暘國明組國青丘國東樂國

注輦國

古不通中國水行至廣州約四十一萬餘里筆談曰宋熙寧中此國入貢乞依本國撒珠從之乃其國至敬之禮退朝有司掃殿得珠千餘兩

蜮民國

山海經曰桑姓食黍射蜮是食又不與國烈姓食黍

巫咸國

山海經曰巫咸國右手操青蛇左手操赤蛇在登葆山群巫所從上下也

歐絲國

郭璞曰海外歐絲之野在大踵東有女子跪據樹歐絲註言噉

列子曰楚南有炎人之國其親戚死朽其肉棄之然後埋其骨

孟舒國

博物志曰人首鳥身其先主爲霅氏

獅子國

在南海中人長丈五尺産珊瑚本傳云晉時獻至後齊東昏侯毀爲潘妃釧釵又中泰國在東海中人長一丈

因霄國

拾遺記曰其國人善嘯丈夫嘯聞百里婦人嘯聞五十里

不死國

山海經曰在南海大荒中郭璞註曰赤泉駐年神木養命禀此遐齡悠悠無竟

正字通曰別種木瓜穴居男女裸體紉結草木葉蔽前後

關非國

山海經曰關非人面獸身青色

臷民國

山海經曰爲人黃色又臷國在於三毛東

白民國

山海經曰白身背有角乘之壽二千歲

吳明國

杜陽編曰唐德宗時貢鸞蜂碧蜜、蜂聲如鸞鳳大者重十餘斤蜜色碧食之長壽又有不燃炭不熾火而熟飲食國在東海

炎人國

山海經曰盼姓食魚註黄帝時姓也

無腸國

山海經曰在深目東其為人長而無腸

聶耳國

山海經曰在無腸東為人兩手聶其耳註言耳長行則以手攝持之也

流鬼國

類說曰新羅人泛海落鬼國鬼執之使築穡三版不成援其鼻如象在崑崙山外山海經曰鬼國在貳負之尸北玉篇又有羅魖國又魘註鬼使也

柯枝國

口註瞋音號開目

卵民國

山海經曰其民皆生卵

羽民國

山海經曰其人長項身生羽博物志曰在西海中有獸緑毛似

豹可作筆名虎僕毛

長股國

山海經曰在雄常北被髮一曰長脚

一目國

山海經曰海外有一目國一目中其面而居

深目國

跂踵國
山海經曰企踵國人行脚跟不着地如人跂足也淮南子曰踵不至地以五指行在拘纓東

反舌國
淮南子註反舌民不可知而自相曉一說舌本在前不向喉故曰反舌南方之國也山海經曰歧舌國在不死民東註其人舌皆歧或云支舌也

長鼓國
集韻鼓音秖其國人髮長於身

毛民國
山海經曰其民皆生毛神異經曰八荒有毛人見人則瞑目開

比肩國

爾雅曰北方有比肩民迭食而迭望蓋半體人也莊子曰南方倚人焉名曰黃繚

穿胷國

括地圖曰禹誅防風氏夏后德盛二龍降之禹使范氏御之以行經南方防風神見禹射之有迅雷二龍升去神懼以刃自貫其心而死禹哀之瘞下不死草生是名穿胷國山海經曰貫胷國其爲人胷有竅

讙頭國

山海經曰讙兜即四凶之一也有罪投南海而死帝憐之使其子居南海而祀之其國人人面鳥喙有翼或曰讙朱國

山海經曰其人一臂三目有陽有陰乘文馬博物志曰一臂能
駕飛車從風遠行又國之北女祭女戚國有鶿鳥人面

無脊國

山海經曰在長股東爲人無脊註脊肥腸也

玄股國

山海經曰其爲人衣魚食鷗、音憂楊慎曰在雨師妾北

三身國

荒史曰庸成者墉城也群玉之山西徼中稱庸成之所守也方
是時結繩爲政其民僮僕莫知西東摩唇薦食莫知止息託嬰
巢中棲糧瀧首虎豹可尾虺蛇可蹍時有季子性喜淫晝寢於
市捉放之西南季子儀馬而產子身人而尾蹄焉謂三身國

佻人國

河圖玉版曰佻人長三十丈五尺

龍伯國

類說曰在崑崙以北九萬里人長三丈萬八千歲乃死列子曰

龍伯國有大人一釣而連六鼇是也

反臂國

山海經曰大荒之中有人反臂名曰天虞又留利之國人足反折

長臂國

山海經曰在南海中捕魚水中兩手各操一魚郭璞贊曰雙臂

三丈體如中人捕魚海濱

奇肱國

字同中國利瑪竇其國人晉太康中犁靬入貢亦歐羅巴之舊

獠國

北史曰人無姓名以第次相稱又依樹積木人居其上曰干蘭

又廣韻曰樸鉛南極之夷尾長數寸巢居山林

勒畢國

洞冥記曰其人長三寸有翼善言語戲笑因名善語國列子曰

東北極有人名曰諍人長九寸

小人國

山海經曰一名靖人即諍人有神人面獸身名曰犁䰠之尸

大人國

山海經曰大荒之中有大人之國釐姓注帝鴻之後也

淮南子曰西方之倮國鳥獸弗辟無爲一也

大秦國

漢西域傳曰大秦在海西亦云海西國其人民長大平正有類中國故謂之大秦即拂菻國以石爲城列置郵亭皆堊墍之

氐人國、

山海經曰在建木西人面魚身無足

鹽長國

山海經曰有人鳥首名曰鳥氏秦史大費子大廉實鳥俗氏註以仲衍鳥身人言故也

歐羅巴國

在西域距中國八萬里古不通中國大明萬曆九年始入貢文

接水飮註自高山下谿澗中飮水故接連其手

火山國

山海經曰其山雖霖雨火常燃火中白鼠時出山邊求食捕得之以毛作布名火浣布水經註火山似火從地中出名熒瑩

土魯番國

在火洲西亦曰車師國多燄少雨雪信佛芝峯曰其靈山悉五色砂石光焰灼人佛書靈山是也

黑蔓國

近土魯山川草木禽獸皆黑男女黑狀芝峯曰有塩澤産石塩

裸壤國

近日本人甚長身皮黑目多白髮如羊毛古賦云裸壤吾縉文

頻斯國

王子年拾遺記曰魏時來朝人不食穀惟飲桂漿立日中無影亦漢武帝時郅支國人惟餌馬肝石之類也

錫蘭山國

在大海中王尚佛重象牛飲牛乳不食其肉殺牛罪死民皆上裸下纏帨芝峯曰波羅蜜產此國南海形如東瓜云按佛經所云波羅蜜者猶言到彼人也與此異

阿速國

在西海中敬佛鬼好布施人無飢寒無寇盜

烏秅國

漢西域傳註烏秅音鷃拏師古曰急言之聲如鷃拏耳烏秅民

古俚國

在西洋番會去中國十萬里王好佛敬象牛不傳子傳外孫及弟無則傳善行人

魯陳國

在西域西有流沙河北有火焰山無水草有鬼魅

哈烈國

在嘉峪關一萬三千里男髡衣白喪易青黑人善走日三百里男女瀆亂無恥

榜葛剌國

國大物豐常如夏曆有十二月無閏女不脂粉自嬌白飲食異處死不再嫁娶皇明史成祖時是國獻麒麟

效首正字通曰西伯伐飢國滅之

番禺國

雜記曰在西南海外有草火不能燒若河隣火故名火河有菜四葉相對夜合晝開名合歡菜若合昏花之類也

火洲國

古卑師所後地事天神信佛壽多百歲山色如火

忽魯謨斯國

在西南海中人貌甚偉善佛又飲酒者棄市

蒲剌伽國

在南海中王白帛纏頭有黑虎或變人形白晝羣入市覺者五殺洞冥記曰有犬雞食火吐氣烏夸以其卵為飲器

呂宋國

芝峯曰在西南海外島銃始出於此按倭得其制爲天下妙

占城國

古林邑也馬援置銅柱處在大海南常如夏無霜雪産五色鸚鵡馬步於驢

大食國

字典曰都婆羅門兵刃勁利勇于野鬪在波斯西麗顯宗時来獻方物外國記曰其國人候島林上異禽翔集下有羣魚游泳則有伏龍吐涎浮水上即麗史仁宗時妙清以餅孔盛油沉於大同江油浮水面望之若五色因謂神龍吐涎以爲瑞蓋出此也香譜曰薔薇大食國花露也五代時蕃使蒲河散以十五瓶

風囊大風則開囊口收之無風則閉之所謂生風之機也從数百小舠散則滿於海上收則只一艇似今藥織香盒又以火鏡向日照之雖千里外無山隔則皆燒云倭軍數百人着甲櫓渠大藥入其艦自燒死火作艦燒兵舡不返云

佛狼機國

芝峯曰乃西洋大國也其火器號佛狼機今兵家以國名、爲

黑鬼子國

瀛環志畧曰即海地島在佛郎西其人長而形黑偏體毛生多力謂黑奴其種四萬餘口佛人多買爲奴驅之墾闢如牛馬即崑崙奴也咸豊庚申洋匪募來中原莫有抗者其人入水宿入火居銃丸矢鎗不入而以石轢之以馬價木打之死云

有鐵甸少草木水酡濁如血

骨利幹國

唐史曰在瀚海北晝夜短暮煮羊胛熟日復出蓋羊胛易熟之物也歐詩云歲月幾如熟羊胛若東萊日夜出爲不夜城也

永結利國

瀛環志略曰英吉利其人毛髮紅黃故亦曰紅毛國芝峯曰在極西外洋晝極長夜纔二更惟喫麥屑衣皮裘以舟爲家四重造船設生風之機碇索用鐵鎖數百湊合以成雖遇風濤不敗戰用火砲出沒行刼海國莫敢相抗丙年自日本漂到興陽其高大如層樓大屋按純祖壬辰漂至洪州海其後無歲無之俗號異樣船、制以銅鐵飾板長數十里植驅五六而其上多掛

環狗國

山海經曰其爲人丶身獸首韻會又有環玉國

北狗國

五代史曰男食生女食熟有中國人至其國妻使逃歸與箭十餘隻教其人每走十餘里遺一箭狗見其家物必啣歸則不能追矣晏子所謂使狗國者從狗門入云則狗國之說古矣按契丹屬國也人身狗首長毛不衣語爲犬嘷生男爲狗生女爲人自相匹合或穴或室在北海之邊蓋稟天地純陰駁雜之氣

牛蹄突厥國

五代史曰在契丹北人身牛足

契丹國

互人國

在西洋外白土為城鬼不敢入天下無處無鬼獨此國無云山海經曰有青鳥身黃赤足六首名曰鸀

南番國

在海中距中國八萬里眉與上睫通為一鬚似羊鬚形狀尤醜怡蓋海鬼類也朴齊家曰蝦夷國屬日本北與野人接其人皆鬚長至地類說曰有士人漂海落長鬚國王以女妻之有鬚數十根蓋蝦國也漢紀冒形之類跋涉懸度註須鬚蒙面似今多方鬚之被面也

波斯國

在西域本草云去中國萬里產珊瑚及婆律香

忌塔意西葛國

坤輿圖曰此國俗父母已老子自殺之而食其肉以此爲恤寰親之苦勞而葬之于已腹不忍棄之于山云噫人而不爲孝烏而爲梟爲獍甚矣胡人之不忍其親也若遼人之帝祀之焉也

巴尔加國

坤輿圖曰此國盡年無雲雨故國人精于天文其江每年泛漲地甚肥澤如糞其田故國人種之五穀國仍富饒

國風脚駞日行七百里杜陽編曰唐元載造芸暉堂即于闐國香草潔白如玉爲屑塗壁又有玉山多玉

回回國

正字通曰大食國種也丘濬曰在玉門關外萬里陳隋間入中國金元以後蔓延滋甚所至輒相親守其所謂教門者尤篤今在在有之蓋其國山回水回又以流沙回之出寇侵掠而敵退之阻於沙於水於山不能入而返則又出掠故今清帝留兵沙漠云其人以白布纏頭護外腎使不寒有篆草楷我國嘗有漂般言語不通無有知者惟李書九以白布護腎知之云

亦思把罕國

西南海中廣袤千里尚佛畏刑喜施惡奪有琥珀無稻黍惟麥

無姸醜皆美芝峯曰俗華侈故古有富貴眞臘國之語有茄樹與木綿樹高可過屋故有蘩項茄樹之說

天方國

芝峯曰天方舊名天堂四時如春田沃稻饒民皆樂業好善無刑罰不作盜佛氏所謂天堂疑此也釋典殑伽華言天堂 註殑音兢

三佛齊國

在東南海中有十五洲用梵書產火鷄大於鶴毛如青羊食炭

于闐國 文獻通考曰晉天福中其王李聖天自稱唐宗屬年號同慶來貢去中國九千五百里居張掖河源地也衣冠如中國其殿皆東向曰金冊殿七鳳樓

在葱嶺北東西五千里南北千里喜浮屠相見輒跪得問遺書戴首乃發其儀似今僧尼背負商之流也唐史于闐初無蠶桑丐鄰國不肯與其王乃求昏女置蠶冒絮中始有蠶洽聞記曰此

山海經曰兩師妾在其北楊愼曰兩師妾如姮娥織女之類

暹羅國

在東南海中方千餘里尙釋教飮食以手不識天朝文字產白象白鼠麗史恭讓王時來聘

撒馬兒罕國

卽漢罽賓國東西千里人多藝能略同中國

爪哇國

在東洋無匙筯啖蛇蟻蜒蚓與犬同寢食水葬火葬犬葬

眞臘國

在扶南地方七千餘里常如夏飮酒比之淫惟與妻飮無鴻鵠燕鸜鼠大於猫云漢趙皇后傳眞臘國進萬年蛤不夜珠照人

在東南海中裸形感風而生照井爲交感今俗言我國男人小
便若有感而動身者謂女國懷孕時云芝峯曰有人漂至此國
、人見之曰甘蔗至國王迎入同寢即有公卿百官分番同宿
其人爲陰所困幾死逃還又曰我國男子臨死有祝必入女國
無不含笑而死云又女子國在巫咸北郭璞贊曰女子之國浴
于黃水乃娠乃字生男則死又東女國女主號賓就又扶桑東
千里有女國其人容貌端正身體有毛

思幽國

山海經曰大荒之中有思幽之國思士不妻思女不夫註言其
人直思感而氣通無配合而生子

兩師妾

、天竺國

漢西域傳一名身毒國在月氏東南数千里括地志天竺有東西南北中央五國水經註烏萇國即北天竺佛所到國也山海經有國名曰朝鮮天毒註天竺瀛環志畧元世祖得綿種於印度國者即天竺也

鵠國

在西海外男女皆長七寸壽三百歲行如飛日行千里神異記云畏海鵠、遇即吞之與小人國人耕稼懼為鵠所食相類而唐史道州産侏儒歲貢陽城曰州民盡短不知何者可供蓋中國之産亦有畏鵠懼鶴者

女人國

蛛絲染藥織成小張則可覆一間大張則泰山可覆兩亦不漏眞絶寶也牧使請之不許仍捕世子急世子以石投海臨刑有詩曰堯語難明桀服身臨刑何暇訴蒼旻三良入穴人誰贖二子乘舟賊不仁骨暴沙場纏有草魂歸故國吊無親竹西樓下滔滔水遺恨分明咽萬春按琉球王尚寧當萬曆四十年辛亥爲日本所俘云則似其後與我國不通

安南國

古交趾之地方東西千七百里南北二千八里唐以前隷中國有曲承美者竊據其後大勝王丁公著李公蘊陳日煚相繼爲君清通典曰黎莫陳李四姓篡奪不絶陳日煚本謝升卿殺人變姓名者其詩云池魚便作鯤鵬化燕雀安知鴻鵠心

北皆以尙姓而中山最強在東南海中王居無飾螺殼炊爨不
知醫藥正字通曰有大琉球小琉球王所居多髑髏其人黥
手去髭毛衣羽冠無禮節宋史琉球傳視月盈虧以記時皇明
世法錄曰冊立吊祭如朝鮮其俗儉嗇無五經有四書以杜律
虞註爲經燕岩曰琉球貢例硫黃一萬斤赤銅一千斤錫鑞三
千斤云麗史辛昌元年國王尙察度遣王臣之奉表稱臣辛昌
以主客令金允厚報聘焉 太宗九年己丑國王思紹使來世、
通好自 成廟八年丁酉以後不復通使云擇里志曰漢拏山浸
海爲琉球此不可知也蓋甚邇也 仁廟朝倭攻琉球虜王去其
世子載國寶欲贖其父漂到濟州牧使問有寶世子答以漫山
帳酒泉石、一塊中央凹每以清水貯之卽爲美酒 張刑以物

馬有功然壹岐對馬皆倭之外島何啻一見其邊邑耳思以治
天限倭與我以海非相吞之國近聞水宗漸平使船如馬而我
國寶貨如人蔘熊膽紙綿等物富商牟利不爲珍惜收守考課
惟在稅羅棄險阻不設關防猶養澤麋於餓虎之側矣無如擇
廉勤吏試之以智謀選武猛士訓之以圖略且大嶺險川等以
備胥壘堡而彼之來待以信義去亦不爲捉執則可以有衽席
之安矣倭性輕窕不若胡之鷙驁可制之爲外捍也往壬亂未
嘗不以偏論建之倭以兵衛東西間八年而歸謀國者所當知之

琉球國

或云於古爲流虬地萬濤蜿蜒若虬浮水中因名後轉爲琉球
隋書云國王姓歡斯氏明史云其國有三曰中山曰山南曰山

兵衆大矣蓋倭者軍無統紀惟恃強力詐謀及利刃迅丸故輒
進者無禁敗衄者無罰雖秀家爲大將隆景爲謀主而不能制
命於諸將其行師用律卻與偏裨等此倭之所短也禦倭者所
當知且清正之北爲退臨海也誤以爲世子也行長之不陷於
劉綎之詐者因國人泄之也此皆我人不曾覺者也皆謂綎受
倭賂縱之擧情憤、懟然其事似亦有節拍在耳又日本史云自
古不被外兵惟元時大衆至幾乎殘滅幸賴大風舟般皆沒按
高麗忠烈、王時金方慶等會蒙兵蠻兵向壹岐島斬三百餘級戰
敗績値大風戰艦三千五百艘蠻軍十餘萬皆溺死元史亦云
至平壺島颶風敗舟諸將各遺棄卒十餘萬于島方伐木作舟
爲歸計日本衆殺殆盡唯餘南人萬餘至[illegible]

慶長三年八月薨遂盡班暴露之師脫我邦於危難之域嗚呼幸矣秀吉公未有安民治國之術徒發無益之師遠伐隣國而殺無罪之人轉輸千里竭敝我生靈故得罪於神明其卒以死不越三年倭邦大亂嗣子秀賴公竟沒于元和之役故曰只小聲大者殃也愚言非妄小早川能久丈之所以為戒也余按此論或與我國所傳者有不同處然舉以參考彼此互盡其情狀始明知碧蹄之戰李如松諱敗其詳不可得而此論以為奇功之最是不可泯也我國與之七年相持使价繹續而無人識得隆景之為謀主彼清正行長輩特一偏將耳倭情之難察如此其所謂朝鮮謀臣即西厓柳相也若使其計得行則倭可以盡殲矣當時如松之不聽倭以為幸如松諱敗而忌功大失機會

言隆景告老致仕讓筑前川於金吾中納言秀秋退居備後川三原邑慶長二年病卒年六十二秀吉公爲之慟悼或謂秀吉公曰隆景卒毛利殿之力落力落着傷死之言也秀吉公曰不然國以有賢而立非毛利殿之力落乃日本之力落也後和事不成復發兵再赴朝鮮清正行長長政以次進兵至于八年倭兵厭戰不欲深入築壘海邊爲持久計後諸將進拔南原城又却蔚山之敵其功亦偉矣秀吉公專喜殺伐將以朝鮮爲不毛之土故朝鮮民不服若仇讐日本亦潎于兵役黎民飢寒盜賊蜂起秀吉公雄才日快、惟和議是恃遂去名護州之營而歸于京師築城于伏見邑而居之當在朝鮮時行長陷劉綎詭計將就擒適有告其謀者遂得脫蓋因神明守國也秀吉公以

而國民不服乃乞增兵于秀吉公秀吉公遣增二萬人來援然
勢猶不相抗也隆景集諸將議曰彼日逸而我日勞糧且竭矣
不如退守釜山浦以圖後事衆從之當倭兵據王城朝鮮人來
附者多於倭兵或欲誘以盡殲之不爾則謀泄而塞我歸路矣
隆景曰不可非朝鮮人我輜重無以運矣不如急燒營秉烟火
退兵庶民驚惧必無後圖矣於是悉如其計朝鮮謀臣有告于
如松曰急追之彼可殲也如松不聽我兵遂至釜山浦將待明
將沈惟敬之至而講和焉秀吉公又命進攻晋州城而拔之然
諸將士思歸厭兵且疾疫死亡者甚多行長既敗於平壤氣送
沮與三司謀而和議遂成以告秀吉公秀吉公說令諸軍撤還
國民無老幼咸呼萬歲秀吉公嘉隆景之功大告朝廷任中納

鳥銃以却之遂踰川交刃秀包墜馬將被擒以短刀仰擊之得不死筑紫高橋各協力助戰臨軍安國寺恵瓊揚鐵毘旋而進採拂于指揮奮擊破之隆景望見如松旋幟分左右翼直衝其中軍左軍粟屋四郎小退右軍井上五郎及元康來救從巳至午酣戰秀家在後軍以淸兵循諸將爭先如松將李如栢李如梅李寧李有昇楊元亦殊死戰李有昇手斬數人中丸而死如松墜馬將為井上五郎所擒會明兵數百人扶上馬逃明兵死者萬餘於是隆景凱歌以還夫如松大明之良將也隆景日本之智勇也兩雄相遇決勝負於一戰古今之所無有也如松收兵開城將退保平壤會南兵數千繼至如松恃而不動倭兵亦不踰開城以相持日久然明兵日增而國民信服倭兵無後援

也不可先退使人招淸正兀良哈咸會于王城李如松旣陷平
壤城退奔逐北至開城使朝鮮兵數萬人爲遊兵從王城四方
連夜放火倭兵益惧且粮盡人有飢色或告如松曰倭之強弩
盡于平壤進擊必勝如松信之使高昇孫守廉祖承訓將二萬
人爲前鋒如松居中軍朝鮮兵爲後至碧蹄館隆景聞之率統
茂秀包等爲前鋒整兵以待正月二十六日統茂兵與明兵陷
中相遇矢集如蝟統茂勵勇不却長政疾驅來援遂以統茂歸
翌日如松又來攻倭諸將爭爲前鋒隆景曰諸君無然今日直
惟老我在秀家從之隆景出兵二萬餘人分爲三隊統茂秀包
及筑紫上野介高橋九郎以六千人爲先鋒隆景以一萬二千
人爲中軍毛利元康以六千人爲殿與敵遇統茂兵陷小川及

民不服糧竭力屈將有後憂今乘新捷之威退師釜山浦陳兵備糧待彼之來利於持久不利於急戰諸將不從以爲怯懦咸願直渡鴨淥入于大明於是隆景不得已用石田三成之策將築壘固根以次進兵平壤府故誠義統次之長政以來秀包又次之隆景爲後殿秀家及三城府王城于是遼東邊府祖承訓率兵三千至安定館行長先出輕師逆戰勝之喜曰大明兵不足畏矣大明使李如松發兵五萬人來援合朝鮮卒得二十萬人攻平壤行長兵戰死者萬人手下僅有殘兵五千人行長逃還謂秀包曰大明兵大至可棄壘而走包曰未見敵旗而先退非武也吾等有戰而已秀家聞行長敗大驚恐使隆景等退軍王城隆景曰援兵之來早已念之然吾渡海之日即死敵之志

於是秀吉公起兵十三萬先討朝鮮以浮田中納言秀家爲大
將軍以小早川隆景爲謀主以安國寺惠瓊爲監軍以小西行
長爲先鋒至壹岐州待風行長先發至釜山浦朝鮮兵二萬人
守釜山城行長急攻拔之得八千餘級進拔登萊城得九百餘
級遂至忠州容窠邊攻放火城下敵民解散死亡不知其數諸
將後渡者來會行長于忠州於是分兵二路加藤清正爲南大
門先鋒以行長爲東大門先鋒直走王城朝鮮王出奔義州行
長入據王城清正聞太子臨海君次子順和君走元良哈急追
而擒之秀吉公麾大明出兵援之益發兵六萬人以石田三成
大谷吉隆增田長盛領之諸將會于王城而問牢謀於隆景
景曰朝鮮者大明之屬國也聞兵被兵大明兵必出我兵小一

日本地勢纂曰夫中華為四夷之所服獨本邦不受命何也本邦在東海中形似琵琶東北依山地廣而平陸也西南沿海地狹而曲折也四無鄰國唯西南一隅九州近于東夷及朝鮮而猶隔海數千里也若延布于南北與中華對峙則其勢不可得而獨立矣且主將必居東州之廣地以固其根設營於諸州以守其內列鎮於西州以非其外而圖自安矣中華雖大而力有未及我邦雖饒武而境地狹小未暇外圖此彼此不相侵矣太古以降立我天子尊我王命敬我神明而能不傾敗者非士民之力也得地勢之宜故也其二曰擊朝鮮論纂曰孟子小國不可以敵大弱國不可以敵強孫武子曰小敵之堅大敵之擒也秀吉公不明于此而欲遠伐大明國假道於朝鮮[illegible]

半錄日本田制以我國五尺長許爲一間五十五間爲一町三十六町爲一里準我國十里云 產黑雉無虎豹鷹鶻及鸎黃鸝詩黃鳥總綿蠻是也 其風俗詩云國比中原國人同上古人衣冠唐制度禮樂漢君臣銀甕篘新酒金刀膾錦鱗年年二三月桃李一般春 海東日記曰麗碣時羅興儒鄭夢周等聘于霸家臺即博多津倭人兩森童贈詩月照霸家臺是也源家康流平秀賴自立爲征夷大將軍號東照大權現作廟堂於日光、名曰權現堂云我 定宗己卯來聘世世通好至 宣廟庚寅平秀吉遣玄蘇來黃允吉金誠一報之辛卯平調信玄蘇隨我使來壬辰入寇星湖曰近有使著得倭人文序數編來可爲從考然其語須加隱括可以曉解故今存其意而節其辭錄之其一曰

不死四面山谿有銅鐵惟用鹿骼爲矛以戰鬪摩厲靑石以作弓矢取生魚肉雜貯大瓦器中以塩鹵之月餘啖之爲上肴云

日本

唐書曰其王姓阿每氏平源橘藤四姓迭爲關白芝峯曰南北狹東西長謂一字國俗以一州爲國按日本史八道六十六州東西四百一十五里南北八十里註卽國之里也壹岐對馬二島不與焉又有永良部平戶島五島三島八丈等地其鄕有九萬二千其村有十萬九千八百五十六其田八十九萬九千一百六十町其畠十一萬二千一百四十八町佛宇二千九百五十八神宮二萬七千六百十三男口一百九十九萬四千八百八女二百九十萬四千八百二十庄城池所在謂之鄕兼元着

興宗名宗真改爲女直李星湖瀷曰我東六鎭卽爾愼之域有
石砮可驗女真有生熟之別舊有粟末黑水二部黑水爲生粟
末爲熟粟末者混同江之一名黑水者黑龍江之謂也粟末爲
渤海役屬黑水而以混同江爲界近南者爲熟近北者爲生故
稱南北又其中有東西之別故麗史所謂東西女真是也璿源
譜曰我太祖下丑遣李之蘭招安女真皆爲編户及清祖起於
興京此所謂建州也統合生熟爲一焉按東坡集註瓊崖海島
上黎人間有生黎熟黎之別疑亦似女真之生熟耶

夷洲亶洲

前編曰吳爲越所滅其支庶入海爲倭漢東夷傳云夷洲亶洲
徐福止王地而人民時至會稽市沈瑩水志云地無霜雪草木

色目人

芝峯光牌曰元史色目人者盖蒙古外諸夷人小說云佛語阿修羅即今回夷色目也明史云鐵鉉本蒙古色目人

野人

皇王紀曰有熊之裔居紫濛之野世爲東胡後分爲烏桓山曰烏桓曰鮮卑又韃靼本野人古肅慎氏三國志所謂挹婁元魏所謂勿吉唐所謂黑水靺鞨今清所謂吉林軍在我北境俗稱野人山海經曰野人名[illegible]其爲人虎文脛有膂在窮奇東按集韻靺鞨胡羊名

生女真熟女真

金世紀曰本名朱里真蕃語舌音訛爲女真或曰慮真[illegible]真丹

又剪頭犵狫男女蓄髮寸許又豬屎犵狫喜不潔與犬豕同牢得獸即咋食如狼又狇狫俗與犵狫同掘地爲爐厝火環卧以牛衣藉之不施被席又猫犵狑獠四種皆溪洞民廣西桂林有犵狫

祩㑎

廣韻㑎音戎人身有三角正字通曰西戎其類有六僥夷戎夷老白耆羌鼻息天剛山海經云祩㑎郭璞贊曰㑎三其角祩陘其眉

東鯷人

芝峯曰東鯷人在會稽海外似指倭奴今以我國言恐未是按鯷魚俗謂濊麗治今嶺南所産蓋東海近倭蝦鮧之地鮧卽鯷

四夷

原覽曰東夷曰倭西戎曰回回南蠻曰歛舌人北狄曰韃靼柳祖詞跡曰夷者大弓戎者十戈蠻者虫所變狄者犬所化倭者委棄人道也日本攷云古倭奴國天節中主都筑紫號大倭

苗民

神異經曰西荒中有人焉面目手足皆人形而胳下有翼不能飛爲人饕餮淫逸無理名曰苗民

犵狫蠻

皇明田汝成炎徼記聞曰種有五蓬頭赤脚輕命死黨以布一幅橫圍腰間旁無襞績謂之桶裙男女同制花布者爲花犵狫紅布者爲紅犵狫各有族屬不通婚姻又打牙犵狫慓悍尤甚

外國類

九夷八蠻

通鑑註東方之夷九種畎夷于夷方夷黃夷白夷赤夷玄夷風夷陽夷若唐書卭部六姓有烏蠻白蠻也又玄菟樂浪高麗滿飾鳧臾索家東屠倭人天鄙　八蠻天竺咳首僬僥跂踵穿胸儋耳狗軹旁春亦猶五胡劉淵謂胡石勒謂羯苻堅謂氐姚弋仲謂羌慕容廆謂鮮卑也按韻書羯羖犗也匈奴別部入居羯室國號焉綱目註羌本牧羊人壬市羌氏之別裔類苑曰氐者西胡之別種在冉駹東北君長數十而白馬最大或號白氏或青氏或冉氏此蓋中國人即其服色而名之鮮卑者遼東山名也僬僥短人

高麗太祖自後梁帝貞明四年戊寅至大明高皇帝洪武二十五年壬申恭讓王廢居原州遜位凡三十二世四百七十五年

按春秋緯稱開闢至獲麟二百二十七萬六千歲朴綱歷年圖云起唐堯元年甲辰至皇明崇禎十六年癸未總四千年我東自檀君元年甲辰至高麗恭讓王四年壬申合三千七百二十五年

新羅法興王壬子降羅凡十世四百九十一年
大伽倻始祖伊珍阿豉即首露之弟自漢光武壬寅至陳世祖
天嘉三年壬午王設道智降新羅凡十六世五百二十一年、
夫餘始祖解夫婁自漢宣帝神爵三年壬戌至明帝永平十一
年戊辰曷思王降高勾麗凡三世四十七年
渤海始祖大祚榮自唐玄宗開元三年癸丑至後唐明宗天成
元年丙戌王大諲譔爲契丹所滅凡二百十四年
泰封王弓裔自唐昭宗大順二年辛亥至後梁帝友貞、明四
年戊寅爲高麗所滅立國二十八年
後百濟王甄萱自唐昭宗景福元年壬子至後唐閔帝乙未降
高麗立國四十八年

卞韓自漢惠帝丁未至元帝永光壬午爲羅所倂百五十六年
新羅赫居世自漢宣帝五鳳元年甲子至後唐潞王從珂淸泰
二年乙未敬順王降高麗朴氏十王昔氏八王金氏三十七王
凡九百九十二年按三姓迭王有堯禪舜之盛外孫承祀無莒
滅鄫之譏且王嫉爲主雖近倭俗敢擬雉嬰可配媧皇一國千
年亦古今罕有之事也
高勾麗東明王自漢元帝建昭二年甲申至唐高宗總章元年戊
辰王臧降唐凡二十八世七百五年
百濟溫祚王自漢成帝鴻嘉三年癸卯至唐高宗顯慶五年庚
申王義慈降唐凡三十一世六百七十八年
駕洛首露王崔致遠文作靑裔自漢光武建武十八年壬寅至

歷年類

檀君朝鮮自唐堯甲辰至周武王己卯一千二百十一年或云

戊寅○遺補云御國一千五年我朝權近奉使入明、高帝命

題檀君詩近應製曰傳世不知幾歷年曾過千世以爲實錄云

檀君子解夫婁避箕子居莊、坪藏京(武唐)曾孫東扶餘王帶素爲

高句麗大武王所滅

箕子朝鮮自周武王己卯至漢惠帝丁未箕準爲馬韓王合九

百二十九年自箕準至馬韓稽王李圓山錦峴二城不降己巳

降百濟共八王二百年年自箕子至韓亡千百三十二年

衛滿朝鮮自漢惠帝丁未至武帝元封癸酉三世八十六年

辰韓自漢惠帝丁未至宣帝五鳳甲子爲羅所併百五十八年

定安國王烈萬華馬韓之種保西鄙付女眞改元曰元興
泰封國王弓裔改元曰聖冊又永德萬世
高麗太祖戊寅改元曰天授又追祥文正豊光宗元曰光德又
素沙弘慶寺碑云顯宗改元曰太平

生日立節 成宗始以生日為千秋節[illegible]

麗史明宗以生日為乾興節文宗以太子生日為長興節肅宗
以生日為咸寧節以太子生日為昌寧節穆宗以生日為長寧
節元宗以太子生日為壽元節按生日立節自唐玄宗始也杜
詩自罷千秋節頻傷八月來是也每一君為一節宋太祖為長春
節太宗為乾明節而至明一以萬壽聖節為名也以太子生日立
節自麗文宗始也

末老入貢亦賜星主之號高得宗詩土姓尊星主是也

年號 尊號漢哀帝丙辰紀號陳聖劉太平皇帝即尊號之始也唐高宗天皇武后天后玄 開元神武皇帝是也北朝定宗亦表上太祖號啓運神武遂爲例

羅史法興王始建年号當梁大同二年丙辰以中國亂也改元
曰建元真興王辛未正月元曰開國戊子正月元曰大昌壬辰
正月元曰鴻濟真平王甲辰二月元曰建福善德主甲午正月
元曰仁平真德主丁未七月元曰太和此後去年號奉正朔
也孝昭王私以建子月爲正又日本年號自孝德天皇白雉始也
渤海武王藝改元曰仁安文王欽武元曰大興成王華璵元曰
中興康王嵩璘元曰正曆定王元瑜元曰永德僖王言義元曰
朱雀簡王明忠元曰太始宣王仁秀元曰建興又王彝震元曰
咸和延琳即榮祚七世孫叛契丹改元曰天興

麗史太祖見木浦人吳氏女同寢以微賤生子恐為嫡謂遺精於席吳氏口吸孕惠宗生而有席文故俗號皺王又襇王

逸壽王

忠烈王元冊為逸壽王

太尉王

忠宣王傳瀋王位於世子暠自號太尉王

正胤

麗太祖冊子武為正胤方言太子也

星主

羅史文武王時太史奏客星見異國來朝果高厚高清來王賜厚號曰星主國曰耽羅以耽於新羅而來也麗太祖時其世子

善德主號聖祖皇姑

閔中王

高句麗閔中王葬於閔中以葬地爲王號若春秋所謂莒著無謚以号稱之也

太祖王

句麗王遂成尊王宮爲太祖王

鞬吉支

文獻通考曰百濟人號王爲鞬吉支

彌勒佛

泰封王弓裔自號彌勒佛長子爲青光菩薩季子爲神光菩薩

皺王

儒理王號尼斯今國齒痕王方言以齒爲王字音也所解曰聖人多齒試以餅噬之儒理王齒多乃立之

次、雄

南解王號次、雄或作慈充方言巫敬畏之稱

麻立干

訥祗王號麻立干方言橛也表位之稱

神葛文王

沾解王追封父骨正爲神葛文王方言追崇也

法雲王

眞興王祝髮自號法雲王、妃亦號比丘尼

聖祖皇姑

爲遼也賓鐵雖堅終以變壞惟金不變不壞其色故完顔白
國号金一説國言金曰按出虎以按出虎水源於此故取号又
蒙古其國言銀曰蒙古以金從革故以銀爲号清本金裔起物
滿洲故初以滿洲爲号又改後金及入帝中國以愛新覺羅爲
姓以清爲号者方言愛新如也覺羅金也清者取太清之義猶
元之取乾元明之取大明之義也

永通大王

東史馬韓武康王箕準號永通大王麗史所謂虎康王是也

居西干

羅史始祖朴赫居世立爲居西干方言王也又尊長之稱

尼斯今

鐵圓也星湖曰勾麗者恐是義州之外靺鞨之西即其地勾如勾吳之勾亦有深意蒙以爲國號而就其中自尊故加高字仍爲姓今人以爲山高水麗者誣矣王莽降爲下勾麗可驗後自稱高辛之裔尤極誕妄而王氏襲以爲號可笑萑承老疏云太祖値金鷄自滅之運乘丙鹿再興之期俞漢雋廣韓賦云蹙丙鹿之山河註麗破字若鮮爲魚羊明爲日月胡爲古月也

和寧朝鮮 皇明洪武二十五年壬申

我太祖以和寧君 永興舊號 御極使趙胖 癸酉 入皇明請國號高皇帝命胖開掌兩號和寧字又凶命曰爾東方惟朝鮮爲美

附遼金蒙淸

金史云阿骨打曰遼以賓鐵爲號取其堅也蓋契丹方言以鐵

韻會東曰渤海高王大榮祚本靺鞨而居肅慎地去靺鞨號渤海取地名也又稱震國取易帝出震之義也又改震旦取東方日出之義也按虬髯客傳得扶蘇國者扶蘇似扶餘之訛也虬髯客是云、仲象也高王是仲象之子也

泰封

弓裔初國號摩震疑取攝摩震方之義又摩取震國之意又改泰封疑取東曰泰山大其封疆之義也今鐵圓

後百濟

甄萱據完山自稱漢南郡開國公欲雪義慈宿憤國號後百濟

高麗

麗史取山高水麗之義也或云起於高句麗之地故名而初都

名爲國號者吐谷渾也漢書莽貶爲下勾麗侯則是去姓也東詩云東國元爲箕子國高麗豈是下勾麗

百濟

三國史始祖夫餘温祚王與烏干馬黎等十臣爲輔故初號十濟後取百姓樂從故曰百濟按百濟王温祚本朱蒙子以系出扶餘故姓扶餘氏 按通鑑釋義曰扶餘王東明之後有仇台者篤於仁信立國帶方初以百家濟因號百濟

駕洛

一名伽倻國又伽落國即伽倻之音轉爲駕洛也似依伽倻山設國故也又政金官取龜旨峯金櫝爲姓仍爲國號官即官家之官亦高勾麗之例也

渤海 樓炭經曰葱河以東名震旦又西域稱中國之名也

新羅

羅史曰新羅取日新其德羅取網羅四方之意自智證王始也號斯盧又徐伐羅又徐耶伐又徐羅伐至朝鮮王號爲鷄林以始林鷄[illegible]之異也眞德主以上謂上代惠恭王以上謂中代敬順王以上謂下代是謂新羅三代

高勾麗

東史朱蒙本姓解氏自謂高辛氏後改高氏以生於遼東勾驪山下以姓冠山名爲國號焉李德懋曰漢地理志云高勾驪之先爲金蛙東方、言稱蛙曰沓勾驪又曰王[illegible]勾驪古人質直直以君名爲國號乃冒其姓爲高勾驪如中國人譯其音而字如銀爲蒙古好金爲愛新覺羅壯士爲曳落河者是也按以君

其弁於兩韓之謂與不知其來是謂三韓星湖曰韓之避秦者先來自號曰韓、其為東方之始歟徐福之東又有韓終焉

濊

東史又濊又薉又穢又鐵國今江陵其君南閭漢武帝元朔癸丑降漢置滄海郡按濊以地名為國號

貊

東史作貉孟子所謂大貉小貉是也今春川以其有貉獸名

夫餘

東史作扶餘後漢書云檀君子解夫婁立國於扶餘號止扶餘後徙伽葉原為東扶餘以地名為號也百濟聖王徙都泗沘河為南扶餘以國姓為號也字彙補曰鳧臾東方國名即扶餘

國號類

朝鮮

東史曰國在天下之東以日先出故號朝鮮盖朝日鮮明之義也 山海經曰北海有國名曰朝鮮天毒其人水居偎人愛人註天毒即天竺偎亦愛也

三韓

三國遺事謂麗地自有馬邑山故名馬韓濟地自有卞山故云卞韓今平壤府有馬邑山扶安縣有邊山

後漢東夷傳曰韓有三種東史云朝鮮王箕準爲衛滿所逐南奔奪韓地都金馬郡故曰馬韓以別辰卞二韓秦亡人入馬韓馬韓割東界與之立國號辰韓又秦韓都慶州常用馬韓人作主明其流離之人杜佑通典曰辰韓始有六國楊山高墟珍支大樹加利那等六村是謂辰韓六部後稍分爲十二國卞韓通考作弁辰唐書云弁韓在樂浪或云都金海境弁辰冠弁之弁

之多按大發兵只三十六人則其所謂國〻不爲國矣

地棄國小

愚按我國本漢四郡之地眞蕃一郡自麗朝以蒙古棄之廢四郡四百餘里地以野人棄之及穆克登分水定界豆滿以北先春以南尹碑所立四五百里地棄之欝陵島百里地以近倭棄之對馬島四百餘里地古屬新羅我朝討而棄之倭用爲誅我之窟焉秪以八道數千里之地北關之稅以交市用之兩西之稅以使价用之嶺南之稅半以倭館用之其中田地又半以賜牌用之許愼所謂周邦千里內有千八百國之湯沐邑是已其與文王之與百里以七十里爲囿等乎是以地棄故國小國小故用煩用煩故民困

奔駕洛國今金海大伽倻國今高靈小伽倻國今固城古寧伽倻國今咸昌碧珍伽倻國今星州濊國今江陵貊國今春川荇人國今寧邊悉直國今三陟伊西古國今清道音汁伐國今興海阿尸良國今咸安押梁小國今慶山萇山國一名居柒山國今東萊昌寧國今安東彌鄒忽國今仁川召文國今義州沙伐國今尙州甘文國今開寧草八國今草溪骨伐國今永川帶方國今南原于山國今鬱陵島耽羅國今濟州北沃沮國一名置溝婁在豆滿江南東沃沮國在鐵嶺以外北青以南南沃沮國在平安道內于尸山國今寧海渤海國在白頭山北只國多伐國蓋馬句茶藻那等國並在白頭山下梁貊國即貊之別種在句麗西北芝峯曰東方地不過數千里而三國以前有五十國

熱河宿留察古之重兵不煩中國而以胡備胡矣西藩強悍而甚畏黃教則皇帝從其俗而躬自崇奉迎其法師班禪盛飾宮室以悅其心分封名王以析其勢此清之制四方之術也獨於中土則薄賦斂而且尊朱子列於十哲之位大慰天下遊士之心云世傳清之規摹良善有三者深慮謂黃河決鴉片烟回國然秦皇漢武之智力御國而不如堯舜之仁義化世也

諸小國都

陳壽志云辰韓所統有凡支國今未詳其地黃龍國今龍岡云星湖曰非也岳飛所稱直抵黃龍府是也今瀋西有黃龍縣云沸流國今成川其君松讓降高句麗封多勿侯安定國未詳其地而王烏玄明入貢于宋云高麗舊壤渤海遺種麗顯宗九年來

英宗陷虜、以二胡女侍各生一子及帝還虜使来獻則中國不納因封爲兩台吉使處西南荒裔之外而明史諱之或謂元順帝遁漠北而世爲韃靼封其支子兩人於西北其後漸大故云民謂[illegible]主也其三曰尼羅即大曼達子共四曰喀爾哈即四十八部之内在於東北云今皇極達子即皇太極也

黏蟬

王漁陽思真贈我使詩古道出黏蟬漢地理志曰樂浪郡黏蟬

熱河

燕若曰酈道元水經注濡水東南流武列水入焉濡水今灤河武列水今熱河、、之號不著於經則是武列之轉聲耳乾隆皇帝迣准沸陰沮豪傑之心且天下之患常在北虜則築宮於

乃堪輿家之正論以京城定四方之位則穩城爲子海南爲午
豐川爲西江陵爲卯合東西一千百二里南北五千九百八里
近世所謂地圖者頗皆因幅而排位因位而成圖長廣無勢闊
狹失宜也試看豆滿之向穩城者或東或北至美錢堡南走入
于西水羅鴨綠過三甲廢四郡許多屈曲處江界渭源向西南
而昌城以下則直南注包統軍亭之西而入于大總江矣按明
史河套邑漢朔方郡唐三受降城也有青台吉赤台吉黃台吉
恰台吉狼台吉鐵台吉銀定台吉朮良台吉失利台吉之類
近因使燕者聞北邊有自帝者一曰皇太極二曰清太極中國
嫌其名謂之黃台吉青台吉黃青台吉俱在西南千里之外中
國之民因亂多流入其地有天命亦歸民識舊主之語或謂

淸汗以後瀋陽稱盛京遼陽稱東京建州稱興京靈塔以西並
據而有之及入主燕京以建州陵墓所在老城宗族所居故制
置與盛京同矣自遼以東別置三將軍其一鎭守奉天等處而
坐瀋陽其一鎭守寧古塔而設廠其一鎭守黑龍江而坐艾滸
各統滿洲固山大四員康熙末憂黑龍江以北蒙古加設白度
訥將軍一員云蒙古四十八部之中東北諸落最盛大鼻㺚子
在黑龍之北而東自黑龍歷長城之外迤北迤西皆蒙古之界
其廣比中國不啻累倍互相雄長各帝一隅號稱東西南北皇
帝曰黃太極曰青太極在中國之西南曰額羅即大鼻也曰嗒
爾嗒在東北云蓋我國地形北高南低中殺而下廠白山爲頭
大嶺爲脊若人之側腦僂背而立對馬耽羅如兩趾坐亥面南

底邑國小力弱便爲逃亂之窟自李唐後用兵多在東北隅故
也又麗元宗時國人自蒙逃者爲一部號神義是爲三別抄之
亂按殷之亡箕子来秦之亡辰韓與盧綰之亂衛滿入

東國地圖

星湖曰靈古塔卽古肅愼氏之墟漢唐以前東北無强國雄部
惟我一域擅其形勝其時遼東西太半爲我有白山内外諸落
多服屬一自女眞滿萬之種起於鏡泊遂代宋而入主中國是
爲金及被元人之敺逐則其餘黨散處於鴨綠豆滿之西北而
稱野人侵軼我境北則黎陽介西則李滿住有女眞生熟之別
至萬曆以後女眞董山一派漸大於建州衛而統屬毛憐衛左
衛右衛等種落廣四郡最受其弊此所以空其地而廢之也及

隘矣星拱海宗柯捍衛外侮之誠地小力弱無偪強內叛之心
或疑爲周列國唐藩鎮則過矣若上失其道則羌胡起於轂下
逃亂之窟

星湖曰渤海之亡太子大臣及兵民數萬來投於我爲編氓契
丹之亡西戲於金北削於蒙餘衆無所歸其金山王子率衆亦
投於我契丹則舊爲君臣非渤海之比寇擾蹂躪爲害慘毒乃
與蒙古東真夾擊三年而僅滅真乃金之餘也金亡數爲邊患
元世祖時乃顏大王叛元親征擒之其餘黨哈丹踰鐵嶺洪濟
楊根剽掠于原州忠州之間王避兵江華奉賴元大興師來救
及其衰亡納哈出大入幸有我 太祖之神武而驅出之明之興
紅頭賊自遼陽入又乘船來寇生靈塗炭王乃遷山嶺南四年而

賊爲聲勢其子成功及孫經入之我國亦以爲憂蔚山時崔道李
沾田霖趙元紀等擬括遼東人六十我人四十八奇大升啓曰
祖宗朝命田霖討海浪島而歸命於開城府賜一等從以慰之
是也芝峯曰年來海賊出沒而西湖南無月不被其患朝廷於
白翎島安興梁設鎭以備之其居稍息云今海賊謂海浪賊

州胡

後漢書曰馬韓西海中大島有州胡其人短小髡頭韋衣言語
不與韓同乘船往來市買韓中

分島封將

石磵趙云仡曰我國水近倭陸連胡大小諸島有沃壤魚鹽之
利宜爲五軍將帥食邑傳之子孫則人人各自爲戰賊不敢近

地土無數尺之厚惟橘柚南草最盛其人業商販仰食朝鮮是柄欛在我矣擇里志曰實不屬於倭居兩國間借倭而要亦我借我而又見重於倭爲蝙蝠之役自綱其利也土瘠人稠、太起而爲盜於海上我 世宗丙子遣金士衡南在討平之不置官守與島主其時不館倭及壬辰前於邑南海上置倭館周數十里設柵爲限置卒防之禁我人交通每歲島人受其主文來數百人留館朝家劃嶺南租稅若干與之謂之納米以一半貢島主一半廩用無所事、只掌彼此書信與土物交易而即不與價以次約歲謂之被執及壬亂無故撤去可見無益而有害矣

海浪島

星湖曰海浪島名也在中國東北海中明末鄭芝龍輩與結島

未敢深入云崇禎末皇明衣冠巨族避清入此而清請我將柳
琳林慶業指其路而襲勦之

雲從島

光海壬戌毛文龍自稱都督開府于椵島後移宣川雲從島號
東江鎮閑西一路凋弊於供億　仁祖乙巳袁崇煥誅之

對馬島 按倭史攝津州古大坂城蓋日本水口處也四方五十里各州商船往来貿聚徵於此

新羅史實聖王元年壬寅即晋安帝元興元年倭人始置營於
對馬島倭史云島有二郡南北三百五十里東西一百里或八
十里四方大海東水路四百八十里許有一岐島日本界也西
水路四百八十里許即釜山浦朝鮮境也蓋介於倭與我而反
覆之窟也星湖曰古今本屬新羅據三國史未見其必然·其

莞島

羅史張保皐所居淸海鎭也今康津海中

大靑島

擇里志曰長淵海中有大靑小靑二島元文宗竄庚申帝於大靑島卽順帝也及登極創神光寺於首陽山

椵島

星湖曰椵樹俗名皮樹也故曰皮島今屬三和海中五十里麗元宗十年林衍廢王立安慶公淐崔坦等以誅衍爲名嘯聚入據島嶼詭言于蒙古麗將殺北界諸城人蒙帝賜金牌詔令內屬改號東寧府畫慈悲嶺爲界以坦爲總管至十六年帝罷東寧府坦伏誅此毛文龍所據之地文龍在島金兵潛從後掩襲

擇里志曰新羅朝唐於靈岩海上發船一日至黑山島自黑山一日至紅衣又一日至佳可島艮風三日乃至台州寧波府定海縣苟風順則一日可至南宋、之通麗亦自定海如通津路舟航絡繹崔孤雲金可紀崔承祐附商船入唐皆由此則徽欽不返可謂宋高宗不孝之罪通天矣按礪山有皇華亭地名者似新羅朝唐、使迎接之所也

鳴呼島

洪州邑誌曰縣内西海中旅青島即田横所居鳴呼島也城郭周遭甃石為井琢磨精潔有多少石碑云今生鰒進上處

德積島

羅史蘇定方伐濟州時住兵之所今瑞山海中

我國之島惟黑山古今金甲薪智最遠惡地故重謫人所遷病市儈盟辱之語而黑山最爲鬼関晝夜與蛇虺蜈蚣居宿薰嵐毒瘴漸潰亦宋謔春循梅新興死爲隋高竇雷化說者也怕

國島

擇里志曰客遊到此若吹鑼笛下有龍湫輒有雷霆風雨之異云安邊府東六十里去岸十里白沙如練其下平地形若半壁有屋基人言海潛者所居也舟而入其石壁若華柱若暑局若圜屏若圓珠若方玦者不可殫記而有方鐵網盛水磨小圓石長五六十尺人謂鐵網石意謂東海將無潮而造物者以鐵網限潮至而防之耶我之北海即中國之東海也

紅衣島

發風雷恒作人病歲歉使懼而閉之復發云近來穴漸自堙僅容筆管而島人諱言若無穴則島沉於海云。

▲鵲指島

擇里志曰江華崩洪石脉有島昔鵲從石脊上步去人隨而得其道故名焉丙亂島人為胡所逐從石脊屈曲走胡不知脫而濟焉島遂全

▲麞山島

大明一統志曰十二峯連絡如城舊有客館曰麞山亭及五龍廟今在萬頃海中周六十里海舶往來者皆候風於此島中有大塚如秦王陵者

熏山島

卷吾欲直達于闕伯治欺誑之罪馬島主父聞之乞憐伯耆州
事遂已自後信使爲馬島所阻　純祖辛未金履喬李勉求爲
信使只入馬島而還矣今則只以文牒相通信而已
耽羅島 按高氏譜曰毛興穴即品字形三神人各出一穴而毛字古三字即三興穴今訛毛爲毛髮之毛字
星湖曰房星分野自麗忠烈王時爲牧場今海錯藥種居我東
之半又橘柚齎貝眞珠及凉臺網巾爲一國之最而無鐵物礪
石云風土錄云無鸛鵲只有烏古記曰島古無人物有高夫梁
三乙那自漢拏山毛興穴中出衣皮食肉以居一日紫泥封木
函浮至開而視之有衣錦處女三及駒犢五穀種三人分娶之
以高乙那爲王自爲一國新羅時始通而麗朝或臣順或倔强
自崔瑩平後不叛云諺傳毛興穴每歲祭之有一收使埋之不

入居 太宗世宗時嘗往搜得還芝峯曰島壬辰後被倭焚掠無
復人烟近聞倭占據礒竹島或謂礒竹即欝陵也倭以漁氓安
龍福犯越事來爭以芝峯類說及禮曹回荅有貴界竹島之語
爲證朝廷遣張漢相往審之南北七十里東西六十里木有冬
栢紫檀側栢黃蘗槐椵桑榆無松椽禽獸有烏鵲鼠貓水族有
嘉支魚矣龍福着東萊戰船櫓軍善倭語 肅廟十九年癸酉夏
漂泊欝陵倭船七艘先到時倭已惹爭島之端龍福與倭辨詰
倭怒執以歸泊五浪島龍福謂其島主曰欝陵芋山本屬朝鮮
朝鮮近日本遠何故拘執我島主送諸伯耆州島主款迎龍福
言前後事且云我國歲輸米一石必十五斗綿布三十五尺紙
一卷二十張馬島主偷換謂米石七斗布疋二十尺截紙爲三

濟其勢不可經度也大夏之事固有意然既知便路如有犯順之誅一時逕回何補之有哉大邦綏遠之道徒執此議使萬折必東之誠不免漂溺何哉近有南郡守風飄西走第四日夜入于江口兩岸燈明鷄唱於是風廻又四日得返則距我不遠

鬱陵島

唐王維送朝監序云扶桑若薺鬱島如萍星湖曰在東海中古于山國新羅智證王十二年即梁武帝天監十一年壬辰也其人恃強不服何瑟羅州江陵軍主異師夫以木獅威服焉初來獻方物毅宗十一年遣金柔立往審羽陵島從山頂東行至海一萬餘步西行一萬三千餘步南行萬五千步北行八千步有村落基址地多巖石不可居然則是時已成空地矣本朝逋民多

水路朝天

璿源譜曰光海辛酉遼瀋相繼陷沒旱路阻絶詔使劉鴻訓等由海路歸移洛登萊始開水路李雪汀朝天錄黃秋浦替海文但以文字者之今邊營飾彩船歌妓扣舷曰船離去船離去此船離去何時還此諸閑之甚懷楚星湖曰明末進貢只有航海一路前後奉使者柳澗朴彝敘鄭應斗尹昌立尹安國等相繼渰死此由中朝不許便程故也若自海州不經廣寧直達于寧遠則甚捷易愍宗欲許其直路劉大夏以爲當初詳度必迂回三四大鎭達于山海關者不無深意不可輕改我仁祖朝奏請復登州舊路亦不許其覺華之路倍於登州所經鐵山嘴等處波濤險惡迭礁廉利傍無島嶼可停泊兼之船制鈍劣不能輕

浮石寺外有鳥沙如塊自古不動削之更起如息壤按柳文永州龍興寺東北陬地隆然負塼甓而起夷之又高持鍤者死云今黃海道或平地往往自陷數丈而人有種穀其中皆異矣

鳴沙

漢書註西域有鳴沙山冬夏殷殷有聲如雷即禹貢流沙也今杆城南涵海汀沙平鋪若雪色人馬行則錚錚如金磬響大抵嶺東皆然海棠間發紅白相映僧祥坦詩鳴沙十里海棠紅是也

水道通信 吾學編曰琉球國西有彭湖島海水漸低謂之落漈舟行誤入者百不一反

自今釜山浦至對馬島四百八十里自馬島至關伯所居江戶水路二千六百里陸路百八十里云俗傳漂户至薩摩國則石返云盖其國人悉盡殺乃已

即避夜行無阻今扶安
内迎山
擇里志曰岩瀑之勝奇妙幽閒殆勝淸凉山云山有大中小三
石㬎列於岩上人稱三動石以手指觸之則微動兩手攄撼則
不動循月出山之靈岩也新羅王避甄萱于此
七點山
鼇魚山 在淸道天將風雨先期而鳴噴出雲氣雲入洞內則雨雲出洞外則霽大鳴
則即日有驗小鳴則二三日乃驗
金海三叉水間有山七點世傳駕洛時旵始仙人所遊之地
元帥山
麗忠烈王時哈丹侵軼王請兵于元 世祖遣平章薛闍干來
助破丹兵於此以駐軍之地故謂元帥山
息沙

光州鎭山又武珍岳又瑞石山有石條數十橫立高可百尺故名之天旱欲雨久雨欲晴山輒鳴、聲聞數十里

馬耳山

新羅時稱西多山載小祀我 恭靖王南幸致祭以形似馬耳賜名也諺傳東峯有小池西峯巢閣有泉可避寇今全州

黃山

一云天護山在連山新羅金庾信與蘇定方攻百濟將軍階伯于此山克之甄萱從麗祖討其子神劒憤懣而死於此又石城藏軍洞世傳蘇定方伐百濟時藏軍于此

邊山

一名瀛洲山宮室舟船之材自麗朝皆取於此俗傳虎豹見人

山在安東二水之間其勢恰似五冠三角而怪少石峯下有豊
山之野或稱可都

一赤岳

今在原州雖土山然洞府泉石又多名村塢且山有靈應獵者
不敢捕獸於此與邊山虎豹之避人同矣麗末元耘谷隱處

一頭陀山

今三陟也山腰有五十石井傍有神祠邑人春秋致祭旱則禱
而麗忠烈王時李承休以殿中言事見罷卜居此山號動安居
士年七十餘被瀋王命出到京詩云幾年孤迹寄江山更踏京
塵一夢間尋乞退

一無等山

諺傳神仙所居之地昔有獵夫逐獸登高峯望見洞中老樹簇屋鱗徑森然溪邊練布灘衣依然若存下山尋之雲嵐滿谷迷不知其處亦我國之桃源也今江陵

大小白

擇里志曰白頭一脈至嶺之南大而爲大白小而爲小白〻之名其願祖也大白古稱三灾不入國家置史庫而安東順興等邑環其南爲神皐福地焉大凡兩白皆泉石洞府而山腰以上無石雖雄大無殺氣峯巒不起際天障北時有紫白雲在上昔方士南師古見之下馬拜曰此活人山言可避兵也俗傳求人種於兩白求穀種於三豊者齊權限於此云

鶴駕山

妙香山
古記云東方初無君長只有九種夷有桓因命庶子雄降于太
白山神檀樹下時有熊食靈藥化爲女與雄婚生王儉是爲檀
君太白山即穿邃妙香山、上有檀君化生之石窟云宋德相
晩登此山適隣倅餽狗羹宋素嗜之將啜老僧伏而言曰此山
有靈累日食素方登且狗羹最忌不聽一飲即下血而死云
雉嶽山
諺傳古有無着道師入原州山見一雉爲大蟒所困以錫揮免
日暮山暗有點燈處往之有一人責其不食雉曰師既有道法
堂磬可自鳴赦汝俄磬鳴雌雄聲即雉喙磬至死今祠壁繪畵
赤隱栢伊山

斷髮嶺

芝峯曰世傳 世祖幸金剛山至此嶺欲祝髮諫止云南秋江金剛錄曰麗太祖東征時登嶺斷髮掛樹以結緣云蓋僧徒附會謂世祖事諺傳麗祖以統合三韓謂佛力以金剛山施主云

俗離山 瓮石 俗離法住寺之西有瓮石自然天成其背可坐五十人其頭昂然西揭諺傳中原術士來見曰此不知甘泉財帛日輸東土鄰之使然果此物也乃斷其首而擲之

名山記曰俗離舊號彌智 麗恭愍王以離於俗仍名俗離又德裕山舊號張明故今兩山謂兩號云擇里志曰堪輿家謂石火星也石勢高大重疊如初發芙蓉如遠列炬火洞府紆回有八曲九遙之名泉石窈窕亞於金剛南冥詩請看千石鍾非大叩無聲萬古天王峯天鳴猶不鳴俗傳 世祖幸此山聲涉爲萬萬夢所冐倒有僧立而唄呪即時無萬至今云

五臺山

華嚴經曰淸凉山者卽鴈門郡五臺山歲積堅氷夏仍飛雪五峯聳出象菩薩頂有五髻焉卽五方如來之座今江陵五臺山亦似鴈門之五臺耶上有泉曰于筒卽漢江之源也東詩山色來三角江聲出五臺是也世傳壬亂後每年七月望夜是山上有哭之慟聲似人似鬼莫知其故村民恠之是夜於山候之月正午一老僧來哭執問之乃曰我倭劍客也壬役與諸伴來伴皆戰死惟三人是餘未返故國約結兄弟同遊此世矣一人有不義一人怒殺之吾亦怒屠同伴殺之此山上是夜是時也然吾一而已是以每一慟而去云我正廟朝以此出詩科題申光洙詩有紅椒故國一葉身白猿空山千古夜之句大被華襃

言春曰衆香城夏曰金剛秋曰楓嶽冬曰皆骨有人詩云化翁剝盡青山肉瘦骨崚崚立海頭又曇無竭菩薩常住其中故金安國詩永郎風月三千首無竭雲烟一萬峯成石磷詩一萬二千峯高低自不同君看日輪上何處最先紅吳西坡詩層層浩刼長流雪箇箇遥空不隨蓬俗傳眉叟記云杖青藜杖登毗盧峯望東海東海之東無東焉名山記云內外山有表訓等寺百八其念珠數耶。又其山岩石皆世間萬物之像故謂萬物草其東方之恒沙耶蓋天於東西別開仙佛之鄉以相應耶 僧詩白玉峯 青烟[illegible]

海金剛

僧言經幾萬刼海底金剛出世今海上金剛反居水下云蓋海上山影沉海底如鏡裏照物猶七命所謂承倒影而開軒

之所云其上有白鹿潭若有人喧則雲霧起尺不辨云諺傳洋人利瑪竇三日窺見以為天地呼吸之穴又漢拏山在極南五月山上有氷先春嶺在極北二月櫻桃有花此陰陽之義也

金剛山

清凉傳曰如何是金剛一隻箭師曰過新羅又夢遊五臺山金剛窟蓋金剛佛名也八面前後一視以山形似之擇里志曰華嚴經創於周昭王後是時天竺不通中國況中國外東夷乎然東北海中金剛山之說已載經中無乃佛眼遙見而記之歟僧言五十三佛像自天竺國泛海來地主盧椿建榆岾寺云寺以西謂內山以東謂外山自古無虎蛇乃天下之奇異當為國中第一名山願生高麗之說豈虛語也僧家名以涅槃又恨俗

智異山

古地誌云以智異爲太乙所居群仙所會芝峯曰亦號頭流白頭山脉流至此故云或言脉至海停留于此作頭留若陰竹白足山謂白頭山之足也諺傳靑鶴洞卽孤雲所遊處土沃洞深果實粟麥無歉荒之災故壬亂入此者無飢饉之患云按三神山以智異爲方丈杜詩方丈三韓外崑崙萬里西是也以漢拏爲瀛洲其形若泛壺于水上故謂蓬壺以金剛爲[illegible]也鄭之升詩云十室仁同縣千峯智異山

漢拏山 按傳史耽河洲北有山高累千仞周四千餘里名曰屬土城山腰以上入雲外四時有霜雪云亦濃圍第一江山

擇里志曰以雲漢可拏故名之又曰圓山在耽羅可瞰老人星其大如燈方岩下殘草成微蹊恍聞絲管之聲世傳神仙恒遊

冷山

芝峯曰小說洪皓在冷山祭徽宗文曰歎馬角之不生魂消雪窖攀龍髯而莫逮淚雨氷天俗傳冷山今別害堡也在雪寒嶺之北三水之境地最高寒然恐不足又按朱子大全以此爲朱弁在虜中所製而雨作灑

海鹹河淡

洪範疏水性本甘久浸其地變而爲鹵禮云河者海之源也海者河之委也千字文云海鹹河淡則河與海通而鹹與淡異者河爲天地之井發天地之泉而流之其味淡即流水不腐之理也海爲天地之壑受天地之水而滀之其味鹹亦過時少味之意也今漢城人戶稠疊處井非海而鹹者湫隘之水聚而爲井岩石高燥處井非河而淡者清洌之源出而爲泉故余謂河之腐化爲海鹹海之流復化爲河淡也

酒泉

漢地理志曰酒泉郡城下有泉味如酒我國原州酒泉縣南道傍有石狀如半破石槽者世傳槽舊在西川邊就而飲之無不足焉邑吏憚於往來欲轉置於縣衆共移之忽大雷雷石碎爲三一沉于淵一不知所在一卽此也

海舶有井 (四賢井 順興府東有之安碩及軸輔轄三子所居之里其井味至今甘 周世鵬有碑文)

今大洋海舶有汲水船從後而舶有木井蓋海鹹不可食故必取河源之淡云申景駿爲濟牧有漂船來稱以海鹹無淡故不歸景駿指海中波曰此黃河水卽酌而飲之味與江同云朝天錄云海有五色雖衆水同流不相渾雜蓋水源直瀉不暫時停各有其道矣又海有弱水派若船誤行則墊沒如腐芥云

云芝峯亦曰雖旱必溢出故名高麗井若寰宇記安豊軍出泉
北人至泉旁大叫則大湧小叫則小湧出之稱甚同歟

北青井

梁史江蓨患眼參僧云飲慧眼水必差乃修古井洗眼煮藥遂
差今北青城外有井病者一歃便效韓詰裕眼醫飲之如篦刮

脫骨泉

俗離山記曰高麗恭愍王在元三年病瘡幾死還本國入俗離
浴于泉即時搜骨脫胎而癒故名其泉曰脫骨

甘醴水

列子曰滋穴有水湧出名曰神瀵臭過椒蘭味同醪醴我東俗
離山頂石穴有泉其味甘如醴謂之甘醴水

蓋泉者人飮之性亦移爲廣州之貪泉日南之淫泉狂國之狂泉又白州綠珠井飮者誕女多美以石塡之生女形體不完我國或有土疾處可不愼旃

平壤井

芝峯曰平壤舊無井泉辛卯權徵爲監司掘井過數丈不得水乃有磐石鑿之泉出其中有鮒魚及蓮子術者言城爲行舟形鑿井則有禍翌年倭至井味亦苦

高麗井

燕岩曰遼東有王祥嶺踰十餘里有冷井我使行時設幕朝飯處也非石甃乃路傍泉源盈科味甚甘冽冬溫夏冷每我使行時泉滃滃湧出去則立竭蓋遼東本朝鮮地故氣類相感而然

叢話曰騎牛子能辨水味以忠原達水爲第一五臺于筒水第二俗離山三陀水第三擇里志曰壬辰天將過達川嘗水味曰與廬山谷簾同云今水剌以漢江本于筒源故京有汲桶馬爲

御井

芝峯曰城中水味以義洞宜城尉宅井爲第一成廟封其汲取謂之御井後賜宜城故刻賜井二字於甃上今尚存楊經理邢軍門皆以此爲第一汲以飲按廬山記康王谷簾泉陸羽第其水爲天下第一世本曰黃帝始穿井亦云伯益作廣記曰賈耽鑿八角井有老父至曰大妙手耽曰是井大太也

泉達坊

芝峯曰東部泉達坊有井泉甚美居人多壽坊之得名以此也

煮玉泉註溫泉也海賦陰火潛然註陰火海中鹽氣所生凡海水遇陰晦如然火有月即不復見

椒井白礬 我世宗世祖嘗幸于清州椒井而房文仲李承召皆有詩

山海經曰少陽之山酸水出註其味微酸芝峯曰椒井廣州清安等處最有名每七八月有椒氣甚烈病人沐浴頗有奇效醫鑑曰冷泉下有白礬故水味酸澁冷列所謂冷泉即今椒水

江景去瘴

擇里志曰江海相和處半淡之水最易土疾惟江景大江逼潮而味不甚醎村無井俚甕汲江留數日濁滓下墜其味清爽錯多日不變愈久愈冽十年病瘴者一飮此水輒去根云

達川水籥

抱朴子曰蕭丘之寒燄春起秋滅生木小焦黑山海經曰崑崙之丘其下有弱水之淵環之其外有炎火之山投物輒燃陸游曰大山軍其地鋤深則有烈燄不妨耕種

刼灰

高僧傳曰漢武帝穿昆明池得黑灰問東方朔、曰可問西域梵人後竺法蘭至問之云此刼火灰也

温泉硫黃

芝峯曰温泉京畿全羅外無處無之平山延安温陽伊川高城延豐東萊最著名我 世宗有眼疾沒諸道温水稱量乃幸沐浴良驗而伊川葛山最重爲第一云按句容縣湖水半冷半熱、者可瀹鷄魚人輒死本草曰温泉下有硫黃故水熱杜詩陰火

漢書曰西河郡鴻門有火井火從地出漢興炎赫彌熾今海西泉玉山穴中有陰水如火其曹唐詩漲海潮生陰火滅耶水經曰季子廟前井及潭常沸蜀賦火井沈熒於幽泉註井在臨邛欲出其火先以家火投之須臾隆隆如雷聲焰出通天光輝十里以筒盛接有光無灰

聖火

南史魏地謠言赤火南流有沙門從北齎此火至色赤而微云以療疾貴賤爭取之多得其驗咸云聖火

龍火

佛書龍火得水而熾人火得水而滅莊子曰水中有火焚大槐

寒燄

寧海龍頭山頂有井水旱無增減若華山玉女洗頭盆碧水未嘗增減也俗傳初山頂有一叢長至天乃鑿其地爲井水甚清澈邪人照之則變爲泥色盖潤德泉鸚鵡谷水照世盃之類水哉、、草之指佞鏡之照心哉

金井山井

東萊北山頂有石高可三丈上有井圓十餘尺深七寸許有水常滿旱不渴色如黃金世傳有一金色魚乘五雲從天而下游泳其中以此名其山云

金水窟

槐山磨臺山頂有窟水如黃金色故名之病者就飮多效云

火井

南遼之西東蘇韃之境皆稱北海如蘇武牧處朝鮮之北界也

今茂山蘇武窟是也

普德窟

輿覽曰諺傳高麗宣宗時僧普德所創云

風穴氷穴

芝峯曰清風屛風山有風穴夏至後其風寒冬至後其風溫石罅有石髓可食出穴外則堅凝爲石義城氷山有風穴又岩下有穴立夏後氷始凝盛熱則氷堅霾雨則氷釋春秋不寒不熱冬則溫氣如春謂之氷穴義興華山亦有風穴甚寒無夏氷結

按荊州狼山有風井

龍頭山井

在浮碧樓下高句麗東明王養麒麟馬于此後人立石誌之世傳王乘此馬入此窟從地中出朝天石升天其跡今在石上云

城山窟

永春縣南山有石窟有水混〻深可沒股清冷如氷邑人持炬十柄而入穴猶未竟炬盡而返云是謂南窟

金剛窟

世傳林將軍敬業落髮隱身處今在俗離山而寺毀窟存

蘇武窟

漢紀曰單于徙武北海牧羝又置大窖中楓皐集曰孟子云朝鮮之海亦中國之北海也蓋中國之地勢不與所謂北溟天池者相接而碣石之海東極而疑於北故自齊魯之東幽燕之西

島潭

擇里志曰丹陽永春淸風堤川是謂四郡永春有島潭水中聳三石峯離立一行如弦直鑱鐫奇巧如石假山又淸風龜潭兩崖石壁江瀉其間如門戶左右有降仙臺粉雲峯玉筍峯其詩曰地上形高端士立波心影動老龍翻又有上仙中仙下仙三岩賓非世間境界也又有雲岩乃西厓故亭也即丹崖翠壁亦入擇里中是也

弓多窟 華山記曰箭括岺上有穴纔見天日攀緣自穴中而上有絶頂者

諺傳弓多將軍入此窟達于九月山頂之穴相距百餘里窟內燃火二十餘日烟出九月山穴云今在海州

麒麟窟

少遜而奇巧清妙過之當爲三南第一矣今華陽洞

釜淵

永平白雲山三〻釜淵有瀑布之奇壯

漱玉亭

東坡集曰余遊廬山南北作漱玉亭詩又朱子有詩而本出陸士衡詩飛泉漱鳴玉也延豐鳥嶺龍淵溢爲漱玉亭

寒溪

擇里志曰雪岳寒溪山有百丈瀑壬辰唐將謂過之

令 云朝

觀音潭

名山記曰金剛山中有一泓曰觀音潭〻時歲 北須天池

心有凹如杵臼諺傳觀音浣帨處 之東幽菴之西

萬瀑洞

普德窟前飛湍縈石飛珠散雪噴薄而下其大者凡十二層其小者不可勝計故曰萬瀑其下曰深洞又龜潭又火龍潭其上有峯曰獅子岩鑿絶壁架板主銅柱於外構小屋三間於其上曰觀音閣拘以鐵鎖釘于岩石浮在空中人登則搖中置佛函飾以珠玉外施鐵網以防手摸云

隱瀑

俗離山天王峯頂外視無水中有瀑轉之稍謂之隱瀑即三派水之源俗傳東方王氣之始發處云

色串

擇里志曰洞天深遠而大溪瀉下石[illegible]

在天磨聖居兩山之間狀若石甕竅之正黑有盤石[illegible]中曰島巖水赴絶壁怒瀑下垂可十餘丈宛如白虹映空飛雲灑砯霆奔雹激聲震天地諺傳昔有朴進士者吹笛淵上龍女感之引以爲夫故名朴淵其母來哭墜死下潭遂名姑姆潭淵上有神祠遇旱禱雨輒應麗文宗嘗登島巖上忽風雷暴作巖石震動文宗驚怖時李靈幹扈從作書數龍罪投于淵龍即出其脊乃杖之淵水爲之盡赤云我國鄭民秀詩云飛流直下三千尺疑是銀河落九天謫仙此句今方驗未必廬山勝朴淵

九龍洞瀑

擇里志曰楡岾寺東北有九龍洞大瀑自高飛下穴之爲大石臼者九層而皆有一龍守之猶靈岩月出山九井之有九龍

高麗恭愍王時有民兄弟偕行弟得黃金二錠以其一與兄至陽川孔巖津同濟弟忽投金於水兄怪之問答曰吾平日愛兄篤而分金忽萌忌兄之心此不祥之物也不若投而忘之兄亦投之水云張儀所謂同父母親兄弟尚爭錢財者視此何如哉

鳴川

芝峯曰海州有鳴川以餞別之地故名昔有人於此別妓妓不泣乃作詩曰水有鳴川水人無泣別人那將橋下水沾却美人巾

鄭知常大同江詩雨歇長堤草色多送君南浦動悲歌大同江水何時盡別淚年年添綠波有秀歌曲云西有添酒之水人無添波之淚惜乎大同江水不日而盡矣

朴淵瀑

開雲浦

羅憲康王遊鶴城至海浦雲霧晦暝禱海神乃霽故名令蔚山

大王浦

百濟武王鑿池城南引水二十里注之池中築洪島擬海上仙山泗沘河上四岸岩谷間以名花王醉歌鼓琴令從者舞故名

龍津浦 又慶州羅王陵有千年蛇欲化龍無人言龍者有女貴金見之謂龍即化龍而水汰荒坪爲良畓以報恩至今謂貴金坪

諺傳嶺南李校理東廣嘗夏家居白日有龍墮前野爲螻蟻之困鍾堰龍所買水注之忽雲雷作而騰去其夜乃夢告曰何以報君眞曰已科矣子孫多惟貧是我若曰當富之即水汰其野之沙石舖以沃壤環川其中爲滙臆故名其野爲龍津浦云

孔巖津

鶴浦

擇里志曰蕉屬歙谷間移安邊周迴三十餘里水深而空明清澈四面皆白沙岸海棠透開爛披雲錦每微風吹細沙流去正類西海金沙中國人以浙江西湖比之明粧美人我國之可以媲美西湖者惟此而已非嶺東六湖所可比方也

烈山湖

諺傳昔有大水巨烈山縣、沉爲湖天晴波靜則墻屋依然可見云周數十里比諸湖最大今在杆城若中國之榮湖也

金剛淵

諺傳神龍所在春則餘項魚千百爲羣遡流而上至淵中徘徊流瀑奮身騰上懸崖或有升者或有半升而墜者今在江陵

可敬而可愛江陵鏡浦臺如彦高雅氣像宮室中有[illegible]安穩有不可名狀欽谷侍中臺明朗中森嚴平遠中深邃如名相據府可親而不可御此三湖則爲湖山第一景次則杆城花潭如月墜淸泉永朗湖如珠藏大澤襄陽靑草湖如鏡開盡奩此三湖奇勝亞於上三湖我國八道俱無湖水惟此六湖殆非人間所有沈判書彦光本鏡湖人仕于朝畫鏡湖於座右曰吾有如此湖山子孫不能振撥而褁必矣昔朱子好武夷山水無不藻繪之未嘗置家於此嘗曰春間至彼紅綠相映亦自不惡後之好山水者可以此爲法也按鑑湖漢馬臻築三百里爲湖倭史近江、州有琵琶湖、廣三十里國中採一大湖冠絶勝八景云可予〻此恭儉乎提鍬成轆潰主者姑問之僧〻告以民好之語而提恭儉投治釁之乃成故因爲池名云堤川義林池僧義林所鑿也洪州合德池甄萱時而所鑿也延安卧龍池卽南大池

貢稅池

擇里志曰曲宮浦與素沙河合兩水交會之間爲牙山素沙之流曲橋之川合爲大湖新昌之山水稷之山交納水口如門水出其中石壁屹立中流如渤海之碣石置倉漕京故名之

九十九池

古記云西京魯陽山頂有之若頭陁山腰五十井

六湖

擇里志高城三日浦淸澗妙中震邑幽閉開朗紀叙不見之

者獷也循江而淮濟從旁倚回注之詞[illegible]

遺夏溯祥頒嶽鼻瀆神號詔天禮儀云南嶽智異山中嶽三角山西嶽松嶽北嶽鼻白山南瀆熊津伽倻津中瀆漢江西瀆德津平壤江鴨綠江北瀆豆滿江今以雉嶽山爲東嶽

潢池 塘㙾池 集韻煨灰謂之塘㙾正字通曰塘㙾池在遼東北有唐太宗烽火臺五里間有火穴名塘㙾池夜明如晝或有物去池三十步無巨細皆入池中

擇里志曰太白山上峯有天戍之澤穿山而出自南北下至禮安東折而西循安東而南至龍宮咸昌境始南折而爲洛東江者謂尙州之東也入于金海南一道中央爲七十二州拼水口

四池

咸昌恭儉池高麗特司錄崔正份因舊築也諺傳築池將鐵錮成堤使僧乞諸民家家婦有嬰兒名恭儉者抱而戱曰無鐵

比之潮泉乎必是驟入尾閭穴不暇作潮汐而風濤恒作似水入瓶口泡汨有聲矣高麗圖經云潮汐往來應期不爽爲天地之至信

退潮碑

抱朴子曰月精生水故月盛則潮大又曰天河入地下與海水合天轉之激成潮論衡曰水者地之血脉隨氣進退則非人力所能退也李氷立犀石則退錢璆以弩射之退既異矣我國三陟舊有潮患眉叟作碑退之又埋一碑於官舍及後宰惡之碎碑而潮至乃掘埋之之則退亦異矣或謂氷與眉其妙似在於筆也且宋末錢塘潮三日不至則錢與宋其理亦在於運也

四瀆

羅史云以東土只河南黃山河西蘆川河北黃山河爲四瀆

無潮汐其勢然矣[illegible]
龍江外一支迤東迤南接于蝦夷蝦夷者倭之北境也倭地東
西長日岐對馬與我土對峙為海門中間作一大閘潮從東南
來故礙阻不止也是以魚龍之所窟宅海錯之富莫此若鯨戲
龍拏風濤恒作漕不能運又曰自山海關至東海五千餘里其
寧古之東已三千里詳其水勢盡匯於東北似是海堧低平之
地今日本東北蝦夷廣卑濕迤走向北或斷或連上接肅愼之
地而我國東海便成平湖所以無潮也愚以為潮者天地
之氣豈長流而不至礙但而不上也衆流之會或潮至而不知
加汐退而不知減而然耶或水性下地勢傾潮至而人自不知
而然耶潯陽記鷄龍山潮泉晴刻不差朔望猶大況東海乃天

以我國爲逆水局是也我國水東流惟洛東淸淺二水而已

水宗漸平

擇里志曰東海處倭與我之間舊有水宗如山嶺彼此不相通近來水勢漸變倭船多漂至嶺東此可慮也今洋舶之至亦以水宗平故也杜少陵云四海之水皆立〻是宗也今羅州七山海近淺潮僅没膝俗有種木麥之語則禹貢之碣石入海固矣

玄中記貴州有漏泃一日百盈百竭應漏刻

東海無潮

芝峯曰中國之東海即我國之西海其有潮汐固矣我國之東海本無潮汐是理外難知之事而歷世無論辨之者中國之人未嘗見我國東海故也楊生萬世乃東海居人爲余言北海自北而流下至東海晝夜不止故雖風靜之月波聲遠聞長流大

百濟至浿水輿覽以平山猪灘當之是也淸水今淸川江也大同江恐是洌水漢江恐是帶水百濟史東北部飢入麗浿帶

泉汕合洌

泉洋 徐兢使高麗錄曰洋中有白水洋其源出靺鞨故作白色黃水洋卽汕尾也其水渾濁且淺不獨昆侖之紅洋水出焉

晉書張華曰朝鮮有泉水汕水洌水合爲洌水今漢江爲洌則其浿帶之帶別名耶張晏謂朝汕之爲朝鮮者以汕也

湘江候潮

李奎報詩云三兎三龍水三蛇一馬時羊三猴亦二月黑復如斯候於西江不差他處則否其理未可曉也

泉水西流

淮南子曰天傾西北星辰就焉地傾東南衆水歸焉我國水皆西流者山障西北水出東南故必環西北而歸東南則堪輿家

松南雜識